普通高等教育"十二五"规划教材
国际经济与贸易精品系列

国际贸易
——原理·政策·实务
（第四版）

陈 宪 应诚敏 韦金鸾 / 编著

立信会计出版社
LIXIN ACCOUNTING PUBLISHING HOUSE

图书在版编目(CIP)数据

国际贸易：原理·政策·实务 / 陈宪，应诚敏，韦金鸾编著.—4版.—上海：立信会计出版社，2013.6(2022.6重印)
普通高等教育"十二五"规划教材.国际经济与贸易精品系列
ISBN 978-7-5429-3962-3

Ⅰ.①国… Ⅱ.①陈… ②应… ③韦… Ⅲ.①国际贸易-高等学校-教材 Ⅳ.①F74

中国版本图书馆CIP数据核字(2013)第140087号

责任编辑　张巧玲
封面设计　周崇文

国际贸易——原理·政策·实务(第四版)

GUOJI MAOYI　　YUANLI　ZHENGCE　SHIWU

出版发行	立信会计出版社		
地　　址	上海市中山西路2230号	邮政编码	200235
电　　话	(021)64411389	传　　真	(021)64411325
网　　址	www.lixinaph.com	电子邮箱	lixinaph2019@126.com
网上书店	http://lixin.jd.com		http://lxkjcbs.tmall.com
经　　销	各地新华书店		
印　　刷	江苏凤凰数码印务有限公司		
开　　本	787毫米×960毫米　　1/16		
印　　张	27.25		
字　　数	495千字		
版　　次	2013年6月第4版		
印　　次	2022年6月第5次		
书　　号	ISBN 978-7-5429-3962-3/F		
定　　价	59.00元		

如有印订差错　请与本社联系调换

第四版前言

任何一本好的教科书,都是在反复修订、多版次出版的过程中"打磨"出来的。在使用本教材的师生们的鼓励下,在立信会计出版社的领导和编辑的支持下,我们再次对这本教材进行修订。尽管在第三版以后,本书的发行量有所下滑,这主要是大环境变化使然,但我们对这本教科书还是有信心的。

这是因为,本教材在体系上具有较强的理论性和系统性;在内容取材和阐述上贯彻理论联系实际的原则,循序渐进,富有启发性并能够体现先进的教育教学理念,具有较强的适用性;在体例编排上活泼新颖,并能够体现先进教学方法的运用,受到不少院校老师和同学的好评。

这次修订的原则和前几次无甚差别,仍然是根据国际贸易理论的最新发展,国际贸易体制、政策和实务的最新变化,对原有内容做了较大篇幅的修改和补充。尽管如此,全书的体系和结构仍几乎没有调整,我们始终认为,这本教科书的优点之一,就在于它完善、合理的体系和结构。"第二版前言"已概括了本书的三个特点,这里就不再赘述。

第四版的修订工作由陈宪和应诚敏完成。我们共同讨论,作了必要的删节,并对有关部分进行了补充、修改和完善。

值得欣慰的是,本书自出版以来一直受到广大师生的关注,我们也经常收到使用本书的老师和学生的来信,他们许多中肯的意见,在每次修订时都被采纳,在此一并表示感谢,并期待着各界读者和广大师生进一步的批评和建议。

陈 宪 应诚敏
2013 年 6 月

第二版前言

第一版出版发行至今，已经三年了。尽管我们对这本书的结构设计、内容安排自我感觉不错，但仍没想到，三年中此书竟重印了六次，可见其社会效益和经济效益都是上佳的。

本书面世后的三年，正逢世纪之交，全球的贸易格局与环境发生了很大的变化。世界最大的经济体——美国，在经历了连续十年的增长后，出现了衰退。世界第二经济大国——日本，自20世纪90年代初经济一蹶不振，迄今仍无起色。这两个"庞然大物"的境况，无疑给全球贸易蒙上了阴影。然而，中国现在被认为是全球经济中的"一枝独秀"，尤其是中国已经加入WTO，这将使中国在更深、更广的层面进入世界经济舞台，对于推动中国贸易、投资的国际化、全球化，将起到不可估量的作用。

基于中国已经加入WTO的实际，并根据我们在教学、研究中新的体会，我们对第一版的书稿进行了修订。为了更好地满足教与学的需要，我们还在各章后增加了思考题、重要名词或案例题。

欢迎使用本书的老师和同学们提出宝贵的意见。

作　者
2002年1月

目 录

- 0 导言 ··· 1
  - 0.1 国际贸易的重要性 ·· 1
    - 0.1.1 开展国际贸易的必要性 ·· 1
    - 0.1.2 研究、学习国际贸易的重要性 ···································· 2
  - 0.2 国际贸易的研究对象、主要内容及本书的结构安排 ················ 3
    - 0.2.1 国际贸易的研究对象与主要内容 ·································· 3
    - 0.2.2 本书的结构安排 ·· 4
    - 0.2.3 学习国际贸易应具备的基础 ·· 4
  - 0.3 国际贸易的分类 ··· 5
    - 0.3.1 出口贸易、进口贸易和过境贸易 ·································· 5
    - 0.3.2 总贸易和专门贸易 ··· 5
    - 0.3.3 有形贸易和无形贸易 ·· 6
    - 0.3.4 直接贸易、间接贸易和转口贸易 ·································· 7
    - 0.3.5 陆路贸易、海路贸易、空运贸易和邮购贸易 ·················· 7
    - 0.3.6 自由结汇方式贸易和易货贸易 ···································· 7
  - 0.4 国际贸易的法律环境 ··· 8
    - 0.4.1 国内法 ·· 8
    - 0.4.2 国际贸易条约 ·· 8
    - 0.4.3 国际贸易惯例 ·· 9
  - 重要名词 ··· 9
  - 思考题 ··· 10

原 理 篇

- 1 国际贸易发展简史 ··· 13
  - 1.1 前资本主义时期的国际贸易 ··· 13
    - 1.1.1 国际贸易的产生 ·· 13
    - 1.1.2 奴隶社会的国际贸易 ·· 14
    - 1.1.3 封建社会的国际贸易 ·· 14

1.2 资本主义生产方式准备时期的国际贸易 ································ 15
1.2.1 国际贸易的显著发展 ·· 15
1.2.2 国际贸易促进了资本主义生产方式的产生 ···················· 16
1.3 资本主义自由竞争时期的国际贸易 ···································· 16
1.3.1 国际贸易的空前发展 ·· 16
1.3.2 资本主义自由竞争时期国际贸易的显著特征 ················ 17
1.4 帝国主义时期前期(1870—1938年)的国际贸易 ··················· 17
1.4.1 向帝国主义过渡到一战前时期(1870—1914年) ············· 18
1.4.2 两次世界大战之间时期(1914—1938年) ······················· 19
1.5 当代的国际贸易 ·· 20
1.5.1 战后国际贸易的迅速增长 ··· 21
1.5.2 战后国际贸易商品结构和地理分布的变化 ···················· 22
1.5.3 当代国际服务贸易的急剧发展 ······································ 23
1.5.4 国际贸易格局的集团化发展 ·· 24
1.5.5 当代中国的对外贸易 ·· 25
思考题 ·· 26

2 国际分工 ··· 27
2.1 国际分工概述 ·· 27
2.1.1 国际分工的产生 ··· 27
2.1.2 影响国际分工发展的因素 ··· 28
2.2 国际分工发展的几个阶段 ·· 30
2.2.1 国际分工的萌芽阶段 ·· 30
2.2.2 国际分工的形成阶段 ·· 31
2.2.3 国际分工的发展阶段 ·· 32
2.2.4 国际分工的深化阶段 ·· 33
2.3 国际分工对国际贸易的影响 ·· 34
2.3.1 国际分工影响国际贸易的发展速度 ······························ 34
2.3.2 国际分工影响国际贸易的市场结构 ······························ 34
2.3.3 国际分工影响国际贸易的商品结构 ······························ 35
2.3.4 国际分工影响国际贸易的利益分配 ······························ 35
2.3.5 国际分工影响一国对外贸易依存度和世界贸易依存度 ··· 35
重要名词 ·· 36
思考题 ·· 36

3 西方传统国际贸易理论（一） …………………………………… 37
3.1 重商主义对外贸易学说 …………………………………… 37
3.1.1 重商主义及其对外贸易学说 ……………………………… 37
3.1.2 重商主义贸易政策 ………………………………………… 39
3.1.3 重商主义贸易学说简评 …………………………………… 40
3.2 绝对利益论 ………………………………………………… 41
3.2.1 亚当·斯密与绝对利益论 ………………………………… 41
3.2.2 绝对利益论的主要论点 …………………………………… 42
3.2.3 绝对利益论的进一步说明 ………………………………… 43
3.2.4 绝对利益论简评 …………………………………………… 44
3.3 比较利益论 ………………………………………………… 45
3.3.1 大卫·李嘉图与比较利益论 ……………………………… 45
3.3.2 比较利益论的主要假定前提 ……………………………… 46
3.3.3 比较利益论的内容 ………………………………………… 46
3.3.4 比较利益论的进一步分析 ………………………………… 47
3.3.5 比较利益法则的例外情况 ………………………………… 47
3.3.6 比较利益论简评 …………………………………………… 48
3.4 比较利益论的现代分析 …………………………………… 49
3.4.1 分析工具 …………………………………………………… 49
3.4.2 均衡分析 …………………………………………………… 53
3.4.3 简评 ………………………………………………………… 56
重要名词 ………………………………………………………… 56
思考题 …………………………………………………………… 56

4 西方传统国际贸易理论（二） …………………………………… 57
4.1 相互需求论 ………………………………………………… 57
4.1.1 穆勒的相互需求论 ………………………………………… 57
4.1.2 马歇尔的相互需求论 ……………………………………… 60
4.1.3 相互需求论简评 …………………………………………… 64
4.2 要素禀赋论 ………………………………………………… 65
4.2.1 赫克歇尔、俄林、萨缪尔森与要素禀赋论 ……………… 65
4.2.2 与要素禀赋论有关的几个概念 …………………………… 66
4.2.3 要素禀赋论的基本假设条件 ……………………………… 67
4.2.4 要素禀赋论 ………………………………………………… 68
4.2.5 要素价格均等化学说 ……………………………………… 70

4.2.6 赫克歇尔—俄林—萨缪尔森的国际贸易理论简评 ……………………… 72
 4.3 里昂惕夫之谜 …………………………………………………………………… 72
  4.3.1 里昂惕夫与里昂惕夫之谜 ……………………………………………… 73
  4.3.2 对要素禀赋论的检验——里昂惕夫之谜 ……………………………… 73
  4.3.3 对里昂惕夫之谜的不同解释 …………………………………………… 75
  4.3.4 里昂惕夫之谜简评 ……………………………………………………… 77
 重要名词 ……………………………………………………………………………… 77
 思考题 ………………………………………………………………………………… 77

5 西方国际贸易新理论 …………………………………………………………………… 78
 5.1 可获得性说 ……………………………………………………………………… 78
 5.2 熟练劳动说 ……………………………………………………………………… 79
 5.3 人力资本说 ……………………………………………………………………… 80
 5.4 研究开发要素说 ………………………………………………………………… 81
 5.5 偏好相似说 ……………………………………………………………………… 82
 5.6 技术差距论 ……………………………………………………………………… 83
 5.7 产品生命周期说 ………………………………………………………………… 84
 5.8 原料周期说 ……………………………………………………………………… 87
 5.9 规模报酬递增说 ………………………………………………………………… 87
 5.10 产业内贸易理论 ………………………………………………………………… 89
  5.10.1 产业内贸易理论的发展 ………………………………………………… 89
  5.10.2 产业内贸易的理论解释 ………………………………………………… 90
  5.10.3 产业内贸易的规范模型 ………………………………………………… 92
  5.10.4 产业内贸易程度的测定 ………………………………………………… 93
 5.11 国家竞争优势说 ………………………………………………………………… 93
  5.11.1 国家竞争优势说要旨 …………………………………………………… 94
  5.11.2 国家竞争优势的决定因素 ……………………………………………… 94
  5.11.3 国家竞争优势的发展阶段 ……………………………………………… 96
  5.11.4 国家竞争优势说简评 …………………………………………………… 97
 重要名词 ……………………………………………………………………………… 97
 思考题 ………………………………………………………………………………… 97

6 西方宏观国际贸易理论——对外贸易乘数理论 …………………………………… 99
 6.1 封闭经济体制下的国民经济平衡 ……………………………………………… 99
  6.1.1 封闭经济体制下国民经济平衡的条件 ………………………………… 99
  6.1.2 在封闭经济体制下制约国民经济平衡的原理 ………………………… 100

6.2 开放经济体制下的国民经济平衡 ············ 102
6.2.1 开放经济体制下国民经济平衡的条件 ············ 102
6.2.2 对外贸易对国民经济平衡的作用 ············ 103
6.3 对外贸易乘数理论 ············ 103
6.3.1 凯恩斯及其追随者与对外贸易乘数理论 ············ 103
6.3.2 对外贸易乘数理论的涵义 ············ 104
6.3.3 对外贸易乘数理论简评 ············ 105
重要名词 ············ 106
思考题 ············ 106

7 西方传统国际贸易理论的反对派——保护贸易理论及其新发展 ············ 107
7.1 汉密尔顿的保护关税说 ············ 107
7.2 李斯特的保护幼稚工业论 ············ 108
7.2.1 保护幼稚工业论提出的历史背景 ············ 109
7.2.2 保护幼稚工业论的理论基础 ············ 109
7.2.3 保护幼稚工业论的理论依据 ············ 110
7.2.4 保护幼稚工业论的主要论点 ············ 111
7.2.5 保护幼稚工业论简评 ············ 112
7.3 普雷维什的中心—外围论 ············ 113
7.3.1 中心—外围论的主要论点 ············ 113
7.3.2 中心—外围论简评 ············ 115
7.4 主张保护贸易的其他论点 ············ 116
7.4.1 改善国际收支论 ············ 116
7.4.2 改善贸易条件论 ············ 116
7.4.3 增加政府收入论 ············ 117
7.4.4 收入再分配论 ············ 117
7.4.5 矫正国内扭曲论 ············ 118
7.4.6 维护公平贸易论 ············ 119
7.4.7 保护就业论 ············ 120
7.4.8 国家安全论 ············ 120
7.4.9 经济多样化论 ············ 121
7.5 保护贸易新理论 ············ 121
7.5.1 战略贸易论 ············ 121
7.5.2 管理贸易论 ············ 124
重要名词 ············ 125

思考题 ·· 125

政　策　篇

8　国际贸易政策的演变 ·· 129
8.1　国际贸易政策的历史演变 ·· 129
8.1.1　资本主义生产方式准备时期的国际贸易政策 ·················· 129
8.1.2　资本主义自由竞争时期的国际贸易政策 ·························· 130
8.1.3　垄断资本主义时期的国际贸易政策 ································ 130
8.2　当代发达国家的对外贸易政策 ·· 131
8.2.1　战后初期到 20 世纪 70 年代中期的贸易自由化倾向 ········ 131
8.2.2　20 世纪 70 年代中期以来的新贸易保护主义浪潮 ············ 132
8.2.3　发达国家对外贸易政策的发展趋势 ································ 132
8.3　当代发展中国家的对外贸易政策 ·· 134
8.3.1　进口替代战略下的对外贸易政策 ···································· 134
8.3.2　出口导向战略下的对外贸易政策 ···································· 135
8.3.3　横向联合政策 ·· 136
8.3.4　发展中国家对外贸易政策的改革 ···································· 136
8.4　中国的对外贸易政策 ·· 137
重要名词 ·· 138
思考题 ·· 138

9　关税(一) ·· 139
9.1　关税的涵义和作用 ·· 139
9.1.1　关税的涵义 ·· 139
9.1.2　关税的作用 ·· 140
9.2　关税的种类 ·· 141
9.2.1　按照征收的对象或商品流向分类 ···································· 141
9.2.2　按照差别待遇和特定的实施情况分类 ···························· 143
9.3　关税的征收 ·· 150
9.3.1　关税的征收方法 ··· 150
9.3.2　关税的征收依据 ··· 152
9.3.3　关税的征收程序 ··· 154
重要名词 ·· 155
思考题 ·· 155

10 关税(二) ……… 156
10.1 关税的经济效应 ……… 156
10.1.1 小国征收关税的经济效应 ……… 156
10.1.2 大国征收关税的经济效应 ……… 158
10.2 最适关税 ……… 159
10.2.1 关税与提供曲线及经济福利 ……… 159
10.2.2 最适关税 ……… 161
10.2.3 关税报复 ……… 162
10.3 关税的保护程度 ……… 162
10.3.1 关税水平 ……… 162
10.3.2 名义保护率 ……… 163
10.3.3 有效保护率 ……… 164
10.3.4 关税结构 ……… 165
重要名词 ……… 166
思考题 ……… 166

11 非关税壁垒 ……… 167
11.1 概述 ……… 167
11.1.1 非关税壁垒的涵义 ……… 167
11.1.2 非关税壁垒的特点 ……… 168
11.1.3 非关税壁垒的作用 ……… 169
11.2 非关税壁垒的主要种类 ……… 169
11.2.1 进口配额制 ……… 170
11.2.2 "自动"出口配额制 ……… 173
11.2.3 进口许可证制 ……… 175
11.2.4 外汇管制 ……… 176
11.2.5 进口押金制 ……… 177
11.2.6 最低限价制和禁止进口 ……… 178
11.2.7 国内税 ……… 179
11.2.8 进出口的国家垄断 ……… 179
11.2.9 歧视性政府采购政策 ……… 180
11.2.10 海关程序 ……… 180
11.2.11 技术性贸易壁垒 ……… 182
11.2.12 绿色壁垒 ……… 182
11.3 非关税壁垒与关税壁垒的比较 ……… 183

| 重要名词 | 184 |
| 思考题 | 184 |

12 鼓励出口和出口管制措施 … 186
12.1 鼓励出口措施 … 186
12.1.1 出口信贷 … 186
12.1.2 出口信贷国家担保制 … 187
12.1.3 出口补贴 … 188
12.1.4 商品倾销 … 190
12.1.5 外汇倾销 … 192
12.1.6 促进出口的组织措施 … 193
12.2 出口管制措施 … 194
12.2.1 出口管制的对象 … 194
12.2.2 出口管制的形式 … 195
12.2.3 出口管制的程序 … 196
重要名词 … 198
思考题 … 198

13 经济特区 … 199
13.1 世界经济特区概述 … 199
13.1.1 经济特区的涵义 … 199
13.1.2 经济特区的特点 … 199
13.1.3 经济特区的历史发展 … 200
13.2 世界经济特区的类型 … 201
13.2.1 自由港和自由贸易区 … 201
13.2.2 保税区 … 202
13.2.3 出口加工区 … 202
13.2.4 科学工业园区 … 203
13.2.5 自由边境区和过境区 … 203
13.2.6 综合型经济特区 … 204
13.3 中国的经济性特区 … 204
重要名词 … 206
思考题 … 206

14 区域经济一体化 … 207
14.1 区域经济一体化概述 … 207
14.1.1 区域经济一体化的含义 … 207

  14.1.2 区域经济一体化的形式 ··· 208
 14.2 区域经济一体化的发展状况和趋势 ································· 209
  14.2.1 区域经济一体化的发展概况 ····································· 209
  14.2.2 主要地区的区域经济一体化进程 ······························· 212
 14.3 区域经济一体化的动因及影响 ··· 216
  14.3.1 区域经济一体化的基本动因 ····································· 216
  14.3.2 区域经济一体化的影响 ·· 217
 14.4 经济一体化理论 ··· 220
  14.4.1 关税同盟理论 ·· 220
  14.4.2 协议性国际分工原理 ·· 226
 重要名词 ··· 228
 思考题 ·· 228

15 贸易条约与协定 ·· 230

 15.1 贸易条约与协定的涵义 ··· 230
 15.2 贸易条约与协定的种类 ··· 231
  15.2.1 贸易条约 ··· 231
  15.2.2 贸易协定 ··· 231
  15.2.3 贸易议定书 ··· 231
  15.2.4 支付协定 ··· 232
  15.2.5 国际商品协定 ·· 232
 15.3 贸易条约与协定的结构 ··· 233
 15.4 贸易条约与协定中所依据的法律原则 ······························ 233
  15.4.1 最惠国待遇原则 ·· 233
  15.4.2 国民待遇原则 ·· 234
  15.4.3 互惠原则 ··· 234
 重要名词 ··· 235
 思考题 ·· 235

16 世界贸易组织 ··· 236

 16.1 世界贸易组织的前身——关税与贸易总协定 ···················· 236
  16.1.1 关贸总协定的产生 ··· 236
  16.1.2 关贸总协定的宗旨、内容及基本原则 ························ 237
  16.1.3 关贸总协定的历次谈判回顾 ····································· 238
  16.1.4 乌拉圭回合多边贸易谈判 ·· 241
 16.2 世界贸易组织 ·· 243

    16.2.1 世界贸易组织的产生 ································· 244
    16.2.2 建立世界贸易组织的马拉喀什协议 ················· 245
    16.2.3 世界贸易组织的宗旨和基本原则 ···················· 245
    16.2.4 世界贸易组织的职能和机构 ·························· 247
    16.2.5 世界贸易组织体制的特点 ······························ 248
    16.2.6 世界贸易组织对世界经济贸易的影响 ·············· 249
  16.3 中国与世界贸易组织 ··· 251
    16.3.1 中国与关贸总协定 ·· 251
    16.3.2 中国与世界贸易组织 ···································· 252
    16.3.3 中国入世后的机遇与挑战 ······························ 253
  16.4 世界贸易组织与中国市场 ·· 255
    16.4.1 世贸组织与中国农产品市场 ··························· 255
    16.4.2 世贸组织与中国工业品市场 ··························· 256
    16.4.3 世贸组织与中国服务业市场 ··························· 258
  重要名词 ·· 259
  思考题 ··· 259

实 务 篇

17 国际贸易术语 ··· 263
  17.1 贸易术语及其国际惯例 ·· 263
    17.1.1 贸易术语的概念 ·· 263
    17.1.2 关于贸易术语的国际惯例 ······························ 263
  17.2 装运港交货的三种常用贸易术语 ······························· 265
    17.2.1 对三种贸易术语的基本解释 ··························· 265
    17.2.2 在具体业务中应注意的几个问题 ···················· 266
  17.3 向承运人交货的三种贸易术语 ·································· 268
    17.3.1 "货交承运人"的概念 ···································· 268
    17.3.2 和传统贸易术语的比较 ································· 268
  17.4 其他贸易术语 ·· 269
    17.4.1 工厂交货(……指定地点) ····························· 269
    17.4.2 船边交货(……指定装运港) ························· 269
    17.4.3 运输终端交货(……指定运输终端) ················ 270
    17.4.4 目的地交货(……指定目的地) ······················· 270

17.4.5　完税后交货(……指定目的地) ……… 270
17.5　贸易术语的表达 …………………………… 270
17.6　贸易术语的使用 …………………………… 271
重要名词 ………………………………………… 271
思考题 …………………………………………… 272
案例题 …………………………………………… 272

18　主要贸易条件 ……………………………… 273
18.1　商品的品名品质 …………………………… 273
18.1.1　商品的品名 ……………………………… 273
18.1.2　商品的品质 ……………………………… 273
18.1.3　品质条款 ………………………………… 275
18.2　商品的数量 ………………………………… 275
18.2.1　常见的度量衡制度 ……………………… 275
18.2.2　计量单位 ………………………………… 276
18.2.3　计算重量的方法 ………………………… 276
18.2.4　合同中的数量条款 ……………………… 277
18.3　商品的包装 ………………………………… 277
18.3.1　运输包装的类型 ………………………… 278
18.3.2　运输包装的标志 ………………………… 278
18.3.3　关于中性包装和定牌问题 ……………… 279
18.4　商品的价格 ………………………………… 279
18.4.1　进出口商品的计价原则 ………………… 279
18.4.2　计价货币 ………………………………… 280
18.4.3　佣金和折扣 ……………………………… 280
18.4.4　出口商品的成本核算 …………………… 281
重要名词 ………………………………………… 282
思考题 …………………………………………… 282
案例题 …………………………………………… 282

19　国际货物运输 ……………………………… 284
19.1　运输方式 …………………………………… 284
19.1.1　海洋运输 ………………………………… 284
19.1.2　铁路运输 ………………………………… 286
19.1.3　航空运输 ………………………………… 287
19.1.4　集装箱运输和国际多式联运 …………… 288

19.2 运输单据 ………………………………………………………… 289
　19.2.1 海运提单 …………………………………………………… 289
　19.2.2 铁路运单 …………………………………………………… 290
　19.2.3 航空运单 …………………………………………………… 291
　19.2.4 海运单 ……………………………………………………… 291
　19.2.5 多式联运单据 ……………………………………………… 291
19.3 合同中的装运条款 ……………………………………………… 292
　19.3.1 交货时间 …………………………………………………… 292
　19.3.2 分批装运和转运 …………………………………………… 292
19.4 国际货运代理 …………………………………………………… 293
重要名词 ………………………………………………………………… 294
思考题 …………………………………………………………………… 294
案例题 …………………………………………………………………… 295

20 国际货物运输保险 …………………………………………………… 296
20.1 海上运输保险的承保范围 ……………………………………… 296
　20.1.1 保险利益 …………………………………………………… 296
　20.1.2 风险 ………………………………………………………… 296
　20.1.3 损失 ………………………………………………………… 297
　20.1.4 费用 ………………………………………………………… 298
　20.1.5 外来风险的损失 …………………………………………… 298
20.2 我国海运货物保险险别 ………………………………………… 298
　20.2.1 基本险 ……………………………………………………… 298
　20.2.2 附加险 ……………………………………………………… 300
20.3 英国伦敦保险业协会货物保险条款 …………………………… 300
20.4 我国进出口货物保险的做法 …………………………………… 301
　20.4.1 出口保险 …………………………………………………… 301
　20.4.2 进口保险 …………………………………………………… 301
　20.4.3 保险金额与保险费 ………………………………………… 302
　20.4.4 保险索赔 …………………………………………………… 302
重要名词 ………………………………………………………………… 303
思考题 …………………………………………………………………… 303
案例题 …………………………………………………………………… 303

21 商品检验、索赔、不可抗力和仲裁 ……………………………… 304
21.1 商品检验 ………………………………………………………… 304

21.1.1　商品检验的意义 …………………………………… 304
　　21.1.2　检验的时间和地点 ………………………………… 304
　　21.1.3　检验机构 …………………………………………… 305
　　21.1.4　法定检验和公证鉴定 ……………………………… 306
　21.2　违约和索赔 ………………………………………………… 306
　　21.2.1　违约责任 …………………………………………… 306
　　21.2.2　索赔和理赔 ………………………………………… 307
　　21.2.3　合同中的索赔条款 ………………………………… 307
　21.3　不可抗力 …………………………………………………… 308
　　21.3.1　不可抗力的涵义 …………………………………… 308
　　21.3.2　不可抗力条款 ……………………………………… 308
　　21.3.3　不可抗力事件的处理 ……………………………… 308
　21.4　仲裁 ………………………………………………………… 309
　　21.4.1　争议的解决方式 …………………………………… 309
　　21.4.2　仲裁协议 …………………………………………… 310
　　21.4.3　仲裁机构和仲裁程序 ……………………………… 311
　　21.4.4　仲裁裁决的执行 …………………………………… 312
　重要名词 …………………………………………………………… 312
　思考题 ……………………………………………………………… 312
　案例题 ……………………………………………………………… 313
22　国际贸易结算 ……………………………………………………… 314
　22.1　票据 ………………………………………………………… 314
　　22.1.1　汇票 ………………………………………………… 314
　　22.1.2　本票 ………………………………………………… 316
　　22.1.3　支票 ………………………………………………… 317
　　22.1.4　变形票据 …………………………………………… 317
　22.2　汇付和托收 ………………………………………………… 317
　　22.2.1　汇付 ………………………………………………… 317
　　22.2.2　托收 ………………………………………………… 318
　22.3　信用证 ……………………………………………………… 320
　　22.3.1　信用证的概述 ……………………………………… 320
　　22.3.2　信用证的当事人和一般业务程序 ………………… 321
　　22.3.3　信用证的内容 ……………………………………… 324
　　22.3.4　信用证的业务特点 ………………………………… 325

    22.3.5　信用证的种类 ·· 325
22.4　国际商会《跟单信用证统一惯例》 ·· 327
22.5　银行保函和备用信用证 ·· 328
    22.5.1　银行保函 ·· 329
    22.5.2　备用信用证 ·· 329
    22.5.3　保函和备用信用证在分期付款和延期付款中的应用 ············ 330
22.6　国际保理 ··· 330
    22.6.1　保理机构 ·· 330
    22.6.2　国际保理业务的当事人及业务程序 ···································· 331
    22.6.3　采用国际保理的注意事项 ·· 331
重要名词 ·· 332
思考题 ··· 332
案例题 ··· 332

23　交易磋商和合同签订 ·· 333
23.1　交易磋商的主要环节 ·· 333
    23.1.1　询盘 ··· 333
    23.1.2　发盘 ··· 333
    23.1.3　还盘 ··· 334
    23.1.4　接受 ··· 334
23.2　发盘和接受 ·· 334
    23.2.1　发盘 ··· 334
    23.2.2　接受 ··· 336
23.3　合同的订立 ·· 337
重要名词 ·· 337
思考题 ··· 337
案例题 ··· 338

24　出口合同的履行 ·· 339
24.1　备货 ·· 339
    24.1.1　货物的品质必须符合合同的规定和法律的要求 ·················· 339
    24.1.2　交货数量应符合合同的规定 ·· 340
    26.1.3　货物包装应与合同和法律的要求一致 ······························· 341
    24.1.4　按合同规定的时间交货 ··· 341
24.2　报验 ·· 341
24.3　落实信用证 ·· 342

目录

- 24.3.1 催证 ··· 342
- 24.3.2 审证 ··· 342
- 24.3.3 改证 ··· 343
- 24.3.4 信用证的融资 ·· 344
- 24.4 托运、保险和报关 ·· 344
  - 24.4.1 托运 ··· 344
  - 24.4.2 保险 ··· 345
  - 24.4.3 报关 ··· 345
- 24.5 制单结汇 ··· 346
  - 24.5.1 制作出口单据 ·· 346
  - 24.5.2 交单结汇 ·· 352
  - 24.5.3 单证不一致时出口商可采取的措施 ················ 353
- 重要名词 ·· 354
- 思考题 ··· 354

25 进口合同的履行 ··· 355

- 25.1 开立信用证 ··· 355
  - 25.1.1 申请开证 ·· 355
  - 25.1.2 开证注意事项 ·· 355
- 25.2 运输和保险 ··· 356
  - 25.2.1 运输 ··· 356
  - 25.2.2 保险 ··· 357
- 25.3 审单和付款 ··· 357
  - 25.3.1 审单 ··· 357
  - 25.3.2 付款或拒付 ·· 359
- 25.4 接货和报关 ··· 359
  - 25.4.1 接货 ··· 359
  - 25.4.2 报关 ··· 360
  - 25.4.3 担保放行和保税货物 ································ 361
- 25.5 索赔 ··· 361
  - 25.5.1 索赔对象 ·· 361
  - 25.5.2 索赔注意事项 ·· 361
- 重要名词 ·· 362
- 思考题 ··· 362

26 贸易方式 ··· 363
26.1 租赁贸易和补偿贸易 ··· 363
26.1.1 租赁贸易 ·· 363
26.1.2 补偿贸易 ·· 367
26.2 包销、代理和寄售 ··· 369
26.2.1 包销 ··· 369
26.2.2 代理 ··· 370
26.2.3 寄售 ··· 372
26.3 招标投标和拍卖 ·· 373
26.3.1 招标和投标 ·· 374
26.3.2 拍卖 ··· 375
26.4 对外加工装配贸易 ··· 377
26.4.1 加工装配贸易的形式和特点 ··································· 377
26.4.2 加工装配合同的主要内容 ······································ 378
26.4.3 我国对加工装配贸易的管理 ··································· 379
思考题 ··· 380

附件 ··· 381
附件一 不可撤销信用证 ··· 381
附件二 汇票 ··· 383
附件三 商业发票 ·· 384
附件四 海运提单 ·· 386
附件五 保险单 ·· 387
附件六 装箱单 ·· 388

中英文术语索引 ·· 390

参考文献 ··· 411

导 言

0.1 国际贸易的重要性

国际贸易(international trade)是指世界各国(或地区)之间的商品和服务的交换活动。如果从一个国家的角度来看,一国或地区与其他国家或地区进行的商品和服务的交换活动,则称对外贸易(foreign trade)。国际贸易是在不同国家之间的分工——国际分工的基础上发展起来的,反映了世界各国之间的相互依赖关系。

0.1.1 开展国际贸易的必要性

国际贸易之所以发生,究其原因,主要有三。其一,各国的生产要素禀赋存在差异。众所周知,世界各国的生产要素禀赋状况是不同的,有的国家拥有广阔而肥沃的土地,有的国家积累了大量的资本,有的国家人力资源丰富,还有的国家则发明了先进的技术。各种产品所需投入的要素比例又存在差异,有些产品需要集中使用土地,有些产品需要密集使用资本,有些产品需要大量使用劳动,还有些产品则需要高技术含量。因此,土地丰富的国家,如澳大利亚,有利于发展土地密集型产品生产,如种植业和畜牧业;资本和技术丰富的国家,如美国,有利于生产资本和技术密集型产品,如汽车和计算机;劳动丰富的国家,如我国,则有利于生产劳动密集型产品,如鞋类和纺织品等。若各国按其所长分工生产相对优势产品,尔后进行贸易,则不仅可以互通有无,调剂余缺,而且能够促进生产资源有效利用,增加产品总量,提高经济福利和生活水平。分工和专业化的进一步推进,可以促进经济增长。可见,国际贸易很有必要且对各国都有利。其二,从另一方面看,国际社会正朝着经济全球化迈进。全球化使要素在国际间的流动十分顺畅,从而使资源在全球范围内得到优化配置。全球化进一步深化了国际分工,并大大提高了生产的效率和效益,从而使国际贸易成为各国互相依存的重要纽带。其三,各国的科学技术存在差距。由于种种原因,世界各国的科学技术水平有高有低,技术水准高的国家有利于生产技术密集型产品,而技术水准低的国家凭借其现有技术根本无法生产或必须花费巨大代价才能生产某些产品,因此,唯有通过国际贸易,以彼之长补己之短,才能促进经济繁荣,提高生活水平。

由于生产技术和要素禀赋会随着时间的推进而改变,因此每个国家的比较优势产品也会发生变化,国际贸易格局也就因时间推移而改变。

国际贸易对于世界经济的发展极为重要,这主要表现在它对世界经济的发展乃至人类社会的进步起到促进的作用。国际贸易在世界经济发展中的重要性日益增长,可通过世界贸易系数(coefficient of world trade)得以部分反映。第二次世界大战以后,世界贸易系数不断增长,除了经济危机年份之外,世界贸易系数从19世纪初到第一次世界大战前夕断断续续地增长了一个多世纪之久,即从19世纪初期的3%增加到1913年的33%。在两次世界大战之间的时期,尤其是大危机年代,这个系数下降了。二战以后,经过几年的萧条,从20世纪50年代开始,世界贸易系数逐步上升,到1980年达到34.4%,即已超过1913年的水平。此后,世界贸易系数继续增长。

就一个国家而言,对外贸易与一国经济的增长也是密切相关的,对外贸易不仅可以增加一国的要素供给,提高一国的就业水平,而且可以优化一国的资源配置、促进一国规模经济的形成、加快一国的知识进展,因而能够刺激、带动一国经济的增长。许多国家的经济发展史也证明了这一点。在16世纪以前,威尼斯、佛罗伦萨、布鲁日和汉萨同盟的一些城市,曾经是地球上最富有的地方,不因为别的,只因为它们进行了广泛的对外贸易。当今的美国是一个市场广阔、资源丰富的大国,其经济实力位居各国之首,也是世界头号贸易强国。日本、亚洲"四小龙"的经济发展也无不归功于对外贸易。我国20多年的改革开放实践也充分证明,国民经济的发展与对外贸易的发展不但不相矛盾,而且是相互促进的。我国沿海地区蓬勃发展的外向型经济,使这些地区成为中国经济发展最快的地区。

0.1.2 研究、学习国际贸易的重要性

尽管国际贸易与国内贸易有一定的共性,如都属于流通范畴,都由生产决定,又反作用于生产;在商品生产存在的条件下,都受价值规律自发地调节,但是,国际贸易与国内贸易无论在性质上,还是在业务上都有很大的区别。首先,国内贸易所使用的货币是本国货币,而国际贸易只能采用国际通用货币或贸易双方共同接受的货币来计算和支付;其次,国内贸易一般是在国家统一的贸易战略指导下进行的,并且有统一的法律依据,而国际贸易则要针对不同的国家采取不同的策略,还要遵循一些国际惯例,并受制于一些附加的规定,诸如关税、配额和外汇管制等等,使国际贸易复杂化;再次,国际贸易与国内贸易的基础也不同,国内贸易的基础是国内的生产条件、国内的社会分工和专业化,国际贸易的基础则是国际的生产条

件、国际间的分工和专业化。此外,两者获得市场信息的难易程度也大不相同,所使用的语言也不同。有鉴于此,必须对国际贸易进行专门研究,才能揭示国际贸易的规律性,建立起对国际贸易政策的正确认识,掌握从事国际贸易的技能和方法。

西方经济学家和马克思主义经典作家一直都很重视研究探讨国际贸易中的各种问题和规律。资本主义原始积累时期的重商主义(mercantilism)研究对外贸易如何带来财富;资本主义自由竞争时期的古典学派代表亚当·斯密(Adam Smith)和大卫·李嘉图(David Ricardo)探讨了国际分工形成的原因和分工的依据,论证了国际分工和国际贸易的利益;马克思(Karl Marx)提出了对外贸易是资本主义生产方式的基础和产物的著名论断,并论证了对外贸易是阻止利润率下降的重要手段;20世纪20年代和30年代瑞典经济学家赫克歇尔(Eli Heckscher)和俄林(Bertil Ohlin)提出了按照要素禀赋进行国际分工,开展国际贸易的学说;第二次世界大战后,西方经济学家把比较利益论动态化,发展经济学家则努力探讨发展中国家的贸易发展模式。

今天,国际贸易的研究仍然十分活跃,这主要是因为现实经济发展的需要。当今商品、服务的竞争已超越国界,各国经济生活日益国际化,世界各国的经济贸易联系日益密切,世界经济的增长越来越依赖于国际贸易的增长,各国经济的发展亦越来越依赖于其对外贸易的发展。目前,发达国家的对外贸易依存度——进出口贸易总额占国民生产总值的比重已达20%,甚至更高。发展中国家的对外贸易依存度也在不断提高。目前我国的对外贸易依存度已达80%,而且,我国有些产品对国际市场的依赖程度已到了非常高的地步,目前我国纺织品产量的50%以上依赖于国际市场;我国生产的丝绸有70%以上用于出口,其中丝类产品占世界贸易量的85%。这都说明了我国经济与国际经济的关系已十分密切。中国经济发展离不开对外贸易的发展。中国要成为经济大国,首先必须成为世界贸易大国。这就要求我们认真研究和学习国际贸易,了解和掌握国际贸易的基础理论、基本政策和操作技巧,以便更好地为我国对外贸易和国民经济的发展服务,乃至为世界经济的增长和人类社会的进步作出贡献。

0.2 国际贸易的研究对象、主要内容及本书的结构安排

0.2.1 国际贸易的研究对象与主要内容

国际贸易是一门研究国际间商品和服务交换的经济规律、纯粹理论、基本政策和实务操作的理论和应用为一体的经济学科,其内容包括原理、政策和实务三

大部分。原理部分主要考察各个历史发展阶段上国际交换的规律性,并重点分析贸易基础和贸易利得;政策部分着重讨论贸易限制的理由和经济影响;实务部分专门讨论国际商品交易的基本程序和操作方法。其中,纯粹理论和贸易政策是国际经济学的分支,属于国际经济学的微观范畴;实务操作是原理、政策、法律和商务知识的具体运用,有很强的实践性。

0.2.2 本书的结构安排

本书分导言、原理篇、政策篇和实务篇,循序渐进地论述国际贸易的有关内容。

第一部分是导言,阐述国际贸易的重要性、研究对象和内容,介绍国际贸易的分类及国际贸易的法律环境。

第二部分为原理篇,由7章(第1至第7章)组成,主要叙述国际贸易、国际分工、世界市场的历史演进进程及规律性,介绍、评论传统国际贸易理论及其反对派,国际贸易新理论、西方宏观国际贸易理论,以及发展经济学国际贸易理论。

第三部分为政策篇,包括9章(第8至第16章),着重分析国际贸易政策的演变,一国限制进口的关税、非关税壁垒及其经济影响,鼓励出口和出口管制的政策手段,以及一国参与国际经济一体化的战略和政策,并介绍国际贸易条约与协定和世界贸易组织。

第四部分为实务篇,包括10章(第17至第26章),专门讨论分析国际货物买卖合同的各项交易条件、阐述交易磋商和合同履行的基本过程,并介绍主要的贸易方式。

本书的附件附有国际贸易结算的主要单据样例,以便读者学习查阅。

0.2.3 学习国际贸易应具备的基础

国际贸易的原理和政策属于微观国际经济学,其研究和学习须具备良好的经济学理论基础,尤其是福利经济学(welfare economics)和均衡分析(equilibrium analysis)的应用。为了对国际贸易原理和政策进行实证研究(empirical study),数学、统计学、计量经济学知识不可或缺,国际贸易理论与其他经济理论一样,都是在对实际现象的观察与实证研究的过程中发掘和整理出来的。

国际贸易实务操作是多方面知识的具体应用。为此,实务部分的学习除应结合原理、政策部分的学习外,还须具备商品学、市场营销、国际金融、保险、运输业务知识等。再者,国际贸易与法律的关系十分密切,并受国际条约、国际惯例约束,因此,学习国际贸易也应具备一定的法律知识,熟悉主要的国际条约、国际惯例。

0.3 国际贸易的分类

国际贸易按照不同的标准可以分为不同的种类。

0.3.1 出口贸易、进口贸易和过境贸易

根据货物的流向不同,国际贸易可分为出口贸易、进口贸易和过境贸易。

出口贸易(export trade)是指将本国生产和加工的商品销往他国市场的贸易活动;进口贸易(import trade)是指将外国的商品输入本国市场销售的贸易活动。就一笔交易而言,对卖方是出口贸易,对买方则是进口贸易。在国际贸易中,一国对从外国进口的商品不经任何实质性加工改制,再行向外出口时,称为复出口(re-export);反之,一国的产品销往别国后未经加工改制又被该国重新购回时,称为复进口(re-import)。造成复进口的原因主要是销路不畅或货物破损等质量方面的问题,抑或经济体制方面的原因也有可能偶尔造成复进口。一个国家在一定时期内的出口总额与进口总额之间的差额称为贸易差额(balance of trade)。当出口总额超过进口总额时,称为贸易顺差或出超(favourable balance of trade, trade surplus);当进口总额超过出口总额时,称为贸易逆差或入超(unfavourable balance of trade, trade deficit);若出口总额与进口总额相等,则称贸易平衡。贸易差额用以反映一国对外贸易的收支状况,是一国国际收支中经常项目最重要的组成部分。此外,在国际贸易中,由于一国对于某种商品的各品种的生产和需求不一定一致,因此在同类商品上往往既有出口也有进口。若在一定时期内,一国或一地区在某种商品大类的对外贸易中,出口量大于进口量,其超出部分便称为净出口(net export);反之,如进口量大于出口量,其超出部分便称为净进口(net import)。净出口和净进口一般以实物数量来表示。

过境贸易(transit trade)是指贸易货物通过一国国境,不经加工改制地运往另一国的贸易活动。例如,A国经过C国国境向B国运送贸易商品,对C国而言,便是过境贸易。其中,过境贸易货物不经过境国海关保税仓库存放,完全为了转运的过境,为直接过境贸易;而由于种种原因,如商品需要分类包装、暂时的转运困难、购销当事人的意愿中途变更等,把货物先存放在过境国的海关仓库,嗣后再进行分工、分类、包装转运出境的过境,是间接过境贸易。

0.3.2 总贸易和专门贸易

根据划分进出口的标准不同,国际贸易可分为总贸易和专门贸易。

以国境为标准划分进出口而统计的国际贸易称为总贸易(general trade)。凡

进入国境的商品一律列为进口即总进口(general import)。凡离开国境的商品一律列入出口,即总出口(general export)。总出口额与总进口额之和即为总贸易额。过境贸易列入总贸易。美国、日本、英国、加拿大、澳大利亚、独联体国家、东欧及中国等采用这个划分标准。

以关境为标准划分进出口而统计的国际贸易称为专门贸易(special trade)。只有从外国进入关境和从保税仓库提出进入关境的商品,才列为进口,称专门进口(special import)。从国内运出关境的本国产品以及进口后未经加工又运出关境的商品,列为出口,称专门出口(special export)。专门出口额与专门进口额之和,即为专门贸易额。过境贸易不列入专门贸易。采用这种划分方法的国家主要有德国、意大利、瑞士等。

0.3.3 有形贸易和无形贸易

有形贸易(visible trade)是指国际贸易中的货物贸易,即通常意义上的商品购销活动。因为货物或商品具有看得见、摸得着的物质属性,故称有形贸易。

无形贸易(invisible trade)是指国家(地区)间进行的以无形商品为交易对象的贸易活动。

由于有形贸易可等同于货物贸易,所以,理解上并无歧义。然而,无形贸易则不能简单地等同于某一类贸易活动。过去习惯把无形贸易等同于服务贸易,这是一个误解。服务贸易是无形贸易的最重要组成部分,但并不是无形贸易的全部。无形贸易还包括跨国投资的利息、利润、股息等收付以及政府和个人款项的国际转移。

国际服务贸易是各种类型服务的跨国交易。根据《服务贸易总协定》(General Agreement on Trade in Services—GATS)的解释,国际服务贸易是指一国的服务提供者通过商业现场或自然人的商业现场向他国服务消费者提供服务并获得外汇收入的过程。服务贸易通常有四种提供方式:(1)过境交付(cross-border supply),即从一国境内向他国境内提供服务,如电信服务;(2)境外消费(consumption abroad),即在一国境内通过提供服务向他国的服务消费者提供服务,如旅游;(3)商业存在(commercial presence),即一国在他国境内通过提供服务的实体的介入而提供服务,如在国外建立独资或合资企业等提供服务;(4)自然人流动(movement of personnel),即一国的自然人在他国境内提供服务,如劳务人员出国。

国际贸易是从有形贸易开始发展的,当时也并没有有形与无形之说,因为贸易往来几乎都是商品的购销及货款的收支活动。随着国际间经济关系的扩大,先是围绕商品购销的各种服务,如运输、保险、金融、通讯等大为增加,后来又有旅游服务、专利及技术转让、资本移动及劳务贸易等关系的扩大。基于这些非有形商品交换活动的大为增长,一国在这些方面的支出为无形进口,在这些方面的收入则为无形出口,在这些方面的一切活动便是无形贸易。

一般认为,有形贸易和无形贸易的主要区别是:商品的进出口经过海关手续,从而表现在海关的贸易统计上,这是国际收支中的重要项目;无形贸易则不经过海关手续,通常不显示在海关的贸易统计上,但它也是国际收支的组成部分。显然,这一理解是建立在服务产品具有无形性特征的基础上的。20世纪90年代以来,电子科学技术的迅速发展,服务产品具有无形性特征的结论被修改了,部分服务产品有形化了,如光盘似是有形产品,但就其性质而言,应是服务产品。因此,从某种意义上说,有形贸易与无形贸易的边界模糊了。

0.3.4 直接贸易、间接贸易和转口贸易

依照有无第三方参加,国际贸易可分为直接贸易、间接贸易和转口贸易。

直接贸易(direct trade)是指贸易商品由生产国直接运销到消费国,没有第三方参与的贸易活动;间接贸易(indirect trade)是指通过第三国或其他中间环节,把商品从生产国运销到消费国的贸易活动;转口贸易(entrepot trade)则是指一国(或地区)进口某种商品不是以消费为目的,而是将它作为商品再向别国出口的贸易活动。商品生产国与消费国通过第三国进行的贸易对生产国和消费国而言是间接贸易,对第三国而言,则是转口贸易。转口贸易属于复出口,是过境贸易的一部分。

0.3.5 陆路贸易、海路贸易、空运贸易和邮购贸易

依货物运送方式不同,国际贸易可分为陆路贸易、海路贸易、空运贸易和邮购贸易。

陆路贸易(trade by roadway)是指采用陆路运送贸易货物的贸易。陆地相邻国家通常采用陆路运送货物开展贸易,运输工具主要是火车、卡车等。

海路贸易(trade by seaway)是指通过海上运输贸易货物的贸易。国际贸易大部分属于此类,运输工具主要是各种船舶。

空运贸易(trade by airway)是指采用航空运货开展的贸易。这种贸易适用于贵重或数量小或时间性强的商品的贸易。

邮购贸易(trade by mail order)是指采用邮政包裹方式寄送货物的贸易。对数量不多的商品贸易,可采用邮购贸易。

0.3.6 自由结汇方式贸易和易货贸易

在国际贸易中,凡以货币作为清偿工具的贸易称为自由结汇方式贸易(free-liquidation trade),而以货物经过计价作为清偿工具的贸易称为易货贸易(barter trade)。

0.4 国际贸易的法律环境

国际贸易双方当事人的权利和义务通过合同加以规定。合同必须符合法律规范,符合法律规范的合同受到法律的保护。国际贸易的法律环境比国内贸易复杂,贸易当事人必须面对三个层面的法律:国内法、国际贸易条约和国际贸易惯例。

0.4.1 国内法

国内法是指一个国家制定并在本国主权管辖范围内生效的法律。国际贸易的当事人都必须遵守各自所在国的国内法。由于不同国家法律的立法原则、司法程序以及对权利和义务的界定往往有所不同,因而一旦发生争议提请司法裁决时,就需要明确以何国法律为裁决的依据。《中华人民共和国合同法》规定:"涉外合同当事人可以选择处理合同争议所适用的法律,但法律另有规定的除外。涉外合同的当事人没有选择的,适用与合同有最密切联系的国家的法律。"在实践中,前一种方式即双方订立仲裁协议明确适用指定仲裁机构所在地的法律。后一种情况,多以签订合同所在地的法律为准,也可能以实际履行合同所在地的法律为准。当双方法律利益冲突时,有一定的不确定性。

由于国际间并不存在一个公认的法律制度和被广泛接受的法律机构,因而国内法是规范商业行为和解决争议的主要依据,从事对外贸易的人员,必须对贸易对象国家的法律有足够的了解。

0.4.2 国际贸易条约

国家通过缔结或参加国际双边或多边条约,承认某些国际法准则,是国际法的主要渊源。我国与许多国家签订了关于国际贸易的双边条约,主要类型有:通商航海条约、贸易协定、商品协定、自限协定等。

关于国际贸易的国际公约,主要有:

a.《联合国国际货物销售合同公约》。该公约于1988年1月1日开始生效,对缔约国企业的国际货物买卖行为,作了详尽的规定,是我国对外贸易中最重要的一项国际条约。

我国在核准该公约时,提出了两项重要的保留:其一,我国不同意扩大该公约的适用范围,只认为公约适用于营业地分处不同缔约国的当事人之间所订立的货物买卖合同;其二,我国坚持认为,订立、更改或终止国际货物买卖合同必须采取书面形式,公约对合同形式不受限制的规定对中国不适用。

b.《海牙规则》(1924 年),《维斯比规则》(1968 年),《汉堡规则》(1978 年)。以上均为调整国际海上货物运输关系的公约。

c.《联合国国际货物多式联运公约》(1980 年)。

d.《关于承认与执行外国仲裁裁决的公约》(即《纽约公约》)(1958 年)。

在法律的适用上,国际法优先于国内法。

0.4.3 国际贸易惯例

国际贸易惯例是指在国际贸易长期实践中形成的习惯性做法,由国际组织或某些国家的商业、学术团体加以规范成文,成为国际贸易活动中当事人的行为准则。

国际贸易惯例本身并不是法律。贸易双方当事人有权在合同中达成不同于惯例规定的贸易条件。但许多国家在立法中明文规定了国际惯例的效力。特别是在《联合国国际货物销售合同公约》中,惯例的约束力得到了充分的肯定。在下列情况中,国际贸易惯例对当事人有约束力:

a. 当事人在合同中明示地选用某项国际贸易惯例。

b. 当事人没有排除对其已知道或应该知道的某项惯例的适用,而该惯例在国际贸易中为同类合同的当事人所广泛知道并经常遵守,则应视为当事人已默示地同意采用该项惯例。

在国际贸易中通行的主要惯例均由国际商会制订,主要有:

a.《国际贸易术语解释通则》(2010 年)。

b.《跟单信用证统一惯例》(UCP 600)(2006 年)。

c.《托收统一规则》(1995 年)。

d.《国际保付代理惯例规则》(1994 年,国际保理商联合会颁布)。

e.《见索即付保函统一规则》(1992 年)。

国际惯例是国际法的又一重要渊源。上述惯例在国际贸易中均得到普遍遵守,是从事国际贸易的人员所必须熟知的重要内容。

重 要 名 词

国际贸易 对外贸易 出口贸易 进口贸易 过境贸易 总贸易 专门贸易 有形贸易 无形贸易 服务贸易 直接贸易 间接贸易 转口贸易 易货贸易 国际贸易惯例

思 考 题

1. 联系实际谈谈开展国际贸易的重要性。
2. 简要说明国际贸易与国内贸易的异同。
3. 国际贸易的主要研究对象是什么?

原 理 篇

国际贸易原理是对国际贸易发展历史与现实情况的具体描述和理论说明,主要研究国际贸易的历史进程及其在各个发展阶段上的规律性,分析与国际贸易密切相关的国际分工、世界市场、国际价值与国际市场价格等问题,评介国际贸易纯理论(the pure theory of international trade)。

国际贸易纯理论的内容(见示意图)包括重商主义对外贸易学说、西方国际贸易理论和发展经济学的国际贸易理论。西方国际贸易理论分为传统国际贸易理论及其新理论和传统国际贸易理论的反对派及其新理论。西方传统国际贸易理论又分微观国际贸易理论和宏观国际贸易理论。

微观国际贸易理论主要包括亚当·斯密的绝对利益论、大卫·李嘉图的比较利益论、约翰·穆勒和马歇尔的相互需求论、赫克歇尔和俄林的要素禀赋论和里昂惕夫之谜。传统国际贸易理论在当代的新发展有可获得性说、熟练劳动说、人力资本说、研究开发要素说、规模报酬递增说、技术差距论、产品生命周期说、偏好相似说、原料周期说、产业内贸易理论及国家竞争优势说等。比较利益论是传统微观国际贸易理论形成的标志,绝对利益论是比较利益论的基础,相互需求论是比较利益论的补充,要素禀赋论是比较利益论的演绎,里昂惕夫之谜之后的战后贸易新理论则是比较利益论的细分和新发展。

宏观国际贸易理论不系统不成熟,未形成完整的体系,主要是对外贸易乘数理论。

传统国际贸易新理论主要有:可获得性说、熟练劳动说、人力资本说、研究开发要素说、规模报酬递增说、技术差距论、产品生命周期说、偏好相似说、原料周期说、产业内贸易理论、国家竞争优势说等。

西方传统国际贸易理论的反对派理论——保护贸易理论主要有汉密尔顿的保护关税说、李斯特的保护幼稚工业论、普雷维什的中心—外围论及保护贸易的其他论点。保护贸易新理论主要有战略贸易论和管理贸易论。

发展经济学的国际贸易理论主要是对外贸易与经济发展的相互关系理论和对外贸易发展战略理论。

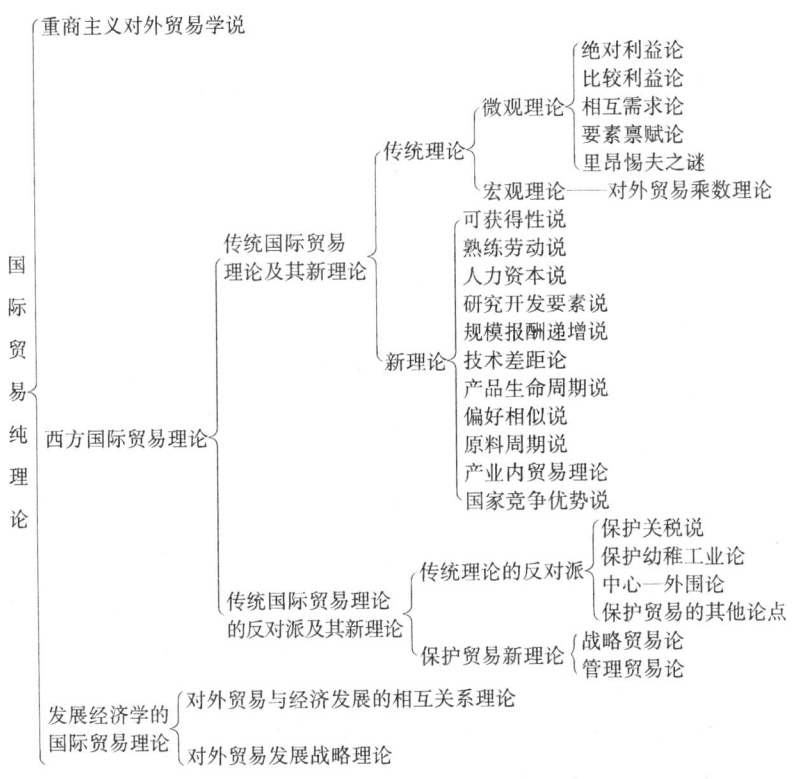

国际贸易纯理论内容的示意图

1

国际贸易发展简史

最早的超越地域的贸易产生至今,已有三四千年的历史。本章将叙述国际贸易的历史演进过程和当代国际贸易,总结各个历史发展阶段国际贸易的一般规律性,兼谈各时期中国的对外贸易情况。

1.1 前资本主义时期的国际贸易

在原始社会末期、奴隶社会初期,生产力的发展、剩余产品的出现及社会分工的扩大、国家的产生,使国际贸易得以产生。随着生产力的继续发展,国际贸易在奴隶社会和封建社会有了不同程度的发展。

1.1.1 国际贸易的产生

国际贸易属于历史范畴,它是在一定的历史条件下产生和发展起来的。国际贸易的产生必须同时具备两个条件:一是生产力发展到一定水平,有可供国际间交换的剩余产品;二是社会分工的扩大和国家的产生。从根本上说,社会生产力的发展和社会分工的扩大,是国际贸易产生和发展的基础。

在原始社会初期,人类处于自然分工状态,生产力极其低下,人们依靠集体劳动、平均分配所获得的有限生活资料简单维持生存,没有剩余产品,不存在交换。人类社会第一次大分工——畜牧业和农业的分工,使原始社会的生产力有了发展,开始有了少量剩余产品,于是,在氏族公社、部落之间出现了原始的、偶然的物物交换。随着生产力的继续发展,手工业从农业中分离出来,形成了人类社会第二次大分工,产生了直接以交换为目的的商品生产,但那时还没有货币,没有专门从事贸易的商人,没有阶级和国家,也就不存在国际贸易。直到原始社会末期,奴隶社会初期,随着商品生产和商品交换的不断扩大,产生了货币,商品交换便由物物交换过渡到以货币为媒介的商品流通。随着私有财产和阶级的产生和商品流通的扩大,出现了商业和商人,形成了第三次社会大分工。这时,国家产生了,商品流通超越国界,产生了国际贸易。

最早的贸易方式非常奇特。相传,当时地中海沿岸居民因胆小不敢当面交易,故将欲交换的货物放在岸边,燃起烟火,以示有货愿意交换,自己却躲在树林里等候。小商船发现烟火信号后,即驶近海岸,把带来交易的商品放在岸上,并取走居民的货物。待小商船离去后,居民再从树林里出来取走商人留下的商品。早期交换的商品主要是自然产品和手工产品,如水果、干果、谷物、食盐、金银块及其他土特产等。

1.1.2 奴隶社会的国际贸易

在奴隶制度下,社会生产力较之原始社会有了较大的发展,海运事业渐渐发展起来,贸易组织、货币制度亦先后建立,使奴隶社会的国际贸易有了一定程度的发展。但由于在奴隶社会中,自然经济占据统治地位,商品生产微不足道,因而进入流通领域的商品极为有限,加之当时生产技术落后,交通运输工具简陋,使国际贸易的规模和范围受到很大限制。

奴隶社会的贸易国家有腓尼基(地中海东岸的一个国家,现在黎巴嫩境内)、埃及、希腊、罗马、印度、中国等。贸易的商品主要是王室和奴隶主阶级所追求的奢侈品,如宝石、装饰品、各种织物和香料等,此外还有奴隶主阶级的活的生产工具——奴隶。

我国在夏商时代已经进入奴隶社会,贸易集中在黄河流域,主要在夏王与诸侯国诸侯之间及各诸侯国诸侯相互间进行。诸侯以纳贡形式提供给夏王商品,夏王则以赏赐方式将商品提供给诸侯。各诸侯国之间也以纳贡形式相互交换礼品。贡品和赐物主要是本地特产。

1.1.3 封建社会的国际贸易

封建社会时期的国际贸易有了较大的发展。虽然在封建社会早期,进入流通领域的商品还不多,但随着商品生产的发展,封建地租由劳役和实物形式转变为货币地租,封建社会中期的商品经济得到了进一步发展。到封建社会后期,随着城市手工业较为迅速的发展,商品经济和国际贸易均有了较大的发展。但在整个封建时期,社会生产力水平毕竟还很低,商品经济仍处于从属地位,交通运输也还不发达,国际贸易仅局限于部分区域内进行。而且,当时的国际贸易更带有政治意义,如海上、陆上的"丝绸之路"主要显示大汉民族的强盛。

封建时期的贸易范围不断地扩大。在欧洲封建社会的早期,国际贸易中心主要是地中海东部和阿拉伯地区。公元11世纪以后,欧洲城市的兴起,使地中海、北海、波罗的海和黑海沿岸成为当时西方贸易的中心。大马士革,达姆吉,中国的长安、扬州、泉州和沿海城市如广州等则是东方贸易的中心。这时期国际贸易的主要商品仍然是奢侈品,如金银、丝绸、香料、宝石、象牙、瓷器和少量毛麻纺织品。西方国家以呢绒、酒等商品换取东方的丝绸、香料和珠宝等。

我国社会于春秋战国时期向封建社会过渡,生产力有了较大的发展,列国间贸易进一步增加,与邻近其他民族间的贸易也渐趋频繁。秦以后,我国形成中央集权的封建统一国家,对外贸易向境外更远领域伸展。此后的两千多年中,每遇中国国内生产发展较快、经济繁荣时期,对外贸易便有相当扩展。西汉时期,陆上贸易通道"丝绸之路"的开辟,唐代经济繁荣时陆路贸易和海上贸易的盛况,宋朝海上贸易的活跃,明初郑和率领的远洋贸易的空前规模等,都是当时生产力水平提高的具体表现。通过对外贸易,我国的丝绸、瓷器、茶叶等商品大量输往邻国和西方诸国,四大发明也由此传播出去,同时把欧亚各国的物品输入我国。

1.2 资本主义生产方式准备时期的国际贸易

16～18世纪,是欧洲封建生产方式向资本主义生产方式过渡时期,即资本主义生产方式准备时期。在这一时期,城市手工业的发展为国际贸易的发展提供了物质基础,地理大发现和世界市场的初步形成,又促进了国际贸易的发展。而国际贸易的较为显著的发展,则促进了资本主义生产方式的诞生。

1.2.1 国际贸易的显著发展

16～18世纪,由于欧洲城市的不断兴起,城市手工业逐渐发展起来,商品经济得到了一定的发展,客观上需要扩大市场。15世纪末开始的地理大发现正是这一客观需要的结果。对非洲西海岸的探险,通往东方香料岛屿的新航路的开辟,以及美洲的发现,开始了一个海洋商业(海外贸易)和欧洲人对其他大陆殖民征服的新时期。在西欧海上强国开展的以地球为战场的商业战争中,欧洲的商业地图骤然扩大了。各大洲联结在一起初步形成了世界市场,这又极大地扩大了世界贸易的疆域,印度洋、东南亚的群岛和半岛,以及大西洋等都被绘制进来,世界贸易的规模也随之急剧增加。随着商业国的兴衰,国际贸易中心几度转移。14、15世纪意大利北部的威尼斯、热那亚、佛罗伦萨等城市,以及波罗的海和北海沿岸的汉萨同盟诸城市为欧洲的贸易中心,而15世纪末16世纪初,葡萄牙的里斯本、西班牙的塞维尔、尼德兰的安特卫普、荷兰的阿姆斯特丹、英国的伦敦,先后成为繁荣的国际贸易港口,其贸易范围远及亚洲、非洲和美洲。这一时期国际贸易的商品除奢侈品外,工业原料和食品的比重开始增加,贩卖非洲黑奴的奴隶贸易也是当时贸易的重要内容。

1.2.2 国际贸易促进了资本主义生产方式的产生

16~18世纪国际贸易的显著发展,加快了资本原始积累的过程,促进了资本主义生产方式的产生。

资本主义生产方式的产生需要两个条件,即货币资本的积累和劳动力与生产工具的分离。这两个条件在资本主义生产方式准备时期是由原始积累过程创造出来的,而国际贸易在这两个条件的产生过程中,特别是在资本积累过程中曾起过巨大的作用。国际贸易不仅为资本主义生产提供了货币资本,开辟了市场,也提供了劳动力。

在历史上,西欧殖民者通过海外贸易与暴力掠夺、征服殖民地和贩卖黑奴相结合,从世界各地攫取了大量财物,运回母国,在那里转化为资本。通过发动一系列商业战争,占领旧市场,征服新世界,扩大了市场。同时,国际贸易也加速了劳动力与生产工具的分离过程,为工业资产阶级提供劳动力,英国历史上著名的圈地运动就是最好的例证。可见,国际贸易的发展是资本原始积累的重要杠杆之一,"是促使封建生产方式向资本主义生产方式过渡的一个主要因素"[①],是资本主义生产方式的历史前提。

但应指出,国际贸易属于流通领域,只是再生产过程的一个环节,它并不能创造新的生产方式,只是为封建生产方式向资本主义生产方式过渡创造条件。因此,国际贸易只是资本主义生产方式的必要条件,而不是充分条件。决定资本主义生产方式的产生只能是社会生产力发展和生产关系的变化。

1.3 资本主义自由竞争时期的国际贸易

18世纪60年代到1873年是资本主义上升、发展并确立其统治地位的时期,即资本主义自由竞争时期。大机器工业的建立,使国际贸易得到了巨大的发展,并使这一时期的国际贸易具有显著的特征。

1.3.1 国际贸易的空前发展

18世纪60年代到1873年,以蒸汽机为代表的科学技术获得了惊人的发展。英国以及欧洲其他先进国家和美国相继完成了产业革命。资本主义生产从工场手工业过渡到机器大工业,使社会生产力得到空前的大发展,从而大大促进了国际贸

---

① 马克思:《资本论》第三卷,人民出版社1975年版,第372页。

易的发展。这是因为机器大工业需要扩大销售市场,而国内市场却远远容纳不了机器大工业生产出来的大量商品,需要将大量商品输送到世界市场去销售。机器大工业时期,英国的纺织工业、法国的丝织工业、德国的化学工业、美国的汽车工业、瑞士的钟表工业,以及瑞典、丹麦、比利时、荷兰和卢森堡的许多制造业都在很大程度上依赖于世界市场。再者,机器大工业需要扩大原料来源,大城市人口所需要的食品也依赖于世界市场的供应。在机器大工业迅速发展的情况下,交通运输工具发生了变革,运载量大、速度快、运费低的运输工具如火车、轮船、电报机、电缆网应运产生了,这又为国际贸易的发展和海外市场的开辟创造了有利条件,使国际贸易在这一时期得到了空前的发展。据统计,从1800—1870年,国际贸易量增长了10倍多,其增长速度超过了世界生产的增长速度。

在资本主义自由竞争时期,与国际贸易空前发展相联系的一个值得注意的现象是殖民主义国家进一步进行殖民地掠夺和扩张,尤其是英国,从19世纪60年代开始,便以更大的规模抢占殖民地,成了横跨五大洲的所谓"日不落"殖民大帝国。

1.3.2 资本主义自由竞争时期国际贸易的显著特征

在此时期的国际贸易中,英国占据了垄断地位,其次是法国、德国和美国。英国是工业革命的先驱国,依仗工业革命所造就的雄厚技术基础,取得了世界工业的霸权地位,成为"世界工厂"。"工业上的霸权带来商业上的霸权",1870年,英国在国际贸易中的比重达25%,几乎相当于法国、德国和美国的总和。19世纪,法国、德国、美国等国也相继完成了工业革命,并开始在世界市场上展开激烈的竞争,因此,这些国家在国际贸易中亦居于重要地位。

随着商品产量和数量的增多,这一时期国际贸易的商品结构较之前一时期发生了很大的变化。大宗商品,如香料、茶叶、丝绸、咖啡等的贸易比重已下降,纺织品贸易则迅速增长,且占优势地位,这与英国纺织工业的迅速发展直接有关。此外,粮食、煤炭、钢铁、农业原料、机器及运输材料等商品的贸易亦有了较大的增长。

随着贸易规模的扩大,国际贸易的组织形式也发生了很大变化,商品交易所、大贸易公司取代了对外贸易特权公司,运输业、保险业、银行业等在国际贸易中也得到广泛运用。

1.4 帝国主义时期前期(1870—1938年)的国际贸易

19世纪70年代以后,资本主义由自由竞争逐渐向垄断阶段过渡,到19世纪末、20世纪初,资本主义变成了帝国主义,直至第二次世界大战爆发,垄断资本在政治经济生活中占据了垄断地位,许多帝国主义国家实行了超保护贸易政策。帝国主义时期前期的国际贸易大体上可分为两个阶段,即向帝国主义过渡到第一次世界大战前时期和两次世界大战之间时期。在这两个不同的阶段,国际贸易表现出了不同的特点。

1.4.1 向帝国主义过渡到一战前时期(1870—1914年)

在此时期,欧洲和美国发生了第二次工业革命。"钢和电的革命"为工业提供了新材料,补充了新能源。内燃机的发明与应用,大大加快了机械工业和交通运输工业的发展。在第二次工业革命的推动下,世界工业生产飞跃发展,统计资料表明,世界工业产量在1870—1900年的30年间增长了2.2倍,在20世纪初的13年中又增长了66%。在这个时期,大量的铁路建筑又为进一步扩大资本输出提供了条件,也为帝国主义国家开拓销售市场、掠夺原料建立起了运输网。资本输出的急剧增加,扩大了商品输出。这一切使这一时期的国际贸易继续有明显的增长。但与自由竞争时期相比,增长速度下降了。从1840—1870年,国际贸易量增长了3.4倍,而1870—1900年的国际贸易量只增长1.7倍。而且,国际贸易量的增长速度已落后于世界生产,这表明世界市场的扩大速度已赶不上世界生产的扩大速度,生产与市场之间的矛盾已趋于尖锐化,主要资本主义国家争夺市场的斗争加剧了。

该时期国际贸易的地理格局发生了突出的变化。虽然截至1913年,英国的出口仍然居世界第一位,可是英国在世界贸易中的地位下降了。1860年,英国在世界出口中所占的比重为20%,1876—1880年下降到16.3%,1913年再下降至13.1%。而其他西欧国家、北美、非洲、拉丁美洲在世界贸易中所占的比重则增加了。但这一时期,欧洲,主要是西欧仍然占据世界贸易的控制地位。19世纪的世界贸易大部分是欧洲国家间的贸易以及欧洲与其海外移民地区的贸易。1913年世界贸易的1/5是欧洲的内部贸易,欧洲进口的1/5来自欧洲以外的国家,而欧洲出口的15%输往海外国家,欧洲以外国家之间的贸易所占世界贸易的份额不足1/4。

在1870—1913年期间,世界贸易商品结构的特点是初级产品和制成品在世界贸易中所占比重持续稳定,但在初级产品和制成品中各类商品所占比重发生了重大变化。在1870年以后,随着发达资本主义国家对矿产原料需求的增加,矿产在初级产品贸易中所占比重有了增加,而食品和农产原料的比重有所下降。在制成品领域里,纺织品的生产和出口在世界制成品的生产和出口中所占比重均有下降,而金属产品的生产和出口有了较大的增长,化学品、纸张、木制品、陶土制品和玻璃器皿的生产和出口也有所增加。这些变化反映了发达资本主义国家工业化的发展和国际分工的扩大。

1870—1913年期间,中国对外贸易的半殖民地性质进一步加深了。1894—1895年,日本对中国发动了侵略战争,中国被迫签订了不平等的《中日马关条约》。甲午战争后,帝国主义加紧在中国扩张侵略势力,中国对外贸易主权进一步丧失,中国的对外贸易逐步为帝国主义所控制。中国变成了帝国主义的商品销售市场、原料产地和投资场所。在1870—1913年期间,中国的出口贸易和进口贸易均有所增加,但中国男耕女织的自给自足的经济体制和中国优越的自然条件阻碍了这个时期中国对外贸易的迅速发展。中国商品货币关系的不发达亦使这个时期中国对外贸易在国际贸易中所占的份额很低。1913年,中国进口额在世界进口额中所占的比重仅为2.0%,出口额占世界出口额的比重也只有1.5%。这时期内,生丝和茶叶仍然是中国的重要出口商品,但它们在出口总额中的比重却年复一年的下降。而随着东北地区对外贸易的开放和铁路的广泛建设,大豆、植物籽和植物油在出口贸易中占据了重要地位。此外,棉花、煤、羊毛、生皮、熟皮、皮货和蛋类等的出口也有了迅速的增长。进口贸易中,直至19世纪90年代止,鸦片一直是中国最重要的进口商品,19世纪90年代以后,棉货的进口值才超过了鸦片。此外,棉纱、糖、烟草、煤油、金属品、铁路材料和车辆的进口也有大量增加。

鸦片战争以后,英帝国在中国的对外贸易中占据支配地位,1868年,英国对华贸易约占中国对外贸易总额的70%;1888—1896年仍占1/4以上。甲午战争以后,日本对华贸易迅速增长,至1913年,日本在中国对外贸易额中占到18.7%。美国与俄国在中国对外贸易中所占比重和绝对值在此时期也有增长,法、德两国在中国对外贸易中也占一定比重。

1.4.2 两次世界大战之间时期(1914—1938年)

两次世界大战之间时期,资本主义世界爆发了三次经济危机,战争的破坏和空前的经济危机使世界工业生产极为缓慢,在1913—1938年的25年间,世界工业生产量只增长了83%。同时,这一时期贸易保护主义显著加强,奖出限入措施交互推进,螺旋上升,给国际贸易的发展设置了层层的人为障碍。因此,两次世界大战期间,国际贸易的扩大过程几乎处于停滞状态。1913—1938年,世界贸易量只增长了3%,年增长率仅为0.7%,世界贸易值反而减少了32%,而且这一时期,国际贸易的增长更为明显地落后于世界工业生产的增长,许多国家对于对外贸易的依赖性减小了。

在这一时期,国际贸易的地理格局发生了变化。第一次世界大战打断了各国间特别是欧洲国家与海外国家间的经济贸易联系,使欧洲在国际贸易中的比重下降,而美国的比重却有了较大的增长。亚洲、非洲和拉丁美洲经济不发达国家在国际贸易中的比重亦有所上升。但在这一时期,欧洲国家仍然处于国际贸易的控制地位,因为两次大战间的经济危机和超保护主义政策措施在限制欧洲各国间贸易的同时,鼓励和扩大了欧洲对其他国家的贸易。

两次世界大战之间时期国际贸易商品结构的特点表现为初级产品和制成品在世界贸易中分别所占的比重持续稳定,但它们的内部结构却发生了重大变化。在1913—1937年的初级产品贸易中,食品和农业原料所占的比重都下降了,而燃料和其他矿产品所占比重均有增加。制成品贸易结构的突出变化是工程产品贸易所占比重显著增加和纺织品贸易比重下降。金属和化学品的国际贸易比重也有所增加,但其他轻工产品贸易比重则下降了。制成品贸易渐渐从消费品贸易转向资本货物贸易,半制成品贸易也稍有增加。

两次世界大战之间时期中国的对外贸易:

第一次世界大战期间,帝国主义忙于厮杀,其国内生产大受损失,暂时放松了对中国的侵略,减少了对中国的商品输出。1918年大战结束后,帝国主义又卷土重来,加紧了对中国的掠夺,加之世界经济有所回升和发展,使中国对外贸易有了较大的增长。1918—1929年成了中国对外贸易史上增长速度最快的时期。此时期,中国的出口量年均增长率达3.2%,进口量年均增长率达7%。但从1929年以后,因受世界经济危机的影响,1931年,日本帝国主义又侵占我国东北,中国的对外贸易又趋于衰落。从整个时期来看,中国的对外贸易并未取得显著的进展。

这一时期中国对外贸易的商品结构发生了很大的变化。20世纪初,中国的鸦片进口已大为减少,棉织品占到首位,其次是棉纱。在20年代,由于中国民族工业的发展和帝国主义在中国投资设厂,棉织品和棉纱在中国进口中所占比重大为下降,而纸张、液体燃料、化工产品、钢铁及金属制品、机械等进口所占比重则有了显著增加。出口方面,在战争期间和战后,丝及丝织品和茶叶的重要性却不断下降,而大豆和豆饼在出口中的重要性则不断增加。此时期,其他重要的出口商品还有:蛋及蛋制品、生皮、皮革、皮货、矿砂和金属。

随着帝国主义国家争夺中国市场和势力范围竞争的加剧,中国对外贸易的地理分布也改变了。与前一时期相比,英帝国的比重逐渐下降,而日本和美国的比重却有了很大的增长。但在这一时期无论在中国的进口或出口中,英帝国仍占到首位,其次是美国,再次就是日本,德国和法国分别占到第4位和第5位。中国的对外贸易已由过去的英、美、日三国控制的局面变成多国控制的局面。

1.5 当代的国际贸易

第二次世界大战以后,世界经济形势发生了深刻的变化,世界生产和国际贸易快速增长,贸易商品结构和地理格局随之改变。国际服务贸易迅速发展,区域贸易集团方兴未艾。

1.5.1 战后国际贸易的迅速增长

第二次世界大战以后,世界经济形势发生了深刻的变化,美国的经济地位江河日下,西欧和日本的力量迅速崛起,亚、非、拉地区一大批殖民地、半殖民地国家相继独立,其中有一些国家走上了社会主义道路,它们在世界经济中的地位和作用日益增长。战后不同类型的国家在统一的世界市场里相互依存、相互竞争,这种世界经济格局影响着国际贸易的发展。

世界经济的发展是国际贸易的物质基础,决定着国际贸易的发展及其规模的扩大。二战后出现了第三次科学技术革命的浪潮,电子学、原子能、半导体、高分子化学、高能物理学、生物工程学有了巨大的发展,出现了一系列新兴工业部门。在科学技术革命的推动和其他因素的作用下,世界工农业生产有了较大的增长。战后交通运输工业的发展更为迅速,现代化交通运输和通讯联络工具的广泛采用,使世界各地的距离在时间上大大缩小了。此外,战后资本输出迅速地发展,跨国公司迅猛地发展。这一切都推动了国际贸易的迅速增长。1950—1973年的25年间,国际贸易值从607亿美元增至5 740亿美元,增长了8.5倍,平均每年增长10.3%。至2000年国际贸易额再增至77 300亿美元。而在20世纪上半叶,1900—1938年的38年间,世界贸易量只增长了1倍,年均增长率仅1.8%。二战后不仅国际贸易的规模迅速扩大,而且国际贸易的增长速度超过了世界生产的增长速度,这表明国际分工和国际贸易作为经济增长因素的作用的重要性大大增加了。

战后国际贸易的发展大致可分为两个阶段。第一阶段为1948—1973年的时期:与世界经济迅速增长相适应,这一时期国际贸易发展迅速,世界市场的容量扩大了,世界进口和出口总的趋势是直线上升。1948—1973年,世界出口量年均增长率达7.8%,大大超过1913—1948年的世界出口年均增长率0.5%,亦超过了19世纪的"黄金时代"高峰时期1860—1870年的世界出口量年均增长率5.6%,而且超过了同期工业生产的增长率6.1%。第二阶段是20世纪70年代初至现在:从70年代初开始,世界经济走出了它的战后"黄金时代",缓慢地发展,与此相适应,国际贸易增长率大幅度下降,从1973—1981年国际贸易年均增长率较第一阶段减少了一半,只达3.6%。80年代初,由于受到战后以来最严重的经济危机的影响,国际贸易陷入1981年的零增长和1982年的负增长困境,1983年以后,随着西方国家经济的回升,国际贸易增长率有较大提高,从1983—1989年国际贸易年均增长率提高到6.2%。进入90年代后,国际贸易的增长速度稍加快,1990—2000年国际贸易年均增长率为7%,总的看来,战后第二阶段国际贸易的发展处于动荡不稳和低速增长的状态。

1.5.2 战后国际贸易商品结构和地理分布的变化

第二次世界大战以后,在国际贸易中制成品的增长快于初级产品,国际贸易商品结构一改战前初级产品占主要地位的局面,制成品贸易比重上升,初级产品的贸易比重下降,制成品所占比重从1953年开始超过初级产品的贸易比重。目前,制成品贸易占贸易总额的75%强,初级产品比重则不及25%。据世界银行预测,到2002年,制成品的比重将上升至79.5%,国际贸易商品结构日趋优化。造成这一变化的原因:第一,是科技进步导致了更经济有效地使用原料,并推动了对出口的初级产品的不同程度的加工。第二,合成材料的大量生产减少了天然原料的使用。第三,发达资本主义国家实行的农业保护主义政策,减少了对农产品的进口需求。第四,发展中国家的工业发展使资本货物的进口增加。第五,发达国家国内需求类型变化所导致的制造业结构变化影响了发展中国家初级产品的出口。此外,初级产品贸易条件恶化以及世界产业结构日益智能化、高级化也是造成国际贸易中初级产品贸易比重不断下降和制成品比重不断上升的重要原因。

当代国际贸易商品结构的变化,不仅表现在工业制成品和初级产品两大部门间的贸易相对比重升降上,而且两大部门贸易的内部结构上也有了改变。在工业制成品贸易中,劳动密集型轻纺产品的比重下降,而资本货物所占比重上升,高技术产品的增长加快,化工产品、机器和运输设备等的贸易比重增长也较快。知识经济时代的到来,将导致世界范围内产业结构的智能化、高级化。智能的物化产品将成为世界商品市场的主体。在未来的国际商品贸易中,技术密集型产品尤其是高附加值的成套设备和高科技产品将成为出口增长最快、贸易规模最大和发展后劲最足的支柱商品,高技术密集型产品所占比重将越来越大。在初级产品贸易中,石油贸易增长迅速,而原料和食品贸易发展缓慢。

战后国际贸易的地理分布表现为越来越多的国家参与国际贸易,各种类型国家的对外贸易都有了不同程度的增长。而增长最快的是发达国家相互间的贸易,发达国家与发展中国家贸易关系则相对缩减了。在国际贸易中,发达国家继续占据支配地位,其出口和进口在世界出口和进口中均占2/3以上的份额。在发达国家中,日本和欧洲的贸易地位上升较快,美国的贸易地位逐渐下降,1986年世界最大的出口贸易国的宝座曾由美国拱手相让与原联邦德国,直到1991年德国东西部统一,因受重建东部经济的影响,世界第一出口大国的桂冠才又被美国夺回。在发展中国家中,新兴工业化国家处于领先地位。中国的贸易地位近年来迅速提高,已逐渐成为一个重要的贸易大国。

1.5.3 当代国际服务贸易的迅速发展

国际服务贸易(international trade in service)是指国家之间提供作为劳动活动服务的特殊使用价值。它随资本主义生产方式产生而出现,并随市场经济的发展而不断发展。

在资本主义生产方式准备时期,随着新大陆的发现,航运业兴起,随着美洲的开发,出现了大规模的"奴隶贸易"和带有强烈的殖民主义色彩的国际劳务贸易。在资本主义自由竞争时期,随着有形商品贸易的巨大发展,铁路、海运、金融、通讯等无形商品贸易也不断发展。虽然二战以前国际服务贸易随着商品经济的发展而不断增长,但与二战以后的情形比较,其规模和范围及增长速度都比较有限。只有在第二次世界大战以后,随着第三次科学技术革命的发生,各国,尤其是发达国家产业结构不断优化,第三产业迅速发展,加上资本国际化和国际分工的扩大和深化,国际服务贸易才得到迅速发展。据统计资料显示,从 1967—1980 年,国际服务贸易额由 700 亿～900 亿美元猛增到 6 500 亿美元,2000 年再增至 14 350 亿美元,相当于当年国际贸易额的 18.6%。1979 年国际服务贸易额超过了商品贸易额的增长速度。近年来,服务贸易的增长速度更大大高于商品贸易的增长速度。

二战以后国际服务贸易得以迅速发展的原因首先在于世界各国,尤其是发达国家服务业迅速发展,服务活动在就业和国民生产总值中的比重不断加大。目前,发达国家服务业占其国内生产总值比重达 2/3,其中美国已达 3/4,发展中国家服务业所占比重也达 1/2。发达国家服务业从业人数占其总就业人数比重达 2/3,发展中国家的这一比重达 1/3。随着服务业的发展,其专业化程度日益提高,经济规模不断扩大,从而效率不断提高,为国际服务贸易打下了坚实的基础。

二战以后世界经济的恢复和发展,各类行业对服务的需求增加,形成了部门齐全的大规模的国际服务市场,使国际服务贸易成为可能。从 20 世纪 60 年代开始,世界上就形成了部门齐全的大规模的国际服务市场,如西亚、北非国际建筑承包业市场,西欧制造业和服务业市场,北美高技术市场和东南亚境内服务输出市场等。

国际分工的扩大和产业结构的调整,促进了国际服务贸易规模的扩大。国际分工和产业结构调整必然导致大规模的服务输出和输入,而各国生产力水平的差异以及自然资源和劳动力分布的差异,使其服务业发展各具比较优势,通过国际贸易,各自的服务需求得以满足。

二战以后跨国公司的迅速发展推动了国际服务贸易的快速增长。二战以后,随着生产与投资的国际化,跨国公司迅速发展。跨国公司全球性的投资活动、技术转让和国际性的生产专业化过程,促进了专家、技术人员和劳动力的国际流动,带动了金融、法律、技术服务、保险、运输、计算机服务、工程咨询等服务业务的发展。

国际经济技术合作的多样化也推动了国际服务贸易的发展。随着贸易自由化、外汇自由化，生产要素在国际间的流动性加强，国际经济合作的内容和方式日益增多，诸如国际信贷合作、国际投资合作、国际科技合作、国际劳务合作及各种国际经济援助等，都直接或间接地推动了国际服务贸易的发展。

此外，国际服务贸易的迅速发展还与各国政府对服务贸易的支持和鼓励有关。服务业的发展不仅能够促进国民经济的发展，而且是参与国际竞争、跻身于世界市场的重要基础。因此，许多国家采取各种政策措施，鼓励和扶持本国的服务业的发展，如建立服务业自由贸易区、鼓励外国在服务业投资、支持和鼓励国际间和区域内部服务部门的合作与一体化等。

在国际服务贸易中，发达国家占绝对优势。服务进出口的位次为西欧居首，亚洲为次，北美第三。2000年，服务出口居世界前10名的国家和地区是美国、英国、法国、德国、日本、意大利、西班牙、荷兰、中国香港、比利时/卢森堡。服务进口居世界前10名的国家和地区是美国、德国、日本、英国、法国、意大利、荷兰、加拿大、比利时/卢森堡、中国。美国是服务贸易的最大顺差国，而日本则是最大的逆差国。发展中国家和地区在国际服务贸易中地位落后，而且发展很不平衡，集中在少数国家和地区，主要是韩国、新加坡、墨西哥、泰国、土耳其、沙特阿拉伯、马来西亚、印度尼西亚、中国及中国台湾和中国香港。

1.5.4 国际贸易格局的集团化发展

二战以后，国际竞争日益激烈，世界主要贸易国为保持其在全球市场上的竞争力，不断寻求与其他国家联合，通过优惠贸易安排、自由贸易区、关税同盟、共同市场等不同方式，组建区域贸易集团，实现在区域内贸易自由化。以1957年成立的欧共体为导线，贸易集团在全球迅速蔓延。20世纪80年代中期以后，随着东西方关系缓和及冷战结束，世界政治经济格局发生深刻变化，世界经济多极化趋势明显加快，以欧共体统一大市场为先导，北美自由贸易区、亚太经济合作组织为两翼，拉美加勒比海联盟和南方共同市场、马格里布、马什里克共同市场、东盟自由贸易区、中西亚经济合作组织、南亚区域合作联盟、东南非洲共同体为后续，掀起了区域贸易集团化的又一浪潮。即便是一向反对区域集团合作的美国，于1985年也投入区域集团化浪潮之中。进入90年代，区域经济合作不断地向深度和广度推进，区域贸易集团化步伐进一步加快，贸易集团激增，区域内贸易日益活跃和扩大。据日本贸易振兴会统计，截至1996年7月，世界经济区域、次区域集团化组织已达112个，其中69个建于90年代。欧盟(EU)、北美自由贸易区(NAFTA)是世界上最大的两个区域性集团。据统计，2000年欧盟内部贸易额占到该区域内国家对外贸易额的61.8%；北美自由贸易区为56%，全球区域贸易额已占世界贸易总额的一半稍多。区域内贸易的发展和扩大有力地推动了世界贸易的发展。因区域内贸易的开放性高于排他性,预计今后区域内贸易的发展速度仍将高于其对外贸易的增长速度,在世界贸易中的比重会进一步加大。

世界贸易集团化是世界经济走向一体化,全球贸易走向自由化的一个发展阶段和步骤,集团贸易成了全球贸易自由化的推动力。随着区域贸易集团化的纵深发展,区域集团将进一步联合,世界经济将走向全面一体化的道路。在新的世界一体化框架中,贸易的边境壁垒将趋于消亡,而贸易投资政策,竞争政策以及宏观、微观经济政策的协调与规范将达到一个比较统一的水平,国家的政治经济主权将在一定程度上受到削弱,而贸易政策和经济政策的界限也将越来越模糊,世界经济一体化,全球贸易自由化将最终实现。

应该指出,区域贸易集团的排他性和程度不同的贸易转移效应对世界贸易产生了一些消极影响,在一定程度上困扰着世界贸易组织体制的正常运行和进一步发展。因此,世界各国应达成共识,以全球贸易自由化为目标制定贸易政策,并通过世界贸易组织采取有效措施,规避区域贸易集团的消极影响,充分发挥其积极作用,努力将区域贸易集团化汇入全球贸易自由化的潮流之中。

1.5.5 当代中国的对外贸易

新中国成立后,废除了帝国主义在华的一切特权,建立了新海关,重建了新中国的对外贸易体制,成立了专营对外贸易的中国进出口公司。我国对外贸易有了很大的发展,从1950—2000年的50年间,中国出口额由5.5亿美元增至2 492亿美元,按现行价格计算增长了453倍。

新中国成立后,我国在不同时期对外贸易的发展存在很大差异。解放初期到20世纪60年代中期,新中国受到帝国主义的经济封锁,只能与前苏联和东欧一些社会主义国家开展有限的贸易往来,主要进口前苏联的机器设备,出口我国的农副产品和原材料。这时期的对外贸易发展受到较大限制。60年代以后中苏关系恶化,我国对外贸易受到直接影响,贸易额连年大幅度下降,1962年我国对外贸易额由1959年的43.81亿美元降至26.63亿美元。"十年动乱"中,我国基本中止了一切对外贸易联系。直到党的十一届三中全会,确立了改革开放的基本国策,才为我国对外贸易带来了春天。此后,我国经济发展逐渐走上了健康、稳定、高速增长的轨道,对外贸易额不断增长。1981年我国的商品进出口总额突破了400亿美元,1985年突破了600亿美元,2000年达4 743亿美元,其中出口额达2 492亿美元。我国在世界贸易中的地位从1976年的第34位跃为1992年的第11位,并连续5年保持这第11贸易大国的地位,1997年跻身全球贸易十强行列,排位第十,2002年升至第五位,2008年我国出口总额达到14 285亿美元,居世界首位。

新中国成立以来,随着国家科学技术的发展和工业化程度的提高,我国出口商品结构逐步趋向优化。经过几十年的建设和发展,20世纪80年代末,我国出口产品结构已经完成了由主要出口初级产品向主要出口工业制成品的转变。90年代开始了出口商品结构的第二个转变,即由主要出口粗加工、浅加工、低附加值的产品向精加工、深加工、高附加值产品的转变。1995年,我国出口总额中,初级产品占14.4%,工业制成品占85.6%;2000年,出口中初级产品和工业制成品所占比重分别为10.2%和89.8%。这说明出口商品结构的第二个转变已朝好的方向发展。但总的来说,我国现阶段的出口商品结构仍比较落后,尤其是与世界贸易前十强的其他国家(地区)相比,无论在总体结构上还是在商品结构上都不够优化。

在我国的出口商品中机电为第一大类,2006年机电出口占出口总额的比重为47%,高新技术产品、服装、纺织品、鞋类、玩具、无机及有机化学制品以及药品等出口也占重要地位。我国进口商品仍以工业制成品和资源性产品为主,80%以上是生产资料,如石油、矿产品、钢材、有色金属、化工原料、成套设备、机床、船舶和新技术等。

2010年,我国对外贸易伙伴排名为:欧盟、美国、日本、中国香港和东盟。

思 考 题

1. 国际贸易产生必须具备哪些条件?
2. 二战后,国际贸易商品结构发生了什么重大变化? 其主要原因是什么?
3. 什么是服务贸易? 二战后国际服务贸易发展的主要原因是什么?

国际分工

国际分工(international division of labor)是国际贸易和世界市场的基础,国际分工的发展,有力地促进了国际贸易的发展。本章主要考察国际分工的形成和发展及其在各个发展阶段上的特征,并分析影响国际分工发展的因素以及国际分工对国际贸易的影响。

2.1 国际分工概述

2.1.1 国际分工的产生

国际分工是指世界上各国之间的劳动分工。它是社会分工发展到一定阶段的产物,是国民经济内部的分工超越国家界限广泛发展的结果。

历史上曾出现过三次社会大分工,均在前资本主义社会,那时自然经济占统治地位,生产力水平低,各个民族、各个国家的生产方式和生活方式的差别较小,商品生产不发达,因而只存在不发达的社会分工或一定区域内的地域分工。只有人类社会发展到资本主义阶段,在产业革命后大工业生产条件下才产生国际分工。因此,国际分工是一个历史范畴和经济范畴,也是一种与机器大生产及世界市场相联系的国际间的分工体系。马克思指出:"由于有了机器,现在纺纱工人可以住在英国,而织布工人却住在东印度。在机器发明以前,一个国家的工业主要是用本地原料来加工……。由于机器和蒸汽的应用,分工的规模已使大工业脱离了本国基地,完全依赖于世界市场、国际交换和国际分工。"①

---

① 《马克思恩格斯全集》第四卷,人民出版社 1965 年版,第 168~169 页。

2.1.2 影响国际分工发展的因素

国际分工的产生和发展主要取决于社会经济条件和自然条件,而国际分工的性质则由国际生产关系所制约。具体说,影响国际分工发展有如下五个因素。

A. 社会生产力是国际分工形成和发展的决定性因素

生产力的增长是一切分工发展的前提条件。分工、社会分工和国际分工都是社会生产力发展的结果。生产力发展对分工,包括国际分工发展的决定性作用突出地表现在科学技术的重要作用上。迄今为止出现的三次科学技术革命,都深刻地改变了许多生产领域的状况,改善了生产工艺、劳动过程和生产过程,并促使新部门和新产品不断出现,从而使社会分工和国际分工的形式和内容、深度和广度随之发生变化。18世纪蒸汽机时代的国际分工不同于在此之前的手推磨和手纺机时代的国际分工,19世纪铁路、轮船、内燃机时代的国际分工又不同于18世纪的国际分工,20世纪原子能、电子计算机、机器人、人造卫星和航天飞机时代的国际分工也不同于过去一切时代的国际分工,当今科学技术的新发展,微电子技术、生物工程、光纤通讯技术、海洋技术等的发明与应用,使国际分工的发展继续向深一层推进。

各国生产力水平决定其在国际分工中的地位。历史上,英国最先完成产业革命,生产力得到巨大发展,成为"世界工厂"而在国际分工中居于中心地位。继英国之后,欧美其他资本主义国家也相继完成了产业革命,生产力迅速发展,因而与英国一起成为国际分工的中心和支配力量。二战以后,原来的殖民地、半殖民地国家政治上取得独立,努力发展民族经济,生产力有了较大的发展,它们在国际分工中的地位得到逐步改善。一些新兴的工业化国家经济发展迅速、生产力水平大大提高,因而在国际分工中的地位也不断提高。

B. 自然条件是国际分工产生和发展的基础

马克思指出:"正像威廉·配第所说,劳动是财富之父,土地是财富之母。"[①]在这里土地指的就是自然条件。自然条件是一切经济活动的基础,没有一定的自然条件,进行任何经济活动都是困难的,甚至是不可能的。矿产品只能在拥有大量矿藏的国家生产和出口,某些种类的作物如天然橡胶、咖啡树、茶叶等因需要特殊气候而只能在特定的地区种植。自然条件也是国际分工的基础,它为国际分工提供了可能性,也使国际分工随着它的变化而变化。

必须指出,自然条件对国际分工的发生和发展的确很重要,但绝不是决定因

---

① 马克思:《资本论》第一卷,人民出版社1975年版,第57页。

素。而且,随着生产力的发展,自然条件对国际分工的作用逐渐相对减弱。自然条件只提供进行生产和国际分工的可能性,并不提供现实性,要把可能性变为现实性还需要一定的生产力条件。煤炭固然不能在没有煤矿的地区开采,但存在丰富煤矿的地区,直到科学技术和生产力发展到一定的阶段,才得到充分的开发和利用。在产业革命以前,特别是19世纪末叶第二次产业革命以前,沉睡在世界各处地层下面的矿藏亿万年间未能得到开发和利用,这并不是由自然条件决定的,而是社会经济条件所决定的。有些西方经济学家,如以亨廷顿(Ellsworth Huntington)为代表的地理环境决定论者过分地夸大了自然条件对国际分工所起的作用。在他们看来,国际分工的产生和发展是由自然条件决定的,他们把国际分工看作是自然的永恒的范畴,而不是历史范畴、经济范畴,这是十分错误的,对此,马克思主义者曾一再进行过批评。

C. 人口多寡、劳动规模和市场大小对国际分工起着重大的影响作用

人口的多寡直接影响劳动力的供给,因而影响国际分工。世界各国人口分布的不平衡,使分工和贸易成为必要,人口稠密的国家可以通过发展劳动密集型产品与别国产品相交换,而人口稀少、自然资源或资本相对丰富的国家则可以发展自然资源密集型产品或资本密集型产品与前一类国家产品相交换。

劳动规模或生产规模也制约着国际分工。无论何种劳动,一旦大规模地进行,就有必要分工。若生产规模扩大到一家厂商无力单独负担研究开发和成批生产费用的程度就必然走向国际分工与协作的道路,而且,劳动规模或生产规模越扩大,分工就越细致。

国际分工的实现和发展还受制于市场的大小。固然,社会分工是商品经济的基础,因而是交换的基础,国际分工也是国际贸易和世界市场的基础。但是市场的规模对分工起着重大的影响作用,国际贸易的发展、世界市场的扩大对于国际分工也起着强有力的推动作用。在一个国家和地区,市场规模越大,该国参与国际分工的可能性便越大,实现国际分工的程度也越高。

D. 国际生产关系决定国际分工的性质

国际分工总是和一定的国际生产关系联系在一起的,哪里有国际分工的联系,哪里有世界市场上的联系,哪里就有国际生产关系。国际分工的性质正是由国际生产关系的性质决定的。

国际生产关系是社会生产关系超出国家界限发展的结果。国际生产关系体系包括:生产资料所有制形式,各个国家在世界物质和劳务生产中的地位,以及它们在国际分配、交换和消费中的各种关系。生产资料所有制的形式是国际生产关系的基础,它决定着国际间商品的生产、分配、交换和消费。

当代国际生产关系是一个由多种性质生产关系所组成的综合性的生产关系

体系。其中不仅有资本主义的生产关系,而且有社会主义生产关系,还有一些其他性质的生产关系。在当代国际生产关系体系中,资本主义生产关系居支配地位。

E. 上层建筑对国际分工的形成和发展也起重要的作用

上层建筑是指建立在经济基础之上的政治法律制度和社会意识形态。它可以推进或延缓国际分工的形成和发展。

卡布拉尔(M. J. Cabral)认为,国际分工"是自发地形成的,不是发达国家所采取某些政策的结果"。① 这个论点是不符合实际情况的。在历史上,除了自然条件和社会经济条件之外,殖民主义者所采取的武力征服政策、各种超经济的强制手段以及自由贸易政策,对许多亚洲、非洲、拉丁美洲国家的国际生产专业化,因而对资本主义国际分工的形成过程起了重要的作用。16世纪初期以后,亚、非、拉国家的种植园经济、单一经济以及世界农村和世界城市的分离与对立,就是在殖民主义者所采取的这些政策手段的影响下形成的。另外,通过建立超国家的经济组织或集团,调节组织成员的经济贸易政策,加强内部分工的做法也对国际分工的发展产生重大影响。

2.2 国际分工发展的几个阶段

社会分工、地域分工和国际分工是随着生产力的发展而发展的。国际分工经历了萌芽、形成、发展和深化等阶段。

2.2.1 国际分工的萌芽阶段

地理大发现开始了国际分工的萌芽阶段。在15世纪末至16世纪上半期的"地理大发现"之后,世界市场的萌芽和国际贸易的迅速扩大促进了生产力的发展和手工业生产向工场手工业生产的过渡,从而使以工场手工业为基础的、具有地域性的、面向国外市场的专业化生产产生,国际分工进入萌芽阶段。

在这个时期里,西欧国家推行殖民政策,用暴力手段和超经济的强制手段,在拉丁美洲、亚洲和非洲进行掠夺。他们开矿山,建立种植园,发展了以奴隶劳动为基础的、为世界市场而生产的农场主制度,从而建立了早期的国际专业化生产和最初形式的分工——宗主国和殖民地之间的特殊分工。1699年,英国贸易与种植园

---

① 《走向一个新的世界经济》,国际发展学会1971年海牙第五次会议文件。转引自姚曾荫:《国际贸易概论》,人民出版社1987年版,第84页。

高级专员说:"我们的意图就是要把种植园安排在美洲,那里的人民应该专门生产那些英国不生产的产品。"①

宗主国和殖民地之间的分工保证了宗主国对热带产品的输入,并为其成长中的工场手工业产品增加出口,防止了金银的外流,还为宗主国的船只提供了货运。当时盛行一时的三角贸易,即由西非提供奴隶劳动力,由西印度群岛生产并出口蔗糖和烟草,由英国生产并出口工业品的贸易,便是宗主国和殖民地间分工的表现形式。

2.2.2 国际分工的形成阶段

第一次产业革命开始了国际分工的形成阶段。从18世纪60年代开始到19世纪60年代完成的产业革命,使资本主义从工场手工业过渡到大机器工业。大机器工业促进了社会分工的空前发展并推动了社会分工向国际分工大规模转变,使以大机器工业为基础的国际分工得以形成。马克思指出:"在英国,机器发明了之后分工才有了巨大进步,……由于机器和蒸汽的应用,分工的规模已使大工业脱离了本国基地,完全依赖于世界市场、国际交换和国际分工。"②

大机器工业的建立之所以使国际分工得以形成,是因为:大机器生产使生产能力和规模急剧扩大,需要寻求新的销售市场和增辟原料来源。而大机器工业生产物的低廉价格和在大机器工业推动下变革了的运输方式则成了资产阶级征服国外市场的武器,也是破坏外国的手工业生产,从而迫使外国变为自己的原料产地的武器。这样,原来在一国范围内的城市与农村的分工,工业部门与农业部门之间的分工,就逐步变成世界城市与世界农村的分离与对立,演变成以先进技术为基础的工业国与以自然条件为基础的农业国之间的分工,"一种和机器生产中心相适应的新的国际分工产生了,它使地球的一部分成为主要从事农业的生产地区,以服务于另一部分主要从事工业的生产地区。"③

这时期的国际分工形式基本上是以英国为中心的宗主国和殖民地之间的分工。由于英国最早完成产业革命,使其生产力和经济迅速发展,竞争力大大提高,因而在国际分工中处于中心地位,恩格斯把当时的国际分工描绘为"英国是农业世界的伟大的工业中心,是工业太阳,日益增多的生产谷物和棉花的卫星都围绕着它运转。"④当时一位英国学者对英国在国际分工中的地位也曾作过生动的描述:"在

---

① E·利普森(E. Lipson):《英国经济史》第三卷,英国1934年版。
② 《马克思恩格斯全集》第四卷,人民出版社1965年版,第168~169页。
③ 马克思:《资本论》第一卷,人民出版社1975年版,第494~495页。
④ 《马克思恩格斯选集》第四卷,人民出版社1972年版,第279页。

实质上,世界的1/5是我们的自愿的进贡者;北美大平原和俄国是我们的谷物种植园;芝加哥和敖德萨是我们的谷仓;加拿大和波罗的海诸国是我们的森林;我们的羊群的牧场在澳洲;我们的牛群在美洲;秘鲁把它的白银提供给我们;加利福尼亚和澳洲以自己的黄金提供给我们;中国人为我们种茶,而从印度把咖啡、茶叶和香料运到我们的海岸。法国和西班牙是我们的葡萄园;地中海沿岸是我们的果园;我们从北美合众国以及其他国家获得棉花。"

这种国际分工的特征形成了世界城市与世界农村对立下的一种"垂直式"的国际分工体系,在这种国际分工体系下,殖民地、附属国成为宗主国的工业品销售市场和食品、原料的来源地。例如,当时的印度已成为英国生产棉花、羊毛、亚麻、黄麻、蓝靛的地方,澳大利亚变为英国的羊毛殖民地。

2.2.3 国际分工的发展阶段

第二次产业革命开始了国际分工的发展阶段。19世纪70年代至20世纪初发生了第二次产业革命,垄断代替了自由竞争,资本输出成为主要的经济特征之一,世界生产力巨大发展,国际分工向深度和广度发展,形成了门类比较齐全的国际分工体系。

在这个阶段,国际分工的迅猛发展、国际分工体系的最终形成是由生产力的发展、国际生产关系的发展的全部过程所准备好了的。首先,第二次产业革命和帝国主义扩张政策进一步改变了世界经济的面貌,为国际分工的扩大奠定了物质基础。从1870—1913年一战前夕,世界工业生产增长了4倍,同期,国际贸易额亦增长了3.2倍。其次,在这一阶段各种交通工具发生了空前飞跃的发展,为国际分工的扩大提供了条件。铁路网的建设,使广大内地与沿海港口联合起来,便利了物资的出口和国外产品的进口,从而加强了国际经济联系;海洋航线的开辟,电报以及美洲、亚洲和非洲铁路的建设把各国的国内市场汇合成为全世界市场,使国际分工的扩大成为可能。再次,帝国主义通过资本输出将资本主义生产日益扩大地移植到殖民地、半殖民地国家中去,从而使宗主国与殖民地间的分工、工业国与农业国的分工日益加深。同时,资本输出实现了世界范围的生产社会化和国际化,加强了世界各国间的相互依赖关系,并加强了各国对国际分工的依赖性,因而促进了国际分工的发展。

这一阶段国际分工的特征表现为:一方面,前一阶段宗主国与殖民地之间的"垂直式"分工继续向深度和广度发展,分工的中心从英国一国变为一组国家,少数国家整个地变为城市,大多数国家整个地变为农村,工业生产集中在占世界人口少数的欧洲、北美和日本,食品和原料的生产集中在占世界人口大多数的亚、非、拉美国家,前一时期已经开始的世界城市与世界农村的对立进一步扩大了。另一方面,工业国之间发展成一种"水平式"的分工,即工业部门间的分工。例如,英国侧重于材料工业的钢铁生产,德国侧重于发展化学工业,挪威着重开展铝的专业化生产,芬兰则主要生产木材加工产品。

2.2.4 国际分工的深化阶段

第二次世界大战以后,国际分工进入深化发展阶段。

战后国际分工的深入发展,有其多方面的原因。首先,科学技术的进步是促使战后国际分工深入发展的最重要因素。在第三次科学技术革命的影响下,世界生产力迅猛地发展,生产和生产力进一步国际化,产品日益多样化、差异化,使世界各国在经济上日益依赖国际分工和世界市场,从而使国际分工,尤其是具有一定技术水平的国家之间部门内部的分工得到空前的发展。其次,战后无线电通讯、交通运输工具的革新,加快了运输速度,并降低了运费,使许多国家的比较优势发生了变化,从而改变了世界生产布局,促进国际分工形式向纵深方向和广阔领域发展。再次,跨国公司的兴起和发展是推动国际分工发展变化的又一股重要力量。跨国公司通过对外直接投资把生产过程分散到世界各地,把社会劳动不仅在地区范围内或在一国范围内进行分工,而且在世界范围内进行分工,使国际分工迅速扩大。而且,跨国公司越来越多地把资本投放在发达国家的制造业部门,使水平型分工迅速发展。最后,殖民体系的瓦解和民族主义国家和地区的经济发展对战后国际分工的发展也起着重要作用。二战以后,随着帝国主义殖民体系的瓦解,相继取得政治上独立的国家逐步走上了发展民族经济的道路,它们在国际分工中的地位随之有了较大改变,从而在一定程度上打破了传统的国际分工格局。此外,战后在关贸总协定主持下的历次多边贸易谈判,区域性经济集团的建立等,也有助于国际分工的发展。

二战以后时期,在世界生产力和国际生产关系变化的条件下,当代国际分工出现了一些新的特征。第一,国际分工格局发生了很大变化。战后国际分工在经济结构相似、技术水平接近的工业国之间得到迅速发展,使工业国之间的分工在国际分工格局中居于主导地位,从而改变了战前的发达资本主义国家主要从事工业制成品生产,殖民地、附属国主要从事初级产品生产的工业国与农业国之间的分工模式。第二,国际分工的形式有了很大改变。战后,经济和科学技术的迅速进步,使国际分工从垂直型分工日益走向水平型分工;从产业各部门间的分工发展到各产业部门内部的分工;从市场力量主导型分工向企业内部协调型分工发展;从沿着产品界限所进行的分工发展到沿着生产要素界限所进行的分工;从有形商品生产和贸易领域的分工扩展到服务领域的分工,并出现商品和服务部门相结合的分工。第三,参与国际分工国家的类型和经济制度有显著变化。当代国际分工是由各种经济制度不同和经济发展阶段不同的国家和地区参加的综合性的分工,参与国际分工的既有资本主义国家,也有社会主义国家,既有发达国家,也有发展中国家,从而结束了资本主义生产关系一统国际分工的时代。当代国际分工体系包括了发达国家之间的分工,发达国家与发展中国家之间的分工,发展中国家之间的分工和社会主义国家与资本主义国家之间的分工。发达国家之间的分工以工业分工为主,发达国家与发展中国家之间的分工中,工业分工得到发展,工业与农业的分工逐渐削弱,发展中国家之间也逐渐开展了广泛的分工与合作。第四,区域经济集团成员国之间的分工逐步加强。二战后,区域经济集团不断涌现,区域经济集团的内向性和排他性——对内逐步实现贸易和投资自由化、对外高筑壁垒促进了经济集团内成员国之间分工的发展。随着区域经济集团化进程的加快,经济集团成员国之间的分工逐步加强。

2.3 国际分工对国际贸易的影响

国际分工是国际贸易和世界市场的基础,国际贸易和世界市场是随着国际分工的发展而发展的。国际分工主要通过以下几个方面对国际贸易产生重要的影响。

2.3.1 国际分工影响国际贸易的发展速度

国际贸易的发展与国际分工的发展是同向的,即在国际分工发展较快的时期,国际贸易一般发展也较快,相反,在国际分工发展缓慢时期,国际贸易发展也较慢,甚至处于停滞状态。在资本主义自由竞争时期,由于以英国为中心的国际分工的形成与发展,国际贸易迅速地增长,其增长速度超过了世界生产的增长速度。从1800—1913年,世界人均生产每10年增长率为7.3%,而世界人均贸易额每10年增长率为33%。而在1913—1938年间,世界生产发展缓慢,国际分工处于停滞状态,国际贸易量在该时期的年均增长率仅为0.7%。二战以后,随着国际分工的深化发展,国际贸易的增长率超过了世界生产的增长率。

2.3.2 国际分工影响国际贸易的市场结构

国际贸易的市场结构是指国际市场上商品和服务的进口来源地和出口输往地,它表明国际贸易商品和服务的总流向及各贸易国在国际市场上的地位。国际分工通过制约各国的对外贸易地理方向和国际贸易地区分布而影响国际贸易市场结构。一国的对外贸易地理方向与其同其他国家的分工程度有关,国际贸易的总流向与国际分工的形式、深度及广度有关。19世纪,与殖民主义宗主国和殖民地落后国家之间的垂直式分工相应的国际贸易关系主要是宗主国与殖民地落后国家之间的贸易。二战以后,随着国际分工由垂直型向水平型转变,发达国家间的贸易占据了主要地位,而发达国家与发展中国家的贸易退居次要地位。各贸易国在国际市场上的地位则与其在国际分工中所处的地位有关。一般在国际分工中处于中心地位的国家,在国际贸易中也占据主要地位。从 18～19 世纪末,英国一直处于国际分工的中心,它在资本主义对外贸易中一直独占鳌头。19 世纪末以来,发达资本主义国家成为国际分工的中心国家,他们在国际贸易中一直居于支配地位。1995 年发达国家商品进出口额约占世界贸易额的 67%。

2.3.3 国际分工影响国际贸易的商品结构

国际贸易商品结构即各类商品在国际贸易中的构成及其在总的商品贸易中所占的比重。由于国际分工发展的作用,国际贸易商品结构不断地发生变化。尤其是二次战后,国际分工的深化发展,使国际贸易商品结构发生了显著的变化:随着水平式国际分工的发展,在国际贸易中工业制成品所占比重超过了初级产品所占比重;随着发达国家与发展中国家分工形式的变化,发展中国家出口中的工业制成品不断增加;随着国际分工的深化和跨国公司在国际分工中的地位和作用的加强,产业内贸易、中间性机械产品贸易比重不断提高,服务贸易发展也很迅速。

2.3.4 国际分工影响国际贸易的利益分配

国际分工可使分工参与国扬长避短,并有利于世界资源的合理配置,节约社会劳动,提高世界生产力。但由于国际分工的形成与发展是在资本主义生产方式内进行的,一方面,它代表了生产力发展的进步过程;另一方面,也体现了资本主义的生产关系。传统的国际分工虽然在殖民主义国家间的分工比较平等,但在殖民主义国家与殖民地、半殖民地、落后国家之间的分工却是不平等的中心与外围的关系。前者控制,后者被控制;前者剥削,后者被剥削。这种不平等的分工决定了殖民主义国家与殖民地、半殖民地、落后国家的不平等的贸易关系。二战以后,随着发展中国家政治上的独立和民族工业的发展,发展中国家在国际分工中的地位有所改善,贸易利益随之增加。

2.3.5 国际分工影响一国对外贸易依存度和世界贸易依存度

对外贸易依存度也称对外贸易系数,指的是一国对外贸易总额在该国国民生产总值中所占的比重。世界贸易依存度又称世界贸易系数,指国际贸易值在世界总产值中所占的比重。

一国经济对于对外贸易的依赖程度、世界经济对于国际贸易的依赖程度与国际分工有很大关系。国际分工的发展,使各国对外贸易依存度和世界贸易依存度不断提高。1950年,发达国家出口依存度仅为7.7%,我国出口依存度仅为4.19%。1996年,经济合作组织出口额占其国内生产总值(gross domestic product—GDP)比重已达15.92%,我国出口额占GNP比重亦升至8.32%。

重 要 名 词

国际分工 垂直式的国际分工 水平式的国际分工 国际贸易市场结构 国际贸易商品结构 对外贸易依存度

思 考 题

1. 影响国际分工发展的主要因素有哪些?
2. 当代国际分工有哪些特点?
3. 国际分工对国际贸易的影响主要表现在哪些方面?

西方传统国际贸易理论(一)

西方国际贸易理论分为两大派别：一派是在理论上居主导地位的西方传统国际贸易理论，即自由贸易理论；另一派是西方传统国际贸易理论的反对派，即保护贸易理论。

西方国际贸易理论的两大学派是从重商主义分离出来的，它们的理论观点是对立的。自由贸易理论认为，国际贸易能给参加国带来利益，促进各国的经济发展，主张自由贸易政策，反对保护贸易政策。保护贸易理论认为，国际贸易对经济发达国家有利，而对经济落后国家不利，甚至会阻碍其经济发展，因此主张保护贸易政策。两派理论分别代表世界经济中富国和穷国的利益，展开了长期激烈的论战。

西方传统国际贸易理论可分为微观国际贸易理论和宏观国际贸易理论。因宏观国际贸易理论不系统、不成熟，未形成完整的体系，所以西方传统国际贸易理论一般指微观国际贸易理论，它包括绝对利益论、比较利益论、机会成本论、相互需求论、要素禀赋论和里昂惕夫之谜。本章及第 4 章将按历史顺序分别介绍这些理论的概要。

3.1 重商主义对外贸易学说

由于西方国际贸易理论的两大学派是从重商主义分离出来的，在介绍西方传统国际贸易理论之前，有必要对重商主义作一介评。

3.1.1 重商主义及其对外贸易学说

重商主义是资本主义生产方式准备时期建立起来的代表商业资产阶级利益的一种经济学说和政策体系。它产生于 15 世纪，全盛于 16 世纪和 17 世纪上半叶，从 17 世纪下半叶开始便盛极而衰。重商主义最初出现在意大利，后来流行到西班牙、葡萄牙、荷兰、英国和法国等。16世纪末叶以后,在英国和法国得到了重大的发展。

重商主义的产生有着深刻的历史背景。15世纪以后,西欧封建自然经济逐渐瓦解,商品货币经济关系急剧发展,封建主阶级力量不断削弱,商业资产阶级的力量不断增强,社会经济生活对商业资本的依赖日益加深。与此同时,社会财富的重心由土地转向了金银货币,货币成为全社会上至国王下至农民所追求的东西,并被认为是财富的代表形态和国家富强的象征。而当时金银货币主要来自商业资产阶级所经营的内外贸易,尤其是对外贸易。因此,对外贸易被认为是财富的源泉,重商主义便应运而生。

重商主义所重的"商"是对外经商,重商主义学说实质上是重商主义对外贸易学说,是巨商大贾、学者、政府官员中的所谓重商主义者关于对外贸易的理论观点和政策主张。重商主义对外贸易学说以重商主义的财富观为理论基础,认为货币是一国财富的根本、富强的象征,一切经济活动的目的是积累财富,获取财富的途径则是对外贸易顺差,因而主张国家干预经济活动,鼓励本国商品输出,限制外国商品输入,"多卖少买",追求顺差,使货币流入国内,以增加国家财富和增强国力。

重商主义经历了从15~16世纪中叶的早期和16世纪下半叶至17世纪的晚期两个发展阶段,其对外贸易学说也相应地分为早期和晚期,早期叫货币差额论,主要代表人物有英国的海尔斯(John Hales,？—1571年)和斯坦福德(William Stafford,1554—1612年)等;晚期称贸易差额论,最重要的代表人物是英国的托马斯·孟(Thomas Mum,1571—1641年)。货币差额论与贸易差额论关于致富的具体措施和方法有所不同。

货币差额论把增加国内货币积累、防止货币外流视为对外贸易政策的指导原则,认为国家采取行政手段,直接控制货币流动,禁止金银输出,在对外贸易上遵循少买(或不买)多卖的原则,使每笔交易和对每个国家都保持顺差,就可以使金银流入国内。海尔斯和斯坦福德在《对我国同胞某些控诉的评述》一书中指出:"我们必须时刻注意,从别人那里买进的不超过我们出售给他们的。否则,我们将陷入穷困。而他们则日趋富足。"[1]

贸易差额论反对国家政府限制货币输出,认为那样做不但是徒劳的,而且是有害的。因为对方国家会采取对等措施进行报复,使本国贸易减少甚至消失,货币积累的目的将无法实现。托马斯·孟说:"凡是我们将在本国加之于外人身上的,也会立即在他们国内制成法令而加之于我们身上的……因此,首先我们就将丧

---

[1] 转引自罗尔:《经济思想史》,商务印书馆1981年版,第72页。

失我们现在享有的可以将现金带回本国的自由和便利,并且因此我们还要失掉我们输往各地许多货物的销路,而我们的贸易与我们的现金将一块消失。"①

贸易差额论认为,对外贸易能使国家富足,但必须谨守进出口贸易总额保持顺差的原则。托马斯·孟说:"对外贸易是增加我们的财富和现金的通常手段,在这一点上我们必须时时谨守这一原则:在价值上,每年卖给外国人的货物,必须比我们消费他们的为多。"②贸易差额论还认为,国内金银太多,会造成物价上涨,使消费下降,使出口减少,影响贸易差额,如果出现逆差,货币自然外流。因而认为,国家应准许适量货币输出国外,这非但不会使货币流失,而且还会像猎鹰叼回"肥鸭"一样,吸收进更多的货币,使国家更加富裕。贸易差额论者信奉"货币产生贸易,贸易增加货币。"③托马斯·孟曾非常透彻地分析了西班牙由富变穷的原因是不能更充分地用金银从事对外贸易的结果。西班牙早期来自美洲的大量金银能够保持住,是因为它垄断了东印度的贸易,赚取了大量金银。这样"他们一方面可以得到自己的必需品,一方面又可以防止别人取走他们的金钱。"④垄断丧失后,宫廷和战争的大量耗费,本土又不能供应,全靠输出金银购买,金银流失殆尽,使西班牙变穷。

3.1.2 重商主义贸易政策

基于上述理论观点,重商主义提出了一系列强制性的保护贸易政策主张,大致可归纳为以下几种。

A. 货币政策

重商主义的货币政策,可追溯到中世纪,但在 16 世纪才相当普遍。当时奉行重商主义的国家都颁布过各种法令,规定严厉的刑罚,禁止货币输出。例如,西班牙曾规定输出金银者处死,检举者有赏,并禁止外国人购买金条。英国也曾规定输出金银为大罪。在禁止货币输出的同时,各国都想方设法吸收国外货币,政府通过法令,规定外国人来本国进行贸易时,必须将出售货物所得到的全部款项用于购买本国的货物,以免货币外流。到了重商主义的晚期发展阶段,货币政策有所放宽,准许输出适量货币,以期获得更多的货币。

B. 奖出限入政策

重商主义者极力主张国家管制对外贸易,通过奖出限入政策促进出口,减少进口,实现贸易顺差,积累货币财富。在进口方面,实行重商主义的国家不仅禁止奢侈品输入,而且对一般制成品的进口也严加限制。因为奢侈品、工业制成品价格昂

---

①②③④ 托马斯·孟:《英国得自对外贸易的财富》,商务印书馆 1978 年版,第 33、22 页。

贵,进口这些商品要输出大批金银,影响货币积累。英、法等国就曾制定过禁止奢侈品进口的法令。在出口方面,由于原料价格低廉,加工后产品增值、价格变贵,所以重商主义者主张出口制成品代替出口原料。并且认为输出廉价原料,再用高价购买其制成品是一种愚蠢的行为。另外,国家还用现金奖励在外国市场上出售本国商品的商人。例如,当时英国曾禁止输出羊毛、皮革和锡等原料品,奖励那些不输出原料及在英国制造并出口工业品的生产者。

C. 保护关税政策

保护关税政策在重商主义的早期发展阶段便开始实行,晚期阶段已成为扩大出口、限制进口的重要手段之一。这种政策,对进口的制成品设置关税壁垒,课以重税,使进口的商品价格提高,售价昂贵,从而达到限制进口的目的;对进口的原料和出口的制成品,则减免关税或出口制成品时退还进口原料所征的关税,以支持和鼓励本国制成品的生产和出口。例如,法国1667年实行保护关税政策,把从英国、荷兰进口的呢绒税率提高1倍,花边等装饰品的进口税率也提高1倍,阻止了这些产品的进口,而对法国急需的工业品原料如羊毛、铁、锡、铅等的进口及工业制成品出口则加以鼓励。

D. 发展本国工业政策

重商主义者认为,保持贸易顺差的关键在于本国能够多出口竞争力强的工业制成品,因此,他们主张实施鼓励国内工业发展的政策。当时实行重商主义各国都围绕着发展本国工业制定并执行了种种政策措施。为了发展制造业和加工工业,有的国家高薪聘请外国工匠,禁止熟练技工外流和机器设备输出,鼓励原料和半成品输入,还向工场手工业者发放贷款和提供各种优惠条件;为了为工业发展提供充足的劳动力,鼓励增加人口;为了降低工业生产成本,实行低工资政策;为了提高产品质量,制订工业管理条例,加强质量管理。例如,英国政府通过职工法鼓励外国技工移入,通过行会法奖励国内工场手工业者。法国则采取免税、补贴、给予特权,乃至皇家基金自由投资等措施,促进制造业发展,并依靠国营企业,大力发展"皇家制造业",为扩大商品输出创造雄厚的经济基础。

3.1.3 重商主义贸易学说简评

重商主义贸易学说是重商主义的核心,是西方最早的国际贸易学说,它在历史上曾起过进步作用,并具有一定的现实意义。首先,在理论上,重商主义贸易学说冲破了封建思想的束缚,开始了对资本主义生产方式的最初考察,指出了对外贸易能使国家富足。马克思曾肯定过重商主义是对资本主义生产方式的最初的理论探讨。同时,重商主义贸易学说(晚期)认识到了货币不仅是流通手段,而且具有资本的职能,只有将货币投入流通,尤其是对外贸易,才能取得更多的货币。正如恩格斯评价说:"他们(指晚期重商主义者——笔者注)开始明白,一动不动地放在钱柜里的资本是死的,而流通中的资本却会不断增殖……人们开始把自己的金币当作诱鸟放出去,以便把别人的金币引回来……"① 重商主义贸易学说的理论观点代表了资本原始积累时期处于上升阶段的商业资本的利益,因而具有历史进步意义。其次,在政策上,重商主义贸易学说提供了关于国家干预对外贸易的一系列主张,当时西欧各国实行重商主义贸易政策的结果,促进了商品货币关系的发展,加速了资本的原始积累,促进了资本主义生产方式的建立,推动了历史的进步。而且,重商主义贸易政策中,许多主张和措施对当今世界各国制定对外贸易政策仍有一定的影响,一些措施,如积极发展本国工业、鼓励原材料进口和制成品出口等仍有借鉴意义。

但是,由于商业资产阶级的历史局限性和国际贸易实践的限制,重商主义对外贸易学说存在许多缺陷和不足。首先,重商主义对外贸易学说的理论观点是不成熟的、肤浅的,没有形成系统的理论。许多观点是以专题或小册子的形式阐发的,而且除少数人(如托马斯·孟等)外,绝大多数重商主义者都只针对某个具体问题一事一议,虽然各种观点之间存在一些联系,但并不紧密。其次,重商主义贸易学说对国际贸易问题的研究是不全面、不科学的。它只研究如何从国外取得金银货币,而未探讨国际贸易产生的原因以及能为参加国带来实际利益。而且,它对社会经济现象的探索仅限于流通领域,而未深入到生产领域,因而无法揭示财富的真正来源。第三,重商主义对外贸易学说包含着明显的错误。重商主义者把货币与财富混为一谈,并错误地认为货币是衡量一个国家富强程度的尺度,因而得出对外贸易是财富的源泉,对外贸易的目的就是从国外取得货币,而货币有限,此得彼失等错误结论,当然也就无法认识到国际贸易有促进各国经济发展的重要意义。

3.2 绝对利益论

西方传统国际贸易理论体系的建立是从绝对利益论的提出开始的。绝对利益论的提出有其时代背景,其理论观点包含科学的成分,也有非科学成分。

3.2.1 亚当·斯密与绝对利益论

亚当·斯密(Adam Smith,1723—1790年)是资产阶级经济学古典学派的主要

---

① 《马克思恩格斯全集》第一卷,人民出版社1965年版,第596页。

奠基人之一,也是国际分工—国际贸易理论的创始者,是倡导自由贸易的带头人。他曾任大学教师、私人教授、海关专员、大学校长等职。

在亚当·斯密所处的时代,英国的产业革命逐渐展开,经济实力不断增强,新兴的产业资产阶级迫切要求在国民(经济)各个领域中迅速发展资本主义,但却受到了中世纪遗留下来的封建行会制度和资本原始积累时期建立起来的重商主义政策体系的重重束缚。仍存在于乡间的行会制度规章严重限制了生产者和商人的正常活动,重商主义的极端保护主义则从根本上阻碍了对外贸易的扩大,使新兴资产阶级从海外获得生产所需的廉价原料,并为其产品寻找更大的海外市场的愿望难以实现。亚当·斯密站在产业资产阶级的立场上,在1776年发表的《国民财富的性质和原因的研究》(An Inquiry into the Nature and Causes of the Wealth of Nations),简称《国富论》(The Wealth of Nations)一书中,批判了重商主义,创立了自由放任(laissez-faire)的自由主义经济理论。在国际分工—国际贸易方面,提出了主张自由贸易的绝对利益论(the theory of absolute advantage)。

3.2.2 绝对利益论的主要论点

A. 分工可以提高劳动生产率

斯密非常重视分工,他在《国富论》的开头,便颂扬分工,强调分工的利益。他认为分工可以提高劳动生产率,因而能增加国家财富。他以制针业为例来说明其观点。根据斯密所举的例子,在没有分工的情况下,一个粗工每天至多只能制造20枚针,有的甚至连1枚针也制造不出来。而在分工之后,平均每人每天可制针4 800枚,每个工人的劳动生产率提高了几百倍,这显然是分工的结果。

斯密认为,分工是由交换引起的。他说:"由于我们所需要的相互帮忙,大部分是通过契约、交换和买卖取得的,所以当初产生分工的也正是人类要求相互交换这个倾向。"[1]至于交换的原因,他认为是人类特有的一种倾向。"这种倾向就是互通有无,物物交换,相互交易。"[2]在斯密看来,交换是人类出于利己心并为达到利己的目的而进行的活动。人们为了追求私利,便乐于进行这种交换。为了交换,就要生产能交换的东西,"这就鼓励大家各自委身于一种特定业务,使他们在各自的业务上,磨炼和发挥各自的天赋资质和才能。"[3]这就产生了分工。

B. 分工的原则是绝对优势或绝对利益

斯密认为,分工既然可以极大地提高劳动生产率,那么每个人都专门从事他

---

[1][2][3] 亚当·斯密,郭大力、王亚南译:《国民财富的性质和原因的研究》上卷,商务印书馆1972年版,第14、12、15页。

最有优势的产品的生产,然后彼此进行交换,则对每个人都有利。他指出:"如果一件东西在购买时所费的代价比在家内生产时所花费的小,就永远不会想要在家内生产,这是每一个精明的家长都知道的格言。裁缝不想制作他自己的鞋子,而是向鞋匠购买。鞋匠不想制作他自己的衣服,而雇裁缝裁制。农民不想缝衣,也不想制鞋,而宁愿雇用那些不同的工匠去做。他们都感到,为了他们自身的利益,应当把他们的全部精力集中使用到比邻人处于某种有利地位的方面,而以劳动生产物的一部分或同样的东西,即其一部分的价格,购买他们所需要的任何其他物品。"①

在斯密看来,适用于一国内部不同个人或家庭之间的分工原则,也适用于各国之间。他认为,每个国家都有其适宜于生产某些特定产品的绝对有利的生产条件,如果每个国家都按照其绝对有利的生产条件(即生产成本绝对低)去进行专业化生产,然后彼此进行交换,则对所有交换国家都是有利的。他在《国富论》中写到:"在每一个私人家庭的行为中是精明的事情,在一个大国的行为中就很少是荒唐的。如果外国能比我们自己制造还便宜的商品供应我们,我们最好就用我们有利地使用自己的产业生产出来的物品的一部分向他们购买……"②国际分工之所以也应按照绝对优势的原则进行,斯密认为是因为"在某些特定商品生产上,某一国占有那么大的自然优势,以致全世界都认为,跟这种优势作斗争是枉然的。"③他举例说,在气候寒冷的苏格兰,人们可以利用温室生产出极好的葡萄,并酿造出与国外进口一样好的葡萄酒,但要付出30倍高的代价。他认为,如果真是这么做,那就是明显的愚蠢行为。

C. 国际分工的基础是有利的自然禀赋或后天的有利条件

斯密认为,自然禀赋(natural endowment)和后天的有利条件(acquired endowment)因国家而不同,这就为国际分工提供了基础。因为有利的自然禀赋或后天的有利条件可以使一个国家生产某种产品的成本绝对低于别国而在该产品的生产和交换上处于绝对有利地位。各国按照各自的有利条件进行分工和交换,将会使各国的资源、劳动力和资本得到最有效的利用,将会大大地提高劳动生产率和增加物质财富,并使各国从贸易中获益。这便是绝对利益论的基本精神。

3.2.3 绝对利益论的进一步说明

现以英国和美国生产小麦和棉布为例对亚当·斯密的国际分工—国际贸易理

---

①②③ 亚当·斯密,郭大力、王亚南译:《国民财富的性质和原因的研究》上卷,商务印书馆1972年版,第28、29、30页。

论进一步分析说明如下,见表 3-1。

表 3-1

绝 对 利 益

商品 \ 国家	美 国	英 国
小麦(蒲式耳/工时)	6	1
棉布(码/工时)	4	5

表 3-1 表明,美国在小麦生产上处于绝对有利地位,因为在美国每工时可生产 6 蒲式耳小麦,而在英国每工时只生产 1 蒲式耳小麦,即美国生产小麦的成本绝对低于英国。英国则在棉布生产上处于绝对有利地位,因为在英国每工时可生产 5 码布,而在美国每工时只生产 4 码布,即英国生产棉布的成本绝对低于美国。所以,在自由贸易条件下,英国应专门生产棉布并出口一部分以换取美国的小麦,美国则应专门从事小麦生产并出口一部分小麦,进口英国的棉布。

显然,分工后,小麦和棉布的生产效率在总体上均提高了,即劳动生产率提高了,因而在原有资源基础上,能生产出较分工前更多的小麦和棉布。如果两国按照 1∶1 交换小麦和棉布,美国用 6 蒲式耳小麦可换取英国的 6 码布,比分工前的国内交换多获 2 码布或节约 1/2 工时;而英国用 6 码布可换取美国的 6 蒲式耳小麦,即相当于 30 码布(因为 6 蒲式耳小麦在英国生产需要 6 工时,而 6 工时在英国可生产 30 码布),实际获益 24 码布或节约 4.8 工时。可见,实行国际分工后,通过国际贸易,英、美两国都可同时受惠,利益就来自各自发挥生产中的绝对优势,使生产效率提高而增加的产品量。

3.2.4 绝对利益论简评

亚当·斯密的国际分工—国际贸易理论包含着科学的成分和非科学成分。斯密对社会经济现象的研究,从流通领域转到生产领域,从而对国际贸易问题采取了新的观点,这与重商主义相比是一大进步。他的绝对利益论反映了当时社会经济中已趋成熟的要求,成为英国新兴产业资产阶级反对贵族地主和重商主义者,发展资本主义的有力理论工具,在历史上起过进步作用。他关于分工能够提高劳动生产率,参加国际分工、开展国际贸易对所有参加国都有利的见解,虽然经历了 200 多年的历史,仍具有重大的现实意义。但是,斯密关于交换引起分工,而交换又是人类固有的倾向的观点是错误的。事实上,交换以分工为前提,在历史上,分工先于交换。秘鲁人的分工很早就出现了,但那时并没有私人交换;印度共同体内部有严密的分工的时候,也并无商品交换。同时,交换也不是人类本性的产物,而是社会生产力和分工发展的结果。此外,斯密的绝对利益论本身有一定的局限性,它不能解释国际贸易的全部,而只说明国际贸易中的一种特殊情形,即具有绝对优势的国家参加国际分工和国际贸易能够获益。如果现实生活中,有的国家没有任何一种产品处于绝对有利的地位,那是不是这个国家就不能参加国际贸易呢?对于这一重要问题,斯密的绝对利益论并未论及,这不能不说是理论的一大缺憾。

3.3 比较利益论

比较利益论的提出是西方传统国际贸易理论体系建立的标志,这一理论的问世,具有划时代的意义。

3.3.1 大卫·李嘉图与比较利益论

大卫·李嘉图(David Ricardo,1772—1823年)是著名的英国经济学家,是资产阶级古典经济学的完成者。他出身于一个交易所经纪人家庭,14岁开始从事交易所活动,25岁便成为百万富翁。1809年,他开始钻研政治经济学,处女作《黄金的价格》(1809年)使他一举成名,后当选为国会议员,备受政府要员的青睐。其主要代表作是1817年发表的《政治经济学及赋税原理》(Principles of Political Economy and Taxation)。

李嘉图所处的时代是英国工业革命迅速发展,资本主义不断上升的时代。当时英国社会的主要矛盾是工业资产阶级同地主贵族阶级的矛盾,这一矛盾由于工业革命的进展而达到异常尖锐的程度。在经济方面,他们的斗争主要表现在《谷物法》存废的问题上。

《谷物法》是维护地主贵族阶级利益的法令。该法令规定,必须在国内谷物价格上涨到限额以上时,才准进口,而且这个价格限额不断地提高。《谷物法》限制了英国对谷物的进口,使国内粮价和地租长期保持在很高的水平上,于英国工业资产阶级非常不利。因为一方面,国内居民对工业品的消费因吃粮开支增加而相应减少;另一方面,工业品成本因粮价上涨而提高,削弱了工业品的国际竞争力。因限制谷物进口而招致的国外报复,亦不利于英国工业品出口。于是,英国工业资产阶级和地主贵族阶级围绕《谷物法》的存废展开了激烈的斗争。李嘉图在这场斗争中站在工业资产阶级一边,他继承和发展了亚当·斯密的理论,在《政治经济学及赋税原理》一书中提出了以自由贸易为前提的比较利益论(the theory of comparative advantage),为工业资产阶级的斗争提供了有力的理论武器。

3.3.2 比较利益论的主要假定前提

大卫·李嘉图的比较利益论以一系列简单的假定为前提,主要为:
(1) 只有两个国家,生产两种商品。
(2) 自由贸易。
(3) 劳动在国内具有完全的流动性,但在两国之间则完全缺乏流动性。
(4) 每种产品的国内生产成本都是固定的。
(5) 没有运输费用。
(6) 不存在技术变化。
(7) 贸易按物物交换方式进行。
(8) 劳动价值论(the labor theory of value)——劳动是唯一的生产要素;所有劳动都是同质的(homogeneous);每单位产品生产所需要的劳动投入维持不变。故而任一商品的价值或价格都完全取决于它的劳动成本。

3.3.3 比较利益论的内容

大卫·李嘉图以上述假定为前提,继承和发展了亚当·斯密的理论观点,提出了比较利益论。亚当·斯密认为由于自然禀赋和后天的有利条件不同,各国均有一种产品生产成本低于他国而具有绝对优势,按绝对优势原则进行分工和交换,各国均获益。大卫·李嘉图发展了亚当·斯密的观点,认为各国不一定要专门生产劳动成本绝对低(即绝对有利)的产品,而只要专门生产劳动成本相对低(即利益较大或不利较小)的产品,便可进行对外贸易,并能从中获益和实现社会劳动的节约。

大卫·李嘉图在阐述比较利益论时,是从个人的情况谈起的。他在《政治经济学及赋税原理》一书的"论对外贸易"一章中论述道:"如果两个人都能制造鞋和帽,其中一个人在两种职业上都比另一个人强一些,不过制帽时只强1/5或20%,而制鞋时则强1/3或33%,那么这个较强的人专门制鞋,而那个较差的人专门制帽,岂不是对双方都有利么?"①

李嘉图由个人推及国家,认为国家间也应按"两优取其重,两劣取其轻"的比较优势原则进行分工。如果一个国家在两种商品的生产上都处于绝对有利地位,但

---

① 大卫·李嘉图:《政治经济学及赋税原理》,中译本,商务印书馆1962年版,第113页。

有利的程度不同,而另一个国家在两种商品的生产上都处于绝对不利的地位,但不利的程度也不同。在此情况下,前者应专门生产比较最有利(即有利程度最大)的商品,后者应专门生产其不利程度最小的商品,通过对外贸易,双方都能取得比自己以等量劳动所能生产的更多的产品,从而实现社会劳动的节约,给贸易双方都带来利益。

3.3.4 比较利益论的进一步分析

假设美国每工时可生产6蒲式耳小麦,英国每工时只能生产1蒲式耳小麦;美国每工时可生产4码布,英国每工时只能生产2码布(见表3-2)。虽然美国在两种产品的生产上都处于绝对有利地位,英国在两种产品的生产上都处于绝对不利地位。然而,两国生产的相对成本是不同的,因而两国各具比较优势,美国在小麦生产上具有比较优势,英国在棉布生产上具有比较优势。根据比较利益论,美国应专门从事小麦生产并出口部分小麦换取英国的棉布,而英国则应专门从事棉布生产,并出口部分棉布换取美国的小麦。如果两国间小麦和棉布的交换比例为1:1,美国用6蒲式耳小麦交换英国的6码布,比分工前的国内交换多获2码布或节约1/2工时,而英国用6码布可换取美国的6蒲式耳小麦,相当于国内生产的12码布,与分工前相比,实际获益6码布或节约3工时。可见,即使一国在两种商品的生产上都处于不利地位,通过两国分工与贸易,双方仍可获益。

表3-2

比 较 利 益

商品 \ 国家	美 国	英 国
小麦(蒲式耳/工时)	6	1
棉布(码/工时)	4	2

3.3.5 比较利益法则的例外情况

比较利益论包含比较利益法则的一种例外情况,即当一国与另一国相比,在两种商品生产上都处于绝对不利地位,而且两种商品生产的绝对不利程度相同或绝对不利比例相同时,没有互惠贸易发生。例如,上例中如果英国每工时可生产3蒲式耳小麦,而不是1蒲式耳小麦,则在英国两种商品的生产效率均为美国的一半,英、美两国均无比较利益商品,它们之间没有互惠贸易发生。其原因很简单:只有6蒲式耳小麦能换取4码布以上,美国才愿意与英国开展贸易,而按现在的假设,英国绝不愿意用 4 码布以上来换取美国的 6 蒲式耳小麦,因为在其国内,换取 6 蒲式耳小麦只需 4 码布。在此情况下,两国当然没有互惠贸易发生。

应该指出的是,比较利益论的这一例外情况极少发生,因而对比较利益论并无多大影响。

3.3.6 比较利益论简评

李嘉图的比较利益论具有合理的和科学的成分和历史的进步意义。

首先,比较利益论比绝对利益论更全面、更深刻,它的问世,改变了过去一般学者关于自由贸易的利益只在一切商品均在成本绝对低的国家生产的观点,具有划时代的意义。比较利益论揭示了一个客观规律——比较利益定律,这从实证经济学的角度证明了国际贸易的产生不仅在于绝对成本的差异,而且在于比较成本的差异。一国只要按照比较优势原则参与国际分工和国际贸易,即专业化生产和出口本国生产成本相对较低(即具有比较利益)的产品,进口本国生产成本相对较高(即比较不利)的产品,便可获得实际利益。这一理论为世界各国参与国际分工和国际贸易提供了理论依据,成为国际贸易理论的一大基石。

其次,比较利益论在历史上起过重大的进步作用。它曾为英国工业资产阶级争取自由贸易提供了有力的理论武器,而自由贸易政策又促进了英国生产力的迅速发展,使英国成为"世界工厂",在世界工业和贸易中居于首位。可见,比较利益论在推动自由贸易的事业中成效十分卓著。

但是,比较利益论仍有一定的局限性。

其一,李嘉图和斯密一样,研究问题的出发点是一个永恒的世界,在方法论上是形而上学的。李嘉图把他的比较利益论建立在一系列简单的假设前提基础上,把多变的经济世界抽象成静止的均衡的世界,因而所揭示的贸易各国获得的利益是静态的短期利益,这种利益是否符合一国经济发展的长远利益则不得而知。李嘉图虽然偶尔也承认,当各国的生产技术及生产成本发生变化之后,国际贸易的格局也会发生变化,但遗憾的是,他并没有进一步阐发这一思想,更没有用来修正他的理论。

其二,李嘉图的比较利益论仅考虑狭义的利益,即经济利益,而忽视广义的利益中的社会效益和生态环境效益。如果单纯追求狭义的比较利益——经济利益,不但可能损害本国的环境效益、付出经济利益远不能弥补的惨重代价,而且可能给他国造成环境方面的极大损害,导致以邻为壑的结果,从而影响国际贸易的基础。

其三,李嘉图的比较利益论在泛泛地论证了按照比较优势原则开展专业化生产和贸易,对所有参加国都有利之后,对于更复杂的问题,诸如引起各国劳动成本差异的原因、互利贸易利益的范围以及贸易利得的分配等问题,却没有触及。

其四,比较利益论虽然以劳动价值论为基础,但就整体而言,李嘉图的劳动价值论是不完全的、不彻底的。根据李嘉图的劳动价值论,劳动是唯一的生产要素或劳动在所有的商品生产中均按相同的固定比例使用,而且所有的劳动都是同质的,因此,任何一种商品的价值都取决于它的劳动成本。显然这些假设和观点是不切实际的,甚至是错误的,所以,仅用劳动成本的差异来解释比较利益是不完整的、不完全的。

3.4 比较利益论的现代分析

比较利益论的现代分析主要是以边际分析、机会成本和生产可能性曲线及社会无差异曲线为分析工具的一般均衡分析。为便于理解,下面先介绍基本分析工具,然后介绍一般均衡分析方法。

3.4.1 分析工具

A. 边际分析

边际分析(marginal analysis)来源于边际效用学派,该学派从数学和心理学角度分析商品的价值决定时,提出主观价值论,开始应用边际分析方法。以后西方经济学家以主观价值论为理论基础,把边际分析方法作为经济决策工具而广泛应用。

边际,意即在"边上",或最后一个,或再增加一个。例如,边际效用就是再消费一个单位消费品所获得的追加满足;边际成本指再增产一个单位产品所花费的成本;边际效益指再增加一个单位产品生产所获得的效益,等等。边际分析的实质是数学分析,其含义是:一个经济变量每增加一个单位或发生微小变动,所引起的另一个经济变量的变化程度,可用 $\Delta Y/\Delta X$ 表示。边际分析是机会成本、生产可能性曲线、社会无差异曲线的数学基础。

B. 机会成本与相对商品价格

a. 机会成本。机会成本(opportunity cost)概念于19世纪由奥地利学派提出,称替代成本(substitution cost),1936年由美国经济学家哈勃勒(Gottfied Haberler,1900— 年)引入国际贸易理论,以替代大卫·李嘉图的劳动成本,成为对国际贸易进行一般均衡分析的重要工具。

所谓机会成本是指一定的生产资源用于增加生产一单位某种产品所必须放弃生产另一种产品的数量,它表示放弃一种生产机会而采取另一种生产机会的代价。例如,英国的资源可用于生产小麦,也可用于织布。如果用来生产小麦,就牺牲了织布的机会;反之,若用来织布,便牺牲了生产小麦的机会。因此,小麦的机会成本就是增加生产一单位小麦时,必须减少生产的布的数量;而布的机会成本则是增加生产一单位布所减少生产的小麦的单位数。

哈勃勒认为,李嘉图的劳动价值论过于简单,生产中投入的生产要素不是只有劳动一种,另外,把其他生产要素换成劳动一种要素,因计量标准不同,存在着不可克服的换算困难。因此,他用机会成本理论(opportunity cost theory)来代替劳动价值论解释国际贸易产生的原因。机会成本理论认为,机会成本的差异是国际贸易产生的原因,一国在机会成本低的商品生产上具有比较优势,应专门从事该商品的生产并出口部分该产品换取本国机会成本高即比较不利的产品,这样,通过分工和交换,能为各国带来利益。在前例中(见表3-2),美国1蒲式耳小麦的机会成本是2/3码布,英国1蒲式耳小麦的机会成本是2码布;美国1码布的机会成本为3/2蒲式耳小麦,英国1码布的机会成本是1/2蒲式耳小麦。因此,美国小麦的机会成本低于英国,生产和出口小麦有比较利益;英国棉布的机会成本低于美国,生产和出口棉布有比较利益。

对机会成本进行动态分析,机会成本一般可分为边际机会成本不变和边际机会成本递增两种情况。

(1)边际机会成本不变。边际机会成本不变是指增加任一单位某产品的生产所必须放弃的另一种产品数量均相同,不论产出为多少。

机会成本不变建立在生产要素单一且同质的假设前提下,并假设生产两种产品的生产要素能够完全相互替代(或转移),转移后生产效率也相同。由于这些假设是不切实际的,所以在生产实践中,机会成本不变极为少见。

(2)边际机会成本递增。这是指随着一种产品产量的增加,每增加一单位该产品的生产,必须牺牲的另一种产品的数量越来越多。

机会成本递增发生的原因有三:其一,生产要素并非同质;其二,不同行业的生产要素的转移受到限制;其三,要素的替代能力有限。这样,当把所有的生产要素用来生产一种产品时,必须把不太适宜甚至最不适宜生产这种产品的要素也用来生产这种产品。因此,当减少某一产品的产量,把适宜生产另一产品的要素转移出去生产那另一种产品时,边际机会成本开始会很低,但随着替换产量增多,要素的适应能力减弱,而使边际机会成本增加。例如,一国的土地资源有平原和丘陵,平原适于种植小麦,而丘陵则更适于种草和牛奶生产。该国原来进行的是小麦专业化生产,现欲把资源集中于牛奶生产,这就需要把土地从小麦生产转移到牛奶生产上来。在这个转移过程中,开始时是把丘陵转移出来,因为丘陵适合于牛奶生产,所以,只需牺牲少量的小麦便能获得大量的牛奶,即用小麦表示的牛奶的机会成本开始时很低。但如果这种转移继续下去,结果适于种植小麦的平原也用来种草,发展牛奶生产,牛奶的机会成本就提高了。

机会成本递增较切合实际,在生产实践中较为普遍。

b. 相对商品价格。相对商品价格(relative commodity prices)是指一种商品相对于另一种商品的价格,即一种商品的价格与另一种商品的价格之比。若以 P_X 和 P_Y 分别表示 X、Y 两种商品的价格,则商品 X 相对于商品 Y 的价格为 P_X/P_Y。

假定价格等于生产成本,且一国同时生产 X、Y 两种商品,则 X 的机会成本等于 X 相对于 Y 的价格(P_X/P_Y)。根据机会成本理论,机会成本差异是国际贸易产生的原因。而商品的机会成本又等于其相对价格,因此,两国相对商品价格差异反映了他们的比较优势所在,并为互惠贸易提供了基础。

C. 生产可能性曲线

生产可能性曲线(production possibility curve),也叫生产可能性边界(production possibility frontier),或转换曲线(transformation curve),它表示一国所有生产要素都被充分有效利用情况下所能生产的两种可供选择的产品的不同产量组合。曲线上的每一点表示了该国充分而有效利用资源所能生产的两种产品的一个产量组合;边界以内各点表示生产资源未充分利用,或即使充分利用也缺乏效率;边界以外的点则表示现有资源和技术所达不到的产量。生产可能性曲线上点的斜率表示增加生产一单位的某商品所必须牺牲另一种商品的数量,即商品的机会成本,亦即该商品的边际转换率(marginal rate of transformation—MRT)。

生产可能性曲线因边际机会成本的动态变化趋势不同而呈不同的形状。在边际机会成本不变的情况下,生产可能性曲线是一条直线,如图 3-1 所示;在边际机会成本递增的情况下,生产可能性曲线是一条凹向原点的曲线,如图 3-2 所示。

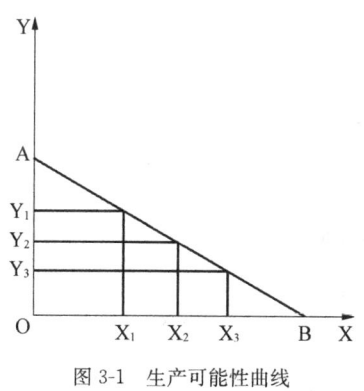

图 3-1　生产可能性曲线
　　　　（边际机会成本不变）

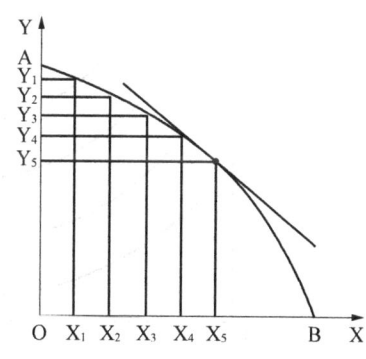

图 3-2　生产可能性曲线
　　　　（边际机会成本递增）

在图 3-1 中,某国将全部生产要素用于 X 产品生产时,产量为 OB,都用于 Y 产品生产时,产量为 OA,AB 为生产可能性曲线。每增加 X 产品的产量为 X_1X_2 =

X_2X_3,必须减少的 Y 产品产量为 $Y_1Y_2=Y_2Y_3$,X 对 Y 的机会成本 $=\dfrac{Y_1Y_2}{X_1X_2}=\dfrac{Y_2Y_3}{X_2X_3}=\dfrac{OA}{OB}$,所以 AB 为直线。AB 的斜率$\left(即\dfrac{OA}{OB}\right)$可衡量 X 产品和 Y 产品的国内交换比率。

在图 3-2 中,某国把全部生产要素用于 X 产品生产时,产量为 OB,都用于 Y 产品生产时,产量为 OA,AB 为生产可能性曲线。因每增加 X 产品的产量为 $OX_1=X_1X_2=X_2X_3=X_3X_4=X_4X_5$,必须减少 Y 产品的数量为 $AY_1<Y_1Y_2<Y_2Y_3<Y_3Y_4<Y_4Y_5$,所以,$\dfrac{AY_1}{OX_1}<\dfrac{Y_1Y_2}{X_1X_2}<\dfrac{Y_2Y_3}{X_2X_3}<\dfrac{Y_3Y_4}{X_3X_4}<\dfrac{Y_4Y_5}{X_4X_5}$,即边际机会成本是递增的,生产可能性曲线为凹向原点的曲线。

D. 社会无差异曲线

一条社会无差异曲线(community indifference curves)表示给予整个社会相同满足水平的两种商品消费的不同组合。无差异曲线上任一点的斜率等于两种商品边际效用之比率,称为消费中的边际替代率(marginal rate of substitution——MRS)。社会无差异曲线的形状为凸向原点的曲线,如图 3-3 所示。这是因为人们对物品的消费存在着边际效用递减规律(diminishing marginal utility),即,随着消费物品数量的增加,物品对人的效用逐渐减少。离原点越远的无差异曲线代表的总效用越大,代表的满足水平越高,例如图 3-3 中,CIC_2 所代表的总效用高于 CIC_1,但低于 CIC_3,CIC_4 所代表的总效用和满足水平最高。对于一个国家或社会,无差异曲线是不相交的。

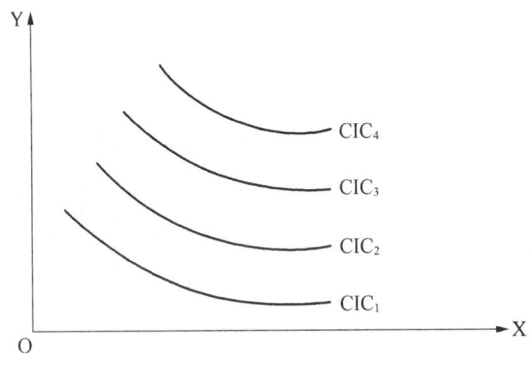

图 3-3 社会无差异曲线

可见,社会无差异曲线是反映各种消费品满足人们欲望程度的工具,在物品的效用可以替代的假设条件下进行无差异分析,便能判定人们的福利水平。

3.4.2 均衡分析

A. 隔离均衡

隔离均衡(equilibrium in isolation)指的是在没有贸易的情况下国内生产和消费的均衡。从整个宏观角度看,一国的生产与消费应该一致。若以生产可能性曲线表示生产供给,社会无差异曲线表示消费需求,则生产可能性曲线与社会无差异曲线的互切点即为一国无贸易情况下的生产和消费的均衡点,如图 3-4 中 E 点所示。该点表示该国最大的生产数量,也表示该国最大的满足水平,除 E 点外,任何一点都不是均衡点。例如 F 点,虽也在生产可能性曲线上,因而是该国的最大生产数量,但不是消费上的最大满足,未达到该国能够达到的满足水平,因为 F 点位于 CIC_1 上,其满足水平低于 E 所位于的 CIC_2 所代表的满足水平。相反,任何高于 CIC_2 的无差异曲线均与该国的生产可能性曲线不相切,说明是该国的生产能力所达不到的满足水平。

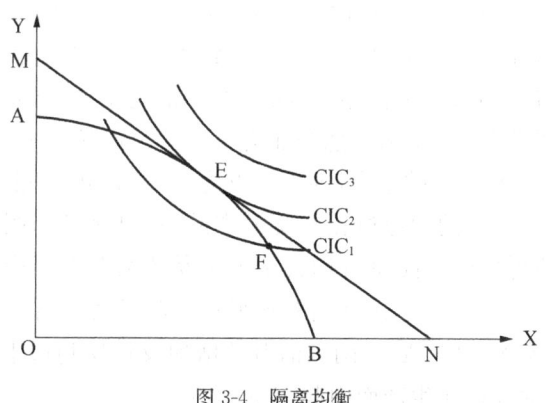

图 3-4 隔离均衡

均衡点的切线的斜率表示隔离均衡商品相对价格 P_X/P_Y,此时,两种商品的交换替代与生产中的转换恰好相等,因而,既是生产者满意的价格,也是消费者可以接受的价格。即在国内均衡情况下,生产的边际转换率(MRT)=消费的边际替代率(MRS)=两种商品的相对价格$(P_X/P_Y)=\dfrac{OM}{ON}$。

通过隔离均衡的相对价格在不同国家的差异,可以确定各国的比较优势商品和出口产业所在,一国在相对价格低于别国的产品生产上具有比较优势,因而是其出口产品,而在相对价格高于他国的产品生产上具有比较劣势,因而是其进口产品。

B. 贸易均衡

如上所述,不同国家的国内均衡商品相对价格的差异反映了他们在国内均衡点的边际机会成本不同,因而成为贸易产生的原因。如果不同国家间的贸易可能,各国的生产格局将发生变动,各自均会把生产要素从不具有比较优势的产品生产中转移出来,增加具有比较优势产品的生产,即按比较优势原则开展专业化生产。如果贸易双方面临的是边际机会成本不变,双方开展的是完全专业化生产,即将全部资源用于具有比较优势产品的生产,除非有一方为贸易小国,所能提供的贸易量不能满足另一方(大国)的全部需求,大国才不得不继续生产两种产品,即开展不完全的专业化生产。如果两国面临的是边际机会成本递增,则两国开展的是不完全的专业化生产,即便有一方为贸易小国,两国的生产专业化也只持续到两国的商品相对价格相等,两国贸易达到均衡。使两国贸易处于均衡状态的这一共同的商品相对价格称为贸易均衡商品相对价格。

例如,在图 3-5 中,假定国 Ⅰ 和国 Ⅱ 面临的是边际机会成本不变,两国的生产可能性曲线均为直线,它们与各自的社会无差异曲线的互切点分别为 A 和 A′,即在无贸易的情况下国 Ⅰ 于 A 点生产与消费达到均衡,国 Ⅱ 于 A′ 点生产与消费达到均衡,国 Ⅰ 的隔离均衡商品相对价格 P_A 小于国 Ⅱ 的隔离均衡商品相对价格 $P_{A'}$,因此,国 Ⅰ 在 X 产品上具有比较优势,国 Ⅱ 在 Y 产品上具有比较优势。如若两国的贸易可能,国 Ⅰ 将增加 X 产品的生产,减少 Y 产品的生产;国 Ⅱ 则增加 Y 产品的生产,减少 X 产品的生产,直至国 Ⅰ 把全部资源用于 X 产品的生产,即生产点为 B,国 Ⅱ 把全部资源用于 Y 产品的生产,即生产点为 B′,亦即进行完全的专业化生产,因为边际机会成本不变。两国通过相互交换产品,只要交换比例介于两国国内交换比例之间,彼此所得到的产品总量均大于无贸易的情况下国内商品消费总量。国 Ⅰ 的消费水平建立在 E 点上,国 Ⅱ 消费水平建立在 E′ 点上,国 Ⅰ 实际获益 X_1X_2 和 Y_1Y_2,国 Ⅱ 获益 $X_1'X_2'$ 和 $Y_1'Y_2'$。两国消费的增加及贸易利得来自双方进行各自具有比较优势产品的专业化生产而引起产量增加。

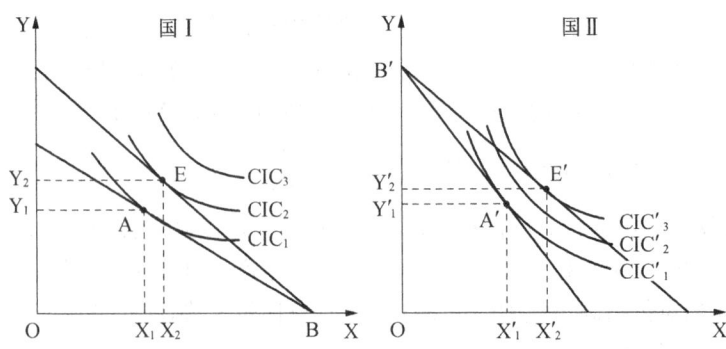

图 3-5 贸易均衡(机会成本不变)

在图 3-6 中,假定国 Ⅰ 和国 Ⅱ 面临的是边际机会成本递增,两国的生产可能性曲线均为凹向原点的曲线,但因两国的要素禀赋不同,两国生产可能性曲线的形状不同。又因两国社会全体成员的消费习惯和偏好不同,而使两国的社会无差异曲线的形状和位置不同。所以由生产可能性曲线和社会无差异曲线共同决定的国内均衡点和国内均衡商品相对价格不同,国 Ⅰ 的国内均衡商品相对价格 P_A 小于国 Ⅱ 的国内均衡商品相对价格 $P_{A'}$,表明国 Ⅰ 在 X 产品生产上具有比较优势,国 Ⅱ 在 Y 产品的生产上具有比较优势,这就为两国的分工和交换提供了基础。如果两国的贸易可能,国 Ⅰ 势必增加具有比较优势的 X 产品的生产,国 Ⅱ 势必增加具有比较优势的 Y 产品的生产,即国 Ⅰ 的生产格局沿着其生产可能性曲线下移,国 Ⅱ 的生产格局沿着其生产可能性曲线上移,直至两国商品相对价格相等(即在两国的生产点 B 和 B' 上的斜率相等)。这一商品相对价格介于两国国内均衡点商品相对价格之间,在这一水平上,两国的贸易达到平衡(两国的进出口相等)。这时两国消费分别建立在共同商品相对价格线与其社会无差异曲线 CIC_2 和 CIC_2' 相切的 E 点和 E' 点上,表明两国的经济福利水平均有所提高,这是贸易带来的利益。

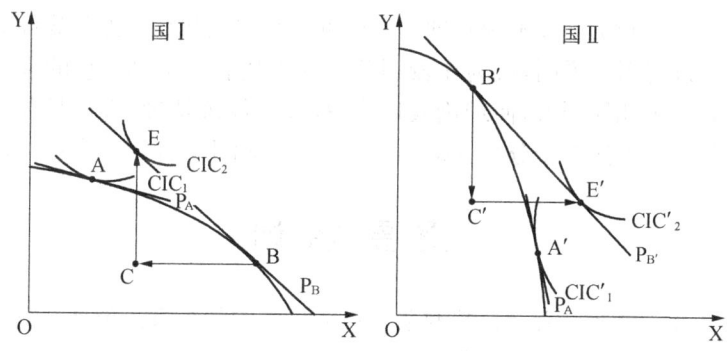

图 3-6 贸易均衡(边际机会成本递增)

值得一提的是,一国从贸易中获得的利益可划分为两部分,即从交换中所获得的利益和从专业化生产中获得的利益。从交换中获得的利益指的是两国有不同的商品数量或不同的消费偏好,通过贸易,双方均可获益。现假设上例中,国 Ⅰ 由于种种原因不能进行 X 的专业化生产,而仍按国内均衡点 A 的生产组合进行生产,若按现行的国际相对价格 P_W 进行对外贸易,国 Ⅰ 的消费水平提高至 T 点,如图 3-7 所示。可见,即使不进行专业化生产,国 Ⅰ 仍可从交换中获得利益,图 3-7 中由 A 点移至 T 点所反映的利益正是来自商品的交换。

若国 Ⅰ 开展专业化生产后,其国内生产发生变化,即由 A 点移至 B 点,即相对于 A 点而言,国 Ⅰ 进行更大程度的 X 产品的专业化生产,于是按国际相对价格与他国相交换,消费确立在更高的水平 E 点上,从 T 点到 E 点的消费效应即衡量该国得自专业化生产的利益。

得自交换中的利益和得自专业化生产的利益合计衡量贸易利得的总量。

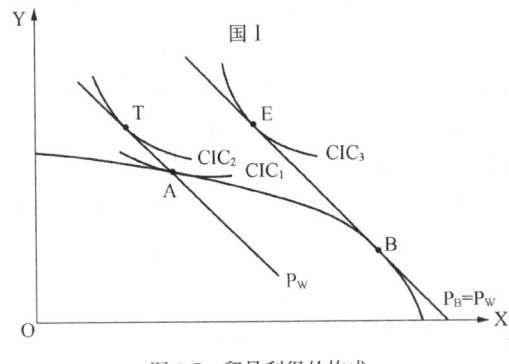

图 3-7 贸易利得的构成

3.4.3 简评

以边际分析和机会成本为基础的生产可能性曲线和社会无差异曲线被用来对比较利益论进行图解说明,成为比较利益论的现代表达工具。它的理论意义在于把文字语言变为几何图形,使理论表述形象清晰、简练精确、直观具体。这些分析工具和均衡分析方法对于分析其他国际贸易理论和社会经济本身也一样适用。

重 要 名 词

重商主义 绝对利益 比较利益 机会成本 相对商品价格 隔离均衡 贸易均衡 边际转换率 边际替代率

思 考 题

1. 试述重商主义的要旨。
2. 试述绝对利益论的主要论点。
3. 李嘉图的比较利益论的基本思想是什么?他在哪些方面发展了斯密的绝对利益论?
4. 为什么说,有比较利益就一定有绝对利益,但有绝对利益则不一定有比较利益?
5. 试以现代分析工具和方法分别对机会成本不变和递增情况下两国的贸易均衡进行分析。

西方传统国际贸易理论(二)

4.1 相互需求论

相互需求论(reciprocal demand theory)实质上是指由供求关系决定商品价值的理论,是比较利益论的补充。约翰·穆勒和阿弗里德·马歇尔是相互需求论的主要代表人物。穆勒首先提出了相互需求论,马歇尔以几何方法对穆勒的相互需求原理作了进一步分析和阐述。下面将分别介绍穆勒和马歇尔的相互需求论。

4.1.1 穆勒的相互需求论

约翰·穆勒(John Stuart Mill,1806—1873年)是李嘉图的学生,是19世纪中叶英国最著名的经济学家。他从小学习和钻研政治经济学。早在少年时代,他就在父亲詹姆斯·穆勒(James Mill,1773—1836年)的指导下研读了亚当·斯密的《国富论》和大卫·李嘉图的《政治经济学及赋税原理》等政治经济学名著。17岁后在英国东印度公司任职期间,他利用闲暇时间继续钻研经济问题。1829年发表了颇有影响的政治经济学论文集。1844年,出版了《论政治经济学中若干尚未解决的问题》。1848年,又出版了主要经济著作《政治经济学原理及其在社会哲学上的应用》(简称《政治经济学原理》)。

约翰·穆勒在《政治经济学原理》一书中的第三篇《交换》中的第18章提出了相互需求论,对比较利益论作了重要的说明和补充:他在相互需求论的基础上,用两国商品交换比例的上下限解释互惠贸易的范围;用贸易条件说明贸易利得的分配;用相互需求程度解释贸易条件的变动。

A. 互惠贸易的范围

穆勒在比较利益论的基础上,用两国商品交换比例的上下限阐述了贸易双方获利的范围问题。相互需求论认为,交易双方在各自国内市场有各自的交换比例,在世界市场上,两国商品的交换形成一个国际交换比例(即贸易条件),这一比例只有介于两国的国内交换比例之间,才对贸易双方均有利。现仍以英、美两国按比较优势原则生产和交换小麦、棉布为例,具体说明并图示(参见图4-1)。

在表3-2的假设下,分工前,在美国国内,1蒲式耳小麦可换取2/3码布;在英国国内,1蒲式耳小麦可换取2码布。按比较优势原则,分工后,美国专门生产小麦,英国专门生产棉布,再相互交换产品。如果两国间的交换比例为1蒲式耳小麦交换2/3码布,即按美国国内的交换比例进行交换,美国并不比分工前多获产品,即未获得贸易利益,因而会退出交易而使国际贸易不可能发生。显然,两国交换比例更不可能低于1蒲式耳小麦交换2/3码布,因为那样美国非但不得利,反而比国内交换少得产品,所以双方贸易不能等于或低于1蒲式耳小麦交换2/3码布这个美国国内的交换比例。同理,如果两国间的交换比例为1蒲式耳小麦交换2码布,即按英国国内的交换比例进行交换,英国不能从两国贸易中获益而会退出交易,使国际贸易不会发生。显然,这个比例更不能高于1蒲式耳小麦交换2码布,因为那样英国将失利,所以双方交换比例不能等于或高于英国国内的交换比例——1蒲式耳小麦交换2码布。综上所述,两国间小麦和棉布的交换比例必须介于1蒲式耳小麦交换2/3码布和1蒲式耳小麦交换2码布之间(1:2/3~1:2),即介于美、英两国的国内交换比例之间,才会使两国都能从贸易中获益。

B. 贸易利得的分配

国际贸易能给参加国带来利益。贸易利益的大小取决于两国国内交换比例之间范围(即互惠贸易范围)的大小。而贸易利益的分配中孰多孰少,则决定于具体的国际交换比例。国际间商品交换比例越接近于本国国内的交换比例,对本国越不利,本国分得的贸易利益越少,因为越接近于本国国内的交换比例,说明本国从贸易中获得的利益越接近于分工和交换前自己单独生产时的产品量。相反,国际间商品交换比例越接近于对方国家的国内交换比例,对本国越有利,分得的贸易利益就越多,因为越接近于对方国家国内交换比例,意味着离本国国内的交换比例越远,本国从贸易中获得的利益超过分工和交换前自己生产时的产品量越多。例如上例中,美、英两国间小麦和棉布贸易的具体交换比例若为1蒲式耳小麦交换1码布,则美国比分工前的国内交换多获1/3码布,英国比分工前国内交换节约1码布;若为1蒲式耳小麦交换4/3码布,则美国多获2/3码布,英国节约2/3码布;若为1蒲式耳小麦交换5/3码布,则美国多获1码布,英国节约1/3码布……(见图4-1)。

图4-1中,纵轴Y表示小麦,横轴X表示棉布。两国国内的交换比例用从原点引出的射线的斜率来表示。OP_{us}的斜率为1:2/3,表示美国国内的交换比例,为小麦交换棉布的下限;OP_{uk}的斜率为1:2,表示英国国内的交换比例,为小麦交换棉

4 西方传统国际贸易理论(二)

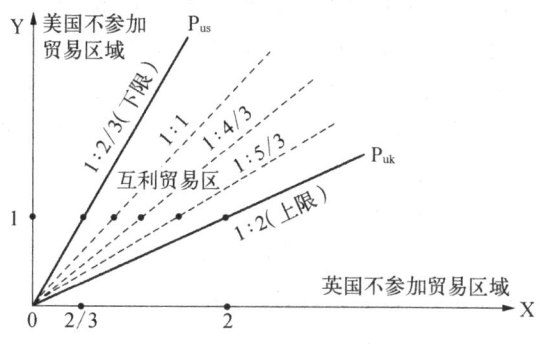

图 4-1 互惠贸易的范围

布的上限。OY 与 OP_{us} 之间为美国不参加贸易的区域,OX 与 OP_{uk} 之间为英国不参加贸易的区域,OP_{us} 与 OP_{uk} 之间为互惠贸易区,位于该区域的任何从原点引出的射线的斜率,都是互利贸易条件。

C. 相互需求法则

穆勒将需求因素导入国际贸易理论之中,以说明贸易条件决定的原则。他认为一切贸易都是商品的交换,一方出售商品便是购买对方商品的手段,即一方的供给便是对对方商品的需求,所以供给和需求也就是相互需求。在两国间互惠贸易的范围内,贸易条件或两国间商品交换比例是由两国相互需求对方产品的强度决定的,它与两国相互需求对方产品总量之比相等,这样才能使两国贸易达到均衡。如果两国的需求强度发生变化,则贸易条件或两国间的交换比例必然发生变动。一国对另一国出口商品的需求越强,而另一国对该国出口商品的需求越弱,则贸易条件对该国越不利,该国的贸易利得越小;反之,则贸易条件对该国越有利,该国的贸易利得越大,这就是相互需求法则。

前例中,假设美、英两国商品交换比例为 1 蒲式耳小麦交换 1.7 码布,如果在这个交换比例上,美国对英国棉布的需求与英国对美国小麦的需求,恰能使两国的进出口额相等,则这个交换比例就是一个稳定/均衡的交换比例。例如,美国对英国棉布的需求为 $1\,000 \times 17 = 17\,000$(码)。英国对美国小麦的需求为 $1\,000 \times 10 = 10\,000$(蒲式耳)。这时两国间的贸易达到平衡(假定两国都只有一种出口商品)。如果两国的相互需求强度发生变化,使两国按 1 蒲式耳小麦交换 1.7 码布的比例进行交换,进出口额不相等,则贸易条件或交换比例不能稳定下来,必然发生相应变动。如果英国对美国小麦的需求越强,美国对英国的棉布需求越弱,则交换比例会变得对美国越有利,美国的贸易利得也就越大;反之,英国对美国的小麦需求越弱,美国对英国的棉布需求越强,则交换比例会变得对英国越有利,英国的贸易利得也就越大。例如,在 1 蒲式耳小麦交换 1.7 码布的比例上,美国对英国棉布的需求为800×17码,而不是1 000×17码,英国对美国小麦的需求强度不变,仍为10 000蒲式耳。这时,按1蒲式耳小麦交换1.7码布进行贸易,英国只能换得800×10蒲式耳小麦,为能满足其对小麦的全部需求,它必须相对提高小麦的交换价值,使交换比例变得对美国有利,例如1∶1.8,在这个交换比例上,假定美国由于棉布交换价值相对下降而增加对棉布的需求至900×18码,而英国由于小麦交换价值相对上升而减少对小麦的需求至900×10码。这时两国间的贸易又重新达到平衡(900×18×1=900×10×1.8)。相反,如果美国对英国棉布的需求强度不变,而英国对美国小麦的需求强度减弱,则交换比例就要降至1∶1.7以下,对英国有利。

4.1.2 马歇尔的相互需求论

马歇尔(Alfred Marshall,1842—1924年)是19世纪末20世纪初最著名的英国经济学家,新古典学派的创始人。他毕业于剑桥大学,毕业后留校任教,先后讲授数学、物理学和经济学。其主要著作是1879年出版的《国际贸易纯理论》和1890年出版的《经济学原理》等。他的经济学的理论核心是边际效用论和生产费用论相结合的均衡价格论。他用均衡价格论来解释描绘贸易条件的提供曲线,对约翰·穆勒的相互需求论作了进一步的分析和说明。

下面主要介绍马歇尔利用提供曲线对贸易条件的确定和变动的解释,并介绍在国际贸易实践中,用价格表示的贸易条件。

A. 提供曲线

提供曲线(offer curve),也称相互需求曲线(reciprocal demand curve),它表示一国想交换的进口商品数量与所愿意出口的本国商品数量之间的函数关系。它表明一国进出口的贸易意向随着商品的相对价格(交易条件)的变化而变化。

提供曲线是由生产可能性曲线、社会无差异曲线簇以及可发生贸易的各种不同相对价格推导出来的。现根据图3-6推导两国的提供曲线于下:

先看国 I,从开放贸易前的情形开始,当 X 商品的相对价格等于过 A 点(国内均衡点)的切线的斜率时,不会产生任何出口供应,这一点对应于图 4-2(b)中提供曲线的原点。由于这一曲线相切的 P_A 所给定的提供曲线在原点的斜率等于 P_A 在 A 点的斜率。当 X 产品的相对价格大于 A 点的相对价格,即对 X 商品较为有利的价格,生产就会下移,消费则建立在更高的水平上,若相对价格为 P_F,则生产移至 F 点,消费位于 H 点;若相对价格为 P_B,生产点移至 B 点,消费达到 E 点。其中,GH 的 Y 产品进口是以出口数量为 GF 的 X 产品交换而得的,CE 的 Y 产品进口是以出口数量为 BC 的 X 产品交换而得的,按这一方式继续考察下去,得到不同的进出口商品量的组合,在图 4-2(b)中画出各条价格线,其斜率与各自在图 4-2(a)中相对应的价格线——相等,把出口标在横轴上,把进口标在纵轴上,并用一条光

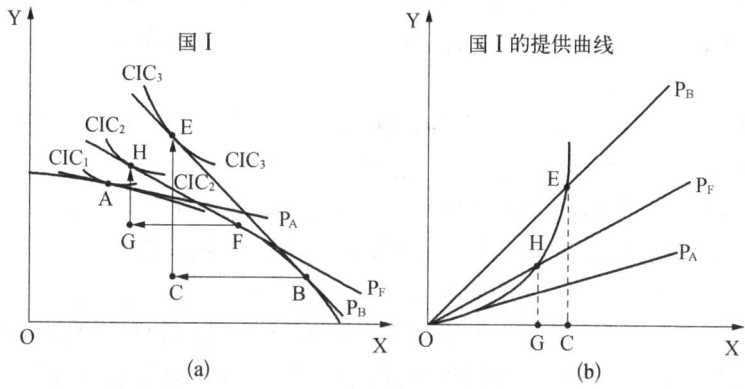

图 4-2 国 I 提供曲线的导出

滑的曲线连接各点便可得到该国在各种不同的国际价格水平下贸易均衡点的轨迹,即该国的提供曲线或相互需求曲线。

用同样的方法,可推导出国 II 的提供曲线,如图 4-3 所示。

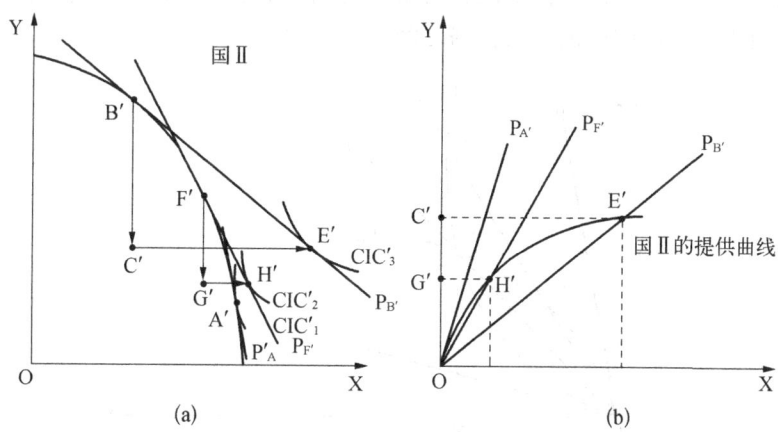

图 4-3 国 II 提供曲线的导出

从以上建立的两国的提供曲线可见,各国的提供曲线凸向代表本国具有比较优势产品的坐标轴,表示相对价格对本国越来越有利。例如,国 I 的提供曲线凸向 X 轴,表示国 I 用一定数量的 X 产品可以交换越来越多的 Y 产品。因为曲线凸向 X 轴向上弯曲,通过曲线上每一点的射线越来越陡,即斜率越来越大(Y 与 X 之比越来越大),意味着随着贸易量的增加,国 I 交换同样数量的对方产品所用的本国产品的数量越来越少,或用同样数量的本国产品能交换更多的对方产品。相反,国 II 的提供曲线凸向 Y 轴向下弯曲,表示用一定数量的 Y 产品可以交换越来越多的

X产品,因为曲线向下弯曲,通过曲线上每一点的射线越来越平缓,即斜率越来越小,这意味着国Ⅱ交换同样数量的对方产品所用的本国产品越来越小,商品相对价格对本国越来越有利。

各国提供曲线之所以凸向代表具有比较利益商品的坐标轴,用马歇尔的供求价格论解释,原因有二:一是出口产品边际机会成本递增;二是进口产品的边际效用递减。对一国而言,一方面,随着出口的增加,必须增加出口产品产量,使边际机会成本不断提高,这就决定了用一定数量的出口产品必须交换更多的进口产品,该国才能继续扩大贸易;另一方面,随着进出口贸易的增加,国内进口产品由于消费数量增加而效用下降,而出口产品的消费量减少,而效用相对提高,这也决定了该国出口同样数量的产品,必须换回更多的进口产品,才能使它继续扩大贸易。总之,由于产品的效用和机会成本两方面原因,使一国的提供曲线凸向代表具有比较利益商品的坐标轴。

如果将两国的提供曲线置于同一坐标图中,我们将会看到,国Ⅰ的提供曲线位于其国内均衡价格 P_A 之上,国Ⅱ的提供曲线则位于其国内均衡价格线 $P_{A'}$ 之下,两国的提供曲线位于两国国内商品相对价格之间(如图4-4所示)。这与前述的互惠贸易的范围介于两国国内相对价格之间是一致的。

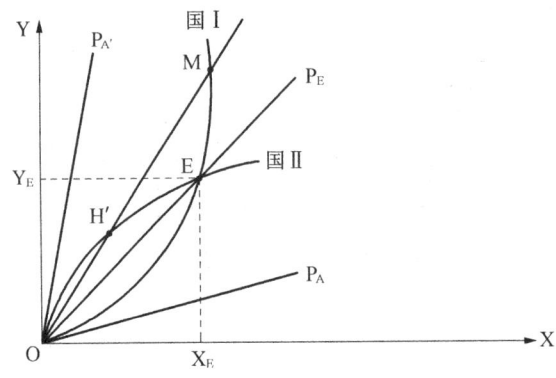

图4-4 贸易均衡相对商品价格

B. 商品相对价格的决定与贸易均衡

把两个国家的提供曲线放在一个坐标图中,只要两条曲线在原点有不同的斜率,即两国国内的均衡价格不同,它们总会在某处相交,因为两国国内均衡价格存在差异,为贸易提供了基础。一旦贸易可能,它们便将相互交换产品。在图4-4中,国Ⅰ和国Ⅱ的提供曲线在原点具有不同的斜率 $P_{A'} > P_A$,因此两国的提供曲线相交于E点,均衡贸易商品相对价格即由从原点到交点E画出的射线的斜率给定。E点满足了贸易均衡的三个条件:其一,一方出口的数量等于另一方进口的数量,使双方的进出口平衡。国Ⅰ需求OY_E的进口,国Ⅱ提供了这一数量的Y产品;国Ⅱ需求OX_E的进口,国Ⅰ提供了这一数量的X产品。其二,各国贸易收支平衡,即$P_E=\dfrac{P_X}{P_Y}=-\dfrac{OY_E}{OX_E}$。其三,对各国提供了最大的生产和满足。除E点外,两条曲线上的任何一点都不具备这些性质,即贸易都不平衡。

例如,在$P_{F'}$价格水平上,国Ⅱ的经济移至H′,国Ⅰ的经济移至M,国Ⅱ的Y产品出口供应小于国Ⅰ的Y产品进口需求,因而出现对Y产品的过度需求;而国Ⅱ对X产品的进口需求小于国Ⅰ对X产品的出口供给,出现对X产品的过度供给。贸易的失衡,使X产品的价格下降,从而使价格线变得较为平缓,并缩小两国提供曲线上H′和M之间的间隙。这种变化将持续到相对价格与贸易均衡相对价格线重合。相反,若出现对X产品的过度需求,对Y产品的过度供给,则会驱使商品相对价格上升,直至与均衡相对价格相等为止。

C. 贸易条件

在相互需求论中,贸易条件(the terms of trade)是指商品的物物交换比例,是以商品表示的贸易条件,它适用于抽象的理论分析,但不能用于分析说明一国一定时期贸易地位的变化。因此,西方国家还用价格表示贸易条件,以对国际贸易实践中各国贸易利益和地位的变化情况进行具体分析。

以价格表示的贸易条件是指一国的出口商品价格指数与进口商品价格指数之比率。通常用指数表示,它以价格关系反映一国在对外商品交换上的数量关系。通过不同时期一国进出口商品价格指数之比率的变化,可以反映出一国贸易条件的变化情况。若以某一确定日期的进出口商品价格建立基期比率,即期进出口商品价格指数之比大于基期比率,说明该国的贸易条件改善,即出口商品的价格指数相对于进口商品价格指数提高,出口同样数量的商品会比基期换回更多的进口商品,该国在国际贸易中处于有利地位;反之,说明该国贸易条件恶化,即出口商品价格指数相对于进口商品价格指数下降,出口同样数量的商品会比基期换回的商品少,该国在国际贸易中处于不利地位。所以,贸易条件并不表示贸易利益的绝对量,而表示贸易利益的变化情况。

贸易条件有四种不同的形式:

a. 商品贸易条件或净贸易条件。商品贸易条件(commodity or net barter terms of trade——N)指出口商品价格指数(P_X)与进口商品价格指数(P_M)之比,为以百分比反映,通常乘以100。其计算公式为:

$$N=\frac{P_X}{P_M}\cdot 100$$

它表示出口一个单位商品能够获得多少单位进口商品。

b. 收入贸易条件。以贸易量指数(Q_X)与商品贸易条件相乘来表示总贸易量变化的指数称为收入贸易条件(income terms of trade—I)。其计算公式为：

$$I=\left(\frac{P_X}{P_M}\right) \cdot Q_X$$

它衡量基于出口的进口能力，即根据 $P_X \cdot Q_X$ 这一出口收入能够获得多少进口商品。

c. 单因素贸易条件。在商品贸易条件基础上，考虑出口商品劳动生产率(Z_X)的作用所得到的贸易条件称单因素贸易条件(the single factoral terms of trade—S)。其计算公式为：

$$S=\frac{P_X}{P_M} \cdot Z_X$$

它表示包含在出口商品中的每单位生产要素所获得的进口商品数量。通过一国不同时期的单因素贸易条件的比较，可反映该国每单位生产要素的贸易利益的变化。

d. 双因素贸易条件。双因素贸易条件(double factoral terms of trade—D)是在商品贸易条件的基础上，考虑出口商品劳动生产率(Z_X)变化和进口商品劳动生产率(Z_M)变化后贸易条件的变化。其计算公式为：

$$D=\left(\frac{P_X}{P_M}\right) \cdot \left(\frac{Z_X}{Z_M}\right) \cdot 100$$

它衡量需用多少单位包含在出口产品中的本国生产要素来换取包含在进口商品中的一单位外国生产要素。

4.1.3 相互需求论简评

相互需求论是比较利益论的补充。穆勒补充了国际贸易为双方带来利益的范围问题，以及双方在利益的分配中各占多少问题，指出了互惠贸易的范围介于两国国内交换比例之间。两国产品的交换比例越接近于本国国内交换比例，本国获利越少，相反，越接近于对方国家国内交换比例，本国获利越多，这是正确的，充实了比较利益论的内容。但穆勒关于相互需求强度决定贸易条件的论点是不切实际的。因为穆勒的相互需求法则的假设前提是物物交换下供给等于需求，实际上出口和进口不是以物易物同时进行的，而是彼此分离的，是商品对货币的两个不同的过程。出口的货币收入不一定同时用于进口，甚至不一定用于进口。

马歇尔用几何分析方法说明贸易条件的决定与变动，为西方传统国际贸易理论增添了新的表达手段和研究手段，是可供参考的。但马歇尔与穆勒一样，研究的问题并未反映国际生产关系的价值范畴,这使他们虽然在一定范围内和从某一角度说明了各国在贸易利益分配中,实物产品的孰多孰少问题,但不能从根本上说明国际间的商品交换是否公平合理,是否等价交换,是否存在剥削等等这些属于规范经济学方面的问题,这是相互需求论的根本性缺陷。此外,马歇尔的边际效用论和生产成本论对供给曲线的解释带有主观随意性,因而是就事论事,似是而非的。

4.2 要素禀赋论

要素禀赋论(factor endowment theory)是现代国际贸易理论的新开端,被誉为国际贸易理论的又一大支柱,其基本内容有狭义和广义之分。狭义的要素禀赋论用生产要素来解释国际贸易的产生和一国的进出口贸易类型。广义的要素禀赋论包括狭义的要素禀赋论和要素价格均等化学说。

4.2.1 赫克歇尔、俄林、萨缪尔森与要素禀赋论

赫克歇尔(Eli F. Heckscher 1879—1952 年)和俄林(Bertil G. Ohlin 1899—1979 年)都是当代著名的瑞典经济学家,赫克歇尔是俄林的老师。俄林于 1922 年毕业于瑞典斯德哥尔摩大学,获经济学硕士学位,后到英国剑桥大学就读数月,不久便转入美国哈佛大学学习,1924 年获经济学博士学位,时年 25 岁。1925—1930 年,他担任了丹麦哥本哈根大学经济学教授,1930—1965 年,在瑞典斯德哥尔摩经济与企业管理学院任经济学教授。俄林还任过瑞典自由青年联盟主席、自由党领袖、国会议员、商务大臣等职。他的代表作有:《贸易学说》(1924)、《对外贸易与贸易政策》(1925)、《世界经济危机的原因与现象》(1931)、《域际贸易和国际贸易》(1933)、《国际经济重建》(1936)、《就业的均衡问题》(1949)、《经济活动的国际分布》(1977,主编)等。1977 年,俄林荣获诺贝尔经济学奖。

萨缪尔森(Paul A. Samuelson 1915— 年)是当代著名的美国经济学家,凯恩斯主义的新古典综合派的主要代表。他祖籍波兰,出生于美国印第安纳州噶里城,1935 年毕业于芝加哥大学,同年入哈佛大学深造,1936 年和 1941 年先后获硕士和博士学位。他是麻省理工学院研究生部的创始人。除担任教职外,他经常出席国会作证,在联邦委员会、美国财政部和许多私人及非盈利性组织担任学术顾问,并长期为美国《新闻周刊》的经济学栏目撰稿。萨缪尔森的许多论著使他在年轻时代就获得了世界声誉,1948 年出版的《经济学》是他的代表作,书中几乎探索了经济学中的所有主要问题,该书一版再版,新世纪帷幕刚拉开,第 17 版就已面世,该书是西方最流行的经济学教科书。萨缪尔森于 1970 年获得了诺贝尔经济学奖,是获诺贝尔奖的第一个美国人。

要素禀赋论的基本论点是赫克歇尔首先提出来的。俄林师承赫克歇尔,创立了要素禀赋论。萨缪尔森则发展了赫—俄理论,提出了要素价格均等化学说。

1919年,赫克歇尔在纪念经济学家戴维的文集中,发表了题为《对外贸易对收入分配的影响》(The Effect of Foreign Trade on the Distribution of Income)的著名论文,提出了要素禀赋论的基本论点,这些论点为俄林所接受,为后人所称道。1929—1933年,由于资本主义世界经历了历史上最严重的经济危机,贸易保护主义抬头,各国都力图加强对外倾销商品,同时提高进口关税,限制商品进口。对此,瑞典人民深感不安,因为瑞典国内市场狭小,一向对国外市场依赖很大。在此背景下,俄林继承其师赫克歇尔的论点,于1933年出版了《域际贸易和国际贸易》(Interregional and International Trade)一书,深入探讨了国际贸易产生的深层原因,创立了要素禀赋论。而在美国经济由中盛走向极盛、再走向衰落的时代背景下,1941年萨缪尔森与斯托尔珀(W. F. Stolper 1912—   年)合著并发表了《实际工资和保护主义》一文,提出了生产要素价格日趋均等化的观点。萨缪尔森还在1948年前后发表的《国际贸易和要素价格均衡》、《国际要素价格的均衡》及《论国际要素价格的均衡》等文中对上述观点作了进一步的论证,建立了要素价格均等化学说,发展了要素禀赋论。

4.2.2 与要素禀赋论有关的几个概念

要素禀赋论以生产要素、要素密集度、要素密集型产品、要素禀赋、要素丰裕程度等概念表述和说明,掌握这些概念是理解要素禀赋论的关键。

A. 生产要素和要素价格

生产要素(factor of production)是指生产活动必须具备的主要因素或在生产中必须投入或使用的主要手段。通常指土地、劳动和资本三要素,加上企业家的管理才能为四要素,也有人把技术知识、经济信息也当做生产要素。要素价格(factor price)则是指生产要素的使用费用或要素的报酬。例如,土地的租金,劳动的工资,资本的利息,管理的利润等。

B. 要素密集度和要素密集型产品

要素密集度(factor intensity)指产品生产中某种要素投入比例的大小,如果某要素投入比例大,称为该要素密集程度高。根据产品生产所投入的生产要素中所占比例最大的生产要素种类不同,可把产品划分为不同种类的要素密集型产品(factor intensive commodity)。例如生产小麦投入的土地占的比例最大,便称小麦为土地密集型产品;生产纺织品劳动所占的比例最大,则称之为劳动密集型产品;生产电子计算机资本所占的比例最大,于是称为资本密集型产品,以此类推。在只有两种商品(X和Y)、两种要素(劳动和资本)的情况下,如果Y商品生产中使用的资本和劳动的比例大于 X 商品生产中的资本和劳动的比例,则称 Y 商品为资本密集型产品,而称 X 为劳动密集型产品。

C. 要素禀赋和要素丰裕

要素禀赋(factor endowment)是指一国拥有各种生产要素的数量。要素丰裕(factor abundance)则是指在一国的生产要素禀赋中某要素供给所占比例大于别国同种要素的供给比例而相对价格低于别国同种要素的相对价格。

衡量要素的丰裕程度有两种方法:一是以生产要素供给总量衡量,若一国某要素的供给比例大于别国的同种要素供给比例,则该国相对于别国而言,该要素丰裕;另一方法是以要素相对价格衡量,若一国某要素的相对价格——某要素的价格与别的要素价格的比率低于别国同种要素的相对价格,则该国该要素相对于别国丰裕。以总量法衡量的要素丰裕只考虑要素的供给,而以价格法衡量的要素丰裕考虑了要素的供给和需求两方面,因而较为科学。

4.2.3 要素禀赋论的基本假设条件

要素禀赋论基于一系列简单的假设前提下,主要包括以下九个方面:

(1) 假定只有两个国家、两种商品、两种生产要素(劳动和资本)。这一假设目的是为了便于用平面图说明理论。

(2) 假定两国的技术水平相同,即同种产品的生产函数相同。这一假设主要是为了便于考察要素禀赋,从而考察要素价格在两国商品相对价格决定中的作用。

(3) 假定 X 产品是劳动密集型产品,Y 产品是资本密集型产品。

(4) 假定两国在两种产品的生产上规模经济利益不变。即增加某商品的资本和劳动使用量,将会使该产品产量以相同比例增加,意即单位生产成本不随着生产的增减而变化,因而没有规模经济利益。

(5) 假定两国进行的是不完全专业化生产。即尽管是自由贸易,两国仍然继续生产两种产品,亦即无一国是小国。

(6) 假定两国的消费偏好相同。若用社会无差异曲线反映,则两国的社会无差异曲线的位置和形状相同。

(7) 在两国的两种商品、两种生产要素市场上,竞争是完全的。这是指市场上无人能够购买或出售大量商品或生产要素而影响市场价格。也指买卖双方都能掌握相等的交易资料。

(8) 假定在各国内部,生产诸要素是能够自由转移的,但在各国间生产要素是不能自由转移的。这是指在一国内部,劳动和资本能够自由地从某些低收入地区、行业流向高收入地区、行业,直至各地区、各行业的同种要素报酬相同,这种流动才会停止。而在国际间,却缺乏这种流动性。所以,在没有贸易时,国际间的要素报酬差异始终存在。

（9）假定没有运输费用，没有关税或其他贸易限制。这意味着生产专业化过程可持续到两国商品相对价格相等为止。

4.2.4 要素禀赋论

A．要素禀赋论的内容

要素禀赋论指狭义的赫克歇尔—俄林理论（Heckscher — Ohlin theory），又称要素比例学说（factor proportions theory）。该学说由赫克歇尔首先提出基本论点，由俄林系统创立。它主要通过对相互依存的价格体系的分析，用生产要素的丰缺来解释国际贸易的产生和一国的进出口贸易类型。

根据要素禀赋论，一国的比较优势产品因而应出口的产品是它在生产上密集使用该国相对充裕而便宜的生产要素，而进口的产品是它在生产上密集使用该国相对稀缺而昂贵的生产要素。简言之，劳动丰富的国家出口劳动密集型商品，而进口资本密集型商品，相反，资本丰富的国家出口资本密集型商品，进口劳动密集型商品。

B．要素禀赋论的理论分析

俄林认为，同种商品在不同国家的相对价格差异是国际贸易的直接基础，而价格差异则是由各国生产要素禀赋不同，从而要素相对价格不同决定的，所以要素禀赋不同是国际贸易产生的根本原因。俄林在分析、阐述要素禀赋论时一环扣一环，层层深入，在逻辑上比较严谨。

a．国家间的商品相对价格差异是国际贸易产生的主要原因。在没有运输费用的假设前提下，从价格较低的国家输出商品到价格较高的国家是有利的。

b．国家间的生产要素相对价格的差异决定商品相对价格的差异。商品价格等于生产函数与生产要素价格之乘积，在各国生产技术相同、因而生产函数相同的假设条件下，各国要素相对价格的差异决定了两国商品相对价格存在差异。

c．国家间的要素相对供给不同决定要素相对价格的差异。俄林认为，在要素的供求决定要素价格的关系中，要素供给是主要的。在各国要素需求一定的情况下，各国不同的要素禀赋对要素相对价格产生不同的影响：相对供给较充裕的要素的相对价格较便宜，而相对供给较稀缺的要素的相对价格较昂贵。因此，要素相对价格差异是由要素相对供给或供给比例不同决定的。

通过严密的分析，俄林得出结论：一个国家生产和出口那些需大量使用本国供给丰富的生产要素的产品，价格就低，因而有比较优势；相反，生产那些需大量使用本国稀缺的生产要素的产品，价格便宜，出口就不利。各国应尽可能利用供给丰富、价格便宜的生产要素,生产廉价产品输出,以交换别国价廉物美的商品。

要素禀赋论的理论分析还可用图 4-5 加以归纳。从示意图的右下角开始分析,生产要素所有者的收入分配和社会消费偏好共同决定对最终产品的需求,而对最终产品的需求导致了对生产要素的派生需求,要素的供给和需求则决定要素的价格,要素的价格和生产技术又决定最终产品的价格。因此,不同国家商品相对价格的差异决定比较利益和贸易类型。但在两国偏好相同、技术水平相同以及收入分配相同,从而对最终产品和要素需求相似的假设前提下,不同国家生产要素禀赋的差异便是商品相对价格存在差异的原因。

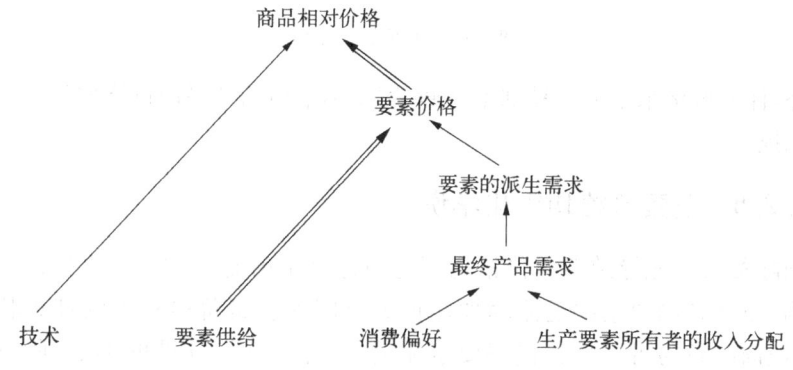

图 4-5 要素禀赋论的一般均衡框架

C. 要素禀赋论的进一步说明

现引入要素禀赋和要素密集型产品,并用边际机会成本递增情况下的贸易均衡例子图示说明要素禀赋论如下:

在图 4-6(a)中,国 I 的生产可能性曲线偏向 X 轴,因为 X 是劳动密集型产品,而国 I 又是劳动丰富的国家;国 II 的生产可能性曲线偏向 Y 轴,因为国 II 是资本丰富的国家,而 Y 又是资本密集型产品。现假设两国用相同的生产技术生产 X 和 Y 产品,两国对商品的消费偏好亦相同,以同一社会无差异曲线簇表示。在没有贸易的情况下,国 I 和国 II 的隔离均衡点分别为 A 和 A′,无差异曲线 CIC_1 是两国生产能力所能达到的最高满足水平。通过 A、A′的切线 P_A 和 $P_{A'}$ 分别表示国 I 和国 II 的隔离均衡相对商品价格。由于 $P_A < P_{A'}$,所以国 I 在 X 产品的生产上具有比较利益,国 II 在 Y 产品生产上具有比较利益。

图 4-6(b)表示开展贸易后的情况,两国按各自具有比较利益的商品来开展专业化生产,这一过程持续到两国相对商品价格相等为止,国 I 和国 II 的生产分别移至 B、B′点,此时,两国按相对价格 P_B 开展贸易达到均衡,BC=C′E,B′C′=CE。除

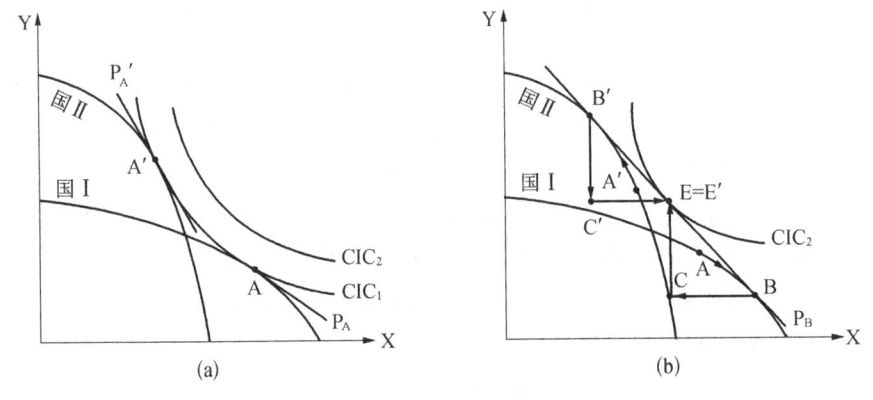

图 4-6 赫克歇尔—俄林模型

该点外,任何价格水平的贸易都不平衡,贸易不平衡的结果使价格向均衡贸易价格水平靠拢。

4.2.5 要素价格均等化学说

国际贸易可能导致要素价格均等化的论点是由赫克歇尔首先提出的。俄林则认为,虽然各国要素缺乏流动性使世界范围内要素价格相等的理想状态不能实现,但商品贸易可以部分代替要素流动,弥补缺乏流动性的不足,所以国际贸易使要素价格存在均等化趋势。萨缪尔森于1941年发表的《实际工资和保护主义》和1948年前后发表的《国际贸易与要素价格均等化》文章中论证了自由贸易将导致要素价格均等化。这一理论被称为赫—俄—萨学说,它研究国际贸易对要素价格的影响。

要素价格均等化学说(factor-price equalization theory)可表述为:在满足要素禀赋论的全部假设条件下,自由的国际贸易通过商品相对价格的均等化,将使同种要素的绝对和相对报酬趋于均等。

现以国Ⅰ和国Ⅱ为例对要素价格均等化过程分析如下:

国Ⅰ劳动充裕、资本稀缺,因而贸易前工资率低而利率高,应出口劳动密集型产品X,进口资本密集型产品Y;国Ⅱ恰相反,劳动稀缺、资本丰富,贸易前工资率高而利率低,应出口Y产品,进口X产品。两国开展贸易后,国Ⅰ增加X产品的生产,减少Y产品生产,因而导致对劳动的派生需求的增加,工资率开始上升,而对资本的派生需求下降,资本的利率下降;国Ⅱ的情况恰好相反,出口Y产品,进口X产品,因而增加Y产品生产,减少X产品生产,对资本的派生需求增加,使利率上升,对劳动的派生需求减少,使工资率下降。随着国Ⅰ工资率上升,利率下降,国Ⅱ

利率上升,工资率下降,两国都有一股强大趋势推动要素价格趋向于一个共同的水准。可见,双方自由贸易的结果,商品相对价格趋于一致,从而使要素价格趋于均等。

要素价格均等化过程还可用图 4-7 直观地分析。

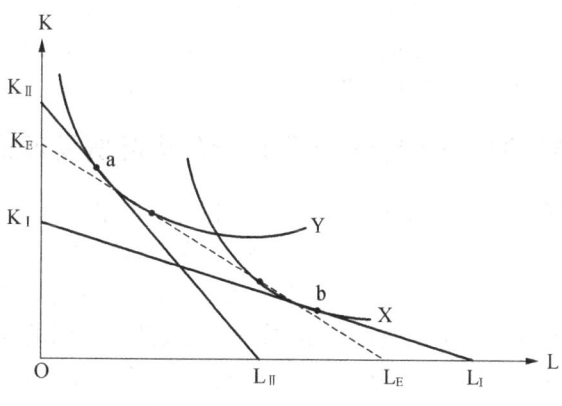

图 4-7 要素价格均等化

在图 4-7 中,横轴 L 代表劳动,纵轴 K 代表资本。国Ⅰ和国Ⅱ经过自由贸易,商品 X 和 Y 的价格已达到一个共同的国际水平(均衡贸易价格水平),设 $P_Y = 10$ 美分,$P_X = 20$ 美分,由于两国的生产函数相同,所以两国表示生产函数的等产量曲线(isoquant curve)也毫无差别,曲线 X 和 Y 分别表示 X 和 Y 产品在两国的单位—价值等产量曲线(unit—value isoquant curve),即两国按照上述自由贸易价格,值 1 美元的等产量曲线(即 10 单位 Y 产品和 5 单位 X 产品),$K_I L_I$ 为国Ⅰ的 1 美元等成本线,表明国Ⅰ按贸易前价格用于资本和劳动的 1 美元支出,$K_{II} L_{II}$ 为国Ⅱ的 1 美元等成本线,表明国Ⅱ按贸易前价格用于资本和劳动的 1 美元支出。因为贸易前在国Ⅰ劳动是廉价的要素,所以 1 美元可以购买较多的劳动,由 $OL_I >OK_I$ 说明;国Ⅱ资本便宜,所以 1 美元可以购买较多的资本,$OK_{II} > OL_{II}$。由于国Ⅰ的等成本线 $K_I L_I$ 与 X 产品的等产量曲线相切于 b,因此,国Ⅰ可用由 b 点表示的要素组合来生产价值 1 美元的 X 产品,而它要生产价值为 1 美元的 Y 产品则需要较多的开支。而国Ⅱ的等成本线 $K_{II} L_{II}$ 与 Y 产品的等产量曲线相切于 a 点,表示使用与该点相应的要素组合,可以生产价值 1 美元的 Y 产品。但国Ⅱ用价值 1 美元的要素生产不出 1 美元的 X 产品,即生产价值 1 美元的 X 产品,它必须支付更高的成本。

随着贸易的展开,国Ⅰ出口廉价的产品 X,而国Ⅱ输出产品 Y,每个国家除原来用于满足国内消费的产出之外,还加上为出口而进行的生产,这样便会扩大对丰富的生产要素的需求,即扩大对国Ⅰ的劳动和国Ⅱ的资本的需求,从而抬高它们的相对价格,如果贸易不受任何阻碍,这个过程将持续下去,直至把两国的要素价格拉平为止,即达到图4-7中适合两国的等成本线 K_EL_E 所表示的那组要素价格,这组要素价格才是与同样的生产方法和同样的商品价格相吻合的唯一的一组要素价格。上述均等化过程只需根据图4-7设想一下便可直观理解:若等成本线 $K_ⅠL_Ⅰ$ 按顺时针方向,沿X的等产量曲线转动,而 $K_ⅡL_Ⅱ$ 按逆时针方向,沿着Y产品的等产量曲线逐渐转动,一直到两者在 K_EL_E 上重合。

4.2.6 赫克歇尔—俄林—萨缪尔森的国际贸易理论简评

赫克歇尔、俄林、萨缪尔森的要素禀赋论和要素价格均等化学说是在比较利益论的基础上的一大进步,有其合理的成分和可借鉴的意义。大卫·李嘉图及穆勒和马歇尔都假设两国交换是物物交换,国际贸易起因于劳动生产率的差异,而赫克歇尔、俄林是用等量产品不同货币价格(成本)比较两国不同的商品价格比例,两国的交换是货币交换,各国的要素生产率是相同的,用生产要素禀赋的差异寻求解释国际贸易产生的原因和国际贸易商品结构以及国际贸易对要素价格的影响,研究更深入、更全面了,认识到了生产要素及其组合在各国进出口贸易中居于重要地位。他们研究所得出的结论有一定实用价值,例如,关于国家间商品相对价格的差异是国际贸易的直接原因;一国某种生产要素丰富,要素价格低廉,出口该要素密集型产品具有比较优势,某种生产要素稀缺,要素价格昂贵,进口这种要素密集型产品对本国有利,出口这种要素密集型产品则没有比较利益,这些观点或结论既有理论意义,也有政策意义。

但是,赫克歇尔、俄林、萨缪尔森的理论有明显的局限性。要素禀赋论和要素价格均等化学说所依据的一系列假设条件都是静态的,忽略了国际国内经济因素的动态变化,使理论难免存在缺陷。就技术而言,现实是技术不断进步,而技术进步能使老产品的成本降低,也能产生新产品,因而会改变一国的比较利益格局,使比较优势产品升级换代,扩大贸易的基础。再拿生产要素来说,远非同质,新旧机器总归有别,熟练工人与非熟练工人也不能相提并论。再看同种要素在不同国家的价格,全然不是要素价格均等化学说所指出的那样会随着商品价格均等而渐趋均等,发达国家与发展中国家工人工资的悬殊、利率的差距,足以说明现实世界中要素价格无法均等。

4.3 里昂惕夫之谜

里昂惕夫之谜是针对要素禀赋论所提出的一种质疑,它的提出成为西方传统微观国际贸易理论在当代的新发展的转折点。

4.3.1 里昂惕夫与里昂惕夫之谜

里昂惕夫(Wassily W. Leontief,1906—　年)是当代著名的美国经济学家,投入一产出经济学的创始人,第四届诺贝尔经济学奖获得者。他祖籍俄国,1925年毕业于列宁格勒大学,获文学硕士学位。后入柏林大学深造,于1928年获哲学博士学位。他曾任哈佛大学讲师、助理教授、副教授、教授和纽约大学教授,担任过美国劳工部、商务部等机构和联合国秘书长顾问,还曾任美国经济计量学会会长和经济学协会会长等职。其代表作为《投入产出经济学》(1966年),该书收录了他从1947—1965年公开发表的11篇论文,其中有两篇主要是研究国际贸易的,即《国内生产与对外贸易:美国地位的再审查》(1953年)和《要素比例和美国的贸易结构:进一步的理论和经济分析》(1956年)。二战以后,在第三次科技革命的推动下,世界经济迅速发展,国际分工和国际贸易随之迅猛发展,贸易商品结构和地区分布发生了很大变化,传统的国际贸易理论显得越来越脱离实际,于是引起经济学家们对包括要素禀赋论在内的已有学说的怀疑,并促成他们对一些理论模式的检验。1953年开始,里昂惕夫挑起了经济学界针对赫克歇尔—俄林模式展开的大论战。通过检验,里昂惕夫提出了要素禀赋论的反论——里昂惕夫之谜。

4.3.2 对要素禀赋论的检验——里昂惕夫之谜

赫克歇尔—俄林的要素禀赋论认为,一国出口的是密集使用本国丰富要素生产的产品,进口的是密集使用稀缺要素生产的产品。美国是个资本丰富而劳动力稀缺的国家,按照要素禀赋论,美国应出口资本密集型产品,进口劳动密集型产品。为了检验要素禀赋论,1953年,里昂惕夫用投入产出分析法对1947年美国200个行业进行分析,把生产要素分为资本和劳动两种,然后选出具有代表性的一揽子出口品和一揽子进口替代品,计算出每百万美元的出口品和每百万美元进口替代品所需要的国内资本和劳动量及其比例,见表4-1。

表4-1

每百万美元的美国出口品和进口替代品对国内资本和劳动力的需求额(1947年)

	出　　口　　品	进口替代品
资本K(美元)	2 550 780	3 091 339
劳动力L(工/年)	812 313	170 004
资本/劳动力(K/L)	13.911	18.185

资料来源:转引自姚曾荫:《国际贸易概论》,人民出版社1987年版,第604页。

里昂惕夫的研究发现,美国进口替代品的资本密集程度反而高于出口品的资本密集程度(约高出30%),因而得出与要素禀赋论相反的结论:"美国之参加国际分工是建立在劳动密集型生产专业化的基础上,而不是建立在资本密集型生产专业化基础上。换言之,这个国家是利用对外贸易来节约资本和安排剩余劳动力,而不是相反。"①里昂惕夫的惊人发现引起了经济学界的极大关注,被称为里昂惕夫之谜(the Leontief paradox)。里昂惕夫1956年又利用投入产出法对美国1951年的贸易结构进行第二次检验,检验结果与第一次是一致的,谜仍然存在。

里昂惕夫之谜激发了其他经济学家对其他国家的贸易格局的类似研究,以检验要素禀赋论。例如,日本两位经济学家建元正弘(M. Tatemoto)和市村真一(S. Ichimura)1959年使用了与里昂惕夫相类似的研究方法对日本的贸易结构进行分析发现,从整体上看,日本这个劳动力丰裕的国家,输出的主要是资本密集型产品,输入的则是劳动密集型产品。但从双边贸易看,日本向美国出口的是劳动密集型产品,从美国进口的是资本密集型产品;日本出口到不发达国家的则是资本密集型产品,之所以出现这种情况,建元和市村认为,是因为日本的资本和劳动的供给比例介于发达国家与不发达国家之间,日本与前者贸易在劳动密集型产品上占有相对优势,而与后者的贸易则在资本密集型产品上占有相对优势。因此,就日本的全部对外贸易而言,建元和市村的结论支持里昂惕夫之谜,但在双边贸易上,他们的结论则支持了要素禀赋论。

原民主德国两位经济学家斯托尔珀(W. Stolper)和劳斯坎普(K. Roskamp)对原东德的贸易的研究表明,该国出口品相对于进口品是资本密集型的,由于原东德大约3/4的贸易是与东欧其他国家进行的,而这些国家相对于原东德而言是资本贫乏的国家。所以斯托尔珀和劳斯坎普的结论与要素禀赋论是一致的。

1961年,加拿大经济学家沃尔(D. F. Wahl)分析了加拿大与美国的贸易发现,加拿大出口品为相对资本密集型,因为加拿大的大部分贸易是与美国进行,而美国是个相对于加拿大而言资本丰富的国家,所得结论与里昂惕夫之谜一致,而与要素禀赋论相悖。

1962年,印度经济学家巴哈德瓦奇(R. Bharadwaj)对印度的贸易结构分析表明,它与美国的贸易中,向美国出口的是资本密集型产品,而进口的是劳动密集型产品,这使人大惑不解。但印度与其他国家的贸易,又是出口劳动密集型产品,进口资本密集型产品,与要素禀赋论一致,"谜"并不存在。

---

① 里昂惕夫:《国内生产与对外贸易:美国地位的再审查》。转引自姚曾荫:《国际贸易概论》,人民出版社1987年版,第604页。

许许多多的检验结果,既未肯定地证实要素禀赋论,亦未否定要素禀赋论。

4.3.3 对里昂惕夫之谜的不同解释

里昂惕夫之谜不仅促成了一些类似的研究工作,也引起了经济学家们对"谜"作出不同的解释。归纳起来,对谜的产生主要有以下几种代表性解释。

A. 劳动效率的差异

里昂惕夫认为,各国的劳动生产率是不同的,1947年,美国工人的生产率大约是其他国家的3倍,因此在计算美国工人的人数时应将美国实际工人数乘以3倍。这样,按生产效率计算的美国工人数与美国拥有的资本量之比,较之于其他国家,美国就成了劳动力丰富而资本相对短缺的国家,所以它出口劳动密集型产品,进口资本密集型产品,与要素禀赋论揭示的内容是一致的。

这种解释是行不通的,里昂惕夫后来自己也否定了这种解释。因为,如果说美国的生产效率高于他国,那么工人人数和资本量都应同时乘以3,这样美国的资本相对充裕程度并未受到影响。

B. 人力资本的差异

人力资本(human capital)是指所有能够提高劳动生产率的教育投资、工作培训、保健费用等开支。

克拉维斯(J. B. Kravis)、基辛(D. B. Keesing)、凯能(P. B. Kenen)和鲍德温(R. E. Baldwin)等经济学家用人力资本的差异来解释"谜"的产生。这些经济学家认为,里昂惕夫计量的资本只包括物质资本(physical capital),而忽略了人力资本,若将人力资本部分加到有形资本当中,将很明显地得出美国出口资本密集型产品,进口劳动密集型产品。因为美国劳动比国外劳动包含更多的人力资本。他们还曾作过实际的估算和研究,成功地消除了"谜"。

C. 贸易壁垒的存在

这种解释认为,谜产生的原因是由于市场竞争不完全引起的。国际间商品流通因受贸易壁垒的限制而使要素禀赋论揭示的规律不能实现。有人认为,美国政府为了解决国内就业,制定对外贸易政策时有严重保护本国非熟练劳动的倾向。如果实行自由贸易或美国政府不实行这种限制的话,美国进口品的劳动密集程度必定比实际高。鲍德温的研究表明,如果美国的进口商品不受限制的话,其进口品中资本和劳动之比率将比实际高5%。

D. 自然资源因素被忽略

里昂惕夫是用双要素模型来进行分析的,未考虑其他生产要素如自然资源。而实际上,一些产品既不是劳动密集型产品,也不属于资本密集型产品,而是自然资源密集型产品。比如,美国的进口品中初级产品占60%~70%,而且这些初级产品大部分是木材和矿产品,而这些产品的自然资源密集程度很高,把这类产品划归资本密集型产品无形中加大了美国进口品的资本与劳动的比率,使"谜"产生。如果考虑自然资源这个因素在美国进出口贸易结构中的作用,就可以对"谜"进行解释,里昂惕夫后来在对美国的贸易结构进行检验时,在投入—产出表中减去19种自然资源密集型产品,结果就成功地解开了"谜",取得了与要素禀赋论相一致的结果。这个原因也可用来解释加拿大、日本、印度等国的贸易结构中"谜"的存在。

E. 要素密集型逆转发生

要素密集型逆转(factor intensity reversal)是指同一种产品在劳动丰富的国家是劳动密集型产品,在资本丰富的国家又是资本密集型产品的情形。

当两种商品生产的替代弹性(elasticity of substitution)差异较大时,即随着要素相对价格的变化,一种产品的生产中极易用一种生产要素代替另一种要素,而另一种产品的生产则很难用一种要素代替另一种要素,这时就可能发生要素密集型逆转。这是因为,当两种商品的替代弹性差异大,例如 X 商品的替代弹性较大,Y 商品的替代弹性较小,则资本丰富的国家将用资本密集型技术生产 X 商品,劳动丰富的国家则用劳动密集型技术来生产 X 商品;与此同时,两国被迫使用类似技术生产 Y 商品,所以 X 商品在劳动丰富的国家将成为劳动密集型商品,在资本丰富的国家成了资本密集型商品,因而发生了要素密集型逆转的情况,如图 4-8 所示。曲线 X 和曲线 Y 是 X、Y 两种产品在两国的单位产值等产量曲线,X 富有弹性,Y 缺乏弹性。当国 I 要素的相对价格为 P_1 时,X、Y 产品的生产点分别为 X_1 和 Y_1,X 是劳动密集型,而在国 II,在要素相对价格为 P_2 时,X、Y 产品的生产点分别为 X_2、Y_2,X 却是资本密集型,要素密集型逆转发生了。

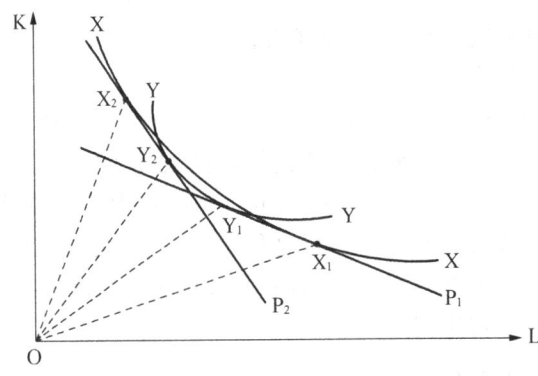

图 4-8 要素密集型逆转

一旦发生要素密集型逆转,要素禀赋论及要素价格均等化学说揭示的规律都无法实现,因而出现"谜"。例如上例中,国 I 劳动丰富,出口劳动密集型的 X 商品,国Ⅱ资本丰富,出口资本密集型的 X 商品,然而两国不可能同时实行这种专业化向对方出口同种产品,所以要素禀赋论便不能指出贸易的类型。因此,要素密集型逆转发生可作为解释"谜"产生的原因之一。但应指出,要素密集型逆转情况的发生概率是极小的,里昂惕夫对他所研究的资料进行定量分析,要素密集型逆转发生只有 1%。因此,它对要素禀赋论并无实质性的影响。

4.3.4 里昂惕夫之谜简评

里昂惕夫之谜是西方传统国际贸易理论发展的界碑。里昂惕夫对要素禀赋论的检验具有重大的理论意义,推动了战后国际贸易理论的新发展。他的投入—产出分析法对美国贸易结构的计算分析,开辟了用统计数据全面检验贸易理论的道路。

"谜"和"谜"的检验说明,要素禀赋论已不能对战后国际贸易的实际作出有力的解释,因为战后科学技术、熟练劳动力在生产中的作用日益加强,已构成一个非常重要的生产要素,而建立在庸俗学派要素理论基础上的要素禀赋论已脱离二战以后的经济现实。"谜"与要素禀赋论的矛盾是理论与实践的矛盾,"谜"的解释正是结合实际对要素禀赋论前提中的劳动同质(即劳动生产率相同)、两要素模型和完全竞争的假定进行了修正。

国际经济学界关于"谜"与要素禀赋论的旷日持久论战是以对要素禀赋理论前提的修正结束的。当今西方传统国际贸易理论中居主导地位的仍然是以比较优势为核心、经过修正的要素禀赋论,它被誉为西方传统国际贸易理论的基石之一。

重 要 名 词

相互需求法则　提供曲线　贸易条件　生产要素　要素价格　要素禀赋　要素密集度　人力资本　要素密集型逆转

思 考 题

1. 根据穆勒的相互需求论,互惠贸易的范围如何确定?贸易利益如何分配?
2. 提供曲线如何导出?它是如何确定均衡贸易条件的?
3. 简述要素禀赋论的内容,并用生产可能性曲线和社会无差异曲线对该理论的贸易基础、贸易类型和贸易利得进行分析。
4. 要素价格均等化学说的主要内容是什么?要素价格均等化是如何实现的?
5. 什么是里昂惕夫之谜?可以从哪些角度对"谜"的产生进行解释?
6. 什么是要素密集型逆转?在什么情况下才会发生这种现象?

5 西方国际贸易新理论

第二次世界大战以后,随着科学技术的进步和生产力的不断发展以及国际政治经济形势的相对稳定,国际贸易的规模越来越大,国际贸易的商品结构和地区分布与战前相比发生了很大变化,发达国家之间的贸易比重相对扩大,产业内贸易迅速发展。对这些新情况,传统的国际贸易理论已难作出有力的解释,因此,经济学家们在里昂惕夫之谜的推动下,在国际贸易研究中不断探索,纷纷著书立说,阐述自己的观点。先后出现的国际贸易新理论有可获得性说、熟练劳动说、人力资本说、研究开发要素说、偏好相似说、规模报酬递增说、技术差距论、产品生命周期说、原料周期说、产业内贸易说、国家竞争优势说等十来种。这些理论与学说都贯穿比较优势这一思想,兼容了传统国际贸易理论的正确结论并有新的发展,从不同的角度揭示了国际贸易产生的一种或数种原因,并尝试从一定理论高度综合分析战后国际贸易现实。本章将分别就这些新理论作简单介绍。

5.1 可获得性说

可获得性说(availability theory),亦称存在性理论,是美国经济学家克拉维斯(J. B. Kravis)1956年在美国《政治经济》杂志4月号上所发表的题为《可获得性与其对贸易商品结构的影响》一文中首先提出来的。

克拉维斯认为,国际贸易商品可区分为可获得性商品和不可获得性商品。所谓可获得性商品,是指一国能以有利条件,如特殊的资源、先进的技术进行生产的供给弹性大的产品;不可获得性商品,是指一国无法生产或即使能生产也必须付出很高代价、供给弹性小的商品。例如,铜和石油是赞比亚和中东等国的可获得性商品,而对于没有铜矿和石油资源的国家而言则是不可获得性商品;咖啡、香蕉等热带产品,对加勒比海和太平洋地区的国家来说是可获得性商品,但对北美、西欧等国来说,因其自然条件不适于生产这些商品,即使能在温室中培养,也要花极高的代价,因而是不可获得性商品。又如,某些高技术产品,像电子计算机、飞机等在某些国家如美国等能通过采用先进技术、开发新产品等方式降低成本,供给弹性较大,因而是它们的可获得性商品;而在另一些国家,由于种种条件的限制不能生产或生产成本较高,供给弹性较小,因而是这些国家的不可获得性商品。

基于对商品的可获得性和不可获得性的认识,克拉维斯认为,各国对某种商品的获得可能性的不同,即可获得与不可获得的差别,亦即供给弹性的差异,是国际贸易产生的一个重要原因,拥有可获得性商品的国家将出口这种商品到不可获得这种商品的国家,对某种商品供给弹性大的国家将向对该商品供给弹性小的国家出口这种商品,这就是可获得性说的内容。

在实际的经济社会,不乏因拥有某些特殊资源或先进技术而产生国际贸易的例子。除上述提及的产品出口外,英国出口毛纺织品、法国出口高级香水、日本出口照相机、苏格兰出口威士忌酒、瑞士出口手表等等,均适用可获得性理论。因为这些产品的出口乃是过去优良的品质或通过成功的广告而广为人知,因而存在良好的信誉所致。这种良好的信誉实则是一国特殊的无形经济资源。

可获得性理论只能用以解释少部分、特殊的贸易事件,而无法用以说明一般的贸易现象。因此,一般的产品贸易还是必须借助成本的差异来说明其发生的原因。

5.2 熟练劳动说

熟练劳动说(skilled labor theory)的鼻祖是里昂惕夫,如第 4 章第 3 节所述,里昂惕夫在解释"谜"产生的原因时认为,美国工人的劳动效率是其他国家工人劳动效率的 3 倍,这实际上是熟练劳动说的雏形。但真正研究并提出这一学说的是美国经济学家基辛(D. B. Kessing),他于 1965 年在《经济统计周报》8 月号上发表了论文《劳动技能与国际贸易:用单一方法评价多种贸易》,又于 1966 年在《美国经济周刊》5 月号上发表论文《劳动技能与比较利益》,着重讨论熟练劳动问题。他按照劳动的复杂程度把企业人员分为八个等级,两大类。第一至第七级分别为科学家和工程师、技术员和制图员、其他专业人员、厂长和经理、机械工人和电工、熟练的手工操作工人、办事员和销售员,属熟练劳动;第八级是不熟练和半熟练工人,属非熟练劳动。根据这种熟练劳动和非熟练劳动的分类,他进而对 14 个国家 1962 年的进出口商品构成进行了分析,得出了劳动熟练程度不同是国际贸易产生的重要原因之一,资本较丰富的国家倾向于出口熟练劳动密集型商品;资本较缺乏的国家则倾向于出口非熟练劳动密集型商品的结论。

表 5-1 是基辛所研究的 14 国中的美国、瑞典、德国、意大利、印度等 5 个国家

表 5-1

5 个国家进出口商品所需熟练劳动和非熟练劳动比重(%)(1962)

国　　家	出　　口		进　　口	
	熟 练 劳 动	非熟练劳动	熟 练 劳 动	非熟练劳动
美　　国	54.6	45.4	42.6	57.4
瑞　　典	54.0	46.0	47.9	52.1
德　　国	52.2	47.8	44.8	55.2
意 大 利	41.1	58.9	52.3	47.7
印　　度	27.9	72.1	53.3	46.7

资料来源:转引自范家骧:《国际贸易理论》,人民出版社 1985 年版,第 89 页。

进出口商品生产所需的熟练劳动和非熟练劳动的比重。在出口商品中,美国的熟练劳动比重最高,非熟练劳动比重最低;印度的熟练劳动比重最低,非熟练劳动比重最高;在进口商品中,情况恰好相反,美国的熟练劳动比重最低,非熟练劳动比重最高;印度的熟练劳动比重最高,非熟练劳动比重最低。这表明发达国家在生产含有较多熟练劳动的商品上具有比较优势,欠发达国家在生产含有较少熟练劳动的商品上具有比较优势。换言之,劳动熟练程度不同是国际贸易产生的重要原因之一。

劳动熟练程度之所以会成为国际贸易产生的重要因素之一,基辛认为原因有三:其一,劳动的熟练程度是不易达到和不能迅速达到的,而发达国家和欠发达国家所拥有的熟练劳动和非熟练劳动的比重又极不相同,前者熟练劳动所占比重较大,后者非熟练劳动所占比重较大;其二,劳动的熟练程度在经济发展中起着重要作用,而国际贸易又与经济发展程度密切相关;其三,资本能够在低成本条件下进行国际移动,劳动力却只能在高成本条件下进行国际移动,且这种差别会导致国际资本边际生产力均等化和国际劳动边际生产力非均等化,故而那些主要靠资本和劳动生产出来的工业品的比较优势就主要取决于劳动的熟练程度。

5.3　人力资本说

人力资本说(human capital theory)是美国经济学家舒尔茨(T. W. Schultz)创立的。该学说用人力资本的差异来解释国际贸易产生的原因和一国的对外贸易类型。舒尔茨和许多其他西方经济学家认为,使用在国际贸易商品生产中的资本既包括物质资本也包括人力资本。物质资本指厂房、机器设备、原材料等有形资本，它是对物质资料投资的结果。人力资本指寓于人体中的人的智能，表现为人的文化水平、生产技巧、熟练程度、管理才能及健康状况，它是对人力投资的结果，即政府、企业和个人投资于教育和培训的结果。各国人民的天赋是相近的，而人的智能差别则是后天人力投资的结果。人力资本丰富的国家，如美国、日本在知识、技术密集型产品生产和出口上具有比较优势，而人力资本比较缺乏的发展中国家在知识、技术密集型产品生产上则处于劣势地位。

人的智能之所以称为资本，是因为通过教育和训练所获得的智能可持续使用一个很长时期，并大大提高劳动生产率，从而取得大于投资的收益。二战以后一片瓦砾，有的国家能飞跃发展，其重要原因之一是战前积累的人力资本保存了下来。战后大萧条时期，美、日等国的家长含辛茹苦供子女上学，寄生存于教育，也为其后来的经济发展积累了大量的人力资本。

人力资本在比较优势的决定中所起的重要作用，则是由于不同产品生产需要的人力智能高低、多寡不同。初级产品的生产需要较少、较低的人力智能，因而人力资本缺乏，但自然资源和劳动丰富的发展中国家具有生产和出口优势；而战后信息、生物、空间、新材料、新能源等新兴产业的产品需要较高的人力智能，因此，人力资本丰富的发达国家具有比较优势。

5.4 研究开发要素说

研究开发要素说（theory of factors of research and development）是西方著名经济学家基辛、格鲁伯（W. H. Gruber）、弗农（R. Vernon）和梅达（W. D. Mehta）等人提出的。

1965年，基辛在《劳动技能与国际贸易：用单一方法评价多种贸易》一文中，用美国在10个发达工业国家各部门出口总额中所占的比重表示美国的竞争力，以美国用于研究与开发费用占美国各部门销售额的百分比和美国科学家和工程师占美国各部门就业人数的百分比表示研究与开发指标。通过计算分析，得出美国产品竞争力强、出口占10国出口总额比重大的部门，投入的研究和开发费用占美国销售额的百分比也大，科学家和工程师的人数占美国该部门全部就业人员的比重也大，即研究开发要素比重大小是产品的国际竞争力强弱的重要因素。

1967年，格鲁伯、弗农和梅达在《政治经济杂志》2月号上发表了一篇题为《美国产业中的国际贸易研究开发要素与国际投资》的论文，也对研究开发要素问题进行了研究。他们根据1962年美国19个产业部门的有关资料统计分析了研究开发费用、科学家和工程师人数与出口的关系，得出了与基辛基本相同的结论，即研究开发要素与出口比率密切相关。

综上所述,研究开发要素说认为,研究开发要素与产品的国际竞争力密切相关,研究开发要素比重大的产品,其国际竞争力也强,而研究开发要素比重较小的产品,其国际竞争力也较弱。

5.5 偏好相似说

1961年,著名瑞典经济学家林德(S. B. Linder)推出《贸易与变化》一书,另辟新蹊,从需求方面探讨了国际贸易产生的原因,提出了偏好相似说(theory of preference similarity)。

林德认为,不同国家由于经济发展程度不同,需求偏好并不相同。基于需求偏好相同的要素禀赋论只能解释初级产品的贸易,而不能解释工业品的贸易。国际间工业品贸易的发生,往往是先由国内市场建立起生产规模和国际竞争能力,而后再拓展国外市场,因为厂商总是出于利润动机首先为他所熟悉的本国市场生产新产品,当发展到一定程度,国内市场有限时才开拓国外市场。因此,两国经济发展程度越相近,人均收入越接近,需求偏好越相似,相互需求就越大,贸易可能性也就越大,如图5-1所示。

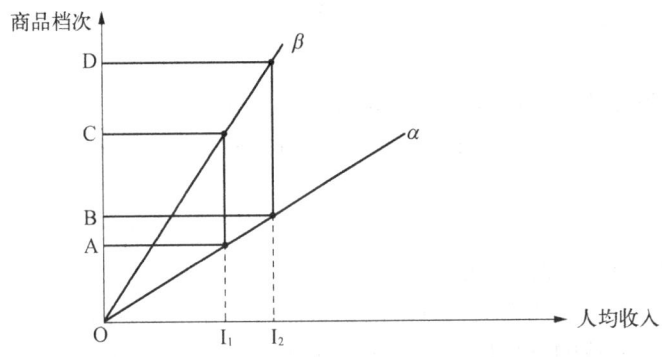

图5-1 偏好相似与国际贸易

图中纵轴代表商品档次,横轴代表人均收入,Oα、Oβ与原点所构成的锥形α—O—β代表一国对其所需求产品的档次的变动范围。设国Ⅰ的人均收入为I_1,国Ⅱ的人均收入为I_2,与I_1、I_2相应的AC、BD分别表示国Ⅰ、国Ⅱ的需求商品档次范围,BC部分重合,表示两国会就BC范围内档次的商品进行贸易。两国对产品需求的档次变动范围重合部分越大,表示需求结构越相近,贸易可能性就越大。

根据要素禀赋论,两国的资本—劳动比率越相近,比较成本的差异将越小,两国的贸易量将越小。但根据偏好相似说,两国的资本—劳动比率越相近,表明两国的经济发展程度越接近,因而人均收入的差异将越小,重叠的市场部分将越大,两国的贸易量将越大。因此,林德的偏好相似说似乎较赫克歇尔和俄林的要素禀赋论更适合于解释贸易发生在发达国家之间的现象。

5.6 技术差距论

技术差距论(technological gap theory)又称创新与模仿理论(innovation and imitation theory),由波斯纳(M. A. Posner)首创,他于1961年在《牛津经济论丛》10月号上发表的《国际贸易和技术变化》一文中提出了这一理论。

技术差距论把国家间的贸易与技术差距的存在联系起来,认为正是一国的技术优势使其在获得出口市场方面占优势,当一国创新某种产品成功后,在国外掌握该项技术之前产生了技术领先差距,可出口技术领先产品。但因新技术会随着专利权转让、技术合作、对外投资、国际贸易等途径流传至国外,当一国创新的技术为外国模仿时,外国即可自行生产而减少进口,创新国渐渐失去该产品的出口市场,因技术差距而产生的国际贸易逐渐缩小。随着时间的推移,新技术最终将被技术模仿国掌握,使技术差距消失,贸易即持续到技术模仿国能够生产出满足其对该产品的全部需求为止。但在动态的经济社会,科技发达的国家是不断会有再创新、再出口出现的。

波斯纳把技术差距产生到技术差距引起的国际贸易终止之间的时间间隔称为模仿滞后(imitation lag)时期,全期又分为反应滞后(reaction lag)和掌握滞后(mastery lag)两个阶段,其中,反应滞后阶段初期为需求滞后(demand lag)阶段。反应滞后是指技术创新国家开始生产新产品到其他国家模仿其技术开始生产新产品的时间。掌握滞后指其他国家开始生产新产品到其新产品进口为零的时间。需求滞后则指技术创新国开始生产新产品到开始出口新产品之间的时间间隔。反应滞后期的长短主要取决于企业家的决定意识和规模利益、关税、运输成本、国外市场容量及居民收入水平高低等因素。如果技术创新国家在扩大新产品生产中能够获得较多的规模利益,运输成本较低,进口国关税税率较低,进出口国家的市场容量差距及居民收入水平差距较小,就有利于保持出口优势,延长反应滞后阶段;否则,这种优势就容易失去,反应滞后阶段将缩短。掌握滞后阶段的长度主要取决于技术模仿国吸收新技术能力的大小,吸收新技术能力大的间隔时间较短。需求滞后的长度则主要取决于两国的收入水平差距和市场容量差距,差距越小长度越短。

胡弗鲍尔(G. C. Hufbauer)用图形形象地描绘了波斯纳的学说,如图 5-2 所示。

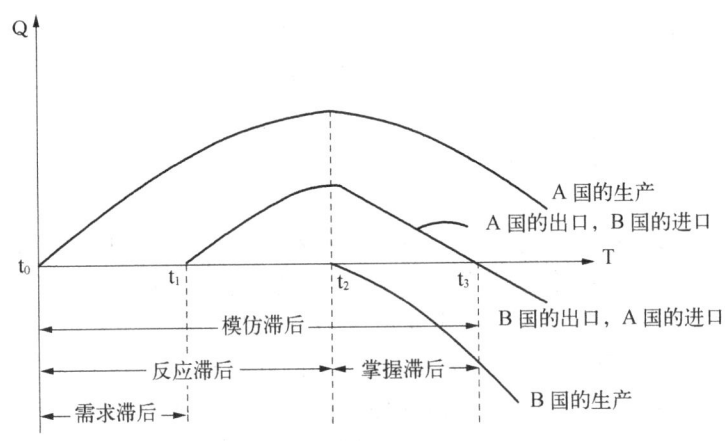

图 5-2 技术差距与国际贸易

图中横轴 T 表示时间,纵轴 Q 表示商品数量,上方表示技术创新国 A 的生产和出口(B 国进口)数量,下方表示技术模仿国 B 的生产和出口(A 国进口)数量。从 t_0 起,A 国开始生产新产品,$t_0 \sim t_1$ 为需求滞后阶段,B 国对新产品没有需求,因而 A 国不能将新产品出口到 B 国。过了 t_1,B 国模仿 A 国消费,对新产品有了需求,A 国出口、B 国进口新产品,且随着时间的推移,需求量逐渐增加,A 国的出口量、B 国的进口量也逐渐扩大。由于新技术通过各种途径逐渐扩散到 B 国,到达 t_2,B 国掌握新技术开始模仿生产新产品,反应滞后阶段结束,掌握滞后阶段开始,此时 A 国的生产和出口(B 国进口)量达到极大值。过了 t_2,随着 B 国生产规模的扩大,产量的增加,A 国的生产量和出口量(B 国的进口量)不断下降。到达 t_3,B 国生产规模进一步扩大,新产品成本进一步下降,其产品不但可以满足国内市场的全部需求,而且可以用于出口。至此,技术差距消失,掌握滞后和模仿滞后阶段结束。可见 A、B 两国的贸易发生于 $t_1 \sim t_3$ 这段时间,即 B 国开始从 A 国进口到 A 国向 B 国出口为零这段时间。

5.7 产品生命周期说

产品生命周期说(product life cycle theory)由美国经济学家弗农于 1966 年在《经济学季刊》5 月号上发表的《生命周期中的国际投资与国际贸易》一文中首先提

出,经威尔斯(Louis T. Wells)、赫希哲(Hirsch)等人不断完善。

产品生命周期说是战后解释制成品贸易的著名理论。该理论认为,由于技术的创新和扩散,制成品和生物一样具有生命周期,先后经历五个不同的阶段,即:(1)新生期;(2)成长期;(3)成熟期;(4)销售下降期;(5)让与期。在产品生命周期的不同阶段,各国在国际贸易中的地位是不同的。

新生期是指新产品的研究和开发阶段。在新生期,需要投入大量的研究开发费用和大批的科学家和工程师的熟练劳动,生产技术尚不确定,产量较少,没有规模经济的利益,成本很高。因此,拥有丰富的物质资本和人力资本的高收入的发达国家具有比较优势。这一阶段产品主要供应生产国本国市场,满足本国高收入阶层的特殊需求。

经过一段时间以后,生产技术确定并趋于成熟,国内消费者普遍接受创新产品,加之收入水平相近的国家开始模仿消费新产品,国外需求发展,生产规模随之扩大,新产品进入成长期。在成长期,由于新技术尚未扩散到国外,创新国仍保持其比较优势,不但拥有国内市场,而且打开并垄断国际市场。

国际市场打开之后,经过一段时间的发展,生产技术已成熟,批量生产达到适度规模,产品进入成熟期。在成熟期,由于生产技术已扩散到国外,外国生产厂商模仿生产新产品,且生产者不断增加,竞争加剧;由于生产技术已趋成熟,研究与开发(R&D)要素已不重要,产品由智能型(或 R&D 密集型)变成资本密集型,经营管理水平和销售技巧成为比较优势的重要条件。这一阶段,一般的发达工业国都有比较优势。

当国外的生产能力增强到能满足本国的需求(即从创新国进口新产品为零),产品进入销售下降期。在这一时期,产品已高度标准化,国外生产者利用规模经济大批量生产,使其产品的生产成本降低,因而开始在第三国市场上以低于创新国产品售价销售其产品,使创新国渐渐失去竞争优势,出口量不断下降,品牌竞争让位于价格竞争。

当模仿国在创新国市场上也低价销售其产品时,创新国的该产品生产激剧下降,产品进入让与期,该产品的生产和出口由创新国让位给其他国家。在这个阶段,不但 R&D 要素不重要,甚至资本要素亦不甚重要,低工资的非熟练劳动成为比较优势的重要条件。具备这个条件的是有一定工业化基础的发展中国家。创新国因完全丧失比较优势而变为该产品的净进口者,产品生命周期在创新国结束。此时,创新国又利用人力资本和物质资本丰富的优势进行再创新,开发其他新产品。

产品生命周期理论可用图 5-3 直观说明。

图 5-3 中,纵轴表示商品数量,横轴表示时间,某发达国家为创新国,其他发达

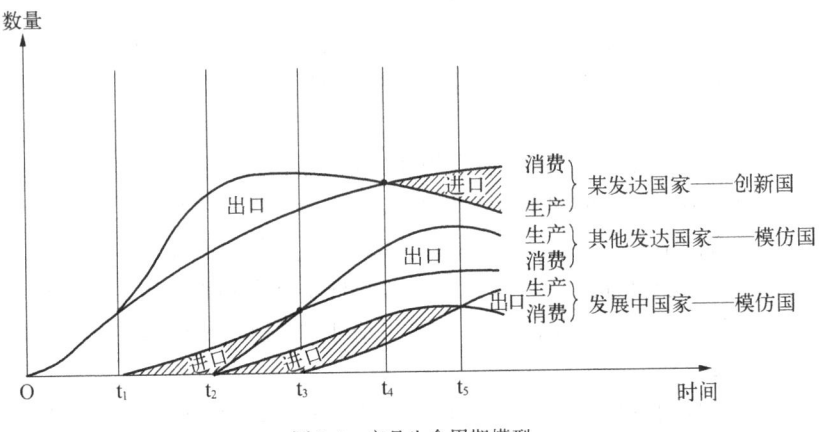

图 5-3 产品生命周期模型

国家和发展中国家为开始时间不同的两组模仿国。

在第一阶段,创新国研制与开发新产品,于 t_0 开始投产,产量较少,产品主要在本国市场销售。在这个阶段创新国处于垄断地位。随着经营规模的扩大和国外需求的发展,创新国于 t_1 开始向国外出口该产品,该产品进入第二阶段。于 t_2 处,国外生产者开始模仿新产品生产,与创新国竞争,新产品进入第三阶段。随着国外生产者增多及其生产能力增强,创新国的出口量下降,其他发达国家于 t_3 变为净出口者,使该产品进入第四阶段,这时,产品已高度标准化,国外生产者利用规模经济大批量生产,降低生产成本,使创新国开始失去竞争优势并于 t_4 变为净进口者,使该产品进入第五阶段,及至 t_5,由于发展中国家的低工资率使它们具有该产品生产的比较优势,该产品由低收入的发展中国家出口到高收入的发达国家,即产品由发达国家完全让位给发展中国家。

从以上分析可见,由于技术的传递和扩散,不同国家在国际贸易中的地位不断变化,新技术和新产品创新在技术领先的某发达国家,而后传递和扩散到其他发达国家,再到发展中国家。当创新国发明新产品大量向其他发达国家出口时,正是其他发达国家大量进口时期;当创新国出口下降时,正是其他发达国家开始生产、进口下降时期;当创新国由出口高峰大幅度下降时,正是其他发达国家大量出口时期;而其他发达国家出口下降时,正是发展中国家生产增加、进口减少时期;其他发达国家从出口高峰大幅度下降时期,正是发展中国家大量出口时期。新技术和新产品的转移和扩散像波浪一样,一浪接一浪向前传递和推进。目前美国正在生产和出口计算机、宇航、生物和新材料等新兴产品,其他发达国家接过汽车和彩电等产品,而纺织品和半导体则通过前两类国家在发展中国家落户。近年来,新技术扩散滞后期大为缩短,使得新产品的生命周期变得越来越短。

5.8 原料周期说

二战以后,合成代用品不断涌现,原料贸易的流向受到了经济学家们的关注。1978年,经济学家梅旨(S. P. Majee)和罗宾(N. I. Robin)提出了原料周期说。

梅旨和罗宾根据一些初级原料发展的历史,将初级原料产品周期划分为三个阶段:第一阶段为"派生需求繁荣"阶段;第二阶段为"供应和需求来源替代"阶段;第三阶段为"合成代用品和/或研究与开发的介入"阶段。在第一阶段,工业生产的发展使对原料的派生需求急剧增加,价格急剧上涨。在第二阶段,由于初级原料供应来源的增多和使用相对便宜的产品,初级原料价格上升势头减弱,甚或价格下降。在第三阶段,研究开发的介入,新的合成代用品的形成或节约使用原料的科学方法的发现,将初级原料推向生命末期。

在原料产品周期的不同阶段,各类国家在原料的国际贸易中所处的地位是不同的。在原料周期的早期,发展中国家凭借其自然资源优势,在原料的国际贸易中占据十分重要的地位,是原料产品的主要出口国。但随着发达国家以先进技术生产合成代用品,使该项初级原料进入后期阶段,发展中国家在该原料贸易中的优势丧失,而发达国家在该原料的合成原料贸易中占据优势,它们不仅减少了初级原料的进口,而且开始出口合成原料。

近百年来,世界主要原料贸易的发展基本上都经历了上述演变过程。以橡胶为例,第一阶段(1885—1910年),汽车工业发展使天然橡胶价格在1900—1910年的10年间上升了78%,巴西和一些非洲国家供应的橡胶占世界市场橡胶供给量的61%。第二阶段(1910—1940年),传统的供应者逐渐丧失控制世界橡胶市场的能力,到了1930年,后起的马来西亚、斯里兰卡和印度尼西亚控制了世界橡胶市场的92%,这时期天然橡胶消费量增加了10倍,价格却逐渐下降。第三阶段(1940至今),人工合成橡胶的出现并很快替代了天然橡胶,1940年合成橡胶仅占世界橡胶消费量的20%,1962年达50%,1970年已超过70%。

5.9 规模报酬递增说

规模报酬递增说(theory of increasing returns to scale)也称规模收益递增理论,是著名经济学家克鲁格曼(Paul Krugman)在与艾瀚南(Helpman Elhanan)合著的《市场结构与对外贸易》(1985)一书中提出的。其论点为:规模报酬递增也是国际贸易的基础,当某一产品的生产发生规模报酬递增时,随着生产规模的扩大,单位产品成本递减而取得成本优势,因此导致专业化生产并出口这一产品。

规模报酬递增之所以可能发生,是因为大规模生产经营,一能充分发挥各种生产要素的效能,更好地组织企业内部的劳动分工和专业化,提高厂房、机器设备的利用率,取得内部规模经济效益(internal economies of scale);二能更好地利用交通运输、通讯设施、金融机构、自然资源、水利能源等良好的企业环境,获得外部规模经济效益(external economies of scale)。

规模报酬递增为国际贸易直接提供了基础。现以国Ⅰ和国Ⅱ为例分析说明由规模报酬递增取得的贸易优势及在规模收益递增基础上互惠贸易的发生,见图 5-4 所示。

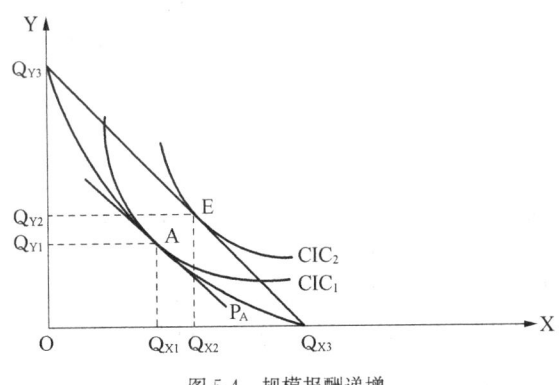

图 5-4 规模报酬递增

假定国Ⅰ、国Ⅱ在各方面都完全相同(要素禀赋、技术水平、消费偏好均同,经济的绝对规模也相当),如图 5-4,用同一条生产可能性曲线和同一簇无差异曲线表示。生产可能性曲线凸向原点,表明生产 X、Y 产品发生规模报酬递增(成本递减),即增加每一单位的 X 商品生产需要牺牲 Y 商品的数量越来越少,增加每一单位的 Y 商品生产需要牺牲 X 商品的数量也越来越少。A 点为两国在封闭经济状态下共同的生产点,国内均衡商品相对价格也相等(P_A),显然,这时并不存在比较利益问题,但却存在由专业化分工和贸易所能带来的潜在利益,优势和利益正来自规模报酬递增。如果国Ⅰ试图增加 X 商品的生产,哪怕开始只比对方扩大一点点,但在规模报酬递增的作用下,稍加扩展的 X 商品就会获得成本优势,促使其进一步扩张,这种扩张反过来又强化它的优势,出现了一种滚雪球式的专业化分工倾向,推动国Ⅰ专业化生产 X 产品,产量为 Q_{x3};反之亦然,国Ⅱ也会专业化生产 Y 产品,产量为 Q_{y3}。若两国各以自己生产的一部分产品进行贸易,即国Ⅰ用 $Q_{x2}Q_{x3}$ 与国Ⅱ的 $Q_{y2}Q_{y3}$ 相交换,结果两国的消费均确立在 E 点上,较之分工前 A 点提高了,经济福利也随之增加,达到了位置更高的无差异曲线 CIC_2,各获利 $Q_{x1}Q_{x2}$,

$Q_{y1}Q_{y2}$；利得就来自各国只生产一种产品的规模报酬递增。可见，在存在规模报酬递增条件下，以规模报酬递增为基础的分工和贸易会通过提高生产率、降低成本，使产业达到更大的国际规模而获利，而参加分工和贸易的双方均获其利。

此外，规模报酬递增，尤其是内部规模报酬递增会破坏完全竞争，导致独占和倾销，也会发生国际贸易。

5.10 产业内贸易理论

产业内贸易理论（intra-industry trade theory）又称差异化产品理论（differentiated product theory），是当前国际贸易理论最热门的课题之一，该理论博采战后国际贸易新理论的研究成果，着重产业内贸易的探讨，即一国同时出口和进口同一产业的产品，国际间进行同产业的产品异样化竞争，并认为这是更符合现实情况的国际贸易。

5.10.1 产业内贸易理论的发展

产业内贸易理论的发展经历了 20 世纪 70 年代中期以前的经验性研究和 70 年代中期以后的理论性研究两个阶段。

20 世纪 70 年代中期以前，西方经济学家佛丹恩（Vordoorn）、迈凯利（Michaely）、巴拉萨（Bela Balassa）和考基玛（Kojima）对产业内贸易作了大量的经验性研究。佛丹恩对"比荷卢经济同盟"的集团内贸易格局变化的统计分析表明：和集团内贸易相关的生产专业化形成于同种贸易类型之内，而不是在异种贸易类型之间，而且交易的产品具有较大的异质性。迈凯利对 36 个国家五大类商品的进出口差异指数的计算结果说明：高收入国家的进出口商品的结构呈明显的相似性，而大多数发展中国家则相反。巴拉萨对欧共体贸易商品结构的研究结果表明，欧共体制成品贸易的增长大部分是产业内贸易。考基玛对发达国家间的贸易格局的研究发现：高度发达的、类似的工业国之间横向制成品贸易增长迅速，因而认为，产业内贸易现象背后必然包含着一种新的原理，对这一新原理的揭示，可以在传统比较利益理论的基础上形成一种理论创新。①

20 世纪 70 年代中期，西方学者格鲁贝尔（Herbert G. Grubel）和劳尔德（P. J. Loyld）对产业内贸易现象作了开创性、系统性的研究，使产业内贸易理论发展步入

---

① 参见许心礼等著：《西方国际贸易新理论》，复旦大学出版社 1989 年版，第 168～169 页。

第二阶段——理论性研究阶段。继格鲁贝尔和劳尔德之后，格雷(Gray)、戴维斯(Devies)、克鲁格曼和兰卡斯特(Lancaster)等许多经济学家对产业内贸易进行了大量的理论性研究，使产业内贸易理论日趋丰富、成熟。格鲁贝尔和劳尔德合著了《产业内贸易》一书，书中认为，技术差距、研究与开发、产品的异质性和产品生命周期的结合以及人力资本密集度的差异与收入分配差异(或偏好的差异)相结合均可能导致产业内贸易。格雷和兰卡斯特主要从产品异质性的角度分析产业内贸易的形成，强调产品的差异性是产业内贸易的基础。戴维斯以进入市场的障碍解释产业内贸易，并从规模经济的角度揭示产业内贸易的成因，指出规模经济可以在产业内形成互有竞争力的价格，从而导致产业内贸易的发生。克鲁格曼也强调规模经济是产业内贸易的基本原因，并认为，各国的生产要素越相似，它们的产业结构的差异便越小，从而它们的贸易越具有产业内贸易的特征。

20世纪70年代中期以后，在对产业内贸易的理论性研究不断深化的同时，对产业内贸易的经验性研究也步步深入。这一阶段的经验性研究已从70年代中期以前主要研究地区经济集团形成而导致专业化格局变化转向主要致力于研究产业内贸易的程度和趋势，以及在不同类型国家、不同产业中的发展状况及原因。

5.10.2 产业内贸易的理论解释

产业内贸易(intra-industry trade)指的是同一产业部门内部的差异产品(differentiated products)的交换及其中间产品的交流。例如，美国和日本相互交换电脑，德国与法国交换汽车，意大利和德国相互交换打字机等。产业内贸易是相对于产业间贸易(inter-industry trade)不同产业之间完全不同产品的交换而言的。当今世界，两种类型的国际贸易均有发生。

国家间要素禀赋的差异，从而比较成本的差异是产业间贸易发生的基础和原因。国家间的要素禀赋差异越大，产业间贸易量就越大。这是传统的贸易理论对产业间贸易的解释。国际贸易中的产业内贸易现象显然不能用传统的贸易理论来解释，因为传统贸易理论有两个重要的假定：一是假定生产各种产品需要不同密度的要素，而各国所拥有的生产要素禀赋是不同的，因此贸易结构、流向和比较优势是由各国不同的要素禀赋来决定的；二是假定市场竞争是完全的，在一个特定产业内的企业，生产同样的产品，拥有相似的生产条件。而这些假定与现实相差甚远。纵观西方经济学界对产业内贸易的种种理论说明可知，产品差异论、规模经济或规模报酬递增论及偏好相似论可以解释产业内贸易现象。

A. 产品差异性

在每一个产业部门内部，由于产品的质量、性能、规格、牌号、设计、装潢等的不同，甚至每种产品在其中每一方面都有细微差别而形成由无数样产品组成的差别化系列产品。各国由于财力、物力、人力的约束和科学技术的差距,使它们不可能在具有比较利益的部门生产所有的差别化产品,而必须有所取舍,着眼于某些差别化产品的专业化生产,以获取规模经济利益。因此,每一产业内部的系列产品常产自不同的国家。而消费多样化造成的市场需求多样化,使各国对同种产品产生相互需求,从而产生贸易。例如,欧共体(现欧盟)建立以后,随着关税的下降并最后取消及共同体内部贸易的扩大,各厂商得以专业化生产少数几种差异化产品,使单位成本较之过去生产许多种差异产品时大为下降,成员国之间的差异产品交换亦大大增加。

与产业内差异产品贸易有关的是产品零部件的贸易的增长。为了降低成本,一种产品的不同部分往往通过国际经济合作形式在不同国家生产,追求多国籍化的比较优势。例如,波音777飞机的32个构成部分,波音公司承担了22%,美国制造商承担了15%,日本供给商承担了22%,其他国际供给商承担了41%。飞机的总体设计在美国进行,美国公司承担发动机等主要部分的生产设计和制造,其他外国承包商在本国进行生产设计和制造有关部件,然后运到美国组装。显然,波音777飞机是多国籍化的产物。类似的跨国公司间的国际联盟、协作生产和零部件贸易,正促进各国经济的相互依赖和产业内贸易的扩大和发展。

B. 规模经济或规模报酬递增与不完全竞争

规模报酬递增与不完全竞争是最普遍被用来解释产业内贸易之理论。如上节所述,规模经济或规模报酬递增是指厂商进行大规模生产,使成本降低,报酬递增。对一厂商而言,规模经济有外部的和内部的。前者不一定带来市场不完全竞争(imperfect competition),后者则将导致不完全竞争,如垄断性竞争(monopolistic competition)、寡占(oligopoly)或独占(monopoly)。这是因为国际贸易开展后,厂商面对更广大的市场,生产规模可以扩大,规模经济使扩大生产规模的厂商的生产成本、产品价格下降,生产相同产品而规模不变的其他国内外厂商因此被淘汰。因此,在存在规模经济的某一产业部门内,各国将各自专于该产业部门的某些差异产品的发展,再相互交换(即开展产业内贸易)以满足彼此的多样化需求。

国家间的要素禀赋越相似,越可能生产更多相同类型的产品,因而它们之间的产业内贸易量将越大。例如,发达国家之间的要素禀赋和技术越来越相似,它们之间的产业内贸易相对于产业间贸易日益重要。

C. 偏好相似

这是林德理论的应用。如本章第五节所述,发达国家间产业结构相似,它们之间的分工大多是部门内产品内分工。它们收入水平相近,消费结构大体相同,对对方的产品形成广泛的相互需求。因重合需求大,所以发达国家间产业内贸易量大。

5.10.3 产业内贸易的规范模型

因产业内贸易理论涉及的范围很广,建立的模型必须适用于不同的条件,因而可能出现的模型会比产业间贸易模型多得多。下面以垄断性竞争条件下的生产和定价为代表介绍一种规范的产业内贸易模型,以进一步说明国际贸易中的产业内贸易现象,见图 5-5。

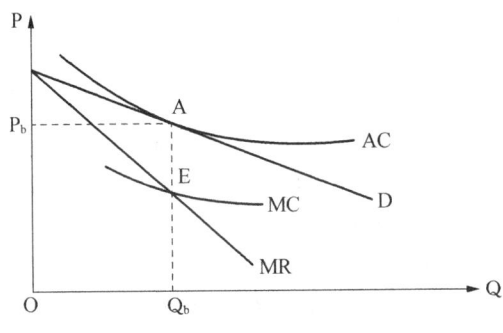

图 5-5　垄断性竞争的生产和定价模型

图 5-5 为垄断性竞争的生产和定价模型。该模型假定许多厂商销售同一差异产品且可以自由进入或退出市场,即市场为垄断性竞争。这一模型还假定该差异产品的生产为规模报酬递增。

在图 5-5 中,D 为某厂商所销售的差异产品的需求曲线,MR 为相应的边际收益曲线。由于产品是异质性产品,所以 D 向下倾斜,又因许多厂商销售相同的产品,故 D 十分富有弹性,即价格的微小变化会引起销售量的很大变化。为了增加销售量,该厂商必须降低商品价格(P),故其边际收益曲线位于需求曲线之下,MR<P。

AC 为该厂商的平均成本曲线,MC 为相应的边际成本曲线。通过专业化生产少数几种差异产品,该厂商的生产的规模报酬递增,故 AC 也向下倾斜。为使平均成本下降,边际成本必须小于平均成本,故边际成本线位于平均成本线之下。

该厂商的最佳产出水平为 MR 和 MC 的交点 E 所给定的产量 Q_b。在这一产出水平上,边际收益等于边际成本(E 点所示),即 MR=MC;价格等于平均成本(A 点所示),即 P=AC,厂商索取的价格为曲线 D 和 AC 的切点 A 表示的水平 P_b。按这一规模生产,厂商获得正常报酬(normal return)。任何低于 E 点的产出,边际收益超过边际成本,厂商需付出代价增加产出。相反,任何高于 E 点的产出,边际收益小于边际成本,厂商需付出代价减少产出。

现以国Ⅰ和国Ⅱ生产布和汽车为例说明两国的产业内贸易。设国Ⅰ劳动丰富,国Ⅱ资本丰富;布为劳动密集型产品,汽车为资本密集型产品;布和汽车均为差异性产品,生产均为规模报酬递增,市场均为垄断性竞争。两国开展贸易后,根据要素禀赋论,国Ⅰ将出口布,进口汽车;国Ⅱ出口汽车,进口布,两国进行产业间贸易。但根据规模报酬递增与不完全竞争理论,国Ⅰ作为布的净出口国,仍会进口一些种类的布和出口一些类型的汽车;国Ⅱ作为汽车的净出口国,仍会进口一些类型的汽车,出口一些种类的布。国Ⅰ对布、国Ⅱ对汽车的净出口反映了产业间贸易。而国Ⅰ同时出口一些汽车、进口一些布,国Ⅱ同时出口一些布、进口一些汽车则体现了产业内贸易。因此,当产品为差异性产品时,会同时发生产业间贸易和产业内贸易。

5.10.4 产业内贸易程度的测定

产业内贸易程度可通过产业内贸易指数(B)来测量。

$$B = 1.0 - \frac{|X-M|}{X+M}$$

上式中,X与M分别代表属于同一产业的产品的出口值和进口值。B的最大值为1,最小值为0。当某一产业产品的进口、出口相等时,即X-M=0时,B为最大值1;但当某一产业只有进口没有出口,或只有出口没有进口,即没有产业内贸易时,B为最小值0。工业国之间的产业内贸易程度较高。根据格鲁贝尔和劳尔德的估算,1967年,10个工业化国家的B值平均为0.48,欧共体成员国的B值平均为0.67,显示先进工业国家之间的贸易有一大部分属于产业内的贸易。而且,随着经济的发展,工业国之间的产业内贸易越来越普遍。据新加坡国立大学朱刚体博士对1990年10个发达国家和5个非经合组织(OECD)国家的181组商品的产业内贸易程度的调查计算,10个发达国家的B值平均达0.60,其中以欧共体国家的B值为最高;5个非经合组织国家的B值平均为0.43,其中以新加坡的B值为最高。他的测定还发现,化工产品、按材料分类的工业制成品,以及未分类的其他商品的产业内贸易程度为最高,表明产业内贸易主要是工业国的制成品行业内的贸易,发展中国家间以及农产品的这种贸易不甚普遍。

应注意的是,界定一个产业的范围大小不同,会得出极不相同的B值。界定的范围越大,B值也越大,因为某一产业的范围越大,一国越可能出口该产业的某些差异产品,而进口另一些差异产品;反之亦然。因此,应慎用产业内贸易指数(B)。

5.11 国家竞争优势说

竞争优势的概念是美国经济学家迈克尔·波特(Michael Porter)在20世纪80年

代提出来的,他在《国家间的竞争优势》(1990)一文中对国家竞争优势问题进行了全面的研究,国家竞争优势说(theory of competitive advantage of nations)由此形成。

5.11.1 国家竞争优势说要旨

波特认为,一国的竞争优势,就是企业、行业的竞争优势。国家的繁荣不是固有的,而是创造出来的。一国的竞争力高低取决于其产业发展和创新能力的高低,"创新是竞争力的源泉"。

在国家竞争优势的决定中,波特认为要素条件、国内需求状况、充满活力的供应商和相关产业的存在,以及企业战略、结构与竞争等因素至关重要,政府行为和偶然事件也起辅助作用。他指出,企业因为压力和挑战才能战胜世界强手而获得竞争优势,它们得益于拥有国内实力雄厚的对手、勇于进取的供应商和要求苛刻的顾客。[①] 他还指出,在全球性竞争日益加剧的当今世界,国家变得越来越重要,国家的作用随着竞争的基础越来越转向创造和对知识的吸收而不断加强,国家竞争优势通过高度本土化过程得以产生和保持,国民价值、文化、经济结构、制度、历史等方面的差异均有助于竞争的成功。然而,各国的竞争格局存在明显的区别,没有任何一个国家能或将能在所有产业或绝大多数产业上有竞争力,各国至多能在一些特定的产业竞争中获胜,这些产业的国内环境往往最有动力和最富挑战性。[②]

5.11.2 国家竞争优势的决定因素

A. 主要因素

波特对决定国家竞争优势的四个主要因素进行了分析和解释,并用以构建国家竞争优势的"钻石"框架(见图 5-6)。在这一框架中对国家进行评估以确定培养

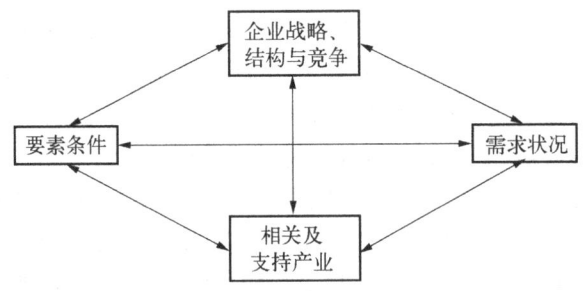

图 5-6 国家竞争优势的"钻石"框架

---

①② Michael E. Porter, "The Competitive Advantage of Nations", Harvard Business Review(March-April 1990): pp.73~74.

和保持具有国际竞争优势的产业的可能性。

　　a. 要素条件(factor conditions)。要素条件是指适于一国在某一产业中获胜的生产要素条件。波特认为,要素禀赋在国家竞争优势决定中的作用要比人们通常认为的复杂得多;要素禀赋是动态的,因而是可以升级、创造和专门化的;绝大多数要素是投资的产物。因此,对于提高竞争力更为重要的是一国不断创造、改进和调动其生产要素的能力,而不是要素的初始禀赋。

　　基于对要素禀赋的新认识,波特将生产要素分为人力资源、物质资源、气候条件、知识资源、地理位置、资本资源、基础设施等,并将要素进一步区分为基础要素(basic factors)和高级要素(advanced factors)、一般要素(generalized factors)和专门化要素(specialized factors)。基础要素无需开发或仅需较少且简单的社会和私人投资(如一些自然资源、气候、半熟练和非熟练劳动力、地理位置、借入资本等),而高级要素往往需要持续的巨大投资,包括受过高等教育的人员和现代化的电信通讯设施。比较而言,波特认为高级要素、专门化要素更有价值,因为这些要素更为稀缺、更难获得。若一国基础要素不足,但高级要素在世界上具有优势,该国仍有可能获得竞争优势。例如,非熟练劳动力不足,可通过生产自动化来缓解,或通过引进外国劳工来解决。但若一国在高科技方面处于劣势,便无法通过其他方法来弥补。而且,基础要素处于劣势,有可能对企业形成压力,有助于企业的创新,使该国在高级要素上的优势更为突出。

　　b. 需求状况(demand conditions)。需求状况是指企业在国内市场上面临的竞争及其健康程度。能在激烈竞争中生存并发展壮大的企业更可能获得竞争优势。波特指出,产品的质量、档次及产品的导入时机在很大程度上取决于国内需求的特征,包括国内买家的需求性质、国内市场的发展规模与格局,以及国内买家的需求向国外企业传递的机制等因素。他认为,在促进企业持续竞争力方面,最重要的是市场的特征,而不是市场的规模。而市场的特征主要是由顾客的苛求程度决定的,若国内消费者善于挑剔,品味较高,便有助于企业提高产品质量和服务水平,从而提高竞争力,取得竞争优势。

　　c. 相关和支持产业(related and supporting industries)。相关和支持产业是指企业所有相关产业及供应商的竞争能力。波特认为,基于国内的供应商可为下游产业创造优势:国内供应商可向下游企业提供及时、快捷,甚至优惠的投入,使下游企业的生产能在有利条件下进行;国内供应商与下游企业的协调发展使下游企业能够调整其战略计划以利用供应商的创新成果。波特还认为,具有国际竞争力的相关产业的存在也是竞争优势的源泉之一,因为相关产业可在价值链中分享或协调某些活动或生产互补性产品,一个产业的成功可能推动互补性产品需求的增加。因此,那些拥有发达而有竞争力的相关产业和支持产业的企业在运作过程中,通过密切的工作关系、与供应商的接近、及时的产品供应和快捷的信息传递获得并保持优势。

d. 企业战略、结构与竞争(firm strategy,structure,and rivalry)。企业战略、结构与竞争是指资助或妨碍企业创造和保持竞争力的国内条件。在波特的分析框架中,国内竞争是极为重要的因素。世界范围内的成功企业与激烈的国内竞争高度相关,激烈的国内竞争,会迫使企业更加努力、不断创新,并迫使企业向海外拓展,到世界市场上一决雌雄。而竞争的强度又取决于企业经营管理战略、所有权结构和资本市场条件等因素;企业经营态度影响企业参与国际竞争的愿望和能力;所有权结构及持股人动机影响企业目标的确立;国内资本市场影响企业的资金需要。波特指出,没有任何经营、管理战略或所有制战略是普遍适用的,一项战略的适用性取决于其对某时某地(国家)某企业的适应性和弹性。

B. 辅助因素

波特认为,政府行为和偶然事件在国家竞争优势的创造中也是重要的,但只是辅助性的,次要的。

a. 政府行为(government actions)。政府行为可以促进企业竞争力的提高,增加企业获得竞争优势的机会,但若没有其他有利条件,政府行为便缺乏创造竞争优势的力量。只有在决定国家竞争优势的根本因素业已存在的行业,政府政策的执行才有成效,因此,政府行为只是创造国家竞争优势的一个辅助因素,其作用是为企业提供一个有利的竞争环境。

b. 偶然事件(chance events)。偶然事件会造成行业混乱、为新企业的加入创造机会,还可能促成其他国家同类企业的出现。因此,偶然事件也是影响企业成功的可能性的辅助因素。

5.11.3 国家竞争优势的发展阶段

波特在界定国家竞争优势的框架后,进一步阐述了各决定因素及变量的相互联系,并提出了国家竞争优势的发展阶段模型,认为一国经济通常经由要素驱动、投资驱动、创新驱动和财富驱动等四个阶段向前发展,在不同的经济发展阶段,国家竞争优势来源的重点不同。

A. 要素驱动阶段

该阶段竞争优势主要取决于一国的要素禀赋优势,即拥有廉价的劳动力和丰富的资源。在这一阶段,具有优势的是资源密集型和劳动密集型产业。该阶段产业技术水平层次较低。

B. 投资驱动阶段

该阶段的竞争优势主要取决于资本优势,大量的投资可更新设备、扩大规模、增强产品的竞争力。在这一阶段,具有优势的是资本密集型产业。该阶段相关和支持产业还不够发达,产品的生产主要依赖于国外的技术、设备,产业整体水平仍落后于世界先进水平。

C. 创新驱动阶段

该阶段竞争优势主要来源于研究与开发,具有优势的是技术密集型产业,如高新技术产业或被高新技术改造过的传统产业。该阶段企业能在广泛的领域成功地进行市场竞争,并实现不断的技术升级。一些率先进入该阶段的产业通过建立企业和拓展业务形成新的产业发展领域,且越来越多的企业进入高水平的服务业。

D. 财富驱动阶段

该阶段产业竞争依赖于已获得的财富,企业创新竞争意识明显下降,而更注意保持地位。在这一阶段,经济发展缺乏强有力的推动力。

5.11.4 国家竞争优势说简评

波特提出的国家竞争优势说对于解释第二次世界大战以后的国际贸易新格局、新现象具有很强的说服力,对于一国提高国际竞争力,取得和保持竞争优势有重大的借鉴意义。根据这一理论,一国要提高经济实力和竞争力,必须创造公平竞争环境,重视国内市场的需求,重视企业的创新机制和创新能力。为此,政府应基于长期经济计划和动态竞争优势,制定能为持续不断的创新创造竞争机会和压力,以及能促进高级要素、专门化要素开发的政策,以服务于国家竞争优势的创造和保持。

但是,波特的理论也存在一些局限,它过于强调企业和市场的作用,而低估了政府的作用。"四因素"对国家竞争优势的获得与保持固然重要,但如果没有政府的适当干预,"四因素"可能要经历很长时期才能孕育成熟。日本和亚洲"四小龙"的经济成就,在很大程度上源于政府对教育和技术引进的重视,源于政府对企业研究与开发的支持,源于政府对于一些暂时处于劣势的主导产业的保护,源于政府对主导产业的相关产业和支撑产业的政策扶持。

重 要 名 词

规模报酬递增　人力资本　产业间贸易　产业内贸易　基础要素　高级要素

思 考 题

1. 试述规模报酬递增说的内容,并说明规模报酬递增发生的原因。

2. 试述技术差距论的内容。
3. 产品生命周期说如何解释国际贸易的产生?
4. 试述偏好相似说的要旨。
5. 产业内贸易与产业间贸易的主要区别表现在哪些方面?试从理论上对产业内贸易进行解释。
6. 根据国家竞争优势说,一国的竞争优势是如何决定的?政府行为在竞争优势的创造中起何作用?

西方宏观国际贸易理论
——对外贸易乘数理论

西方国际贸易理论体系包括微观和宏观两个方面。以上各章所介绍的西方传统国际贸易理论及其在当代的新发展都是关于国际贸易产生的原因和贸易利得的分析,属于微观经济学范畴,本章将对西方宏观国际贸易理论作一介评。

西方宏观国际贸易理论不系统、不成熟,尚未形成完整的体系,主要是对外贸易乘数理论。它以西方宏观经济学为理论基础,并存在于宏观经济学之中。为了便于理解,在介绍对外贸易乘数理论之前,先分别叙述封闭经济体制下的国民经济平衡和开放经济体制下的国民经济平衡。

6.1 封闭经济体制下的国民经济平衡

6.1.1 封闭经济体制下国民经济平衡的条件

在封闭经济体制下,国民经济体系的运行是实物循环和货币循环的统一。人们向企业提供生产要素,企业用人们提供的生产要素组合生产商品和劳务,再供人们消费,这是实物形式的循环;人们从企业得到要素收入,再用这些收入购买企业提供的商品和劳务,货币回到企业,这是货币循环。实物循环和货币循环是按相反方向对流进行的,所以,有货币流动必存在实物流动。为便于分析,下面将略去实物形式的流动,仅从货币流动角度考察国民经济的平衡。

在整个国民经济体系中,各部门1年内所创造的产品和劳务的市场价值总额为国民生产总值,用GNP表示,不同要素所有者提供生产要素创造国民生产总值而取得的收入为国民总收入(简称国民收入),用Y表示。若国民生产总值恒等于国民总收入,说明整个国民经济体系生产的产品和劳务都被其创造的总收入买掉,使国民经济处于平衡状态。因此,国民经济平衡的条件是国民生产总值恒等于国

民总收入,即:

$$GNP \equiv Y \quad (1)$$

由于国民生产总值由消费品价值和投资品价值两部分构成,所以,

国民生产总值＝总消费＋总投资

若以 C 代表总消费,I 代表总投资,则有:

$$GNP = C + I \quad (2)$$

而国民总收入中人们只把一定比例用于消费,其余部分或者购买证券,或者存款,以备不测之需或其他需要,即有一种储蓄倾向,所以,

国民总收入＝总消费＋总储蓄

若以 S 代表储蓄,则有:

$$Y = C + S \quad (3)$$

根据(1)式、(2)式、(3)式,得:

$$C + I = C + S \quad (4)$$

即

$$I = S \quad (5)$$

所以,在封闭经济体制下,国民经济平衡的条件是 I＝S,即投资等于储蓄,或"注入"等于"漏出"。

如果 I＞S,即投资大于储蓄,说明社会总需求大于总收入,使价格上涨,国民经济扩张,产出和收入水平提高,从而使国民经济平衡达到一个更高的水平。相反,如果 I＜S,即 投资小于储蓄,说明社会总需求小于总收入,使价格下降,国民经济收缩,从而降低产出和收入的平衡水平。

6.1.2 在封闭经济体制下制约国民经济平衡的原理

在封闭经济体制下,制约国民经济平衡的原理有投资乘数原理和加速原理。

A. 投资乘数原理

乘数原理是经济学家卡恩(R. F. Kahn)首先创立的。他于1931年在《经济学季刊》上发表了"国内投资与失业的关系"一文,论证了在一定消费倾向下,投资与就业量的乘数关系。英国经济学家凯恩斯(John Maynard Keynes,1883—1946年)在1936年出版的《就业、利息和货币通论》(The General Theory of Employment, Interest and Money)的著作中用乘数原理来分析投资对国民收入的作用,提出了投资乘数理论,成为凯恩斯理论的重要组成部分。

凯恩斯认为,投资的增加对国民收入的影响有乘数作用,即增加投资所引致的国民收入的增加是投资增加的若干倍。若用 ΔY 表示国民收入的增加,K 表示乘数,ΔI 表示投资的增加,则:

$$\Delta Y = K \cdot \Delta I \tag{6}$$

国民收入的增加之所以是投资增加的倍数,是因为新增投资引起对生产资料的需求增加,从而引起从事生产资料生产的人们的收入增加。他们的收入增加又引起对消费品需求的增加,从而导致从事消费品生产的人们收入的增加。如此推演下去,结果国民收入的增加等于增加投资的若干倍。现假定新增加的投资 ΔI 为 100 美元,它用于购买投资品便成了投资品生产者(雇主和工人)增加的收入;如果投资品生产者只消费其新增收入的 90%,于是向他们出售商品的人们便得到 90 美元的收入;如果这些人又消费其收入的 90%,即 81 美元,又成为向他们出售商品的人们增加的收入⋯⋯如此继续下去,收入也随之增加。收入增加的总和为如下无穷等比数列:

$$\Delta Y = \Delta I(1+c+c^2+c^3+\cdots) = \Delta I \cdot \frac{1}{1-c} \tag{7}$$

(7)式中,c 为增加的收入中用于消费的比例,$\frac{\Delta C}{\Delta Y}$ 称为边际消费倾向(marginal propensity to consume);$\frac{1}{1-c}$ 为乘数,若用 K 表示之,即得(6)式。

上例中,边际消费倾向 c 为 0.9,所以乘数 $K = \frac{1}{1-0.9} = 10$,因此,投资增加 100 美元,可使国民收入增加 1 000 美元(即 100 美元的 10 倍);如果 c 为 0.5,则 $K = \frac{1}{1-0.5} = 2$,即投资增加 100 美元,可使国民收入增加 200 美元(即 100 美元的 2 倍);如果 c 为 0,即人们将增加的收入全部用于储蓄,则 $K = \frac{1}{1-0} = 1$,即国民收入增加为投资增加的 1 倍,也为 100 美元;如果 c 为 1,即人们把增加的收入全部用于消费,则 $K = \frac{1}{1-1} = \infty$,即国民收入增加的倍数为无穷大。可见,乘数的大小是由边际消费倾向决定的,两者成正比例关系,从另一个角度说,影响乘数大小的因素是新增收入中用于储蓄的比例 $\frac{\Delta S}{\Delta Y}$,即边际储蓄倾向,用 s 表示之,则 $K = \frac{1}{s}$,即乘数大小与边际储蓄倾向成反比。

B. 加速原理

反映消费增加促使投资扩大关系的原理称为加速原理(acceleration

principle)。其涵义是,由于人口增加、消费偏好发生变化,或者投资增加导致收入增加,因而消费量也将随之增加。为了生产出更多的消费品以满足增加了的需求,生产资料的生产也必须增加,从而刺激投资量的增加。

在乘数原理和加速原理的作用下,可以实现国民经济的平衡,即:如果投资 I 的数量已定,也就决定了消费 C,从而也就决定了两者之和——国民生产总值 GNP;而且投资 I 和储蓄 S 相等,于是国民总收入 $Y=C+S=C+I\equiv GNP$,国民经济处于平衡状态。

6.2 开放经济体制下的国民经济平衡

6.2.1 开放经济体制下国民经济平衡的条件

如 6.1 节所述,在封闭经济体制下,国民生产总值是由投资品价值和消费品价值构成的,通过创造国民生产总值获得的国民总收入仅用于国内消费和储蓄。而在开放经济体制下,国民生产总值中的一部分要出口,因此国民生产总值由国内消费品价值、国内投资品价值和出口品价值三部分构成,其中,国内消费品、投资品以国内对消费和投资需求为基础,出口品以出口需求为基础,因而

$$国民生产总值=国内消费+国内投资+出口$$

若以 C 表示国内消费,I 表示国内投资,X 表示出口,则有:

$$GNP=C+I+X \tag{8}$$

开放经济体制下,国民总收入则分别用于国内消费、储蓄和进口,所以,

$$国民总收入=国内消费+储蓄+进口$$

若以 S 代表储蓄,以 M 代表进口支出,则有:

$$Y=C+S+M \tag{9}$$

如果国民生产总值恒等于国民总收入,即 $GNP\equiv Y$,则国民经济处于平衡状态。

根据(8)式、(9)式,得:

$$C+I+X=C+S+M$$

即

$$I+X=S+M \tag{10}$$

(10)式中,投资 I 和出口 X 均为"注入",储蓄 S 和进口 M 均为"漏出"。可见,

在开放经济体制下,注入总量等于漏出总量,国民经济才能在平衡状态下运行。

如果 I+X>S+M,说明整个国民经济的注入总量大于漏出总量,使需求上升,国民经济扩张,国民产出和收入水平提高。

如果 I+X<S+M,说明整个国民经济的注入总量小于漏出总量,即有一部分收入未回到经济循环中,使需求不足,国民经济收缩,降低国民产出和收入水平。

6.2.2 对外贸易对国民经济平衡的作用

如上所述,开放经济体制下,国民经济平衡的条件是:

$$I+X=S+M$$

即

$$S-I=X-M \tag{11}$$

(11)式中,$S-I$ 为储蓄投资差额,$X-M$ 为贸易差额。只要储蓄投资差额与贸易差额相等,国民经济便能在平衡状态下运行。这说明由储蓄和投资不平衡引起的国内经济不平衡,可以通过对外贸易调整进出口加以调节,使国民经济达到内外平衡。

如果 S>I 说明国内需求不足,有些产品积压,这时可以增加出口使国民经济恢复平衡。

如果 S<I 说明投资过度,因而国内需求过大,国内商品供不应求,这时可以增加进口弥补国内供应的不足,使国民经济恢复平衡。

现举例说明如下:假定储蓄为 100,投资为 80,进出口各为 60,贸易差额为零,即对外贸易平衡,但国民经济显然不平衡。这时可增加出口 20,使贸易差额 $X-M=(60+20)-60=20$,以抵销国内储蓄投资差额 $S-I=100-80=20$,使国民经济恢复平衡。

可见,对外贸易对国民经济的内外平衡具有调节作用,当国内投资不足因而需求不足时,可通过增加出口,扩大需求,使国民经济恢复平衡;当国内投资过度,储蓄不足因而需求过度时,可通过增加进口,为国民经济建设筹集国外资源,使国民经济恢复平衡。

6.3 对外贸易乘数理论

在开放经济体制下,国民经济的平衡不仅受制于投资乘数原理和加速原理,还受到对外贸易乘数原理的制约。

6.3.1 凯恩斯及其追随者与对外贸易乘数理论

凯恩斯(John Maynard Keynes,1883—1946 年)是当代最著名的英国经济学家,凯恩斯主义的创始人。他的代表作是《就业、利息和货币通论》(1936 年)。

马克卢普(F. Machlup,1902—　　年)是出生于奥地利的美国经济学家,美国普林斯顿大学教授,凯恩斯的主要追随者之一。其代表作是《国际贸易与国民收入乘数》(1943 年)。

哈罗德(R. F. Harrod,1900—1978 年)是英国著名经济学家,牛津大学教授,凯恩斯的主要追随者之一。其代表作为《国际经济学》(1933 年)、《动态经济导论》(1948 年)。

20 世纪 30 年代,大量失业存在,资本主义经济和传统经济理论陷入严重危机。在此背景下,凯恩斯出版了《劝说集》(1932 年)和《就业、利息和货币通论》,书中他以有效需求不足为基础,以边际消费倾向、边际资本效率和流动性偏好三个所谓心理规律为核心,以国家干预为政策基点,创立了保护国内就业的新学说。凯恩斯的经济理论中有关国际贸易的论点虽然不多,但在其追随者中却颇有影响。马克卢普和哈罗德等人在凯恩斯的投资乘数原理基础上引申提出了轰动一时的一国对外贸易乘数理论(the theory of foreign trade multiplier)。

6.3.2　对外贸易乘数理论的涵义

凯恩斯的追随者认为,一国的出口和国内投资一样,属于"注入",对就业和国民收入有倍增作用;而一国的进口,则与国内储蓄一样,属于"漏出",对就业和国民收入有倍减效应。当商品劳务输出时,从国外获得货币收入,会使出口产业部门收入增加,消费也随之增加,从而引起其他产业部门生产增加,就业增多,收入增加……如此反复下去,收入增加将为出口增加的若干倍。当商品劳务输入时,向国外支付货币,使收入减少,消费随之下降,国内生产缩减,收入减少……因此,只有当对外贸易为顺差时,才能增加一国就业量,提高国民收入。此时,国民收入的增加将为投资增加和贸易顺差的若干倍。这就是对外贸易乘数理论的涵义。

若用 ΔY 表示国民收入增量,ΔX 表示出口增量,ΔM 表示进口增量,ΔI 表示投资增量,c 表示边际消费倾向,则投资和对外贸易顺差对国民收入的乘数作用可表示为:

$$\Delta Y=[\Delta I+(\Delta X-\Delta M)] \cdot (1+c+c^2+c^3+\cdots)$$

即
$$\Delta Y=[\Delta I+(\Delta X-\Delta M)] \cdot \frac{1}{1-c} \qquad (12)$$

(12)式中,$\frac{1}{1-c}$ 为乘数,若用 K 表示之,则

$$\Delta Y=[\Delta I+(\Delta X-\Delta M)] \cdot K \qquad (13)$$

在 ΔI 和 K 一定的条件下,贸易顺差越大,ΔY 越大,即国民收入增加越大;反之,若贸易差额为逆差,则 ΔY 将缩减,即因投资增加带来的国民收入倍增为贸易逆差所致的国民收入倍减所缩小。

乘数的大小与边际消费倾向有关,两者成正比,即边际消费倾向越大,对外贸易对国民收入的倍数效应越大。从另一个角度说,乘数与新增收入中用于储蓄的比例——边际储蓄倾向和新增收入中用于进口的比例——边际进口倾向有关。这是因为新增收入分别用于国内消费、储蓄和进口,所以:

$$\Delta Y = \Delta C + \Delta S + \Delta M$$

即
$$1 = \frac{\Delta C}{\Delta Y} + \frac{\Delta S}{\Delta Y} + \frac{\Delta M}{\Delta Y} \tag{14}$$

(14)式中,$\frac{\Delta C}{\Delta Y}$、$\frac{\Delta S}{\Delta Y}$、$\frac{\Delta M}{\Delta Y}$ 分别为边际消费倾向、边际储蓄倾向和边际进口倾向。若分别用 c,s,m 表示,则有

$$c + s + m = 1$$

即
$$1 - c = s + m$$

亦即
$$\frac{1}{1-c} = \frac{1}{s+m}$$

所以
$$K = \frac{1}{1-c} = \frac{1}{s+m} \tag{15}$$

可见,乘数是 1 减边际消费倾向的倒数,也等于边际储蓄倾向与边际进口倾向之和,即"漏出"的倒数,它与"漏出"成反比。

6.3.3 对外贸易乘数理论简评

凯恩斯主义的对外贸易乘数理论在一定程度上揭示了对外贸易与国民经济发展之间的内在规律性,因而具有重要的现实意义。这一理论对于认清国民经济体系的运行规律,制订切实有效的宏观经济政策也有一定的理论指导意义。

但是,对外贸易乘数理论存在很大局限性。首先,对外贸易乘数理论把贸易顺差视为与国内投资一样是对国民经济体系的一种"注入",能对国民收入产生乘数效应。其实,贸易顺差与国内投资是不同的:投资增加会形成新的生产能力,使供给增加,而贸易顺差增加实际上是出口相对增加,它本身并不能形成生产能力。因此,投资增加和贸易顺差增加对国民收入增加的乘数作用并不等同。其次,对外贸易乘数在实践上是很模糊的,它常会受一国闲置资源和其他因素的影响,资源稀缺会限制该国国民收入的下一轮增长。再次,这一理论忽视了对外贸易发挥乘数作

用的条件。对外贸易的乘数作用并非在任何情况下都能发挥,只有在世界总进口值增加的条件下,一国才能继续扩大出口,从而增加国民收入和就业。如果世界的总进口值不变或减少,一国将无法增加出口,除非降低出口商品价格,但降低出口商品价格,企业会因利润下降而不愿扩大生产、增加产量,因此,增加出口也无从谈起。

重要名词

投资乘数　加速原理　对外贸易乘数原理

思考题

1. 简述对外贸易乘数理论的内涵。
2. 简要评论对外贸易乘数理论。

7 西方传统国际贸易理论的反对派——保护贸易理论及其新发展

西方传统国际贸易理论的反对派理论主要有汉密尔顿的保护关税说,李斯特的保护幼稚工业论、普雷维什的中心—外围说及其他保护贸易论点。保护贸易新理论主要是战略贸易论和管理贸易理论。本章将对这些理论逐一介绍和评价。

7.1 汉密尔顿的保护关税说

汉密尔顿(Alexander Hamilton,1757—1804 年)是美国的开国元勋、政治家和金融家、第一任财政部长。1776 年以前,大英帝国对北美洲实行殖民统治,把北美洲当作农产品及原料的供应地和工业品的销售市场,并对其工业发展加以重重限制,使北美洲经济十分落后,尤以工业为甚。1776 年,美国宣告独立,这一正义行动受到英国的极力反对,并派军队进行镇压,于是一场独立和反独立战争爆发并持续了 7 年之久。美国虽然取得了战争的最后胜利,经济却遭受了严重破坏,加之战后英国的经济封锁,使其经济更加凋敝。当时摆在美国面前有两条路:一条是实行保护关税政策,独立自主地发展本国工业;另一条是实行自由贸易政策,继续向英国、法国、荷兰等国出售小麦、棉花、烟草、木材等农林产品,用以交换这些国家的工业品,满足国内市场的工业品需求。前者是北方工业资产阶级的要求,后者是南部种植园主的愿望。

汉密尔顿站在工业资产阶级一边,极力主张实行保护关税制度,并于 1791 年向国会递交了一份题为《关于制造业的报告》(Report on Manufacture)。在报告中,他阐述了保护和发展制造业的必要性和有利条件,极力主张实行保护关税政策,并提出了以加强国家干预为主要内容的一系列措施。

汉密尔顿认为,制造业有许多优点:提高机械化水平,促进社会分工;扩大就业;吸引移民流入,加速国土开发;提供创业机会,充分发挥个人才能;自我消化农产原料和生活必需品,保证农产品销路,稳定农产品价格等。因此,制造业的发展对国家利益关系重大。他还认为,保护和发展制造业对维护美国的经济和政治独立具有重要意义。一个国家如果没有一定的工业基础,不但不能使国家富强,而且很难保住其独立地位。况且,美国工业起步晚,基础薄弱,技术落后,生产成本高,难与经济起步早的国家如英、法、荷等国的廉价商品进行自由竞争。因此,必须用关税将美国新建立起来的工业保护起来,使之生存、发展和壮大。他指出,为了保护和发展制造业,政府应加强干预,实行保护关税制度,具体采取如下措施:第一,向私营工业发放贷款,扶植私营工业发展;第二,实行保护关税制度,保护国内新兴工业;第三,限制重要原料出口,免税进口本国急需原料;第四,给各类工业发放奖励金,并为必需品工业发放津贴;第五,限制改良机器及其他先进生产设备输出;第六,建立联邦检查制度,保证和提高工业品质量;第七,吸收外国资金,以满足国内工业发展需要;第八,鼓励移民迁入,以增加国内劳动力供给。

汉密尔顿的上述主张,虽然仅有一部分被美国国会采纳,却对美国政府的内外经济政策产生了重大和深远的影响,促进了美国资本主义的发展,具有历史进步意义。恩格斯曾肯定了美国选择保护贸易道路的重要意义。恩格斯说:"假如美国也必须变为工业国,假如它不仅有赶上它的竞争者,而且有超过它的竞争者的机会的话,那美国面前摆着两条道路:即是或者以比它先进100年的英国工业为对手,在自由贸易之下,用50年的功夫,作极大牺牲的竞争战,或者实行保护贸易,在25年之内拒绝英国工业品进口,在25年以后,美国工业在世界公开市场上能够居于强国的地位,是绝对有把握的。"[1]

汉密尔顿的保护关税说为落后国家进行经济自卫和与先进国家相抗衡提供了理论依据。这一学说的提出,标志着从重商主义分离出来的西方国际贸易理论两大流派已基本形成。

7.2 李斯特的保护幼稚工业论

李斯特(Friedrich List,1789—1846年)是著名的德国经济学家,政治经济学历史学派的主要先驱者,保护贸易的倡导人。其主要代表作是1841年出版的《政治经济学的国民体系》(The National System of Political Economy)一书。李斯特靠刻苦自学成才,曾任德国都平根大学教授。他热衷于政治活动,曾任国会议员和德

---

[1] 恩格斯:《保护贸易与自由贸易》;转引自汪尧田、褚健中:《国际贸易》,上海社会科学出版社1989年版,第232页。

国工商业协会顾问。但因主持成立德国工商业协会活动而遭到容克贵族迫害,1825年被迫携眷移居美国。在美国受到汉密尔顿保护贸易思想的影响,他更坚定了在德国实行保护贸易的信念。1832年,他以美国驻德领事身份回德,继续推动德国实行保护贸易政策抵制英国商品的竞争。后因经营实业破产,贫病交迫而自杀。

7.2.1 保护幼稚工业论提出的历史背景

19世纪初,德国还是一个政治上分裂、经济上落后的农业国。在政治上,拿破仑战争后虽然封建割据局面有所改善,但德意志境内依然小邦林立(尚有38个邦),邦与邦之间关卡重重,各邦内省与省之间也因地方税率的差异而彼此分割。直到1834年,各邦才建立起统一的关税同盟,1848年结束封建割据局面,完成政治上的统一。在经济上,其发展水平不仅远远落后于工业革命已经完成的英国,而且与早已进入工业革命阶段的法国以及美国和荷兰等国也存在很大差距。它虽在19世纪30年代开始工业革命,但到1848年时,还没有建立起自己的机器制造业。工业上仍以工场手工业和分散的小手工业为主,工厂生产的比重很小。在对外贸易方面,它主要出口原料和食品,进口半制成品和制成品。这种状况反映了其落后的经济受到外来经济力量的巨大冲击和对外的严重依赖。为了发展德国经济,国内围绕对外贸易政策的选择展开了激烈的论战。一派主张实行自由贸易政策;另一派主张实行保护关税制度。前者的势力很大,且有一套理论,后者以1819年成立的德国工商业协会为核心,势力较弱,并缺乏理论基础。在这样的时代背景下,作为德国工商业协会顾问和保护贸易学派旗手的李斯特从民族利益出发,以生产力理论为基础,以意大利、汉撒同盟、荷兰、英国、西班牙、葡萄牙、法国、美国等经济兴衰史为佐证,猛烈抨击了古典学派的自由贸易学说,建立了一套以保护关税制度为核心,以幼稚工业为保护对象,为经济落后国家服务的国际贸易学说——保护幼稚工业论。

7.2.2 保护幼稚工业论的理论基础

生产力理论是李斯特保护幼稚工业论的理论基础。李斯特说:"除了这种交换价值科学外,还必须建立一门独立的生产力科学,以便全面地、正确地描述社会经济学的实质,而贸易政策主要应当把生产力理论,而不是如迄今的理论家们那样把交换价值作为自己的准绳。"[①]

---

① [德]弗·李斯特:《政治经济学的国民体系》,商务印书馆1961年版,第611页。

李斯特从德国工业资产阶级的利益出发,关心提高生产力,特别是关心德国的工业生产力的提高。在他看来,财富本身固然重要,但发展生产力更为重要。他指出:"财富的生产力比之财富本身不晓得要重要多少倍;它不但可以使已有的和已经增加的财富获得保障,而且可以使已经消失的财富获得补偿。"①他还把生产力与财富的关系喻为果树与果实的关系。生产力犹如结果实的果树,而财富则是果树结出的果实。生产力是创造财富的源泉,财富是生产力的结果。他认为一个国家开展对外贸易,也应着眼于提高生产力,而不能着眼于财富存量的多少。

7.2.3 保护幼稚工业论的理论依据

经济发展阶段论是李斯特保护幼稚工业论的理论依据。李斯特根据他的生产力理论,批评古典政治经济学"没有考虑到各个国家的性质以及它们各自的特有利益和情况"②,是忽视民族特点的世界主义经济学,提出了经济发展阶段论。他认为"从经济方面看来,国家都必须经过如下各发展阶段:原始未开化时期、畜牧时期、农业时期、农工业时期、农工商业时期。"③在不同的阶段,应实行不同的对外贸易政策。在一个国家的经济由原始未开化转入畜牧、农业时期,对比较先进的国家实行自由贸易是大有好处的,因为通过自由贸易可为其猎场、牧场或森林及农产品和其他原料谋得出路,并可换回更好的衣料、用具、机器以及贵金属等,以促进本国农业的发展,并培育工业基础。在一个国家进入农工商业时期以后,实行自由贸易也是可取的,因为国内工业品已具备国际竞争力,通过自由贸易,可以"在国外市场上进行无所限制的竞争,使从事于农工商业的人们在精神上不致松懈,并且可以鼓励他们不断努力保持既得的优势地位。"④唯有处于农工业时期才需要保护,因为本国农业已取得较大成就且工业已有发展,但"由于还存在着一个比它们更先进的工业国家的竞争力量,使它们在前进道路上受到了阻碍——只有处在这样的情况下的国家,才有理由实行商业限制以便建立并保护它们自己的工业。"⑤如果实行自由贸易政策就永远不可能发展到经济发达国家的水平。李斯特说:"在自由竞争下一个无保护的国家要想成为一个新兴的工业国已经没有可能"。⑥这时"比较落后的国家将普遍屈服于工商业与海军强国的优势之下。"⑦

李斯特认为,当时的葡萄牙和西班牙处于农业时期,德国和美国处于农工业时期,法国仅靠农工商业时期的边缘而尚未进入农工商业时期,只有英国实际达到了

---

① [德]弗·李斯特:《政治经济学的国民体系》,商务印书馆1961年版,第118页。
②③ [德]弗·李斯特:《政治经济学的国民体系》,商务印书馆1961年版,第112、155页。
④⑤⑥⑦ [德]弗·李斯特:《政治经济学的国民体系》,商务印书馆1961年版,第105、155～156、128、112页。

农工商业时期。李斯特据其经济发展阶段论,为各国的贸易政策进行了历史主义的解释,并为德国及其他一些经济落后国家实行保护贸易政策提供了理论依据。

7.2.4 保护幼稚工业论的主要论点

李斯特在生产力理论和经济发展阶段论的基础上,提出了保护幼稚工业论,主张经济相对落后国家应实行保护贸易政策,使其幼稚工业经过保护能够成熟,与国外竞争者匹敌。

如前所述,李斯特认为,只有那些在农业、工业、社会和政治上已较充分发展,具备精神上和物质上的必要条件和手段,即已进入农工业发展阶段的国家,如德国和美国,可以把本国建成工业国家,只是由于世界上有一个比它更先进的国家的竞争使它在前进道路上受到阻碍,才有理由实行保护贸易政策。

李斯特还认为,保护制度,并非保护一切产品。粮食和原料等贸易无须保护,因为它们受到自然保护,不怕竞争;奢侈品为主的精制品贸易也不用保护或只需轻度保护,因为这些物品的国外竞争不会对国家经济发展造成威胁。只有与国家工业发展有关的幼稚工业,即有发展前途但刚刚发展且有强有力的国外竞争者的工业才需要保护。这些工业经过相当一段时间(大约30年)保护而成熟后就不再需要保护,到那时就应取消保护制度。

为保护幼稚工业,李斯特提出"对某些工业品可以实行禁止输入,或规定的税率事实上等于全部,或至少部分地禁止输入。"[①]同时,"凡是在专门技术与机器制造方面还没有获得高度发展的国家,对于一切复杂机器的输入应当允许免税,或只征收轻微的进口税。"[②]

李斯特承认,实行保护关税政策,会使国内工业品价格提高,本国在价值方面有些损失。但他认为这种损失是暂时的,是发展本国工业所必须付出的代价,牺牲的只是眼前利益,而得到的则是生产力的提高。他说:"必须牺牲眼前利益,使将来的利益获得保障。……的确,保护关税在初行时,会使工业品价格提高;但是同样正确的,而且也为流行经济学派认可的是,经过相当时期,国家建成了自己的充分发展的工业以后,这些商品由于在国内生产成本较低,价格是会低落到国外进口价以下的。因此,保护关税如果使价值有所牺牲的话,它却使生产力有了增长,足以抵偿损失而有余,由此使国家不但在物质财富的量上获得无限增进,而且一旦发生战争,可以保有工业的独立地位。"[③]"国家由于实行保护关税所遭受的损失不管怎

[①][②][③] [德]弗·李斯特:《政治经济学的国民体系》,商务印书馆1961年版,第261、265、128页。

么说只是一些价值,相反地,它赢得了力量,利用这些力量,它永远可以生产难以估量的价值。由此可见,价值的这种消耗只能看成是国家进行工业教育所付出的代价。"①

李斯特主张保护贸易政策应通过国家干预经济来实行。李斯特把国家喻为国民生活中慈父般的有力引导者,认为,国家在必要时,应限制国民经济活动的一部分,如干预对外贸易,以促进国民经济的发展。他以风力和人力在森林成长中的不同作用来比喻国家在经济发展中的重要作用,他说:"经验告诉我们,风力会把种子从这个地方带到那个地方,因此荒芜原野会变成稠密森林;但是要培养森林因此就静等风力作用,让它在若干世纪的过程中来完成这样的转变,世界上岂有这样愚蠢的办法吗?如果一个植林者选择树秧,主动栽培,在几十年内达到了同样的目的,这倒不算是一个可取的办法吗?历史告诉我们,有许多国家,就是由于采取了那个植林者的办法,胜利实现了它们的目的。"②

7.2.5 保护幼稚工业论简评

李斯特的保护幼稚工业论具有十分重要的理论意义。这一理论的提出,确立了保护贸易理论在国际贸易理论体系中的地位,标志着从重商主义分离出来的西方国际贸易理论两大学派——自由贸易学派和保护贸易学派的完全形成。

李斯特的保护幼稚工业论的许多观点是有价值的,整个理论是积极的,对落后国家制定对外贸易政策有一定借鉴意义。他的生产力理论中,关于"财富的生产力比之财富本身,不晓得要重要多少倍"的思想是深刻的,具有无可动摇的理论说服力;他关于经济发展的不同阶段应采取不同的对外贸易政策的观点是科学的,为落后国家实行保护贸易政策提供了理论依据;他关于以保护贸易为过渡和仅以幼稚工业为保护对象的主张是积极的,说明了他同时承认国际分工和自由贸易的利益;他对保护贸易政策的得失的分析是实事求是的,揭示了建立本国高度发达的工业是提高生产力水平的关键。

李斯特的保护幼稚工业论在德国工业资本主义的发展过程中起过积极的作用。它促进了德国资本主义的发展,有利于资产阶级反对封建主义势力的斗争。马克思在评价保护关税政策时指出:"保护关税成了它反对封建主义和专制政权的武器,是它聚集自己的力量和实现国内自由贸易的手段。"③在保护政策的扶植下,经过1843年、1846年两次提高关税,德国经济确实在短期内有了迅速的发展,终

---

①② [德]弗·李斯特:《政治经济学的国民体系》,商务印书馆1961年版,第41、101页。
③ 《马克思恩格斯选集》第一卷,人民出版社1972年版,第209页。

于赶上了英、法等国。

但是,李斯特的保护幼稚工业论也存在许多缺陷。首先,他对影响生产力发展的各种因素的分析是十分混乱和错误的。他说:"基督教、一夫一妻制、奴隶制与封建领地的取消,王位的继承,印刷、报纸、邮政、货币、历法、钟表、警察等等事物,制度的发明,自由保有不动产原则的实行,交通工具的采用……这些都是生产力增长的丰富泉源。"① 显然,李斯特是用形而上学的方法把各种不同的社会范畴、技术范畴、经济范畴与政治范畴混杂在一起作为"生产力增长的泉源",因而不能揭示生产力和经济发展的根本原因,也不能揭示物质生产本身是社会经济生活的决定性基础这一根本原理。其次,他的经济发展阶段论是以经济部门为划分经济发展阶段基础的,这实际上是把社会历史的发展归结为国民经济部门的变迁,而撇开了生产关系这个根本原因,因而是错误的。此外,李斯特以他的生产力理论与古典学派的国际价值论对立起来,片面地强调国家对于经济发展的决定性作用,这也是错误的。

7.3 普雷维什的中心—外围论

普雷维什(Raul Prebiisch)是当代著名的阿根廷经济学家,第一届"第三世界基金奖"(1981)获得者。他曾任阿根廷财政部长、农业财政问题顾问、中央银行总裁和联合国拉丁美洲经济委员会执行书记、贸易与发展会议秘书长等职。他的代表作是1950年出版的《拉丁美洲的经济发展及其主要问题》一书,即著名的"拉丁美洲经委会宣言"。

第二次世界大战后,随着殖民体系的瓦解,原帝国主义殖民地、半殖民地纷纷取得了政治上的独立。为了巩固这种独立地位,它们迫切要求大力发展民族经济,实行经济自主。然而,这些国家民族经济的发展受到了旧的国际经济秩序,尤其是旧的国际分工—国际贸易体系的严重阻碍。普雷维什根据他的工作实践和对发展中国家问题的深入研究,站在发展中国家的立场上,提出了中心—外围论。

7.3.1 中心—外围论的主要论点

A. 国际经济体系分为中心和外围两部分

古典学派等研究国际贸易时将世界视为一个整体,李斯特考察国际贸易时强调国家的重要性,普雷维什则将世界经济体系分为中心和外围两个部分来探讨国际贸易问题。

---

① [德]弗·李斯特:《政治经济学的国民体系》,商务印书馆1961年版,第128页。

普雷维什认为,国际经济体系在结构上分两部分:一部分是由发达国家构成的中心国家(central countries);另一部分是由广大发展中国家组成的外围国家(peripheral countries)。中心和外围在经济上是不平等的:中心是技术的创新者和传播者,外围则是技术的模仿者和接受者;中心主要生产和出口制成品,外围则主要从事初级品生产和出口;中心在整个国际经济体系中居于主导地位,外围则处于依附地位并受中心控制和剥削。在这种国际经济贸易关系下,中心国家主要享有国际贸易的利益,而外围国家则享受不到这种利益。这是造成中心国与外围国经济发展水平差距加大的根本原因。

B. 外围国家贸易条件不断恶化

普雷维什用英国60多年(1876—1938年)的进出口价格统计资料推算了初级产品和制成品的价格指数之比以说明主要出口初级产品的外围国和主要出口工业品的中心国的贸易条件的变化情况。推算的结果表明,外围国家的贸易条件出现长期恶化的趋势。此即著名的"普雷维什命题"。若以1876—1880年间外围国家的贸易条件为100,到1936—1938年外围国家的贸易条件已降到64.1,说明20世纪30年代与19世纪70年代相比,外围国家的贸易条件恶化了35.9。

普雷维什认为,外围国家贸易条件恶化是由以下原因造成的。第一,技术进步利益分配不均。如上所述,科技发明往往发生于中心国家,而这些发明直接用于中心国家的工业发展。外围国家由于自身工业技术基础等条件的限制和中心国家的限制措施而几乎享受不到世界科技进步的利益,只能充当长期向中心国家提供初级产品的角色。按理说,中心国家因技术进步的作用使其出口的制成品劳动生产率提高应比外围国家出口的初级产品劳动生产率提高更快,因而制成品价格降幅应比初级产品价格的降幅大。但随着中心国家技术进步和工业发展,企业家的利润和工人的收入不断提高,而且提高的幅度大于劳动生产率提高的幅度,加之工业品价格具有垄断性,工业品价格非但不下降反而上涨。而外围国家的收入增长低于劳动生产率提高的幅度,而且初级产品垄断性较弱,价格上涨缓慢,而在价格下降时又比工业品降得更快。所以,外围国家的初级产品贸易条件必然恶化。第二,工业制成品和初级产品需求的收入弹性不同。一般地,工业制成品需求的收入弹性比初级产品需求的收入弹性大。随着人们收入的增加,对工业品的需求会有较大的增加,因而工业品的价格就会有较大程度的上涨。相反,随着人们收入的增加,对初级产品的需求增加较小,因而对初级产品价格不会有很大的刺激作用,使初级产品价格上涨很小,甚至下降。所以,以出口初级产品为主的外围国家的贸易条件存在长期恶化趋势。第三,中心和外围工会的作用不同。中心国家的工人有强大的工会组织,在经济高涨时,可以迫使雇主增加工资,经济萧条时,可以迫使雇主不降或少降工资,因而使工业品价格维持在较高水平上。而外围国家工会组织不健全,力量薄弱,没有能力控制或影响工资,经济繁荣时期工资上升不大,萧条时期工资大幅度下降,因而使外围国家初级产品价格较低。这是造成外围国家贸易条件恶化的又一原因。

C. 外围国家必须实行工业化,独立自主地发展民族经济

普雷维什基于对国际经济体系的中心和外围的划分和对旧的分工体系和贸易格局下外围国家贸易条件长期恶化的分析,提出了外围发展中国家必须实行工业化的主张。他认为,外围国家应该改变过去把全部资源用于初级产品的生产和出口的做法,充分利用本国资源,努力发展本国的工业部门,逐步实现工业化。他根据拉丁美洲各国的实际情况,提出了进口替代工业化的发展战略。即采取限制工业品进口的措施,努力发展本国工业,使工业品逐步达到自给自足,改变工业品依靠从中心国进口的局面。随着世界经济形势的变化和拉美国家经济的发展,他又进一步提出了出口替代的发展战略。即大力发展本国工业品出口,改变出口商品结构,由以出口初级产品为主向出口工业品为主转变。这样外围国家的工业品不仅能够满足本国的需要,而且可以向中心国家出口,使外围国家的工业更趋成熟。

为了实现工业化,普雷维什主张外围国家实行保护贸易政策。他认为,在一个相当长的时期内,保护政策是发展中国家发展工业所必需的。在出口替代阶段,为了鼓励制成品出口,除了实行保护关税政策外,还应有选择地实行出口补贴措施,以增强发展中国家的制成品在世界市场上的竞争力。普雷维什指出,外围国家的保护政策与中心国家的保护政策性质不同。外围国家的保护是为了发展本国工业,有利于世界经济的全面发展;而中心国家的保护是对外围国家的歧视和遏制,不仅对外围国家不利,于整个世界经济发展也是不利的。因此,他呼吁中心国对外围国放宽贸易限制,减少对外围国工业品的进口歧视,为外围国的工业品在世界市场上的竞争提供平等的机会。

20世纪60年代后,鉴于世界工业品市场竞争激烈和中心国在世界市场上的垄断优势对外围国发展工业品出口极其不利的状况,普雷维什主张发展中外围国家建立区域性共同市场,开展区域性经济合作,以便相互提供市场促进发展中国家间的经济发展。

7.3.2 中心—外围论简评

普雷维什作为发展中国家的代言人,从发展中国家的利益出发,对国际贸易问题进行了开拓性的探讨,为国际贸易理论宝库增添了不少新内容,其中包含了科学的成分。他的中心—外围论对战后世界经济格局的分析是正确的,它使发展经济学家对战后国际经济关系的不平等认识又上升到一个新的理论高度,为第三世界国家反对旧的国际经济关系,争取建立新的国际经济秩序提供了思想武器。他关

于发展中国家经济发展战略的建议,对拉丁美洲和其他发展中国家都具有直接的指导和借鉴意义,为二战以后发展中国家的经济发展作出了重要的贡献。但是,这一理论的某些观点和解释包含有不科学的成分,如关于制成品与初级产品的技术进步与各自价格关系的论述,关于工会组织对产品价格施加影响的看法,就不够科学。发展中国家贸易条件长期恶化问题,须区别不同的国家和产品,作具体分析。实际上,造成初级产品贸易条件恶化的原因,除了国际分工格局不合理、初级产品需求弹性外,还在于发达国家长期实行的保护本国初级产品生产的贸易政策,人为地压缩了对发展中国家初级产品的需求。此外,初级产品的技术含量低、加工程度低、附加价值低和替代品增加,以及发达国家对初级产品自给的重视和世界经济周期的影响等等,都促成了发展中国家贸易条件的恶化。

7.4 主张保护贸易的其他论点

传统的保护贸易理论及其在现代的发展,除了上述几大基本理论外,还有种种主张保护贸易的经济和非经济论点。以下就保护主义者的一些主要论点加以简要的介绍和评论。

7.4.1 改善国际收支论

国际收支论(balance of payment argument)主张以关税、配额等贸易保护措施限制进口,减少外汇支出,以达到迅速、有效改善国际收支的目的。

国际收支论作为临时性的紧急措施,能使一国的国际收支逆差状况改善暂时奏效,发达国家和发展中国家不时求助于关税以减少其逆差。但是,该论点忽略了一个事实——国际收支状况是进口与出口(或外汇流出与流入)的一种差额,仅减少进口(或外汇流出)并不能保证国际收支一定获得改善。若在本国限制进口的同时,外国采取报复手段;或本国资源由出口部门转移至进口部门生产而使本国出口减少(或外国资金流入减少);或本国对进口品的需求缺乏弹性,关税亦无法有效减少进口;或用于出口品生产的中间投入物进口减少或价格上涨而削弱出口能力;或本国进口减少导致外国的进口能力亦随之下降;或本国进口减少而致本国币值上升等,这些情况的发生,均会使本国无法达到改善国际收支的目的。因此,改善国际收支的更为有效的办法应是改善经济结构、提高要素生产力,以增强本国产品的国际竞争力,使出口增加,吸引外汇流入。

7.4.2 改善贸易条件论

贸易条件论(terms-of-trade argument)者认为,在一定条件下,一国通过对进口商品征收关税和限制出口等措施,可达到改善贸易条件、提高福利水平的目的。

从理论上说,在一国对国际贸易具有影响力的情况下(即一国具备大国贸易条件时),以关税限制进口,可使进口品的国际价格下跌;限制出口,可使出口品的国际价格上升,因而以同样数量的出口品可换回更多的进口品,使贸易条件得到改善,社会福利水平得以提高。因此,改善贸易条件论在静态条件下是成立的。但是,若外国采取报复手段,本国的贸易条件不仅无法改善,甚至可能反而恶化。再者,即使外国不采取报复措施,贸易限制使贸易利得减少的损失可能大于贸易条件改善使福利水平提高的利益,这样,本国贸易条件虽然改善,但福利水平反而降低。因此,以限制贸易来改善贸易条件并非良策,积极的办法应是促进进口替代部门的成长以改善贸易条件。

7.4.3 增加政府收入论

政府收入论(government revenue argument)又称关税收入论(tariff revenue argument)或幼稚政府论(infant-government argument)。该论点认为,新独立或发展中国家因其他税源缺乏或无法征得足够的税收,以征收简单、易行的关税作为政府收入的主要来源,可部分解决政府提供诸如卫生、教育、治安、水利和国防等方面的基本公共服务所需的开支。

通过关税来增加政府收入,实际上是一种利益行为,是政府实行贸易保护的动力之一。对许多落后的发展中国家而言,由于收入水平低,所得税和增值税等国内税有限并因无法监督而难以征收。而征收关税则容易得多,政府只要通过其设置的海关在外国商品进入关境时向进口商征收,便可获得关税收入。而且,若一国具备大国贸易条件,还可以将关税的一部分税赋转嫁到外国生产者或出口商身上。因此,以征收关税来增加政府收入,对落后国家生产和社会的发展有一定意义。

但是,以增加收入为目的的关税往往偏高和不当,因而导致资源配置严重扭曲,经济成长受阻,进口和出口能力因而递减,关税收入终将减少。所以,以关税作为增加政府收入的主要来源,是一种杀鸡取卵的做法,以健全的税制来促进经济增长,才是政府取得开支所需的长期可靠来源。

7.4.4 收入再分配论

收入再分配论(income-redistribution argument)者主张通过贸易限制对一国的收入进行重新分配,以保护国内生产,或矫正不利的收入分配后果,或缩小贫富差别。

通过关税、配额等限制措施,可使生产者剩余增加,消费者剩余减少,即部分社会收入由消费者转移至生产者,从而保护特定产业的国内生产(详见第 10 章第

1节)。

另外,根据要素价格均等化学说,自由贸易对一国供给丰富的生产要素的报酬有利,而对稀缺的生产要素的报酬不利。因此,稀缺要素所有者和相对密集使用稀缺要素于生产的进口替代产业主可能会请求政府的保护,以避免其收入下降。

而在一些国家,实行贸易限制是为了税富济贫,从而缩小贫富差别。这类国家常常通过对奢侈品进口征收高关税,使富人向政府缴纳高税额,同时对必需品的出口征税以保证国内市场供给,降低价格。但这种办法往往违背政府实行限制的初衷,因为对奢侈品进口课征高关税和对必需品出口征税的结果,导致国内生产者增加价高的奢侈品生产,而对价廉的必需品生产缺乏积极性。

由上分析可见,限制贸易虽然可实现社会收入在不同利益集团之间的再分配,使特定利益集团的收入增加,但并未减轻公众的负担。因此,对于收入分配不均,或因国际贸易所致的不利的收入再分配后果,或贫富差别等问题,应以国内政策救济,而不应限制贸易,使贸易利得丧失、社会整体福利水平下降。

7.4.5 矫正国内扭曲论

国内扭曲论(domestic distortion argument)建议,在国内市场不完善形成扭曲(生产扭曲、消费扭曲或要素扭曲)的情况下,应采取征税或提供生产补贴等保护措施来矫正或消除扭曲,以增进福利。

当国内存在扭曲时,应针对扭曲的根源采取相应的措施,才能纠正扭曲。生产要素市场不完善,如部门间存在着工资差异所形成的要素扭曲的对策是对生产要素的税收与补贴;产品市场不完全,如产品生产存在外部效应所形成的生产扭曲的最优措施是生产补贴;消费的不完善,如消费存在外部效应所形成的消费扭曲的纠正办法是消费税收;对外贸易的不完善,如存在垄断所形成贸易扭曲,最优政策是关税。现以生产扭曲的矫正为例,说明如下:

图7-1中,S_p表示生产某商品的私人成本,假设由于生产中的外部经济,它与由供给曲线S_s所表示的社会成本发生了偏差。在自由贸易价格OP_1下,国内生产为OQ_1,而不是社会成本所反映的产出OQ_3。如果征收相当于P_1P_2的关税,私人生产者便将产出扩张至OQ_3,私人成本与社会成本的偏差随之消除。但由于征收关税同时产生生产的正效应和消费的负效应,因此,消除生产扭曲而增加的福利中有一部分被消费负效应所引起的福利减少所抵销。如果发放与扭曲相等的生产补贴同样可以消除扭曲,并能避免消费的负效应。可见,运用关税克服生产扭曲,福利并不能达到最大化,甚至可能会减少,最优的办法应该是生产补贴。

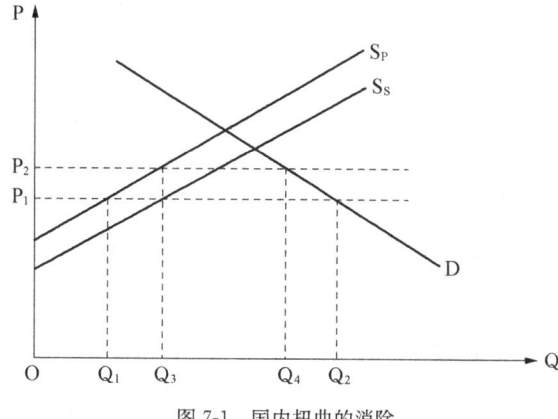

图 7-1 国内扭曲的消除

由上分析可见,只有正确选择恰当的措施,才能有效地矫正或消除国内扭曲,又不至于在纠正扭曲的同时造成政策性的扭曲以及相应的福利损失。

7.4.6 维护公平贸易论

公平贸易论(fair-trade argument)认为,国际贸易中倾销、补贴等做法破坏了公平贸易这一国际贸易规则,因而必须以反倾销税、反贴补税等保护手段来抵制,以维护国际贸易的公平竞争。该论点在关贸总协定、世界贸易组织协定及许多国家的贸易立法中被采用。

当贸易对手国对出口产品进行补贴,或以低于正常价值的价格进行倾销,或以其他不正当手段进行不公平竞争,而使一国遭受不利影响时,采取征收反倾销税或反贴补税等措施来抵销不公平贸易的影响是正当的。

但是,在实践中,维护公平贸易论常常被滥用。一方面,因为一些国家实行保护,有时不加区别地对待普通的商业策略和不公平贸易行为。例如,有的国家对贸易对手国以低于国内市场价格进行的销售不分青红皂白地征收反倾销税。实际上,有些低于国内市场价格的销售对进口国并无损害或未产生不利的影响,因而不应受到谴责。1967年关贸总协定达成一项协定,明确规定了只有在倾销对进口国的同类行业或相近产业产生重大损害或严重威胁时,才允许实施反倾销税。这一规定抑制了某些明目张胆地滥用反倾销税的行径。另一方面,各国对不公平竞争解释的不一致也导致了以公平贸易为由的保护手段的滥用。不公平竞争的定义已从最初针对国际贸易中因为政府参与而出现的不公平竞争行为发展到现在的伙伴国的市场开放不对等,甚至比较成本的差异这一贸易基础也被歪曲为不公平竞争。例如,所谓"保护工资论"(wage-protection argument)者认为,工资水平高的国家无法与工资水平低的国家相竞争,故有必要以关税或配额来保护本国工资较高的劳工,使其免于受到外国低价工资产品的竞争。在1999年11月30日至12月3日,在美国西雅图举行的世界贸易组织第三届部长会议上,美国等发达国家提出要把劳工标准问题纳入新一轮多边贸易谈判议程,便是针对发展中国家的廉价劳工而设立的壁垒,这是发达国家担心其会影响西方国家的工业发展。会议期间,美国总统克林顿还公开表示,美国将对违反劳工标准的国家实行经济制裁,这实际上是对维护公平贸易论的滥用。保护措施的滥用会使国际贸易偏离公平贸易更远,因此,各国应自觉采取真正能限制不公平贸易的正当措施。

7.4.7 保护就业论

保护就业论(employment-protection argument)者认为,保护关税或配额的实施,可减少进口,增加国内有效需求,从而使生产扩张,本国就业和收入水平因而提高。

这一论点对短期内缓和失业压力有一定意义,尤其是在严重失业时期,例如20世纪30年代,保护不失为缓和失业的有效补救措施。

但是,保护并非解决失业问题的最佳途径,首先,它不一定十分有效。若一国通过关税等措施限制进口,其贸易伙伴的出口便会相应减少,贸易伙伴国的就业和收入随之下降,对进口品的支出因而减少,从而限制贸易国的出口减少,该国通过保护措施所增加的就业因此在很大程度上被抵销。其次,其他国家的报复,使关税等保护措施所获得的就业和收入提高无法长久维持。国际贸易中,一国的出口必是另一国的进口。一国通过减少进口来达到提高就业和收入,实际上是在输出自己的失业,这种以邻为壑的做法必然会导致贸易伙伴的报复。因此由保护带来的就业和收入提高只是短暂的。再次,保护措施的长期效果并不能增加就业,从长期看,一个国家必须有进口才能维持出口的扩张,真正增加就业。而保护只是使劳工由出口产业转到保护产业,使资源使用效率降低,福利水平下降。故要提高本国就业水平,财政或货币政策远比保护政策来得有效。

7.4.8 国家安全论

国家安全论(national-security argument)者主张,对于关系国计民生的产业(如农业)和有关军用国防需要的产业,国家应以关税、补贴等手段加以保护,使其达到自给自足的目标,以摆脱对外国的依赖,加强国防力量,维护国家安全。

这种论点的基本思想是主张限制进口,以保持独立自主的经济。由于20世纪以来战争连续不断,二战以后又经历了长期的东西方"冷战",这一论点经久不衰,并被发达国家用作保护特殊利益集团的利益的论据。

但是,这种基于政治与军事而非经济因素的考虑,将导致本国资源配置的扭曲和产品价格的提高。而且,保护有关国防的一些重要产业免受国际竞争的威胁,会妨碍创新,从长远看,国防力量将因缺乏创新而受削弱。

7.4.9 经济多样化论

经济多样化论(diversified-economy argument)者主张,经济高度专业化的国家应借保护关税等措施推动本国生产活动的多样化,以减低国际市场波动对本国经济的影响,稳定国内经济。

这种论点颇为中肯。高度专业化的经济,如巴西的咖啡经济、智利的铜矿经济,以及中东的石油经济,其产品的出口和价格的确容易受国际市场波动的影响,对本国的收入和就业均有十分不利的影响,国内经济很不稳定。

但是,由于资源禀赋和技术条件的限制,一个经济由高度专业化转变为多样化生产可能代价极大。加之难以预知哪些产业值得纳入多样化生产的范围,勉强多样化的结果,将导致资源使用效率的降低,从而增加多样化生产的代价。

7.5 保护贸易新理论

20世纪70年代中期以来,世界产业结构和贸易格局发生了重大变化,新贸易保护主义盛行。在此背景下,一些经济学家力图从新的角度探寻政府干预对外贸易的理论依据,提出了战略贸易论和管理贸易论等保护贸易的新理论。

7.5.1 战略贸易论

战略贸易论(strategic trade theory)以赫尔普曼(E. Helpman)和克鲁格曼等为代表。该理论认为,工业品的国际市场竞争是不完全的,工业品的生产存在规模经济,故一国政府可通过贸易保护和补贴、信贷优惠、国内税收优惠等国内政策,保护和扶持其战略性产业——那些承担巨大风险,需大规模生产以获取规模经济,并能产生外部经济的高新技术产业和对本国未来发展至关重要的行业,以创造本国在这些产业上的比较优势,获取大量的外部经济利益,为本国未来发展增强后劲。

A. 战略贸易论的基本论点

战略贸易论有两个基本论点:其一,由于市场的不完全竞争和规模经济的存在,某些行业的企业可以获得长期利润,这些利润超出企业主的一般利润。而政府的资助可能促进某些行业的企业战胜外国对手取得成功。其二,由于市场对一些企业的外部经济效应缺乏足够的反应,由政府干预来克服这种反应的不足,可建立一种环境,使某些企业的行为给其他企业带来好处,从而推动其他产业的发展。

B. 战略贸易论的政策主张

a. 不完全竞争市场(主要是寡头市场)方面的战略性政策干预。主要包括给予本国企业生产补贴、对外国竞争产品进口征收关税和对本国消费者予以补贴等措施。这些政策干预有可能通过影响本国企业及其外国竞争对手的决策行为而转移一部分纯经济利润(超过正常利润部分),并产生一定的反托拉斯效果,从而提高本国福利水平。现以征收进口税为例,对不完全竞争市场方面的战略性政策干预效果分析如下:

假设某国 A 从美国波音公司进口飞机,并假定波音公司为垄断企业,如图 7-2 所示,D_A 代表 A 国对飞机的需求曲线,MR_A 代表与需求曲线相应的边际收益曲线,平行于横轴的 MC_B 代表波音公司的边际成本线。在自由贸易条件下,为实现利润最大化,波音公司以每架飞机售价为 P^* 向 A 国出口 Q^* 架飞机,使边际收益等于边际成本。这时波音公司获得图 7-2(a)中阴影区域的利润。

现假定 A 国对飞机进口征收关税,只要波音公司仍想保持在 A 国的市场份额,便不会提高飞机售价,A 国消费者因而不会因关税而发生损失,而波音公司的部分垄断利润却以关税收入形式为 A 国所享有。A 国所分享到的利润多少取决于关税税率的高低,假如波音公司不提价,A 国的最适关税为 T,这时享有波音公司的全部垄断利润[见图 7-2(a)]。

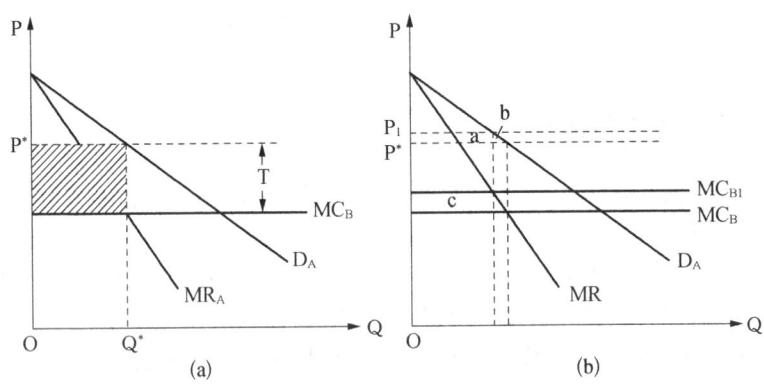

图 7-2 通过关税分享垄断企业利润

即使 A 国征收关税,使波音公司的边际成本提高至 MC_{B_1},因而波音公司提高飞机价格至 P_1,但由于 A 国的需求并非毫无弹性,因此,飞机价格提高的幅度会小于边际成本提高的幅度,即波音公司通过提高售价从 A 国消费者身上得到的额外收益会小于因关税而增加的成本支出。A 国政府所获得的关税收入 c 有可能大于消费者所受的损失 a+b,从而使整个国家受益[见图 7-2(b)]。

可见,进口国政府通过关税来分享外国寡头或垄断企业的利润并提高本国福利水平,是有可能如愿以偿的。关键在于关税率的确定和对消费者的补偿。

b. 外部经济效应方面的战略性政策干预。这方面的贸易政策往往要和产业政策相配合才能达到预期效果,具体包括信贷优惠、国内税收优惠或补贴、对国内企业进口中间品的关税优惠、对外国竞争产品进口征收关税等措施。若某一产业发展的社会效益高于其个体效益,即具有外部经济效应,则通过政府扶持能使该产业不断获取动态递增的规模效益,并在国际竞争中获胜,结果企业所得的利润会大大超过政府所支付的补贴。而且,该产业的发展还能通过技术创新的溢出推动其他产业的发展。现以博弈论(game theory)对政府补贴的效果分析如下。

假设美国波音公司和欧洲空中客车公司都在考虑是否制造一种新型飞机,并假定这种飞机的研制成本非常之高,每一制造商必须占领该飞机的全部市场才能盈利,设可获1亿美元。如果两个制造商均制造这种飞机,则各亏损1 000万美元(见表7-1)。

表7-1

政府补贴预期收益表

单位:百万美元

		空中客车公司	
		制 造	不 制 造
波音公司	制 造	−10;−10	100;0
	不制造	0;100	0;0

如果欧洲各国政府采取战略性贸易政策,每年向空中客车公司提供1 500万美元的补贴,即使美国波音公司也在制造这种飞机,空中客车公司靠政府补贴仍可与波音公司竞争,并能获得500万美元的利润。然而,未享有补贴的波音公司若继续投产,必发生亏损,由于亏损,波音公司只好停产,将整个市场让给空中客车公司。这样一来,空中客车公司无需政府补贴也能赚取1亿美元的利润。

可见,政府的保护政策可以使本国企业在国际竞争中获得占领市场的战略性优势并使整个国家受益。当然,这一战略的成功以对手国政府不采取相同的措施为前提。

C. 战略贸易论简评

战略贸易论有其合理的成分,它表明了在现实与自由贸易理论前提相背离的当今世界,政府干预对外贸易的必要性,并强化了政府干预的理论依据。它对发达国家和发展中国家的贸易和产业政策都产生了较大的影响。空中客车和波音公司明补暗补之争以及日本半导体工业的崛起都可以用战略贸易论作出基本的解释；美国前任克林顿政府的对外贸易政策也属于战略贸易政策；许多发展中国家的贸易保护也从战略贸易论中得到一定启示。

但是，战略贸易论也存在这样或那样的缺陷。首先，市场的不确定和信息的不充分会导致政府决策失误。在前述例子中，假如波音公司在技术和生产能力上比空中客车略胜一筹，这样在两家同时制造情况下，空中客车亏损1 000万美元，而波音公司则盈利1 000万美元。因此，波音公司无论如何都会选择制造，而空中客车最好选择退出市场，因为存在波音公司的竞争，它将发生亏损。但如果欧洲政府未获知这一信息，仍然根据表7-1的情形提供1 500万美元的补贴，空中客车在补贴的激励下进入市场，结果，只获得500万美元的利润，政府补贴并未使它获得垄断利润。产生这一结果的原因在于，政府没有了解到市场的变化，补贴也就未能起到阻止波音公司进入市场的作用。其次，战略贸易政策的实施极易招致外国的报复。战略性贸易政策措施——向本国企业提供生产补贴和对外国竞争产品进口征收关税等都是以牺牲外国的利益为代价来增加本国福利的损人利己的措施，因此，其实施往往会引发贸易战，导致两败俱伤。再次，战略性贸易政策措施的实施还可能会对国内的其他产业造成损害，即该政策在给某一产业赢得战略优势的同时，可能给另一产业造成劣势。此外，战略性贸易政策还可能被个别利益集团所利用；可能引发政府官员的寻租行为；甚至存在道德风险（moral hazard）等。

7.5.2 管理贸易论

管理贸易论（managed trade theory）者主张一国政府应对内制定各种对外经济贸易法规和条例，加强对本国进出口贸易有秩序地发展的管理，对外签订各种对外经济贸易协定，约束贸易伙伴的行为，缓和与各国间的贸易摩擦，以促进出口，限制或减少某些产品进口，协调和发展与各国的经济贸易关系，促进对外贸易的发展。

管理贸易论是适应发达国家既要遵循自由贸易原则，又要实行一定的贸易保护的现实需要而产生的。其实质是协调性的保护。它将贸易保护制度化、合法化，通过各种巧妙的进口管理办法和合法的协定来实现保护。国际贸易领域中，商品综合方案、国际商品协定、国际纺织品协定、多种纤维协定、"自动"出口限制协定、有秩序的销售安排、发达国家的进出口管制、欧盟共同农业政策等都是管理贸易措施的具体反映。

管理贸易在一定程度上反映了世界贸易发展的现实，具有很大的政策借鉴意义。目前，管理贸易不仅盛行于发达国家，也为发展中国家所采用，并运用于区域性贸易集团。

但是,由于发达国家和发展中国家经济发展水平存在很大的差距,发达国家新贸易保护主义的增强,管理贸易措施的增多、范围的扩大,严重损害了发展中国家的利益,并危及发展中国家的经济发展。

重 要 名 词

幼稚工业　管理贸易　战略贸易

思 考 题

1. 试述保护幼稚工业论的要旨。
2. 中心—外围论的主要论点是什么?
3. 根据矫正国内扭曲论,图示说明生产扭曲的矫正方法。
4. 简述战略贸易论的基本论点。
5. 简述管理贸易论的主要内容。

政 策 篇

在当今世界经济中,国际贸易政策在各国经济增长和经济发展中起着重要的作用,它已成为国际贸易环境的重要组成部分。一国的对外贸易政策是该国在一定时期内对进口贸易和出口贸易所实行的政策,是一国总的经济政策的组成部分,是为该国经济基础和对外政策服务的。各国的对外贸易政策因各自的经济体制、经济发展水平及其产品在国际市场上的竞争能力而有所不同,并且随其经济实力的变化而不断变换,但就其制定对外贸易政策的目的而言,大体上是一致的:第一,保护本国的市场;第二,扩大本国产品的出口市场;第三,促进本国产业结构的改善;第四,积累资金;第五,为本国的对外政策服务。

国际贸易政策的主要内容有:

a. 各国对外贸易总政策。它是各国从整个国民经济出发,根据本国国民经济的整体状况及发展战略,结合本国在世界经济格局中所处的地位而制定的、在较长时期内实行的政策。例如实施保护贸易政策抑或比较开放的自由贸易政策。它是各国发展对外经济关系的基本政策,是整个对外贸易政策的立足点。

b. 进出口商品政策。它是各国在本国对外贸易总政策的基础上,根据经济结构和国内外市场的供求状况而制定的政策。其基本原则是对不同的进出口商品实行不同的待遇。主要体现在关税的税率、计税价格和课税手续等方面的差异。例如对某类进口商品,有时采用较高税率和数量限制手段来阻挡其进口,有时则对其实施较宽松的做法,允许较多的进口。

c. 国别政策。它是各国根据对外贸易总政策,依据对外政治经济关系的需要而制定的国别和地区政策。它在不违反国际规范的前提下,对不同国家采取不同的外贸策略和措施。对不同国家规定差别关税率和差别优惠待遇是各国国别政策的基本做法。

从一国对外贸易政策的具体内容来看,一般而言,它主要包括一国的关税制度和政策、非关税壁垒的种类和做法、鼓励出口的体制和手段、管制出口的政策和手段,以及一国参与国际经济一体化的战略和政策等。这些范围内的有关体制、政策和基本做法都反映着上述三方面的含义,因而构成了国际贸易政策的基本内容。对此,以下各章将分别予以详述。

国际贸易政策的演变

一国的对外贸易政策随着世界政治、经济与国际关系的变化,本国在国际分工体系中地位的变化,以及本国产品在国际市场上竞争能力的变化而不断变化。因此,在不同时期,一个国家往往实行不同的对外贸易政策;在同一时期的不同国家,也往往实行不同的对外贸易政策。

8.1 国际贸易政策的历史演变

8.1.1 资本主义生产方式准备时期的国际贸易政策

这个时期从 16 世纪到 18 世纪。这时期在封建社会内部产生了资本主义的生产关系,且资本主义经济基础不断发展。为了增加货币财富和促进资本的原始积累,西欧中央集权国家实行了重商主义下的强制性的保护贸易政策,采取种种措施——管制金银货币、垄断对外贸易、奖出限入及扶持本国工业发展,设法从国外吸收大量的货币,再努力把它保持在国内,甚至限制其流出。

英国是实行严格的重商主义保护贸易政策的典型国家。对其最重要的工业——纺织业,英国一方面禁止纺织品进口;另一方面禁止纺织机器和工业出口;对其他商品,除原料外,都征收禁止性的高额关税限制进口;为了保证本国的生产,对原料如羊毛、棉、麻、原皮、铁以及造船用品则奖励进口,并制订严酷的法令禁止输出;对竞争力弱的工业品和谷物给予津贴。

法国也实行重商主义保护贸易政策。17 世纪柯尔培尔主义是最著名的保护贸易政策。为了发展和扶持本国工业的发展,大幅度提高关税,限制工业品进口,对羊毛、铁、铅等则鼓励进口。同时,努力发展民营工业,奖励地毯、花边、镜子等优势产品出口。

此外,意大利、西班牙、葡萄牙、荷兰、德国和俄国等也先后实行重商主义政策。

8.1.2 资本主义自由竞争时期的国际贸易政策

该时期从 18 世纪中叶至 19 世纪末。在这个时期,资本主义经济基础已经形成,资本主义生产方式占据了统治地位。产业革命在世界范围内的进展使世界市场上商品的供应大增。世界经济进入商品资本国际化阶段。这时期国际贸易政策的基调是以比较利益论为依据的自由贸易。但由于各国工业发展水平不同,一些经济起步较晚的国家采取了以保护幼稚工业论为根据的保护贸易政策。

英国在产业革命后,工业迅速发展,"世界工厂"的地位确立并巩固,其产品具有强大的国际竞争力;同时,英国需要以工业制成品的出口换取原料和粮食的进口。为此,英国资产阶级迫切要求国内政府放松对外贸活动的管制。经过长期斗争之后,英国在 19 世纪前期,逐步取得了自由贸易政策的胜利。当时的自由贸易政策是国家对进出口贸易不设立任何障碍,不进行干预,让商品在国内外市场自由竞争,所以是一种开放性的贸易政策。

与英国形成鲜明对照的是,美国和西欧的一些国家如德国、法国推行保护贸易政策。其基本原因在于这些国家工业发展水平不高,经济实力和商品竞争能力都无法与英国相抗衡,需要采取强有力的政策措施(主要是保护关税措施)以保护本国的幼稚工业,避免遭受英国的商品竞争,因而逐步实行了一系列鼓励出口和限制进口的措施。这时的保护贸易政策就是国家广泛利用各种限制进口的措施,保护本国市场免受外国商品的竞争,并对本国商品给予优待和补贴,以鼓励商品出口。

8.1.3 垄断资本主义时期的国际贸易政策

该时期从 19 世纪末到第二次世界大战。在这一时期,垄断代替了自由竞争,成为一切社会经济生活的基础。此时,各国普遍完成了产业革命,工业得到迅速发展,世界市场的竞争开始变得激烈。尤其是 1929—1933 年的世界性经济危机,使市场矛盾进一步尖锐化。于是,各国垄断资产阶级为了垄断国内市场和争夺国外市场,纷纷要求实行超保护贸易政策。

超保护贸易政策是一种侵略性的保护贸易政策,与自由竞争时期的保护贸易政策相比有着明显的区别:它不是防御性地保护国内幼稚工业,以增强其自由竞争能力,而是保护国内高度发达或出现衰落的垄断工业,以巩固对国内外市场的垄断;保护的对象不是一般的工业资产阶级,而是垄断资产阶级;保护的手法也趋于多样化,不仅仅是高关税,还有其他各种奖出限入的措施。

英国从 19 世纪 70 年代中期起,经济优势地位逐渐丧失。进入 20 世纪之后 30 年,其经济江河日下,从 20 年代起对许多商品规定了高额保护税率,30 年代大危机,使它完全抛弃自由贸易政策,彻底走上保护贸易政策的道路。

美国在这一时期仍实行保护贸易政策,在内战以后的19世纪下半期里,一直采取税率高达40%～50%的保护关税政策,成为美国工业迅速发展的原因之一。进入20世纪后逐渐取代英国成为世界头号强国。30年代大危机以后,比较成功地实行了国家干预政策,经济恢复和发展很快,实力进一步增强。

德国是实行超保护贸易政策最早的国家。19世纪70年代末开始恢复60年代前的关税水平,80年代末又大幅度提高,20世纪30年代,为备战需要,在普遍提高工业品关税同时,一再提高农产品关税。

法国继德国之后也实行超保护贸易政策。从19世纪80年代开始不断调整税则,工农业产品关税不断提高。

8.2 当代发达国家的对外贸易政策

8.2.1 战后初期到20世纪70年代中期的贸易自由化倾向

第二次世界大战后到20世纪70年代初,世界政治经济力量重新分化组合。美国的实力空前提高,强大的经济实力和膨胀的经济,使其既有需要又有能力冲破当时发达国家所流行的高关税政策。日本和西欧为了战后经济的恢复和发展,也愿意彼此放松贸易壁垒,扩大出口。此外,国际分工进一步深化,推动生产国际化、资本国际化,跨国公司迅速兴起,迫切需要一个自由贸易环境以推动商品和资本流动。于是,这一时期发达资本主义国家的对外贸易政策先后出现了自由化倾向。这种倾向主要表现在大幅度削减关税和降低或撤销非关税壁垒。其中关贸总协定(GATT)缔约方的平均进口最惠国税率下降至5%左右。欧共体(现为欧洲联盟)实行关税同盟,对内取消关税,对外减让关税,使关税大幅度下降。此外,在发展中国家的努力下,发达国家给予来自发展中国家的制成品和半制成品的进口以普遍优惠制待遇。在非关税减让方面,发达国家不同程度地放宽了进口数量限制,扩大进口自由化,增加自由进口的商品;放宽或取消外汇管制,实行货币自由兑换,促进了贸易自由化的发展。

值得一提的是,二战以后出现的贸易自由化倾向和资本主义自由竞争时期由英国等少数国家倡导的自由贸易不同。资本主义自由竞争时期的自由贸易反映了英国工业资产阶级资本自由扩张的利益与要求,代表了资本主义上升阶段工业资产阶级的利益和要求。而战后的贸易自由化倾向是在国家垄断资本主义日益加强的条件下发展起来的,它主要反映了垄断资本的利益,是世界经济和生产力发展的内在要求。它在一定程度上和保护贸易政策相结合,是一种有选择的贸易自由化。在具体实行中,这种自由化政策形成了这样的趋势:工业制成品的贸易自由化程度超过农产品;机器设备一类资本品的超过工业消费品;区域性经济集团内部的超过其外部;发达国家之间的超过发展中国家。因此,这种贸易自由化倾向发展并不平衡,甚至是不稳定的。当本国的经济利益受到威胁时,保护贸易倾向必然重新抬头。

8.2.2 20世纪70年代中期以来的新贸易保护主义浪潮

新贸易保护主义是相对于自由竞争时期的贸易保护主义而言的,它形成于20世纪70年代中期。其间,资本主义国家经历了两次经济危机,经济出现衰退,陷入滞胀的困境,就业压力增大,市场问题日趋严重。因此,以国内市场为主的产业垄断资产阶级和劳工团体纷纷要求政府采取保护贸易措施。此外,由于工业国家发展不平衡,美国的贸易逆差迅速上升,其主要工业产品如钢铁、汽车、电器等不仅受到日本、西欧等国家的激烈竞争,其至面临一些新兴工业化国家以及其他出口国的竞争威胁。在这种情况下,美国一方面迫使拥有巨额贸易顺差的国家开放市场;另一方面则加强对进口的限制。因此,美国成为新贸易保护主义的重要策源地。美国率先采取贸易保护主义措施,引起了各国贸易政策的连锁反应,各国纷纷效尤,致使新贸易保护主义得以蔓延和扩张。

新贸易保护主义不同于20世纪30年代的旧贸易保护主义。第一,贸易保护措施由过去以关税壁垒和直接贸易限制为主逐渐被间接的贸易限制所取代。发达国家求助于关贸总协定的免责条款,即为了保护本国暂时性的国际收支平衡或为了避免进口国国内工业受到大量进口的严重损害等,从本国的需要和目的出发,重新进行贸易立法的解释,设置进口限制。并且越来越倾向于滥用反补贴、反倾销这些所谓的维持"公平"贸易的武器,来削弱新兴工业化国家及其他出口国在劳动密集型产品成本方面的优势,阻挡发展中国家新的进口竞争。第二,贸易政策措施朝制度化、系统化和综合化的方向发展。贸易保护制度越来越转向于管理贸易制度,不少发达国家越来越把贸易领域的问题与其他经济领域的问题甚至包括某些非经济领域的问题联系起来,进而推动许多国家的贸易政策明显向综合性方向发展。第三,其重点从限制进口转向鼓励出口,双边和多边谈判与协调成为扩展贸易的重要手段。第四,从国家贸易壁垒转向区域性贸易壁垒,实行区域内的共同开放和区域外的共同保护。

8.2.3 发达国家对外贸易政策的发展趋势

进入20世纪90年代以后,西方发达国家逐渐走出经济低谷,其贸易政策呈现出一些新的特点和趋势。

a. 管理贸易日益成为贸易政策的主导内容。美国先后于1974年、1978年和

1988年制定了综合贸易法案,开始了其从自由贸易政策向管理贸易政策的转变。克林顿上台后,随着其经济振兴计划的提出,对外贸易政策成为美国新经济政策的主要组成部分,这表明美国已进入一个政府全面干预外贸活动的新时期。在美国的示范和推动下,"管理贸易"已逐渐成为西方发达国家基本的对外贸易制度。各国政府更加强调政府积极介入外贸的作用。由于贸易结构的不断升级,管理贸易所包括的商品种类逐渐增多,20世纪90年代以后,管理的商品不仅包括劳动密集型产品和农产品,而且包括劳务产品、高科技产品和知识产品等。

b. 对外贸易政策与对外关系相结合的趋势加强。各国把对外贸易看成是处理国家关系越来越重要的手段。美国是这方面的典型代表。克林顿政府执政后很快把对外贸易提到"美国安全的首要因素"的高度,并通过调整贸易政策的方式来调节对外关系。如美国利用人权、民主、军事控制等问题干扰贸易的举措时有发生;对非市场经济国家不授予普惠制待遇;对华最惠国待遇需年度审核等。这些做法都把贸易政策与其政治目标相结合。可以肯定,西方国家未来的贸易政策势必与其他经济政策和非经济领域的政策更大程度地融合,向着综合性方向发展。

c. "公平贸易"、"互惠主义"代替发达国家的"自由贸易"和"多边主义"。二战以来,以自由贸易为主旨的关贸总协定/世界贸易组织一直主宰着世界贸易体制。尽管其间各国贸易摩擦不断,但还是以自由贸易为主要原则。近几年来,西方发达国家一方面反对贸易保护主义;另一方面又强调贸易的公平性。与高筑壁垒抑制外国竞争的保护主义或放任自流的自由主义政策都有所不同,这种公平贸易是指在支持开放性的同时,以寻求"公平"的贸易机会为主旨,主张贸易互惠的"对等"与"公平"原则。具体表现为:(1)进入市场机会均等,判定的标准为双边贸易平衡,而不仅仅以是否满足双方进入要求为标准;(2)贸易限制对等,即以优惠对优惠,以限制对限制;(3)竞赛规则公平。可以预计,西方发达国家在未来的贸易政策中将继续沿着"公平贸易"的路子走下去。

d. 以非关税壁垒为主要保护手段。由于经过关贸总协定的多轮谈判,发达国家的关税总体水平已降至较低水平,正常关税已起不到保护的作用。因此,非关税壁垒在西方各国贸易政策中的作用日益明显。例如,西方国家为抵制发展中国家劳动密集型产品的进口,主要措施是数量限制和"反倾销"手段。不容置疑,西方发达国家未来的外贸政策中,单纯的关税措施和直接的非关税措施都会相应减少,但各种新型的更灵活和更隐蔽的非关税壁垒会不断被高筑,并成为贸易政策工具的主体。

e. 政府推动高科技产业发展和鼓励出口成为推动外贸活动的主导措施。战后随着国际分工的加深和自由贸易的发展,西方各国对国外市场的依赖性不断加强,从而许多国家把奖出限入的重点从限制进口转到鼓励出口。进入20世纪90

年代以后,这种政策的发展步伐正在加快。日本历来重视高科技产业的发展与应用,致使欧美在该领域的优势逐步丧失,从而激发了欧美的竞争意识。出于经济利益的驱使,西方各国纷纷制定了促进高科技产业发展的政策。各国政府都在竞相资助研究开发活动,大力鼓励发展高技术部门。因此西方各国的产品竞争优势仍将继续保持。可以预计,在未来西方国家可能会采取更积极的贸易政策,为企业创造"公平"的竞争环境。

f. 建立经济一体化,实行共同的对外贸易政策。20世纪90年代以来,区域经济集团化发展迅猛,发达国家通过建立各种一体化形式加强成员国之间的贸易自由化,并以联合的经济实力和共同的对外贸易政策来对付外界的贸易攻势。随着区域经济集团化的发展,这种区域内采取更加统一的贸易政策的趋势将有增无减。

综合以上分析,西方发达国家今后的外贸政策既不可能背离贸易自由化这股世界潮流,甚至还是其推动力量,但同时基于各国经济、贸易发展的不平衡,以及追求自身利益的方式和策略的变化,它们又会时常出台一些保护色彩较浓的贸易措施,进一步采取更为隐蔽和巧妙的手段。概言之,它们极可能推行的是一种有管理的、可调节的自由贸易政策。其中,在政策协调的基础上实施某些保护措施,可能成为其外贸政策的一个特点。不完全的自由贸易政策和不断装饰的保护贸易政策仍将长期并存,不仅在不同的情况下发挥着各自的作用,而且有时还交汇融合,共同支配或影响着一个国家的对外贸易活动。

8.3 当代发展中国家的对外贸易政策

二战以前,亚非拉地区大多数国家是帝国主义的殖民地、半殖民地或附属国。它们没有独立自主的对外贸易政策。二战以后,这些国家纷纷取得了政治独立地位,开始致力于工业化和民族经济的发展。在对外贸易方面,大多数发展中国家实行保护贸易政策。由于各发展中国家在不同时期的经济发展水平相差悬殊,它们推行的具体政策措施各不相同。综观二战以后多数发展中国家所实施的对外贸易政策,大致有进口替代战略下的外贸政策和出口替代(导向)战略下的外贸政策两种基本形式。

8.3.1 进口替代战略下的对外贸易政策

进口替代政策的出台与战后发展中国家的贸易条件恶化有关。在殖民时期,由于殖民政策的影响,殖民地国家严重地依赖宗主国的工业产品。二战以后,初级产品对制成品的比价下降,这就迫使发展中国家必须以更多的出口商品(初级产品)来换取进口品(制成品),国际收支逆差与年俱增。于是广大发展中国家改变单一经济、发展民族工业、利用国内的工业制成品来替代同类的进口产品的进口替代政策应运而生。

二战以后初期,拉丁美洲的一些国家和地区率先实施了进口替代政策,随后亚洲一些国家和地区也纷纷实行了这种政策形式。至20世纪60年代,进口替代已成为发展中国家占主导地位的一种对外贸易政策形式。

进口替代战略下的外贸政策措施有:对进口产品,尤其是最终消费品征收高关税,以减少进口,但对国内生产必需的中间品和资本品则征收低关税或免税,以降低进口替代生产的生产成本;实施进口配额,限制非必需品(尤其是奢侈品)的进口;采取外汇管制,将外汇主要用于进口替代部门必须投入品的进口,并通过外汇升值减轻必需品进口所造成的外汇压力。在实行上述贸易政策措施的同时,有些国家还辅以相应的内部保护措施,如在资本、劳动力、技术、价格以及收益等方面给予进口替代工业各种优惠,以增强其在国内市场的竞争力。

进口替代政策对于一些发展中国家的进口替代工业部门的发展起到了一定的作用。但随着进口替代工业的发展,进口替代政策存在的问题不断暴露,使发展中国家不得不考虑重新调整对外贸易政策。

8.3.2 出口导向战略下的对外贸易政策

随着进口替代工业化的发展,进口替代政策的缺陷日益显露,一些发展中国家,尤其是一些新兴工业化国家和地区的政府及其经济学者日益感到扩大制成品出口的必要性。因此,从20世纪60年代起,许多发展中国家开始从实行进口替代政策转向实施鼓励加工工业产品出口的出口导向政策。

20世纪60年代中期前后,东亚和东南亚一些国家和地区最先转向出口导向政策。在它们的示范影响下,其他国家和地区也相继仿效。由于各国具体条件不同,实施这一政策的措施和策略也不尽相同。

出口导向战略下的政策工具主要是出口补贴,既有针对出口进行的补贴,也有对出口品生产提供的补贴,还有出口退税、信息的出口信贷以及对出口工业投入品实行优惠供给价格等扶持措施。而且,出口导向政策下的平均关税水平较低,以利于出口工业低价进口所需投入品,降低生产成本,同时也使低效率的进口替代工业不能在过高的保护下发展。

出口导向政策对一些发展中国家,特别是新兴工业化国家和地区的工业化和工业制成品的出口起了一定的积极作用。

但是,出口导向政策也导致了发展中国家过度依赖国际市场,国内产业结构失衡以及资源流失和环境恶化等问题。

8.3.3 横向联合政策

发展中国家除了实施进口替代和出口导向政策外,还采取了经济集团化和加强横向联合的政策。

面对实力雄厚的发达国家,广大发展中国家深感仅凭自身力量难以维护其民族经济的发展,更难以在竞争中站住脚跟。实行经济集团化政策,可以运用共同的力量来同发达国家相抗衡,以维护和扩大本国的正当经济利益,甚至可以通过集体力量来提高整个发展中国家在世界经济中的地位。为此,20 世纪 60 年代和 70 年代,发展中国家采取了一系列重大联合行动。

第一,成立 77 国集团。1963 年,发展中国家在联合国大会上组成 77 国集团,商讨贸易、金融、关税、援助、开发等问题,彼此协调力量,争取共同行动。1967 年,通过了《阿尔及尔宪章》,决定联合行动以结束旧的国际经济秩序。此后,该集团定期召开全体成员国大会,就一系列重大经济问题进行磋商和协调,以期联合行动。该集团目前约有 130 个成员,但仍沿用"77 国集团"名称。

第二,提出建立国际经济新秩序的战略目标。在 1974 年召开的第六届特别联合国大会上,发展中国家正式提出并系统阐述了建立国际经济新秩序的要求,这就为它们联合斗争进一步指明方向。

第三,在国际性经济机构里联合行动。贸发会议和关贸总协定等组织机构在维护和争取发展中国家正当权益、冲击国际经济旧秩序的根本问题上,起着一定的推动作用。这些正是广大发展中国家团结一致、联合斗争的结果。

总的来说,发展中国家联合行动已初见成效。但由于发达国家占有明显的优势,这种联合行动的实际成果还不尽如人意。值得注意的是,20 世纪 90 年代以来,发展中国家内部两极分化愈益显著,差距急剧拉大。这势必削弱发展中国家整体的凝聚力,使得横向联合政策陷于停顿甚至倒退的境地。因此,如何加强广大发展中国家的团结和联合,争取其在国际经贸活动中的正当权益,是这些国家外贸政策的一大问题。

8.3.4 发展中国家对外贸易政策的改革

20 世纪 80 年代中期以来,广大发展中国家进行了以贸易自由化为特征的对外贸易政策改革,并取得了一定成效,每个国家的关税、非关税壁垒和外汇市场及出口障碍都发生了不同程度的变化。

拉丁美洲在贸易自由化的进程中成效突出,既减少了数量限制和关税,又减少了对外汇市场的干预和出口直接阻碍。世界银行对发展中国家贸易自由化的一项研究表明,拉美国家贸易自由化水平正迅速向东亚新兴工业化国家靠拢。

南亚(斯里兰卡除外)在减少数量限制方面取得了一些进展,但改革较慢,直到 1991 年才开始降低关税,且采取了出口鼓励措施,未取消直接抑制进口的措施。与其他地区相比,南亚地区的进口壁垒仍维持在较高水平,其改革是走向中性化而并非自由化。不过,南亚地区目前的改革是迅速且有力的。

非洲各国首先改革外汇市场,其目的是使实际汇率大幅度地贬值。数量限制随后或同时减少。但关税水平无多大变化,甚至外汇改革也是不完整的,且许多非洲国家的贸易改革停滞不前,甚或倒退。

东亚在 20 世纪 80 年代中期是发展中国家和地区中最开放的区域。近期的自由化优先强调中性化而后才是自由化。改革首先采取的是实际汇率贬值、直接鼓励出口等方式,随后降低最终产品进口的数量限制和关税。第一阶段改革取得了很大成效,现已进入了第二阶段。

总之,通过改革,贸易自由化在发展中国家和地区到处可见,尤其是在南亚、非洲、拉丁美洲和东亚。

8.4 中国的对外贸易政策

从新中国成立以后到 1978 年间,根据当时的国内外条件,中国执行的是国家管制的封闭型的保护贸易政策。在外贸经营体制上高度集中,以行政管理为主;在调节进出口贸易上主要靠计划、数量限制的直接干预,关税不起主要作用;人民币汇率一直高估;不参与世界性的经济贸易组织,搞双边贸易等。这种封闭型的保护贸易政策对于粉碎"禁运"、"封锁",顶住外国的经济压力起过积极作用,同时也带来许多副作用,即对国内企业保护过度造成企业效率不高,国际竞争能力低下;不能积极参与国际分工;外贸事业发展缓慢。

随着国内外形势的变化,尤其是党的十一届三中全会作出对内搞活对外开放的决策以后,原来内向型的保护贸易政策不能适应已经变化的情况。在这一背景下,中国调整外贸政策,由国家统制下的内向型保护贸易政策转变为国家统制下的开放型适度贸易保护政策。

国家统制下的开放型适度保护贸易政策,就是对外贸易活动由国家统一领导、控制和调节,积极参与国际分工和国际交换,使对外贸易高速发展。这一政策的目标是在建立一个既同中国社会主义市场经济运行机制相适应,又符合国际贸易规范的对外贸易运行体制的过程中,在对外开放的基础上,建立主要利用关税措施、例外条款和保障条款等来管理和调节进口,利用产业政策引导进口的保护机制,保护国内产业、维持国内就业和保持国际收支的相对平衡。

自 1986 年我国政府向关税与贸易总协定提出"复关"申请,到 1995 年向世贸易组织提出"入世"申请,至2001年我国加入世贸组织,这漫长的15年中,我国的对外贸易政策以国际规则为导向,进行了重大的变革。中共十四大提出建立符合国际贸易规范的新型外贸体制。多次大幅度降低关税,减少进口配额,开放外贸经营权,在外贸领域推行现代企业制度。

在外汇管理体制改革方面,实行了人民币经常项目下的自由兑换,建立了有管理的浮动汇率制。

2001年12月,我国加入世贸组织,在关税减让,取消进口配额、市场准入、国内措施等方面,均较好地履行了"入世"承诺。

重要名词

对外贸易总政策　商品政策　国别政策

思考题

1. 各国制定对外贸易政策的目的是什么?
2. 简述国际贸易政策的历史演变。
3. 试述发达国家对外贸易政策的发展趋势和特点。
4. 试述当代发展中国家的对外贸易政策及其改革。

9

关 税 （一）

9.1 关税的涵义和作用

9.1.1 关税的涵义

关税(customs duty;tariff)是指进出口货物经过一国关境时,由政府设置的海关向本国进出口商课征的一种税收。由于征收关税提高了进出口商品的成本和价格,客观上限制了进出口商品的数量,故关税又被称为关税壁垒(tariff barrier)。早在欧洲古希腊、雅典时代,关税就已出现。但统一国境关税是在封建社会解体和出现了资本主义国家后产生的。这种国境关税制一直沿用至今,成为世界各国对外贸易政策借以实施的主要措施之一。

关税是国家税收的一种。与其他税种相比,关税有两个主要特点:第一,关税的征收对象是进出境的货物和物品;第二,关税具有涉外性,是对外贸易政策的重要手段。由于关税在商品的流通过程中征收,进出口商可以把关税税额作为成本的一部分追加到进出口商品上,最终将关税负担转嫁给消费者,因此,关税是一种间接税。

关税的征收是通过海关来执行的。海关是设立在关境上的国家行政管理机构,其职责是依照国家法令,对进出口货物、货币、金银、行李、邮件、运输工具等进行监督管理、征收关税、查禁走私、临时保管通关货物和编制进出口统计等。

海关执行海关法令规章,行使管辖权,征收关税的领域称为关境(customs territory;customs frontier),亦称税境或关税领域。货物只有在进出关境时才被视为进出口货物而征收关税。一般情况下,一国关境与国境完全重合,但也有不一致的情况。自由港、出口加工区、保税区等经济特区虽在国境之内,但却在关境之外,因此,设有经济特区的国家关境小于国境。另一种情况,当几个国家结成关税同盟

(如加勒比海共同市场),对内取消一切贸易限制,对外建立统一的关税制度,则这些国家的关境大于国境。

9.1.2 关税的作用

征收关税的作用主要有两个方面:一是增加本国财政收入;二是保护本国的产业和国内市场。其中以前者为目的而征收的关税称为财政关税(revenue tariff),以后者为目的而征收的关税称为保护关税(protective tariff)。

最初征收关税的目的主要是为了获得财政收入。财政关税在资本主义发展初期占有重要的位置。由于当时经济不够发达,其他税源有限,财政关税便成为一国财政收入的重要组成部分。以美国为例,1805年,美国联邦政府的财政收入中,关税收入约占90%~95%。以后随着资本主义经济的发展,发达国家的财政收入改为以直接税为主,关税作为财政收入的作用逐渐减弱。目前,发达国家的关税仅占其财政总收入的2%~3%。然而,就发展中国家而言,由于国内经济不发达,直接税源有限,关税收入仍然是国家财政收入的一个重要来源。目前,发展中国家关税收入一般约占其财政收入的13.2%,我国也达到了7%。财政关税的税率视国库的需要和影响贸易的数量而定,如果税率过高将减少或阻碍进口,反而达不到增加财政收入的目的。财政关税的征收对象也应是进口数量多、消费量大、税赋力强的商品,如烟、酒、茶、咖啡等,而不应是本国生活必需品和生产必需品,这样才能既有稳定的税源又不影响国内生产和人民生活。

随着关税的财政收入作用逐渐减弱,关税的保护作用却一度明显增强。保护关税的一个重要问题是税率的确定,税率越高,越能保护本国生产和本国市场。保护关税可以通过提高税率来加重进口商品的成本负担,削弱其竞争力,从而限制外国商品进口和保护国内同类商品生产。另外,保护关税还可以通过调整关税税率的高低来控制进出口商品的数量,以此调节国内价格,保证国内市场供求平衡,从而达到保护国内市场的目的。于是,在资本主义生产方式发展后,各资本主义国家为了保护本国的生产,纷纷使用保护关税作为自由竞争的防卫手段,保护本国的幼稚工业和竞争中的敏感商品。到了20世纪30年代大危机时,各国为了转嫁危机,竞相提高税率,使用了超保护关税。其税率之高超过了一般保护程度,保护对象也变成本国的成熟工业和衰退工业或垄断资本需要大量出口的商品,以保护其既得利益。一时间关税战狼烟四起,严重阻碍了国际贸易的发展。

直至二战以后,为了实现贸易自由化,推动世界经济贸易顺利开展,关贸总协定得以正式成立。自成立以来,关贸总协定在消除关税壁垒方面作出巨大努力,取得了丰硕的成果。经过前七轮国际多边贸易谈判,发达国家进口工业品的平均关税由40%下降到4.7%,发展中国家进口工业品的加权平均关税也下降到14%。

9 关 税 (一)

关税壁垒的大幅度下降使关税的保护作用被严重削弱。但是，关贸总协定并没有取消关税，而是允许各国把关税作为唯一合法的经济保护手段。因此，即使是发达国家也没有完全放弃保护关税这个防卫手段，相反经常以提高关税或使用惩罚关税、报复关税相威胁，以取得别国贸易方面的让步。发展中国家更有理由、有必要使用关税这个武器，保护本国民族经济，并在世界市场上取得应有的地位。

财政作用和保护作用是关税作用的两个重要方面，除此之外，关税还有涉外作用。关税一直与国际经济关系和外交关系有着密切的联系。比如，各国可以利用关税税率的高低和不同的减免手段来对待不同类型国家商品的进口，以此开展其对外经贸关系：利用优惠待遇，可以改善国际关系，争取友好贸易往来；利用关税壁垒，可以限制对方商品进口甚至作为惩罚或报复手段。发展中国家还普遍利用关税减让作为"入门费"来取得关贸总协定缔约国地位，或者作为对外谈判的筹码，迫使对方让步。

9.2 关税的种类

关税种类繁多，按不同的标准主要可分为以下几类。

9.2.1 按照征收的对象或商品流向分类

按照征收的对象或商品流向，关税可分为进口税、出口税、过境税。

A. 进口税

进口税(import duty)是指进口商品进入一国关境时或者从自由港、出口加工区、保税仓库进入国内市场时，由该国海关根据海关税则对本国进口商所征收的一种关税。进口税又称正常关税(normal tariff)或进口正税。

进口税是保护关税的主要手段。通常所说的关税壁垒，实际上就是对进口商品征收高额关税，以此提高其成本，从而削弱其竞争力，起到限制进口的作用。关税壁垒是一国推行保护贸易政策所实施的一项重要措施。

各国进口税税率的制定要考虑多方面的因素。从有效保护和经济发展出发，应对不同商品制定不同的税率。一般地说，进口税税率随着进口商品加工程度的提高而提高，即工业制成品税率最高，半制成品次之，原料等初级产品税率最低甚至免税，这称为关税升级(tariff escalation)。进口国同样对不同商品实行差别税率，对于国内紧缺而又急需的生活必需品和机器设备予以低关税或免税，而对国内能大量生产的商品或奢侈品则征收高关税。同时，由于各国政治经济关系的需要，会对来自不同国家的同一种商品实行不同的税率。

一般说来，进口税税率可分为普通税率、最惠国税率和普惠制税率三种。

a．普通税率。如果进口国未与该进口商品的来源国签订任何关税互惠贸易条约,则对该进口商品按普通税率征税。普通税率是最高税率,一般比优惠税率高1～5倍,少数商品甚至高达10倍、20倍。目前仅有个别国家对极少数(一般是非建交)国家的出口商品实行这种税率,大多数只是将其作为其他优惠税率减税的基础。因此,普通税率并不是被普遍实施的税率。

b．最惠国税率。这是对签有最惠国待遇条款的贸易协定国家实行的税率。所谓最惠国待遇(most-favoured-nation treatment—MFNT),是指缔约国各方实行互惠,凡缔约国一方现在和将来给予任何第三方的一切特权、优惠和豁免,也同样给予对方。最惠国待遇的主要内容是关税待遇。最惠国税率是互惠的且比普通税率低,有时甚至差别很大。例如,美国对进口玩具征税的普通税率为70%,而最惠国税率仅为6.8%。由于世界上大多数国家都加入了签订有多边最惠国待遇条约的关贸总协定(现世界贸易组织),或者通过个别谈判签订了双边最惠国待遇条约(如中美之间),因而这种关税税率实际上已成为正常的关税率。

但最惠国税率并非是最低税率。在最惠国待遇中往往规定有例外条款,如在缔结关税同盟、自由贸易区或有特殊关系的国家之间规定更优惠的关税待遇时,最惠国待遇并不适用。

c．普惠制税率。这是发达国家向发展中国家提供的优惠税率。它在最惠国税率的基础上实行减税或免税,通常按最惠国税率的一定百分比征收,并且不是互惠的,而是单向的。因此,享受普惠制待遇往往能促进出口。

B．出口税

出口税(export duty)是出口国家的海关在本国产品输往国外时,对出口商所征收的关税。目前大多数国家对绝大部分出口商品都不征收出口税。因为征收出口税会抬高出口商品的成本和国外售价,削弱其在国外市场的竞争力,不利于扩大出口。但目前世界上仍有少数国家(特别是经济落后的发展中国家)征收出口税。征收出口税的目的主要有:第一,对本国资源丰富、出口量大的商品征收出口税,以增加财政收入。第二,为了保证本国的生产,对出口的原料征税,以保障国内生产的需要和增加国外商品的生产成本,从而加强本国产品的竞争能力。例如,瑞典、挪威对于木材出口征税,以保护其纸浆及造纸工业。第三,为保障本国市场的供应,除了对某些出口原料征税外,还对某些本国生产不足而又需求较大的生活必需品征税,以抑制价格上涨。第四,控制和调节某些商品的出口流量,防止盲目出口,以保持在国外市场上的有利价格。第五,为了防止跨国公司利用"转移定价"逃避或减少在所在国的纳税,向跨国公司出口产品征收高额出口税,维护本国的经济利益。

我国历来采用鼓励出口的政策,但为了控制一些商品的出口流量,采用了对极少数商品征出口税的办法。被征出口税的商品主要有生丝、有色金属、铁合金、绸

9 关 税（一）

缎等。

C. 过境税

过境税（transit duty）又称通过税或转口税，是一国海关对通过其关境再转运第三国的外国货物所征收的关税。其目的主要是增加国家财政收入。过境税在重商主义时期盛行于欧洲各国。随着资本主义的发展，交通运输事业的发达，各国在货运方面的竞争激烈，同时，过境货物对本国生产和市场没有影响，于是，到19世纪后半期，各国相继废除了过境税。二战以后，关贸总协定规定了"自由过境"的原则。目前，大多数国家对过境货物只征收少量的签证费、印花费、登记费、统计费等。

9.2.2 按照差别待遇和特定的实施情况分类

按照差别待遇和特定的实施情况，关税可分为进口附加税、差价税、特惠税和普遍优惠税。

A. 进口附加税

进口附加税（import surtax）是指进口国海关对进口的外国商品在征收进口正税之外，出于某种特定的目的而额外加征的关税。进口附加税不同于进口税，在一国《海关税则》中并不能找到，也不像进口税那样受到关贸总协定的严格约束而只能降不能升，其税率的高低往往视征收的具体目的而定。

进口附加税通常是一种临时性的特定措施，又称特别关税。其目的主要有：应付国际收支危机，维持进出口平衡；防止外国产品低价倾销；对某个国家实行歧视或报复等。

进口附加税是限制商品进口的重要手段，在特定时期有较大的作用。以美国为例，1971年，美国出现了自1893年以来的首次贸易逆差，国际收支恶化。为了应付国际收支危机，维持进出口平衡，美国总统尼克松宣布自1971年8月15日起实行新经济政策，对外国商品的进口在一般进口税上再加征10%的进口附加税，以限制进口。

一般来说，对所有进口商品征收进口附加税的情况较少，大多数情况是针对个别国家和个别商品征收进口附加税。这类进口附加税主要有反倾销税、反补贴税、紧急关税、惩罚关税和报复关税五种。

a. 反倾销税（anti-dumping duty）是指对实行倾销的进口货物所征收的一种临时性进口附加税。征收反倾销税的目的在于抵制商品倾销，保护本国产品的国内市场。因此，反倾销税税额一般按倾销差额征收，由此抵销低价倾销商品价格与该商品正常价格之间的差额。

根据关贸总协定《反倾销守则》规定，所谓倾销，是指进口商品以低于正常价值的价格向另一国销售的行为。确定正常价格有三种方法：(1) 采用国内价格，即相同产品在出口国用于国内消费时在正常情况下的可比价格；(2) 采用第三国价格，即相同产品在正常贸易情况下向第三国出口的最高可比价格；(3) 采用构成价格，即该产品在原产国的生产成本加合理的推销费用和利润。这三种确定正常价格的方法是依次采用的，即若能确定国内价格就不使用第三国价格或构成价格，依此类推。另外，这三种正常价格的确定方法仅适用于来自市场经济国家的产品。对于来自非市场经济国家的产品，由于其价格并非由竞争状态下的供求关系所决定，因此，西方国家选用替代国价格，即以一个属于市场经济的第三国所生产的相似产品的成本或出售的价格作为基础，来确定其正常价格。

按《反倾销守则》规定，对某进口商品征收反倾销税有三个必要条件：(1) 倾销存在；(2) 倾销对进口国国内已建立的某项工业造成重大损害或产生重大威胁，或者对某一国内工业的新建产生严重阻碍；(3) 倾销进口商品与所称损害之间存在因果关系。进口国只有经充分调查，确定某进口商品符合上述征收反倾销税的条件，方可征收反倾销税。

确定倾销对进口国国内工业的损害要从三方面来认定：(1) 产品在进口国数量的相对和绝对增长；(2) 产品价格对国内相似产品价格的影响；(3) 对产业的潜在威胁和对建立新产业的阻碍。此外，还要确定上述损害是否倾销所致。若由于其他因素（如需求萎缩或消费格局改变等）造成的损害则不应归咎于倾销性进口。

如果某进口商品最终确证符合被征反倾销税的条件，则所征的税额不得超过经调查确认的倾销差额，即正常价格与出口价格的差额。征收反倾销税的期限也不得超过为抵销倾销所造成的损害必需的期限。一旦损害得到弥补，进口国应立即停止征收反倾销税。另外，若被指控倾销其产品的出口商愿作出"价格承诺"(price undertaking)，即愿意修改其产品的出口价格或停止低价出口倾销的做法，进口国有关部门在认为这种方法足以消除其倾销行为所造成的损害时，可以暂停或终止对该产品的反倾销调查，不采取临时反倾销措施或者不予以征收反倾销税。

虽然关贸总协定制定了《反倾销守则》，但反倾销法的执行主要依赖各签字国的国内立法规定，因而具有很大的随意性。随着关税壁垒作用的降低，各国越来越趋向于利用反倾销手段，对进口产品进行旷日持久的倾销调查及征收高额反倾销税来限制商品进口。

b. 反补贴税(counter vailing duty)又称反津贴税、抵销税或补偿税，是指进口国为了抵销某种进口商品在生产、制造、加工、买卖、输出过程中所接受的直接或间接的任何奖金或补贴而征收的一种进口附加税。征收反补贴税的目的在于增加进口商品的价格，抵销其所享受的贴补金额，削弱其竞争能力，使其不能在进口国的国内市场上进行低价竞争或倾销。

9 关 税 (一)

关贸总协定《补贴与反补贴税守则》规定,征收反补贴税必须证明补贴的存在及这种补贴与损害之间的因果关系。如果出口国对某种出口产品实施补贴的行为对进口国国内某项已建的工业造成重大损害或产生重大威胁,或严重阻碍国内某一工业的新建时,进口国可以对该种产品征收反补贴税。反补贴税税额一般按奖金或补贴的数额征收,不得超过该产品接受补贴的净额,且征税期限不得超过5年。另外,对于接受补贴的倾销商品,不能既征反倾销税,同时又征反补贴税。

c. 紧急关税(emergency tariff)是为消除外国商品在短期内大量进口对国内同类产品生产造成重大损害或产生重大威胁而征收的一种进口附加税。当短期内外国商品大量涌入时,一般正常关税已难以起到有效保护作用,因此需借助税率较高的特别关税来限制进口,保护国内生产。例如,1972年5月,澳大利亚受到外国涤纶和棉纶涤纶进口的冲击,为保护国内生产,澳大利亚决定征收紧急关税,在每磅20澳分的正税外另加征每磅48澳分的进口附加税。

由于紧急关税是在紧急情况下征收的,是一种临时性关税,因此,当紧急情况缓解后,紧急关税必须撤除,否则会受到别国的关税报复。

d. 惩罚关税(penalty tariff)是指出口国某商品违反了与进口国之间的协议,或者未按进口国海关规定办理进口手续时,由进口国海关向该进口商品征收的一种临时性的进口附加税。这种特别关税具有惩罚或罚款性质。例如,1988年,日本半导体元件出口商因违反了与美国达成的自动出口限制协定,被美国征收了100%的惩罚关税。又如,若某进口商虚报成交价格,以低价假报进口手续,一经发现,进口国海关将对该进口商征收特别关税作为罚款。

另外,惩罚关税有时还被用作贸易谈判的手段。例如,美国在与别国进行贸易谈判时,就经常扬言若谈判破裂就要向对方课征高额惩罚关税,以此逼迫对方让步。这一手段在美国经济政治实力鼎盛时期是非常有效的,然而,随着世界经济多极化、国际化等趋势的加强,这一手段日渐乏力,且越来越容易招致别国的报复。

e. 报复关税(retaliatory tariff)是指一国为报复他国对本国商品、船舶、企业、投资或知识产权等方面的不公正待遇,对从该国进口的商品所课征的进口附加税。通常在对方取消不公正待遇时,报复关税也会相应取消。然而,报复关税也像惩罚关税一样易引起他国的反报复,最终导致关税战。例如,乌拉圭回合谈判期间,美国和欧洲联盟就农产品补贴问题发生了激烈的争执,美国提出一个"零点方案",要求欧盟10年内将补贴降为零,否则除了向美农产品增加补贴外,还要对欧盟进口商品增收200%的报复关税。欧盟也不甘示弱,扬言反报复。双方剑拔弩张,若非最后相互妥协,就差点葬送了这一轮谈判的成果。

征收进口附加税主要是为弥补正税的财政收入作用和保护作用的不足。由于进口附加税比正税所受国际社会约束要少,使用灵活,因而常常会被用作限制进口与贸易斗争的武器。过去,我国在合理地、适当地应用进口附加税的手段方面显得非常不足。比如,因长期没有自己的反倾销、反补贴法规,不能利用反倾销税和反补贴税来抵制外国商品的不公平竞争,以保护我国同类产品的生产和市场。直到1997年3月25日,我国颁布了《中华人民共和国反倾销和反补贴条例》,才使我国的反倾销、反补贴制度法制化、规范化。

B. 差价税

差价税(variable levy)又称差额税,是当本国生产的某种产品的国内价格高于同类进口商品的价格时,为削弱进口商品的竞争力,保护本国生产和国内市场,按国内价格与进口价格之间的差额征收的关税。征收差价税的目的是使该种进口商品的税后价格保持在一个预定的价格标准上,以稳定进口国内该种商品的市场价格。

对于征收差价税的商品,有的规定按价格差额征收,有的规定在征收一般关税以外另行征收,这种差价税实际上属于进口附加税。差价税没有固定的税率和税额,而是随着国内外价格差额的变动而变动,因此是一种滑动关税(sliding duty)。

差价税的典型表现是欧盟对进口农畜产品的做法。欧盟为了保护其农畜产品免受非成员国低价农产品竞争,而对进口的农产品征收差价税。欧盟征收差价税首先在共同市场内部按生产效率最低而价格最高的内地中心市场的价格为准,制订统一的目标价格(target price);其次从目标价格中扣除从进境地运到内地中心市场的运费、保险费、杂费和销售费用后,得到门槛价格(threshold price),或称闸门价格;最后若外国农产品抵达欧盟进境地的CIF(到岸价格)低于门槛价格,则按其间差额确定差价税率。

实行差价税后,进口农产品的价格被抬至欧盟内部的最高价格,从而丧失了价格竞争优势。欧盟则借此有力地保护了其内部的农业生产。此外,对使用了部分农产品加工成的进口制成品,欧盟除征收工业品的进口税外,还对其所含农产品部分另征部分差价税,并把所征税款用作农业发展资金,资助和扶持内部农业的发展。因此,欧盟使用差价税实际上是其实现共同农业政策的一项重要措施,保护和促进了欧盟内部的农业生产。

C. 特惠税

特惠税(preferential duty)又称优惠税,是对来自特定国家或地区的进口商品给予特别优惠的低关税或免税待遇。使用特惠税的目的是为了增进与受惠国之间的友好贸易往来。特惠税有的是互惠的,有的是非互惠的。

特惠税最早开始于宗主国与其殖民地及附属国之间的贸易。目前仍在起作用的,且最有影响的是2000年6月23日欧盟15国与非洲、加勒比海及太平洋地区77国(简称非加太集团)签订的《科托努协定》(前身为《洛美协定》)的特惠税,它是欧共体向参加协定的非洲、加勒比海和太平洋地区的发展中国家单方面提供的特惠关税。根据协定,在协定的 8 年过渡期中,非加太国家 97% 的产品可免税进入欧盟市场。

D. 普遍优惠制

普遍优惠制(generalized system of preferences—GSP)简称普惠制,是发达国家给予发展中国家出口的制成品和半制成品(包括某些初级产品)普遍的、非歧视的、非互惠的一种关税优惠制度。普惠制项下的出口产品关税比最惠国税率低约 1/3。

普遍性、非歧视性和非互惠性是普惠制的三项基本原则。普遍性是指发达国家对所有发展中国家出口的制成品和半制成品给予普遍的关税优惠待遇;非歧视性是指应使所有发展中国家都无歧视、无例外地享受普惠制待遇;非互惠性即非对等性,是指发达国家应单方面给予发展中国家作出特殊的关税减让而不要求发展中国家对发达国家给予对等待遇。

普惠制的目的是通过给惠国对受惠国的受惠商品给予减、免关税优惠待遇,使发展中的受惠国增加出口收益,促进其工业化水平的提高,加速国民经济的增长。

普遍优惠制是发展中国家在联合国贸易与发展会议上长期斗争的成果。从 1968 年联合国第二届贸发会议通过普惠制决议至今,普惠制已在世界上实施了 30 余年。目前,全世界已有 190 多个发展中国家和地区享受普惠制待遇,给惠国则达到 29 个,分别是:欧洲联盟 15 国(德国、英国、法国、意大利、荷兰、比利时、卢森堡、爱尔兰、希腊、西班牙、葡萄牙、丹麦、奥地利、芬兰、瑞典)、瑞士、挪威、波兰、俄罗斯、乌克兰、白俄罗斯、日本、加拿大、澳大利亚、新西兰,以及美国、保加利亚、匈牙利、捷克,其中 28 个给惠国给予了中国普惠制待遇。

普惠制方案是各给惠国为实施普惠制而制定的具体执行方法。各发达国家(即给惠国)分别制定了各自的普惠制实施方案,而欧盟作为一个国家集团给出共同的普惠制方案,因此,目前全世界共有 16 个普惠制方案。从具体内容看,各方案不尽一致,但大多包括了给惠产品范围、受惠国家和地区、关税削减幅度、保护措施、原产地规则、给惠方案有效期等六个方面。

a. 给惠产品范围。一般,农产品的给惠商品较少,工业制成品或半制成品只有列入普惠制方案的给惠商品清单,才能享受普惠制待遇。一些敏感性商品,如纺织品、服装、鞋类以及某些皮制品、石油制品等常被排除在给惠商品之外或受到一定限额的限制。例如,欧盟 1994 年 12 月 31 日颁布的对工业产品的新普惠制法规(该法规于 1995 年 1 月 1 日开始执行),将工业品按敏感程度分为五类,并分别给予不同的优惠关税。具体地说,对第一类最敏感产品,即所有的纺织品,普惠制关税为正常关税的 85%;对第二类敏感产品,征正常关税的 70%;对第三类半敏感产品,征正常关税的35%;对第四类不敏感产品,关税全免;而对第五类部分初级工业产品,将不给优惠税率,照征正常关税。又如,美国的普惠制方案规定,纺织品协议项下的纺织品和服装、手表、敏感性电子产品、敏感性钢铁产品、敏感性玻璃制品或半制成品及鞋类不能享受普惠制待遇。

b. 受惠国家和地区。发展中国家能否成为普惠制方案的受惠国是由给惠国单方面确定的。因此,各普惠制方案大都有违普惠制的三项基本原则。各给惠国从各自的政治、经济利益出发,制定了不同的标准要求,限制受惠国家和地区的范围。例如,美国认为我国不是关贸总协定成员,不符合其受惠国标准,至今没有把普惠制待遇给予我国的出口产品。

c. 给惠商品的关税削减幅度。给惠商品的减税幅度取决于最惠国税率与普惠制税率之间的差额,即普惠制减税幅度=最惠国税率-普惠制税率,并且减税幅度与给惠商品的敏感度密切相关。一般说来,农产品减税幅度小,工业品减税幅度大,甚至免税。例如,日本对给惠的农产品实行优惠关税,而对给惠的工业品除其中的"选择性产品"给予最惠国税率的50%优惠外,其余全都免税。

d. 保护措施。各给惠国为了保护本国生产和国内市场,从自身利益出发,均在各自的普惠制方案中制定了程度不同的保护措施。保护措施主要表现在例外条款、预定限额及毕业条款三个方面。

所谓例外条款(escape clause),是指当给惠国认为从受惠国优惠进口的某项产品的数量增加到对其本国同类产品或有竞争关系的商品的生产者造成或将造成严重损害时,给惠国保留对该产品完全取消或部分取消关税优惠待遇的权利。很明显,例外条款表明,发达国家给予发展中国家普惠待遇的前提条件是其国内市场不会因给惠而受到干扰。如加拿大曾对橡胶鞋及彩电的进口引用例外条款,对来自受惠国的这两种商品停止使用普惠制税率,而恢复按最惠国税率征收进口税。给惠国常常引用例外条款对农产品进行保护。

所谓预定限额(prior limitation),是指给惠国根据本国和受惠国的经济发展水平及贸易状况,预先规定一定时期内(通常为1年)某项产品的关税优惠进口限额,达到这个额度后,就停止或取消给予的关税优惠待遇,而按最惠国税率征税。给惠国通常引用预定限额对工业产品的进口进行控制。

所谓毕业条款(graduation clause),是指给惠国以某些发展中国家或地区由于经济发展,其产品已能适应国际竞争而不再需要给予优惠待遇和帮助为由,单方面取消这些国家或产品的普惠制待遇。毕业标准可分为国家毕业和产品毕业两种,由各给惠国自行具体确定。例如,美国规定,一国人均收入超过8 500美元或某项产品出口占美国进口的50%即为毕业。美国自1981年4月1日开始启用毕业条款,至1988年底,终止了16个国家的受惠国地位,免除了来自141个发展中国家

9 关 税 (一)

和地区约3 000 多种进口商品的普惠制待遇。

毕业条款是一项最敏感、最严格的保护措施。其实施会对相关国家的出口贸易产生很大的影响。具体地说,"已毕业"的国家和产品因为不能再享受优惠待遇,一方面不得不在进口国市场上与发达国家同类产品竞争;另一方面又面临其他发展中国家乘势取而代之打入进口国市场的严峻挑战。以亚洲"四小龙"为例,1987年,他们享受美国普惠制的受惠额占美国所给全部受惠额的 60%,达到美国规定的毕业标准。于是美国政府 1988 年 1 月 29 日宣布,亚洲"四小龙"已从不发达国家和地区中毕业,从 1989 年起取消其向美国出口商品所享受的普惠制待遇。这样,亚洲"四小龙"被迫在不享受普惠待遇的情况下同美国市场上的德国、日本等发达国家同类产品竞争。同时,泰国、马来西亚、印度尼西亚、菲律宾等国从中得益甚多,向美国市场扩大出口。

毕业条款同样也困扰着中国产品的出口。在欧盟新的普惠制方案中,被取消普惠制待遇的中国产品,涉及《协调制度》37 个章节,共七大类商品,占了近 41%。从 1993 年的出口金额看,这七大类产品对欧出口为 177 亿欧洲货币单位,占中国对欧总出口的 60%。可见,欧盟新普惠制方案的毕业条款会对中国向欧出口产生很大的消极影响。

e. 原产地规则(rules of origin)。为了确保普惠制待遇只给予发展中国家和地区生产和制造的产品,各给惠国制定了详细和严格的原产地规则。原产地规则是衡量受惠国出口产品能否享受给惠国给予减免关税待遇的标准。原产地规则一般包括三个部分:原产地标准、直接运输规则和书面证明书。所谓原产地标准(origin criteria),是指只有完全由受惠国生产或制造的产品,或者进口原料或部件在受惠国经过实质性改变而成为另一种不同性质的商品,才能作为受惠国的原产品享受普惠制待遇。所谓直接运输规则(rule of direct consignment),是指受惠国原产品必须从出口受惠国直接运至进口给惠国。制定这项规则的主要目的是为了避免在运输途中可能进行的再加工或换包。但由于地理或运输等原因确实不可能直接运输时,允许货物经过他国领土运转,条件是货物必须始终处于过境国海关的监管下,未投入当地市场销售或再加工。所谓书面证明书(documentary evidence),是指受惠国必须向给惠国提供由出口受惠国政府授权的签证机构签发的普惠制原产地证书(表格 A),作为享受普惠制减免关税优惠待遇的有效凭证。

f. 普惠制的有效期。普惠制的实施期限为 10 年,经联合国贸易发展会议全面审议后可延长。普惠制第三个实施期,有效期自 1991 年 1 月至 2000 年 12 月 31 日止。

普惠制在实施 30 年来,确实对发展中国家的出口起了一定的积极作用。但由于各给惠国在提供关税优惠的同时,又制定了种种繁琐的规定和严厉的限制措施,使得建立普惠制的预期目标还没有真正达到。广大发展中国家尚需为此继续斗争。

9.3 关税的征收

9.3.1 关税的征收方法

关税的征收方法又称征收标准,一般来说,可分为从量税、从价税和混合税三种。

A. 从量税

从量税(specific duty)是以进口货物的重量、数量、长度、容量和面积等计量单位为标准计征的关税。其中,重量单位是最常用的从量税计量单位。例如,美国对薄荷脑的进口征收从量税,普通税率为每磅50美分,最惠国税率为每磅17美分。从量税的计算公式为:

$$从量税税额＝货物计量单位数×从量税率$$

以重量为单位征收从量税必须注意,在实际应用中各国计算重量的标准各不相同,一般采用毛重、半毛重和净重。毛重(gross weight)指商品本身的重量加内外包装材料在内的总重量。半毛重(demigross weight)指商品总重量扣除外包装后的重量。净重(net weight)则指商品本身的重量,不包括内外包装材料的重量。

采用从量税计征关税有以下特点:(1)手续简便。不需审定货物的规格、品质、价格,便于计算。(2)税负并不合理。同一税目的货物,不管质量好坏、价格高低,均按同一税率征税,税负相同。因而对质劣价廉进口物品的抑制作用比较大,不利于低档商品的进口,对防止外国商品低价倾销或低报进口价格有积极作用;对于质优价高的商品,税负相对减轻,关税的保护与财政收入作用相对减弱。(3)不能随价格变动作出调整。当国内物价上涨时,税额不能随之变动,使税收相对减少,保护作用削弱;物价回落时,税负又相对增高,不仅影响财政收入,而且影响关税的调控作用。(4)难以普遍采用。征收对象一般是谷物、棉花等大宗产品和标准产品,对某些商品如艺术品及贵重物品(古玩、字画、雕刻、宝石等)不便使用。

在工业生产还不十分发达,商品品种规格简单,税则分类也不太细的一个相当长时期内,不少国家对大多数商品使用过从量税。但二战以后,随着严重通货膨胀的出现和工业制成品贸易比重的加大,征收从量税起不到关税保护作用,各国纷纷放弃了完全按从量税计征关税的做法。目前,完全采用从量税的发达国家仅有瑞士一个。

B. 从价税

从价税(ad valorem duty)是以货物价格作为征收标准的关税。从价税的税率表现为货物价格的百分值。例如,美国规定对羽毛制品的进口,普通税率为60%,最惠国税率为4.7%。从价税的计算公式为:

$$从价税税额 = 进口货物总值 \times 从价税率$$

征收从价税的一个重要问题是确定进口商品的完税价格(dutiable value)。所谓完税价格,是指经海关审定的作为计征关税依据的货物价格,货物按此价格照章完税。各国规定了不同的海关估价确定完税价格,目前大致有以下三种:出口国离岸价格(F.O.B.)、进口国到岸价格(C.I.F.)和进口国的官方价格。如美国、加拿大等国采用离岸价格来估价,而西欧等国采用到岸价格作为完税价格,不少国家甚至故意抬高进口商品完税价格,以此增加进口商品成本,把海关估价变成一种阻碍进口的非关税壁垒措施。

为了弥补各国确定完税价格的差异且减少其作为非关税壁垒的消极作用,关贸总协定东京回合达成了《海关估价协议》,规定了六种应依次使用的海关估价方法。其中采用进口商品或相同商品的实际价格(actual value)作为估价的主要依据,即以进口国立法确定的某一时间或地点,在正常贸易过程中于充分竞争的条件下,某一商品或相同商品出售或兜售的价格为依据,而不能以臆断或虚构的价格为依据。当实际价格不能确定时,应以可确定的最接近实际价格的相当价格作为确定完税价格的依据。

征收从价税有以下特点:(1) 税负合理。同类商品质高价高,税额也高;质次价低,税额也低。加工程度高的商品和奢侈品价高,税额较高,相应的保护作用较大。(2) 物价上涨时,税款相应增加,财政收入和保护作用均不受影响。但在商品价格下跌或者别国蓄意对进口国进行低价倾销时,财政收入就会减少,保护作用也会明显减弱。(3) 各种商品均可适用。(4) 从价税率按百分数表示,便于与别国进行比较。(5) 完税价格不易掌握,征税手续复杂,大大增加了海关的工作负荷。

由于从量税和从价税都存在一定的缺点,因此关税的征收方法在采用从量税或从价税的基础上,又产生了混合税和选择税,以弥补从量税、从价税的不足。目前单一使用从价税的国家并不太多,主要有阿尔及利亚、埃及、巴西、墨西哥等发展中国家,我国也是其中一个。

C. 混合税

混合税(mixed duty)是在税则的同一税目中订有从量税和从价税两种税率,征税时混合使用两种税率计征。混合税又可分为复合税和选择税两种。

a. 复合税。复合税(compound duty)是指征税时同时使用从量、从价两种税率计征，以两种税额之和作为该种商品的关税税额。复合税按从量、从价的主次不同又可分为两种情况：一种是以从量税为主加征从价税，即在对每单位进口商品征税的基础上，再按其价格加征一定比例的从价税。另一种是以从价税为主加征从量税，即在按进口商品的价格征税的基础上，再按其数量单位加征一定数额的从量税。

b. 选择税。选择税(alternative duty)是指对某种商品同时订有从量和从价两种税率，征税时由海关选择其中一种征税，作为该种商品的应征关税额。一般是选择税额较高的一种税率征收，在物价上涨时使用从价税，物价下跌时使用从量税。有时，为了鼓励某种商品的进口，或给某出口国以优惠待遇，也有选择税额较低的一种税率征收关税的。

由于混合税结合使用了从量税和从价税，扬长避短，哪一种方法更有利，就使用哪一种方法或以其为主征收关税，因而无论进口商品价格高低，都可起到一定的保护作用。目前世界上大多数国家都使用混合税，如主要发达国家美国、欧盟、加拿大、澳大利亚、日本等，以及一些发展中国家如印度、巴拿马等。

我国是单一使用从价税标准的国家之一。改革开放以来，随着进出口商品数量的大量增加，低报、伪报进出口商品价格，偷税、逃税现象大量出现，外国商品向我国市场低价倾销等现象也时有所见。因此，我国除了应加强税收立法（如反倾销、反补贴立法）外，还可以考虑改单一从价税制为混合税制，更好地发挥关税的保护作用。只要不是变相提高关税，这一考虑应该具有可行性。

9.3.2 关税的征收依据

各国征收关税的依据是海关税则。

海关税则(customs tariff)又称关税税则，是一国对进出口商品计征关税的规章和对进出口应税与免税商品加以系统分类的一览表。海关税则是关税制度的重要内容，是国家关税政策的具体体现。

海关税则一般包括两个部分：一部分是海关课征关税的规章条例及说明；另一部分是关税税率表。其中，关税税率表主要包括税则号列(tariff No. 或 heading No. 或 tariff item，简称税号)、商品分类目录(description of goods)及税率(rate of duty)三部分。商品分类目录将种类繁多的商品或按加工程度，或按自然属性、功能和用途等，把商品分为不同的类。随着经济的发展，各国海关税则的商品分类越来越细，这不仅是由于商品日益增多而产生技术上的需要，更主要的是各国开始利用海关税则更有针对性地限制有关商品进口和更有效地进行贸易谈判，将其作为实行贸易歧视的手段。

9 关 税 （一）

为了减少各国海关在商品分类上的矛盾，统一税则目录开始出现并不断完善。1950年，有关国家签署了《海关税则商品分类目录公约》，使用《海关合作理事会税则商品分类目录(Customs Cooperation Council Nomenclature—CCCN)》，原称《布鲁塞尔税则目录(Brussels Tariff Nomenclature—BTN)》。该目录的分类原则是按商品的原料组成为主，结合商品的加工程度、制造阶段和商品的最终用途来划分。它把全部商品共分为21类(section)、99章(chapter)、1015项税目号(heading No.)。前4类(第1～24章)为农畜产品，其余17类(第25～99章)为工业制成品。

《海关合作理事会税则商品分类目录》在世界各国海关税则中得到了普遍使用。与此同时，出于贸易统计和研究的需要，联合国经社理事会下设的统计委员会于1950年编制并公布了《国际贸易标准分类(Standard International Trade Classification—SITC)》。两种商品分类目录在国际上同时并存，虽然制订了相互对照表，但仍给很多工作带来不便。

为了更进一步协调和统一这两种国际贸易分类体系，1970年，海关合作理事会决定成立协调制度委员会和各国代表团组成的工作团来研究探讨是否可能建立一个同时能满足海关税则、进出口统计、运输和生产等各部门需要的商品列名和编码的"协调制度"目录。60个国家和20多个国际组织包括关贸总协定（世界贸易组织）、联合国贸易与发展会议、国际标准化组织、国际商会、国际航运协会、国际航空协会、铁路国际运输组织等参加了研究工作。经过十多年的努力，终于完成制订了一套新型的、系统的、多用途的国际贸易商品分类体系《商品名称及编码协调制度》，简称《协调制度(Harmonized System—HS)》，并于1988年1月1日正式生效实施。截至1991年10月，已有88个国家在其税则中正式采用了《协调制度》目录。并且关贸总协定也是按《协调制度》目录统计的数据作为关税减让谈判的基础。我国自1992年1月1日起也正式实施了以《协调制度》为基础编制的新的《海关进出口税则》和《海关统计商品目录》。

《协调制度》基本上按商品的生产部类、自然属性、成分、用途、加工程度、制造阶段等进行编制，共有21类(section)、97章，其中第1～24章为农副产品，第25～97章为加工制成品，第77章金属材料为空缺，是为新型材料的出现而留空。在章下设有用四位数编码的项目(heading)1 241个，其中有311个没有细分目录，其余930个项目被分为3 246个一级子目(one-dash subheading)，这些子目中又有796个被进一步分出2 258个二级子目(two-dash subheading)，因此，在《协调制度》中共有5 019个税目。

《协调制度》的基础目都用六位数字编码。六位数中的前四位数是协调制度的项目号（即税目号），其中，前两位数表示商品所在的章，后两位表示该商品在章中所处的位置。项目以下，第五位数字为一级子目，表示该商品在项目中的位置，第六位数为二级子目,是一级子目的进一步细分。前四位与后两位之间用实点隔开。各国可以在子目之下增设分目(additional subheading)。例如,我国的海关税则在《协调制度》目录六位数编码的基础上,加列了1 832个七位数子目和282个八位数子目,共有6 250个税目。此外,为了使《协调制度》执行起来清楚、明确,《协调制度》有类、章的注释及项目和子目的注释,并在目录之首列有六条归类总规则,作为商品归类的指导。

海关税则中的同一商品,可以一种税率征税,也可以两种或两种以上税率征税。按照税率表的栏数,可将海关税则分为单式税则和复式税则两类。

a. 单式税则。单式税则(single tariff)又称一栏税则,是指一个税目只有一个税率,即对来自任何国家的商品均以同一税率征税,没有差别待遇。目前只有少数发展中国家如委内瑞拉、巴拿马、冈比亚等仍实行单式税则。

b. 复式税则。复式税则(complex tariff)又称多栏税则,是指同一税目下设有两个或两个以上的税率,即对来自不同国家的进口商品按不同的税率征税,实行差别待遇。其中,普通税率是最高税率,特惠税率是最低税率,在两者之间,还有最惠国税率、协定税率、普惠制税率等。目前大多数国家都采用复式税则。这种税则有二栏、三栏、四栏不等。我国目前采用二栏税则,美国、加拿大等国实行三栏税则,而欧盟等国实行四栏税则。

在单式税则或复式税则中,依据制订税则的权限又可分为自主税则或国定税则和协定税则。前者是指一国立法机构根据关税自主原则单独制定而不受对外签订的贸易条约或协定约束的一种税率。后者则指一国与其他国家或地区通过贸易与关税谈判,以贸易条约或协定的方式确定的关税率。协定税则是在本国原有的国定税则以外,通过与他国进行关税减让谈判而另行规定的一种税率,因此要比国定税率低。

此外,在单式税则或复式税则中,依据进出口商品流向的不同,还可分为进口货物税则和出口货物税则。

9.3.3 关税的征收程序

征收关税的程序即通关手续,又称报关手续,通常包括申报(declaration)、查验(inspection)、放行(release)三个基本环节。具体地说,是指进出口商在进出口商品时要向海关申报出口或进口,提交进出口货物的报关单以及有关证明,接受海关的监督与检查,履行海关规定的手续;然后,海关按照有关法令和规定,查验审核有关单证和货物,计算进出口税额;最后,进出口商结清应征税额和其他费用,海关在有关单证上签印,以示货物可以通关放行。

通常进口商在货物到达后所规定的工作日内办理通关手续。如果进口商对于

9 关 税（一）

某些特定的商品,如水果、蔬菜、鲜鱼等易腐商品,要求货到时立即从海关提出,可在货到前先办理提货手续,并预付一笔进口税,至次日再正式结算进口税。如果进口商想延期提货,在办理存栈报关手续后,可将货物存入保税仓库,暂时不缴纳进口税。在存仓期间,货物可再行出口,就不必付进口税,如打算运往进口国国内市场销售,在提货前必须办理通关手续。

货物到达后,进口商如在规定日期内未办理通关手续,海关有权将货物存入候领货物仓库,期间一切责任和费用均由进口商负责。如果存仓货物在规定期间内仍未办理通关手续,海关有权处理该批货物。

重要名词

关境　关税　保护关税　进口附加税　反倾销税　反贴补税　紧急关税　惩罚关税　报复关税　差价税　普遍优惠制　毕业条款　从量税　从价税　选择税　单式税则　复式税则　协调制度

思 考 题

1. 什么是关税？其主要特点有哪些？
2. 什么是财政关税？什么是保护关税？试比较两者的异同。
3. 普惠制的基本原则是什么？普惠制方案一般包括哪些主要内容？给惠国的自我保护措施有哪些？
4. 什么是海关税则？它可以分为哪几类？

10

关　税　（二）

10.1　关税的经济效应

关税的经济效应是指一国征收关税对其国内价格、贸易条件、生产、消费、贸易、税收、再分配及福利等方面所产生的影响。关税的经济效应可以从整个经济的角度来分析，也可以从单个商品市场的角度来考察，前者属于一般均衡分析，后者为局部均衡分析。为便于分析和理解，本节仅从局部均衡的观点分别讨论小国和大国征收关税所产生的经济效应。

10.1.1　小国征收关税的经济效应

设某国为小国，其对某商品 x 的供给、需求、贸易状况如图 10-1 所示。图中，横轴表示商品 x 的数量，纵轴表示商品 x 的价格，S_x 和 D_x 分别代表商品 x 的供给曲线和需求曲线，两线之交点 E 为隔离均衡点，P_e 为隔离均衡价格。在自由贸易条件下，当不计运费时，国内价格等于国际价格，为 P_1。在此价格下，该国对商品 x

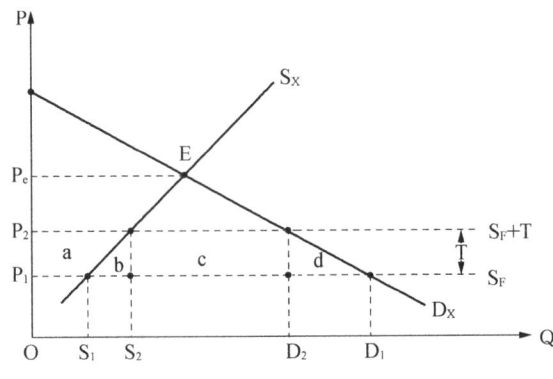

图 10-1　小国征收关税的经济效应

10 关 税（二）

的需求量为 OD_1，本国自行生产的数量为 OS_1，需进口的数量为 S_1D_1。S_F 为该国进口所面对的出口供给曲线，平行于横轴，弹性无穷大。若该国对商品 x 的进口征收额度为 T 的关税（税率为 T/OP_1），则其进口面对的是包括关税在内的新的出口供给曲线 S_{F+T}，征收关税对国内经济产生了以下影响：

a. 价格效应（price effect）。这是指征收关税对进口国价格的影响。由于小国对商品的国际价格没有影响力，因此课征关税后，商品 x 的国际价格仍为 P_1，但其国内价格却升至 P_2，且 $P_2=P_1+T$，即小国征收关税使进口品及其进口替代品的国内价格提高了与所征税额相当的幅度。

b. 贸易条件效应（terms-of-trade effect）。这是指征收关税对进口国贸易条件的影响。小国对进口商品征收关税使该商品的国内价格上升，从而使其国内生产扩张，消费减少，进口缩减。但小国进口量的减少并不会对国际市场的供求关系产生显著影响，因而不能影响该商品的国际价格，故小国的关税贸易条件效应并不存在。

c. 消费效应（consumption effect）。即征收关税对可进口品消费的影响。在图 10-1 中，某小国征收进口关税后，对可进口商品 x 的需求量因价格提高而由 OD_1 减至 OD_2，即减少 D_1D_2 数量的 x 商品消费。

d. 生产效应（production effect）。即征收关税对进口国进口替代品生产的影响。如图 10-1 所示，某小国征收进口关税后，由于进口品价格提高了等同于关税额的水平，因而刺激进口替代品的生产扩张，直至生产者价格达到 P_1+T 的水平，即进口替代品的产量由 OS_1 增至 OS_2。所增加的 S_1S_2 数量的进口替代品生产乃关税的生产效应，又称替代效应（substitution effect）或保护效应（protection effect）。关税越高，保护程度亦越高。当关税提高为 P_1P_e 或更高时，实为禁止性关税，关税的保护效应发挥得最完全。

e. 贸易效应（trade effect）。即征税引起的进口量的变化。征收关税后，由于生产增加，消费减少，所以进口数量由 S_1D_1 减为 S_2D_2。其中，所减少的 D_1D_2 数量的进口乃消费减少所致；减少的 S_1S_2 数量进口则由生产增加所致。因此，关税的贸易效应为消费效应和生产效应之和（见图 10-1）。

f. 财政效应（revenue effect）。即征收关税对国家财政收入发生的影响。如图 10-1 所示，某小国征收额度为 T 的关税后，政府取得了面积 c（$c=T\times S_2D_2$）的关税收入，使财政收入增加，此乃关税的财政效应。

g. 收入再分配效应（income-redistribution effect）。图 10-1 中，征税后，消费者剩余较征税前减少了（a+b+c+d）。然而，征收关税后，生产者由于增加 S_1S_2 的进口替代品生产而增加了面积 a 的生产者剩余，政府由于征收关税而增加了面积 c 的财政收入。a 和 c 实际上是社会收入由消费者增加消费负担而转移给生产者和政府的部分。

h. 福利效应（welfare effect）。如上所析，征税后，消费者剩余减少（a+b+c+

d),其中 a 部分转移为生产者剩余增加,c 部分成为政府的关税收入,余下的 b 和 d 部分是征税所致的福利净损失(net welfare loss)或无谓损失(deadweight loss),即关税的社会成本。面积 b 代表生产的净损失,由增加 S_1S_2 数量的进口替代品生产使资源使用效率下降所致;面积 d 代表消费的净损失,是关税人为地抬高了进口品价格进而扭曲消费所产生的消费效用的净损失。

以上所讨论的各种效应的大小,取决于征税商品的供给与需求弹性及关税税率高低。对于相同的关税税率,需求曲线越富弹性,消费效应越大;同样,供给曲线越富弹性,生产效应越大。因此,一国对某商品的供给与需求越富弹性,关税的贸易效应越大,而财政效应越小(见图 10-1)。

关税的负担决定于进口需求与出口供给的弹性大小,弹性越大者,关税的负担越轻;弹性越小者,关税的负担越重。由于小国进口所面对的出口供给弹性无限大,因此小国课征进口关税,关税完全由其本国消费者负担,而关税收入全部由小国的政府所获得。

10.1.2 大国征收关税的经济效应

大国与小国征收关税最主要的差异在于大国征收关税可以影响贸易条件,小国则不然。现用图 10-2 对大国征收关税进行局部均衡分析。图中,S_H 表示某大国商品 x 的国内供给曲线,S_{H+F} 表示商品 x 的总供给曲线(由国内供给曲线和国外供给曲线合计而得),D_H 表示商品 x 的国内需求曲线。在自由贸易条件下,该国的国内需求曲线 D_H 与总供给曲线 S_{H+F} 相交于 H 点,价格为 P_h,该国对 x 商品的需求量为 OD_1。其中 OS_1 数量由国内生产者提供,S_1D_1 数量靠进口弥补。若该国对商品 x 征收额度为 T 的关税(税率为 T/OP'_w),则对国内经济产生以下效果。

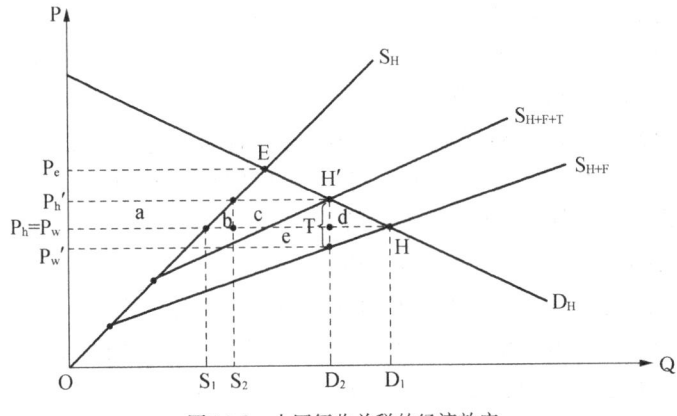

图 10-2 大国征收关税的经济效应

征税后,总供给曲线将上移为 S_{H+F+T},D_H 与 S_{H+F+T} 相交于 H' 点,故国内价格升为 P'_h,该国对 x 商品的需求量为 OD_2,其中 OS_2 数量由本国提供,S_2D_2 数量通过进口来满足。征税所致的消费者剩余损失为(a+b+c+d)部分,其中 a 为生产者剩余增加部分,c 为政府向国内消费者征收的关税收入,其余的(b+d)部分为保护的成本或无谓的损失。但由于该国是大国,征收关税提高了国内价格、减少了消费和进口,使国际价格下降(由 P_W 降至 P'_W),从而改善其贸易条件并从中获益,即政府从外国出口商间接获得了 e 部分的关税收入。因此,征收关税引起的福利净变动是[e−(b+d)]。如果贸易条件改善带来的利益大于保护的成本,即 e 大于(b+d),则该国从征收关税中获益,福利增加;如果 e 小于(b+d),则该国发生福利净损失;如果 e 等于(b+d),则该国既未从征收关税中获利,亦未因征税而发生净损失。

与小国相似,大国征收关税所产生的各种效应大小也决定于课税商品的供给和需求弹性及所征关税的高低。在一定的供给和需求条件下,一国政府可通过征收最适关税以使其福利最大化。这一问题将在本章第二节进一步讨论。

大国征收关税后,使其国内价格提高,并使国际价格下降,表示关税由进出口国共同负担。如图 10-2 所示,进口国消费者负担 P'_hP_W 的关税,出口商负担 $P_WP'_W$ 的关税,关税额为 $T=P'_hP_W+P_WP'_W=P'_hP'_W$。关税负担的大小,决定于进出口国进口需求与出口供给弹性的大小。进口需求弹性越小,国内价格上涨幅度越大,则进口国的关税负担越重,出口国负担越轻;出口供给弹性越大,国际价格下跌幅度越小;则出口国的关税负担越轻,进口国的负担越重;反之亦然。

通过以上对小国和大国征收关税的局部均衡分析可见,征收关税虽然使本国供应商受益并对政府有利,但却极大地损害了消费者福利,最终使社会遭受无谓的损失。降低关税,则会增进国民福利和消费者利益,而仅对相关的部分生产者及国库收入不利。况且,关税收入也不应该是政府财政收入的主要来源。在关税保护下的国内生产是低效率的生产,不利于资源的合理配置,因而也不应该长期对其提供保护。因此,除了在少数情况下,如进口大国能用关税影响进口货的价格,使其从中得到的利益超过保护的成本时,或在本国经济存在着其他办法不能纠正的缺陷时,才能考虑采取征收关税的手段,否则应尽量实行自由贸易政策。

10.2 最适关税

10.2.1 关税与提供曲线及经济福利

一国征收关税,将使其提供曲线向着代表进口商品的坐标轴移动与关税相当的幅度,这是因为,出口任何一定数量的商品,都必须换取更多的进口品以缴纳关税。

因此，一国课征关税的结果，使贸易量下降，在其他条件不变的情况下，社会福利水平将降低。若征税国为大国，则其课征关税还能改善贸易条件，在其他情况不变下，社会福利水平因而提高。故大国征收关税所产生的贸易量下降和贸易条件改善的净影响决定其福利效应为提高、下降或不变。若征税国为小国，则其课征关税不能改变贸易条件，而只有贸易量减少的效果，故课征关税的结果，使其社会福利水平下降。

图10-3(a)中，设国Ⅰ和国Ⅱ均为大国，横轴代表国Ⅰ的出口品，国Ⅱ的进口品，纵轴代表国Ⅰ的进口品，国Ⅱ的出口品。自由贸易条件下，两国的提供曲线Ⅰ和曲线Ⅱ交于E点，均衡贸易条件为P_W，国Ⅱ的社会福利水平为E点的CIC。现设国Ⅱ课征进口关税，税率为DE^*/BD，其提供曲线因而由Ⅱ移至Ⅱ*，并与国Ⅰ未征税的提供曲线Ⅰ交于E^*点，贸易量因而减少，贸易条件则变为P_{W^*}，显示国Ⅱ的贸易条件改善，国Ⅰ的贸易条件恶化。由于征收税率为DE^*/BD的关税而使贸易条件改善的正效应大于贸易量减少的负效应，结果使国Ⅱ的社会福利水平由E点的CIC提高到E^*点的CIC^*。

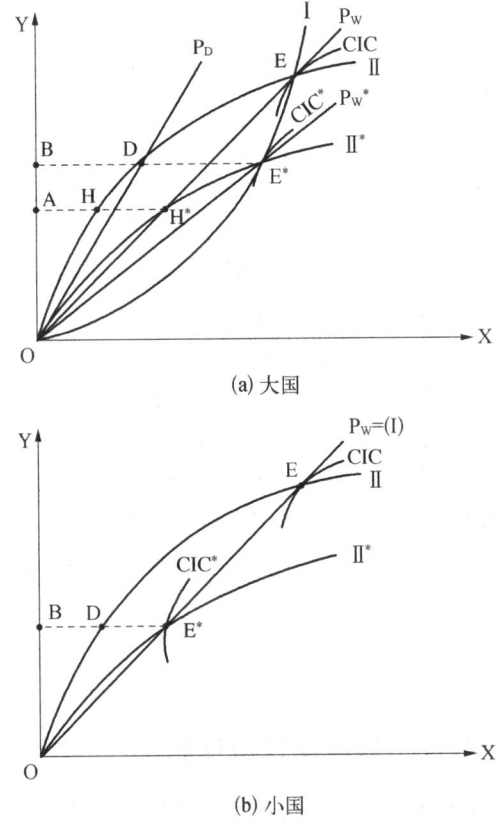

(a) 大国

(b) 小国

图10-3 关税课征与提供曲线及经济福利

10 关 税 (二)

图 10-3(b)中,设国Ⅱ为小国,国Ⅰ为大国,横轴代表国Ⅰ的出口品、国Ⅱ的进口品,纵轴代表国Ⅰ的进口品、国Ⅱ的出口品。由于小国对国际价格没有影响力,因此对小国而言,大国的提供曲线为一条由原点开始的弹性无限大的直线,无论小国进出口数量如何改变,贸易条件始终维持不变。所以,图中 P_W 既是国Ⅱ面对的均衡贸易条件,也是国Ⅰ的提供曲线。自由贸易条件下,两国的提供曲线Ⅰ和曲线Ⅱ交于 E 点,均衡贸易条件为 P_W,国Ⅱ的社会福利水平为 E 点的 CIC。现设国Ⅱ征收税率为 DE^*/BD 的进口关税,其提供曲线移至Ⅱ*,贸易均衡点为 E^*,均衡贸易条件不变,仍为 P_W,贸易量却比征税前减少,故课征关税的结果,使其社会福利水平由 E 点的 CIC 降至 E^* 点的 CIC^*。

10.2.2 最适关税

最适关税(optimum tariff)是指能使一国福利水平达到最大的关税水平,其税率称为最适关税税率。由于小国征收关税不能改变其贸易条件,而只会使贸易量下降,因而使其福利水平下降,所以小国的最适关税为零,即实行自由贸易政策对小国而言是最为有利的。由于大国征收关税能够改善贸易条件,因而提高其福利水平,故只有大国存在最适关税。

大国的最适关税税率位于自由贸易和禁止性关税(prohibitive tariff)之间。从自由贸易开始,大国提高关税率,贸易条件改善带来的正效应将超过贸易量减少所致的负效应,使社会福利水平提高。当关税率增至最适税率时,福利水平达到最大值。此后,若再进一步提高关税率,则贸易条件改善的效果将会小于贸易量减少的效果,而使社会福利水平下降。当关税率提高到禁止性关税水平时,则回复到闭关自守状态下的福利水平,如图 10-4 所示,国Ⅰ和国Ⅱ的提供曲线Ⅰ和曲线Ⅱ之交点 E 代表自由贸易条件下的贸易均衡情况。现设国Ⅱ征收最适关税,使其提供曲

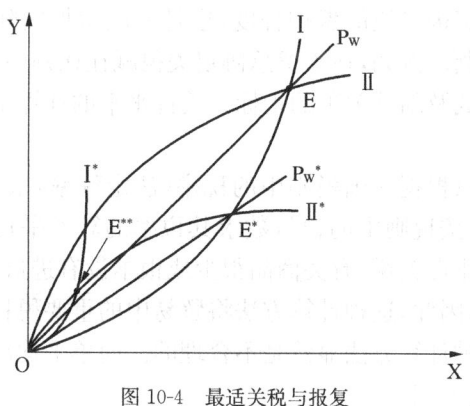

图 10-4 最适关税与报复

线移至Ⅱ*，若国Ⅰ不实行关税报复，则Ⅰ和Ⅱ*之交点为新的均衡点，因而国Ⅰ的贸易条件由 P_W 恶化至 P'_W，而国Ⅱ的贸易条件则由 $1/P_W$ 改善至 $1/P'_W$。与Ⅱ*相关的关税率反映了国Ⅱ由于征收关税而改善贸易条件，从而改善福利状况的程度超过了因贸易量下降所致的福利下降程度。而且，这一税率反映了国Ⅱ通过征税获得最大福利。

10.2.3 关税报复

大国课征关税，使其贸易条件改善，福利水平提高，却使贸易伙伴国贸易条件恶化，福利水平下降。因此，贸易伙伴国很可能采取关税报复(tariff retaliation)，即对其进口产品也征收最适关税。

图 10-4，由于国Ⅱ的贸易条件改善、福利水平提高是以国Ⅰ的福利下降换取的利益，故国Ⅰ可能不甘于国Ⅱ征收最适关税而使其福利下降，采取最适关税报复，使其提供曲线由Ⅰ移至Ⅰ*，均衡点则由 E^* 移至 E^{**}，国Ⅰ的贸易条件因而优于自由贸易时的情形，而国Ⅱ的贸易条件则低于自由贸易时的情形，两国的贸易量进一步减少。此时，国Ⅱ也许不甘示弱，再度提高关税予以报复，这样，一场关税战(tariff war)就难以避免。关税战的结果，使贸易量下降，双方的福利水平均比自由贸易下来得低。在极端情况下，两国竞相采取报复关税的结果，贸易量为零，两国回复到闭关自守的状态。

10.3 关税的保护程度

10.3.1 关税水平

关税水平(tariff level)是指一个国家的平均进口税率。用关税水平可以大体衡量或比较一个国家进口税的保护程度，也是一国参加国际贸易协定进行关税谈判时必须解决的问题。例如，在关贸总协定关税减让谈判中，就经常将关税水平作为比较各国关税高低及削减关税的指标。关税水平的计算主要有简单平均法和加权平均法。

简单平均法是只根据一国税则中的税率（法定税率）来计算，即不管每个税目实际的进口数量，只按税则中的税目数求其税率的算术平均值。由于税则中很多高税率的税目是禁止性关税，有关商品很少或根本没有进口，而有些大量进口的商品是零税或免税的，因此，这种计算方法将贸易中的重要税目和次要税目均以同样分量计算，因而，这种计算方法显然是不合理的。简单平均法不能如实反映一国关税水平，因此很少被使用。

加权平均法是用进口商品的数量或价格作为权数进行平均。按照统计口径或比较范围的不同,又可分为全额加权平均和取样加权平均两种。

a. 全额加权平均。即按一个时期内所征收的进口关税总金额占所有进口商品价值总额的百分比计算。计算公式为:

$$关税水平 = \frac{进口税款总额}{进口总值} \times 100\%$$

在这种计算方法中,如果一国税则中免税的项目较多,计算出来的数值就偏低,不易看出有税商品税率的高低。因此,另一种方法是按进口税额占有税商品进口总值的百分比计算,这种方法计算出的数值比上述方法高一些。计算公式为:

$$关税水平 = \frac{进口税款总额}{有税商品进口总值} \times 100\%$$

但由于各国的税则并不相同,税则下的商品数目众多,也不尽相同,因而这种方法使各国关税水平的可比性相对减少。

b. 取样加权平均。即选取若干种有代表性的商品,按一定时期内这些商品的进口税总额占这些代表性商品进口总额的百分比计算。计算公式为:

$$关税水平 = \frac{若干种有代表性商品进口税款总额}{若干种有代表性商品进口总值} \times 100\%$$

现举例说明:假定选取 A、B、C 三种代表性商品计算,

	A	B	C
进口值(万元)	100	40	60
税率(%)	10	20	30

则,

$$关税水平 = \frac{100 \times 10\% + 40 \times 20\% + 60 \times 30\%}{100 + 40 + 60} \times 100\% = 18\%$$

若各国选取同样的代表性商品进行加权平均,对各国的关税水平比较则成为可能。这种方法比全额加权平均更为简单和实用。在关贸总协定肯尼迪回合就关税减让谈判时,各国就是使用联合国贸易与发展会议选取的 504 种有代表性的商品来计算和比较各国的关税水平的。

关税水平的数字虽能比较各国关税的高低,但还不能完全表示保护的程度。

10.3.2 名义保护率

根据世界银行的定义,对某一商品的名义保护率(rate of nominal protection—RNP),是指由于实行保护而引起的国内市场价格超过国际市场价格的部分占国际市场价格的百分比。用公式表示为:

$$名义保护率=\frac{进口货物国内市场价格-自国外进口价格}{自国外进口价格}\times100\%$$

或

$$名义保护率=\frac{进口货物国内市场价格-国际市场价格}{国际市场价格}\times100\%$$

与关税水平衡量一国关税保护程度不同,名义保护率衡量的是一国对某一类商品的保护程度。由于在理论上,国内外差价与国外价格之比等于关税税率,因而在不考虑汇率的情况下,名义保护率在数值上和关税税率相同。名义保护率的计算一般是把国内外价格都折成本国货币价格进行比较,因此受外汇兑换率的影响较大。

10.3.3 有效保护率

有效保护率(rate of effective protection—REP)又称实际保护率,是指各种保护措施对某类产品在生产过程中的净增值所产生的影响。具体地说,就是由于整个关税制度而引起的国内增值的提高部分的百分比。由此,有效保护率被定义为:征收关税所引起国内加工增值同国外加工增值的差额占国外加工增值的百分比。用公式表示为:

$$有效保护率=\frac{国内加工增值-国外加工增值}{国外加工增值}\times100\%$$

或

$$REP=\frac{V'-V}{V}\times100\%$$

式中,REP 表示有效保护率,V' 表示征收关税后的国内加工增值,V 表示自由贸易条件下的加工增值。

因此,有效保护主要是关税制度对加工工业的保护。有效保护率计算的是某项加工工业中受全部关税制度影响而产生的增值比。

有效保护率也可用下列公式计算:

$$REP=\frac{t-a_i t_i}{1-a_i}$$

式中,t 表示进口最终产品的名义关税率;a_i 表示进口投入系数,即进口投入物在最终产品中所占的比重;t_i 表示进口投入物的名义关税率。

名义保护与有效保护的区别在于:名义保护只考虑关税对某种成品的国内市场价格的影响;有效保护则着眼于生产过程的增值,考察整个关税制度对被保护商品在生产过程中的增加值所产生的影响,它不但注意了关税对产成品的价格影响,也注意了投入物(原材料或中间产品)由于征收关税而增加的价格。有效保护

10 关 税（二）

理论认为，对生产被保护产品所消耗的投入物课征关税，会提高产成品的成本，减少产成品生产过程的增值，从而降低对产成品的保护。因此，一个与进口商品相竞争的行业中的企业，不仅要受到对进口商品征收关税的影响，而且要受到对所使用的原材料和中间产品征税的影响。

例如，在自由贸易条件下，1千克棉纱的到岸价格折成人民币为20元，其投入原棉价格为15元，占其成品（棉纱）价格的75%，余下的5元是国外加工增值额，即$V=5$（元）。如果我国进口原棉在国内加工棉纱，原料投入系数同样是75%时，依据对原棉和棉纱征收关税而引起的有效保护率如下：

（1）设对棉纱进口征税10%，原棉进口免税，则棉纱的有效保护率为：

$$REP = \frac{10\% - 75\% \times 0}{1 - 75\%} = 40\%$$

（2）对棉纱进口征税10%，其原料原棉进口也征税10%，则棉纱有效保护率为：

$$REP = \frac{10\% - 75\% \times 10\%}{1 - 75\%} = 10\%$$

（3）对棉纱进口征收8%的关税，而对原棉进口征收10%的关税，则棉纱的有效保护率为：

$$REP = \frac{8\% - 75\% \times 10\%}{1 - 75\%} = 2\%$$

（4）对棉纱免税，而对原棉进口征税10%，则有效保护率为：

$$REP = \frac{0 - 75\% \times 10\%}{1 - 75\%} = -30\%$$

由上分析与计算可得以下结论：（1）当$a_i=0$，即不需进口投入物，则$REP=t$，名义关税率即反映有效保护程度；（2）当a_i和t_i给定时，名义关税率t越大，有效保护率REP也就越大；（3）对于给定的t和t_i，a_i值越大，REP也越大；（4）当t大于、等于或小于t_i，REP也大于、等于或小于t（见上例前三个假定所计算的结果）；（5）当a_it_i大于t，有效保护率为负值，即REP<0。负保护的出现意味着生产者虽然创造了价值，但由于不加区别地对进口成品和原材料征收关税，使这种价值减低，生产者无利可图，而鼓励了成品的进口。

10.3.4 关税结构

关税结构又称为关税税率结构，是指一国关税税则中各类商品关税税率之间高低的相互关系。世界各国因其国内经济和进出口商品的差异，关税结构也各不相同。但一般都表现为:资本品税率较低,消费品税率较高;生活必需品税率较低,奢侈品税率较高;本国不能生产的商品税率较低,本国能够生产的税率较高。其中一个突出的特征是关税税率随产品加工程度的逐渐深化而不断提高。制成品的关税税率高于中间产品的关税税率,中间产品的关税税率高于初级产品的关税税率。这种关税结构现象称为关税升级或阶梯式关税结构(cascading tariff structure)。

用有效保护理论可以很好地解释关税结构中的关税升级现象。有效保护理论说明,原料和中间产品的进口税率与其制成品的进口税率相比越低,对有关的加工制造业最终产品的有效保护率则越高。关税升级,使得一国可对制成品征收比其所用的中间投入物更高的关税,这样,对该制成品的关税有效保护率将大于该国税则中所列该制成品的名义保护率。以发达国家为例,在20世纪60年代,发达国家平均名义保护税率在第一加工阶段为4.5%,在第二加工阶段为7.9%,在第三加工阶段为16.2%,在第四加工阶段为22.2%,而有效保护税率分别为4.6%、22.2%、28.7%、38.4%。由此可见,尽管发达国家的平均关税水平较低,但是由于关税呈升级现象,关税的有效保护程度一般都大于名义保护程度,且对制成品的实际保护最强。在关税减让谈判中,发达国家对发展中国家初级产品提供的优惠,远大于对制成品提供的优惠,缘由即出于此。

因此,考察一国对某商品的保护程度,不仅要考察该商品的关税税率,还要考察对其各种投入物的关税税率,即要考察整个关税结构。了解这一点,对于一国制定进口税率或进行关税谈判都有重要意义。

重 要 名 词

最适关税　关税报复　关税水平　名义保护率　有效保护率　关税结构

思 考 题

1. 试以局部均衡分析法剖析小国征收进口关税的经济效应。
2. 为何小国征收关税后福利水平一定下降?
3. 大国课征关税,其福利水平可能的变化如何?
4. 什么是最适关税?小国有无最适关税?大国的最适关税的大小如何确定?

11

非 关 税 壁 垒

11.1 概述

11.1.1 非关税壁垒的涵义

非关税壁垒(non-tariff barriers—NTBs),是指除关税措施以外的一切限制进口的措施,它和关税壁垒一起充当政府干预贸易的政策工具。

非关税壁垒早在资本主义发展初期就已出现,但普遍建立起来却是在20世纪30年代。由于世界性经济危机的爆发,西方各国为了缓和国内市场的矛盾,对进口的限制变本加厉,一方面高筑关税壁垒;另一方面采用各种非关税壁垒措施阻止他国商品进口。二战以后,特别是60年代后期以来,在关贸总协定的努力下,关税总体水平得到大幅度下降。因而关税作为政府干预贸易的政策工具的作用已越来越弱。于是发达国家为了转嫁经济危机,实现超额垄断利润,转而主要采用非关税壁垒措施来限制进口。到70年代中期,非关税壁垒已经成为贸易保护的主要手段,形成了新贸易保护主义。据统计,非关税壁垒从60年代末的850多项增加到70年代末的900多项,目前已达2 000多项。近年来,非关税壁垒有不断加强的趋势。

非关税壁垒与关贸总协定(世界贸易组织)促进贸易自由化的宗旨是相违背的。关贸总协定较早就意识到这个问题,并在第七轮谈判"东京回合"中第一次把谈判矛头指向了非关税壁垒,提出减少、消除非关税壁垒,减少、消除这类壁垒对贸易的限制及不良影响,以及将此类壁垒置于更有效的国际控制之下等条款。但这些条款和协议往往是有保留的,并且非关税壁垒花样繁多、层出不穷,关贸总协定也不可能对每一种非关税壁垒都用具体条款作出明确规定。因此,非关税壁垒越来越趋向采用处于总协定法律原则和规定的边缘或之外的歧视性贸易措施(如自动出口限制等),从而成为"灰色区域措施(gray area measures)",以绕开关贸总协定的直接约束。目前,越来越多的西方发达国家使用灰色区域措施,这在一定程度上构成了对国际贸易体系的威胁。

11.1.2 非关税壁垒的特点

非关税壁垒虽然与关税壁垒一样可以限制外国商品进口,却有其自身显著的特点。

a. 灵活性。一般来说,各国关税税率的制定必须通过立法程序,并要求具有一定的连续性,所以调整或更改税率的随意性有限。同时关税税率的调整直接受到关贸总协定(世界贸易组织)的约束(非成员国也会受到最惠国待遇条款约束),各国海关不能随意提高以应付紧急限制进口的需要,因此关税壁垒的灵活性很弱。而制定和实施非关税壁垒措施通常采用行政手段,制定、改变或调整都来得迅速、简单,伸缩性大,在限制进口方面表现出更大的灵活性和时效性。同时能根据实际情况,变换限制进口措施,达到限制进口的目的。

b. 有效性。关税壁垒的实施旨在通过征收高额关税提高进口商品的成本,它对商品进口的限制是相对的。当面对国际贸易中越来越普遍出现的商品倾销和出口补贴等鼓励出口措施,关税就会显得作用乏力。同时,外国商品凭借生产成本的降低(如节省原材料、提高生产效率、甚至降低利润率等),也能冲破高关税的障碍而进入对方国家。而有些非关税壁垒对进口的限制是绝对的,比如用进口配额等预先规定进口的数量和金额,超过限额就禁止进口。这种方法在限制进口方面更直接、更严厉,因而也更有效。

c. 隐蔽性。要通过关税壁垒限制进口,唯一途径就是提高关税税率,而关税税率必须在《海关税则》中公布,毫无隐蔽性可言。非关税壁垒则完全不同,其措施往往不公开,或者规定极为繁琐复杂的标准和手续,使出口商难以对付和适应。它既能以正常的海关检验要求的名义出现,也可借用进口国的有关行政规定和法令条例,使之巧妙地隐藏在具体执行过程中而无需作公开的规定。

d. 歧视性。因为一国只有一部关税税则,因而关税壁垒像堤坝一样同等程度地限制了所有国家的进出口。而非关税壁垒可以针对某个国家或某种商品相应制定,因而更具歧视性。比如,1989年,欧共体宣布禁止进口含有荷尔蒙的牛肉这一作法,就是针对美国作出的,美国为此采取了相应的报复措施。又比如,英国生产的糖果在法国市场上曾经长期有很好的销路,后来法国在食品卫生法中规定禁止进口含有红霉素的糖果,而英国糖果正是普遍使用红霉素染色的,这一来,英国糖果大大失去了其在法国的市场。

综上所述,非关税壁垒在限制进口方面比关税壁垒更有效、更隐蔽、更灵活和更有歧视性。正由于这些特点,非关税壁垒取代关税壁垒成为贸易保护主义的主要手段,有其客观必然性。

11.1.3 非关税壁垒的作用

西方发达国家的贸易政策越来越把非关税壁垒作为实现其政策目标的主要工具。对他们来说,非关税壁垒的作用主要表现在三个方面:一是作为防御性武器限制外国商品进口,用以保护国内陷入结构性危机的生产部门及农业部门,或者保障国内垄断资本能获得高额利润。二是在国际贸易谈判中用作砝码,逼迫对方妥协让步,以争夺国际市场。三是用作对其他国家实行贸易歧视的手段,甚至作为实现政治利益的手段。总之,发达国家设置非关税壁垒是为了保持其经济优势地位,继续维护不平等交换的国际格局,具有明显的剥削性。

发展中国家也越来越广泛地使用着非关税壁垒措施。但与发达国家不同的是,发展中国家设置非关税壁垒的目的主要是:(1)限制非必需品进口,节省外汇;(2)限制外国进口品的强大竞争力,以保护民族工业和幼稚工业;(3)发展民族经济,以摆脱发达资本主义国家对本国经济的控制和剥削。发展中国家的经济发展水平与发达国家相距甚远,完全不在同一条起跑线上,因而设置非关税壁垒有其合理性和正当性。为此,关贸总协定在"肯尼迪回合"中新增了"贸易和发展"部分,并陆续给予发展中国家以更大的灵活性,允许其为维持基本需求和谋求优先发展而采取贸易措施。但总的说来,从关贸总协定到今天的世界贸易组织,对发展中国家的要求注意得还不够,发展中国家有必要为此而继续斗争。

11.2 非关税壁垒的主要种类

非关税壁垒名目繁多,内容复杂,联合国贸易与发展会议(UNCTAD)将非关税壁垒措施分成三种类型,每种类型分为 A、B 两组,其中 A 组为数量限制,B 组为影响进口商品的成本(参见表 11-1)。目前,传统的分类方法是将其分为配额、金融控制、政府参与贸易、海关与海关手段及对产品的要求五个大类。而从其限制进口的方法来看,不外乎是直接和间接两种。所谓直接的方法,是指进口国直接规定商品进口的数量或金额,或者通过施加压力迫使出口国自己限制商品的出口,如进口配额制、"自动"限制出口、进出口许可证、市场秩序协定等。所谓间接的方法,是指进口国利用行政机制,对进口商品制定苛刻的条例和技术标准,从而间接限制进口,如外汇管制,海关估价制度、歧视性政府采购政策及有关健康、卫生、安全、环境等过于苛刻繁复的标准等。据统计,目前世界各国所实施的非关税壁垒已达2 000多种。主要种类有以下 24 种。

表 11-1
联合国贸易与发展会议对非关税壁垒的分类

Ⅰ. 为保护国内生产不受外国竞争而采取的商业性措施

  A 组：(1) 进口配额

    (2) 许可证

    (3) "自动"出口限制

    (4) 禁止出口和进口

    (5) 国营贸易

    (6) 政府采购

    (7) 国内混合规定

  B 组：(8) 最低限价和差价税

    (9) 反倾销税和反补贴税

    (10) 进口押金制

    (11) 对与进口商品相同的国内工业生产实行优惠

    (12) 对与进口商品相同的国内工业实行直接或间接补贴

    (13) 歧视性的国内运费

    (14) 财政部门对于进口商品在信贷方面的限制

Ⅱ. 除商业性政策以外的用于限制进口和鼓励出口的措施

  A 组：(15) 运输工具的限制

    (16) 对于进口商品所占国内市场份额的限制

  B 组：(17) 包装和标签的规定

    (18) 安全、健康和技术标准

    (19) 海关检查制度

    (20) 海关估价

    (21) 独特的海关商品分类

Ⅲ. 为促进国内替代工业的发展而实行的限制进口措施

    (22) 政府专营某些商品

    (23) 政府实行结构性或地区性差别待遇政策

    (24) 通过国际收支限制进口

11.2.1 进口配额制

进口配额(import quota)又称进口限额，是一国政府对一定时期内(通常为 1 年)进口的某些商品的数量或金额加以直接限制。在规定的期限内，配额以内的货物可以进口,超过配额不准进口,或者征收较高关税后才能进口。因此,进口配额制是限制进口数量的重要手段之一。

进口配额制主要有绝对配额和关税配额两种形式。

A. 绝对配额

绝对配额(absolute quota),即在一定时期内,对某些商品的进口数量或金额规定一个最高限额,达到这个限额后,便不准进口。绝对配额按照其实施方式的不同,又有全球配额、国别配额和进口商配额三种形式。

a. 全球配额(global quota; unallocated quota)。即对某种商品的进口规定一个总的限额,对来自任何国家或地区的商品一律适用。主管当局通常按进口商的申请先后或过去某一时期内的进口实际额发放配额,直至总配额发完为止,超过总配额就不准进口。例如,加拿大规定,从1981年12月1日起,对除皮鞋以外的各种鞋类实行为期3年的全球配额。第一年的配额为3 560万双,以后每年进口量递增3%。加拿大外贸主管当局根据有关进口商1980年4月1日至1981年3月31日期间所进口的实际数量来分配额度,但对进口国家或地区不加限制。

由于全球配额不限定进口国别或地区,因而进口商取得配额后可从任何国家或地区进口。这样,邻近国家或地区因地理位置接近、交通便捷、到货迅速,处于有利地位。这种情况使进口国家在限额的分配和利用上难以贯彻国别政策,因而不少国家转而采用国别配额。

b. 国别配额(country quota)。即政府不仅规定了一定时期内的进口总配额,而且将总配额在各出口国家和地区之间进行分配。因此,按国别配额进口时,进口商必须提供进口商品的原产地证明书。与全球配额不同的是,实行国别配额可以很方便地贯彻国别政策,具有很强的选择性和歧视性。进口国往往根据其与有关国家或地区的政治经济关系分别给予不同的额度。

一般来说,按照配额的分配由单边决定还是多边协商,国别配额可以进一步分为自主配额和协议配额。

(1) 自主配额(autonomous quota),又称单方面配额(unilateral quota),是由进口国自主地、单方面强制规定在一定时期内从某个国家或地区进口某种商品的配额,而不需征求输出国家的同意。自主配额的确定一般参照某国过去一定时期内的出口实绩,按一定比例确定新的进口数量或金额。例如,美国就是采用自主配额来决定每年的纺织品配额。

自主配额由进口国家自行制定,往往带有不公正性和歧视性。由于分配额度差异,易引起某些出口国家或地区的不满或报复,因而更多的国家趋于采用协议配额,以缓和进出口国之间的矛盾。

(2) 协议配额(agreement quota),又称双边配额(bilateral quota),是由进口和出口两国政府或民间团体之间通过协议来确定配额。协议配额如果是通过双方政府协议达成,一般需将配额在进口商或出口商中进行分配,如果是双边的民间团体达成的,应事先获得政府许可,方可执行。由于协议配额是双方协商决定的,因而较易执行。

目前,双边配额的运用十分广泛。以欧共体(欧盟)的纺织服装业为例,为了保护其日益失去竞争力的纺织服装业,欧共体(欧盟)对80%以上的进口贸易实行双边配额管理。我国纺织品和服装受双边协议限制的对欧出口额,就约占我国对欧出口总额的1/4。

c. 进口商配额(importer quota)。它是对某些商品进口实行的配额。进口国为了加强垄断资本在对外贸易中的垄断地位和进一步控制某些商品的进口,将某些商品的进口配额在少数进口厂商之间进行分配。比如,日本食用肉的进口配额就是在29家大商社间分配的。

B. 关税配额

关税配额(tariff quota),即对商品进口的绝对数额不加限制,而对在一定时期内,在规定配额以内的进口商品,给予低税、减税或免税待遇,对超过配额的进口商品则征收较高的关税,或征收附加税甚至罚款。

关税配额按征收关税的优惠性质,可分为优惠性关税配额和非优惠性关税配额。

优惠性关税配额,是对关税配额内进口的商品给予较大幅度的关税减让,甚至免税,超过配额的进口商品即征收原来的最惠国税率。欧共体(欧盟)在普惠制实施中所采取的关税配额就属此类。

非优惠性关税配额,是对关税配额内进口的商品征收原来正常的进口税,一般按最惠国税率征收,对超过关税配额的部分征收较高的进口附加税或罚款。例如,1974年12月澳大利亚曾规定对除男衬衫、睡衣以外的各种服装,凡是超过配额的部分加征175%的进口附加税。如此高额的进口附加税,实际上起到禁止超过配额的商品进口的作用。

关税配额与绝对配额的不同之处在于,绝对配额规定一个最高进口额度,超过就不准进口,而关税配额在商品进口超过规定的最高额度后,仍允许进口,只是超过部分被课以较高关税。可见,关税配额是一种将征收关税同进口配额结合在一起的限制进口的措施。两者的共同点是都以配额的形式出现,可以通过提供、扩大或缩小配额向贸易对方施加压力,使之成为贸易歧视的一种手段。比如,从1994年7月到1995年5月这段时间里,美国政府在未提供充分证据和未经充分磋商的情况下,先后两次扣减我国总量达252万打的纺织品配额,严重损害了我国的利益。二战以后,许多发展中国家也实行了进口配额制,其目的主要是限制非必需品及与本国产品相竞争的工业品输入,节约外汇开支,发展民族经济。

按世贸组织规定,一般性取消数量限制,故而上述关于配额的措施,仅适用于进口国在需要采取特别保障措施时才能采用。

11.2.2 "自动"出口配额制

"自动"出口配额(voluntary export quota)又称"自动"限制出口(voluntary export restrains),是指出口国家或地区在进口国的要求和压力下,"自动"规定某一时期内(一般为3年)某些商品对该国的出口限额,在该限额内自行控制出口,超过限额即禁止出口。

"自动"出口配额制和进口配额制虽然从实质上来说都是通过数量限制来限制进口,但仍有许多不同之处。这表现在:第一,从配额的控制方面看,进口配额制由进口国直接控制进口配额来限制商品的进口,而"自动"出口配额制则由出口国直接控制配额,限制一些商品对指定进口国家的出口,因此是一种由出口国家实施的为保护进口国生产者而设计的贸易政策措施。第二,从配额表现形式看,"自动"出口配额制表面上好像是出口国自愿采取措施控制出口,而实际上是在进口国的强大压力下才采取的措施,并非出于出口国的自愿。进口国往往以某些商品的大量进口威胁到其国内某些工业,即所谓的"市场混乱"(market disruption)为借口,要求出口国实行"有秩序增长(orderly growth)","自动"限制出口数量,否则将采取报复性贸易措施。第三,从配额的影响范围看,进口配额制通常应用于一国大多数供给者的进口,而"自动"配额制仅应用于几个甚至一个特定的出口者,具有明显的选择性。那些未包括在"自动"配额制协定中的出口者,可以向该国继续增加出口。第四,从配额适用时限看,进口配额制适用时限相对较短,往往为1年,而"自动"出口配额制较长,往往为3~5年。

"自动"出口配额制主要有两种形式:

a. 非协定的"自动"出口配额。它是指出口国政府并未受到国际协定的约束,自动单方面规定对有关国家的出口限额,出口商必须向政府主管部门申请配额,在领取出口授权书或出口许可证后才能出口。也有的是出口厂商在政府的督导下,"自动"控制出口。比如,1975年,在日本政府的行政指导下,日本6家大钢铁企业,将1976年对西欧的钢材出口量"自动"限制在120万吨以内,1977年又限制在122万吨。

b. 协定的"自动"出口配额。它是指进出口双方通过谈判签订"自限协定"(self-restriction agreement)或"有秩序销售协定"(orderly marketing agreement),

规定一定时期内某些商品的出口配额。出口国据此配额发放出口许可证或实行出口配额签证制(export visa),自动限制商品出口,进口国则根据海关统计进行监督检查。目前,"自动"出口配额大多属于这一种。比如,1957年,美国的纺织业因日本纺织品输入激增而受到损害,要求日本限制其对美国出口,否则即实行更为严厉的进口限制。在强大的压力下,日本和美国签订了一个为期5年的"自动限制协定","自动"地把对美国的棉纺织品出口限制在2.55亿平方码之内,从而由美国在总协定之外,开创了第一个对纺织品出口进行限制的先例。

20世纪70年代以来,随着新保护主义的兴起,用自动出口限制进行保护的趋势日益加强,并表现出以下特点:一是受其影响的贸易覆盖率呈增长趋势。70年代初期,自动出口限制协定还不到12个,到1980年,其数量增加到80个,如果把《多种纤维协定》下实施的自愿出口限制包括进去,到目前为止总数已达200多个。同时,其贸易覆盖率在80年代初期为5%～7%,到1986年,实施中的自动出口限制协议所影响的贸易额约为世界贸易额的8%～10%。二是受自动出口限制影响的国家更多地为发展中国家,并有增长的势头。1987年,在实施中的99个自愿出口限制协定中,影响到发展中国家出口的有50个。从自动出口限制的需求看,欧共体(欧盟)是最主要的策源地,占55个,其次为美国,占32个。三是受自动出口限制影响的产品开始从农业、纺织品与服装等传统领域转移至钢铁、汽车及高新技术行业。比如欧共体(欧盟)不仅对来自日本的钢铁、汽车采用"自动"出口限制,还对来自日本一半以上的高新技术电子产品进行"自动"出口限制。

"自动"出口限制之所以成为较流行的贸易保护措施,究其原因,与关贸总协定(世界贸易组织)的有关条款和运行机制有直接关系。首先,由于关贸总协定(世界贸易组织)缔约方的多边谈判已大大降低了关税,而传统的非关税壁垒措施,如进出口数量限制、海关估价制度、进出口许可证制度等,也在多边谈判的基础上达成协议,它们的使用必然受到国际社会的监督。因此,要更有力地限制进口,必须转而寻求其他措施。其次,"自动"出口限制协议一般由两国政府部门采取不公开或半公开的方式私下达成,透明度很低。由于这种出口限制是"自愿"的,其法律地位不明确,处在不合法与合法之间的模糊区域,是"灰色区域措施"。再次,由于国际贸易中不断出现反补贴、反倾销指控,作为出口国,采用"自动"出口限制措施来解决争端比其他方法在经济上来得有利,且能不伤和气,继续发展与进口国的经贸关系。从进口国的角度看,选择"自动"出口限制比提高关税或规定配额能更好地避开关贸总协定(世界贸易组织)的规则,依自己的意愿针对某个国家采取限制措施,而不涉及出口同类产品的其他国家,不必担心受到这些国家的报复而使本国的出口遭受损害。正因为如此,"自动"出口限制作为灰色区域措施的一种主要形式而迅速蔓延。

11.2.3 进口许可证制

进口许可证制(import license system)是指一国政府规定某些商品的进口必须申领许可证,否则一律不准进口的制度。它实际上是进口国管理其进口贸易和控制进口的一种重要措施。

进口许可证按照其与进口配额的关系,可分为两种:

a. 有定额的进口许可证。即进口国预先规定有关商品的进口配额,然后在配额的限度内,根据进口商的申请对每笔进口货物发给一定数量或金额的进口许可证,配额用完即停止发放。可见,这是一种将进口配额与进口许可证相结合的管理进口的方法,通过进口许可证分配进口配额。若为"自动"出口限制,则由出口国颁发出口许可证来实施。例如,德国对纺织品的进口便是通过有定额的许可证进行管理的。德国有关当局每年分三期公布配额数量,然后据此配额数量发放许可证,直到进口配额用完为止。

b. 无定额的进口许可证。这种许可证不与进口配额相结合,即预先不公布进口配额,只是在个别考虑的基础上颁发有关商品的进口许可证。由于这种许可证的发放权完全由进口国主管部门掌握,没有公开的标准,因此更具有隐蔽性,给正常的国际贸易带来困难。

进口许可证按照进口商品的许可程度又可以分为两种:

a. 公开一般许可证(open general license—OGL)又称公开进口许可证、一般许可证或自动进口许可证。它对进口国别或地区没有限制,凡列明属于公开一般许可证的商品,进口商只要填写公开一般许可证后,即可获准进口。因此,这一类商品实际上是可"自由进口"的商品。填写许可证的目的不在于限制商品进口,而在于管理进口。比如海关凭许可证可直接对商品进行分类统计。

b. 特种商品进口许可证(specific license—SL)又称非自动进口许可证。对于特种许可证下的商品,如烟、酒、军火武器、麻醉品或某些禁止进口的商品,进口商必须向政府有关当局提出申请,经政府有关当局逐笔审查批准后方能进口。特种进口许可证往往都指定商品的进口国别或地区。

进口许可证的使用已经成为各国管理进口贸易的一种重要手段。它便于进口国政府直接控制进口,或者方便地实行贸易歧视,因而在国际贸易中越来越被广泛地用作非关税壁垒措施。有的国家为了进一步阻碍商品进口,故意制定繁琐复杂的申领程序和手续,使得进口许可证制度成为一种拖延或限制进口的措施。

鉴于国际贸易中许可证尚有存在的理由,比如进行某种商品的统计,或在进口配额制下分配或控制某种商品的进口总量,或确定商品的原产地,或区别对待进口商品等,完全取消进口许可证是不现实的。但为了防止进口许可证被滥用而妨碍国际贸易的正常发展,关贸总协定从"肯尼迪回合"开始对这一问题进行多边谈判,并在"东京回合"达成了《进口许可证手续协议》。在此基础上,"乌拉圭回合"又提出了一项新的《进口许可证手续协议(草案)》,规定签字国必须承担简化许可证程序的义务,确保进口许可证本身不会构成对进口的限制,并保证进口许可证的实施具有透明性、公正性和平等性。

我国的进口许可证制度与关贸总协定《进口许可证手续协议》基本一致,我国逐步取消了商品的进口许可证。对进口货物实施自动许可管理,将进口许可证制度转变成一种登记制度。2007年仅对消耗臭氧层的1种商品(总计10个8位HS编码)实行许可证管理。

11.2.4 外汇管制

外汇管制(foreign exchange control)也称外汇管理,是指一国政府通过法令对国际结算和外汇买卖加以限制,以平衡国际收支和维持本国货币汇价的一种制度。负责外汇管理的机构一般都是政府授权的中央银行(如英国的英格兰银行),但也有些国家另设机构,如法国设立外汇管理局担负此任。一般说来,实行外汇管制的国家,大都规定出口商须将其出口所得外汇收入按官方汇率(official exchange rate)结售给外汇管理机构,而进口商也必须向外汇管理机构申请进口用汇。此外,外汇在该国禁止自由买卖,本国货币的携出入境也受到严格的限制。这样,政府就可以通过确定官方汇率、集中外汇收入、控制外汇支出、实行外汇分配等办法来控制进口商品的数量、品种和国别。例如,日本在分配外汇时趋向于鼓励进口高精尖产品和发明技术,而不是鼓励进口消费品。

外汇管理和对外贸易密切相关,因为出口必然要收汇,进口必然要付汇。因此,如果对外汇有目的地进行干预,就可直接或间接地影响进出口。利用外汇管制来限制进口的方式有四种。

a. 数量性外汇管制。即国家外汇管理机构对外汇买卖的数量直接进行限制和分配。一些国家实行数量性外汇管制时,往往规定进口商必须获得进口许可证后,方可得到所需的外汇。

b. 成本性外汇管制。即国家外汇管理机构对外汇买卖实行复汇率制(system of multiple exchange rates),利用外汇买卖成本的差异来间接影响不同商品的进出口,达到限制或鼓励某些商品进出口的目的。所谓复汇率,也称多重汇率,是指一国货币对外汇率有两个或两个以上,分别适用于不同的进出口商品。其作用是,根据出口商品在国际市场上的竞争力,为不同商品规定不同的汇率以加强出口;根据保护本国市场的需要为进口商品规定不同的汇率以限制进口等。

c. 混合性外汇管制。即同时采用数量性和成本性外汇管制,对外汇实行更为严格的控制,以影响商品进出口。

d. 利润汇出限制。即国家对外国公司在本国经营获得的利润汇出加以管制。例如,德国对美国石油公司在德国赚钱后汇给其母公司的利润按累进税制征税,高达60%。又如,有的国家通过拖延批准利润汇出时间表来限制利润汇出。

一国外汇管制的松紧,主要取决于该国的经济、贸易、金融及国际收支状况。一般情况是,发达国家外汇管制较松,发展中国家的外汇管制则松紧不一,从紧者居多。近几年,国际金融形势动荡不安,如墨西哥金融危机、亚洲金融危机等,都对各国经济产生了或重或轻的影响,外汇管制遂呈加强之势。

世界贸易组织也涉及外汇管制问题。它规定,一国实施外汇管制应遵循适度、透明和公正的原则。缔约国实行外汇管制,不得通过控制外汇使用来限制商品的进口数量、种类和国别,从而妨碍自由贸易。另外,各缔约国应加强同国际货币基金组织合作,协调处理有关国际收支、货币储备及外汇安排等问题。

我国是发展中国家,长期以来,对外汇实行较为严格的集中管理、统一经营的方针。但是,随着改革开放的不断深入,我国的外汇管制逐渐朝宽松的方向前进,从外汇统收统支制到外汇留成制,再到银行结汇售汇制,并实现了人民币在经常项目下的可自由兑换,为人民币的完全可自由兑换打下了基础。同时,在汇率方面,建立了以市场为基础的、单一的、有管理的浮动汇率制,并成立了全国统一的外汇市场。这些改革使我国外汇管理体制逐步与国际接轨。但也要看到,我国外汇管理仍然统得过多,政策法规的统一性和透明性仍不够高。根据世界贸易组织关于外汇管理要适度、透明和公正的原则,仍然有许多工作要做。

11.2.5 进口押金制

进口押金制(advanced deposit)又称进口存款制或进口担保金制,是指进口商在进口商品前,必须预先按进口金额的一定比率和规定的时间,在指定的银行无息存储一笔现金的制度。这种制度无疑加重了进口商的资金负担,起到了限制进口的作用。它同外汇管制操作所遵循的理论如出一辙,即设法控制或减少进口者手中的可用外汇,来达到限制进口的目的。例如,意大利政府从1974年5月到1975年3月曾对400多种进口商品实行进口押金制度。它规定,凡项下商品进口,进口商都必须预先向中央银行交纳相当于货值一半的现款押金,无息冻结半年。据估计,这项措施相当于征收5%以上的进口附加税。又如,巴西政府规定,进口商必须预先交纳与合同金额相等的为期360天的存款才能进口。

进口押金制对进口的限制有很大的局限性。如果进口商以押款收据作担保,在货币市场上获得优惠利率贷款,或者国外出口商为了保证销路而愿意为进口商分担押金金额时,这种制度对进口的限制作用就微乎其微了。

11.2.6 最低限价制和禁止进口

最低限价制(minimum price)是指一国政府规定某种进口商品的最低价格,凡进口商品的价格低于这个标准,就加征进口附加税或禁止进口。例如,1985年智利对绸坯布进口规定了每千克52美元的最低限价,低于这个限价,将征收进口附加税。这样,一国便可有效地抵制低价商品进口或以此削弱进口商品的竞争力,保护本国市场。

美国为抵制欧洲、日本等国的低价钢材和钢制品的进口,在1977年制定实施了启动价格制(trigger price mechanism—TPM)。其实这也是一种最低限价制。它规定了进口到美国的所有钢材及部分钢制品的最低限价,即启动价格。当商品进口价低于启动价格时必须加以调整,否则就要接受调查,并有可能被征收反倾销税。以后,欧共体步美国后尘,也对钢材及钢制品实行启动价格制。

欧共体(欧盟)为保护其农产品而制定的"闸门价(sluice gate price)"是又一种形式的最低限价。它规定了外国农产品进入欧共体的最低限价,即闸门价。如果外国产品的进口价低于闸门价,就要征收附加税,使之不低于闸门价,然后在此基础上再征收调节税。我国农产品对欧共体出口就深受闸门价的影响。例如,以冻猪肉为例,去骨分割冻猪肉是我国一项传统出口产品,在欧洲国家十分畅销。1983年,欧共体规定了其闸门价每吨1 800美元,调节税每吨780美元,而当时欧共体内的销售价只有2 500美元。由于进口成本远超出市场价格水平,中国冻猪肉于1983年全部退出欧共体市场。仅"闸门价"这一项农产品贸易壁垒措施,就使我国冻猪肉出口每年损失6 000万美元。又如,正当我国冻鸡肉对欧共体出口数量稳步上升时,欧共体于1991年4月大幅度提高冻鸡肉的闸门价、附加税和调节税,导致鸡肉的进口成本从原来每吨1 337美元上升到1 826美元。这样,我国冻鸡肉对欧共体出口业务被迫中断,造成每年数百万美元的出口损失。

禁止进口(prohibitive import)是进口限制的极端措施。当一国政府认为一般的限制已不足以解救国内市场受冲击的困境时,便直接颁布法令,公开禁止某些商品进口。仍以欧共体为例,1975年3月,欧共体决定自1975年3月15日起,禁止3千克以上的牛肉罐头及牛肉下水罐头从欧共体以外市场进口。

一般而言,在正常的经贸活动中,禁止进口的极端措施不宜贸然采用,因为这极可能引发对方国家的相应报复,从而酿成越演越烈的贸易战,这对双方的贸易发展都无好处。至于一个国家也可能因政治原因而实施贸易禁运,这即使在冷战后的今天也屡见不鲜,则又当别论。

11.2.7 国内税

国内税(internal taxes)是指一国政府对本国境内生产、销售、使用或消费的商品所征收的各种捐税,如周转税、零售税、消费税、销售税、营业税等等。任何国家对进口商品不仅要征收关税,还要征收各种国内税。

在征收国内税时,对国内外产品实行不同的征税方法和税率,以增加进口商品的纳税负担,削弱其与国内产品竞争的能力,从而达到限制进口的目的。办法之一是对国内产品和进口产品征收差距很大的消费税。例如,美国、日本和瑞士对进口酒精饮料的消费税都大于本国制品。

国内税的制定和执行完全属于一国政府,有时甚至是地方政府的权限,通常不受贸易条约与协定的约束,因此,把国内税用作贸易限制的壁垒,会比关税更灵活和更隐蔽。

11.2.8 进出口的国家垄断

进出口的国家垄断(state monopoly)也称国营贸易(state trade),是指对外贸易中,某些商品的进出口由国家直接经营,或者把这些商品的经营权给予某些垄断组织。经营这些受国家专控或垄断的商品的企业,称为国营贸易企业(state trading enterprises)。国营贸易企业一般为政府所有,但也有政府委托私人企业代办。

各国国家垄断的进出口商品主要有四大类。第一类是烟酒。由于可以从烟酒进出口垄断中取得巨大财政收入,各国一般都实行烟酒专卖。第二类是农产品。对农产品实行垄断经营,往往是一国农业政策的一部分,这在欧美国家最为突出。如美国农产品信贷公司,是世界上最大的农产品贸易垄断企业,对美国农产品国内市场价格能保持较高水平起了重要作用。当农产品价格低于支持价格时,该公司就按支持价格大量收购农产品,以维持价格水平,然后,以低价向国外市场大量倾销,或者"援助"缺粮国家。第三类是武器。它关系到国家安全与世界和平,自然要受到国家专控。第四类是石油。它是一国的经济命脉,因此,不仅出口国家,而且主要的石油进口国都设立国营石油公司,对石油贸易进行垄断经营。

关于国营贸易企业,世贸组织在货物贸易总协定中规定,它们在购买和销售时,应只以商业上的考虑(包括价格、质量、货源、推销及其他购销条件)为根据,并按商业惯例对其他缔约国提供参与购买或销售的适当竞争机会,不得实行歧视政策。该条款旨在防止国营贸易企业利用其特殊的法律地位,妨碍自由贸易政策的实施。

11.2.9　歧视性政府采购政策

歧视性政府采购政策（discriminatory government procurement policy）是指国家通过法令和政策明文规定政府机构在采购商品时必须优先购买本国货。有的国家虽未明文规定，但优先采购本国产品已成惯例。这种政策实际上是歧视外国产品，起到了限制进口的作用。

美国从1933年开始实行，并于1954年和1962年两次修改的《购买美国货物法案》是最为典型的政府采购政策。该法案规定，凡是美国联邦政府采购的货物，都应该是美国制造的，或是用美国原料制造的，凡商品的成分有50%以上是国外生产的就称外国货。以后又作了修改，规定只有在美国自己生产数量不够或国内价格过高，或不买外国货有损美国利益的情况下，才可以购买外国货。显然，这是一种歧视外国产品的贸易保护主义措施。该法案直到关贸总协定的"东京回合"，美国政府签订了政府采购协议后才废除。英国、日本等国家也有类似的制度。

11.2.10　海关程序

海关程序（customs procedures）是指进口货物通过海关的程序，一般包括申报、征税、查验及放行四个环节。

海关程序本来是正常的进口货物通关程序，但通过滥用却可以起到歧视和限制进口的作用，从而成为一种有效的、隐蔽的非关税壁垒措施，这可以体现在几个方面。

a. 海关对申报表格和单证作出严格要求。比如要求进口商出示商业发票、原产地证书、货运提单、保险单、进出口许可证、托运人报关清单等，缺少任何一种单证，或者任何一种单证不规范，都会使进口货物不能顺利通关。更有甚者，有些国家故意在表格、单证上做文章。比如法国强行规定所提交的单据必须是法文，有意给进口商制造麻烦，以此阻碍进口。

b. 通过商品归类提高税率。即海关武断地把进口商品分类在税率高的税则项下，以增加进口商关税负担，从而限制进口。例如，美国海关在对日本产卡车的驾驶室和底盘进行分类时，把它从"部件"类归到"装配车辆"类，其进口税率就相应地从4%提高到25%。又如，美国对一般的打字机进口不征关税，但将它归类为玩具打字机，则要开征35%的进口关税。不过，大多数国家采用的《布鲁塞尔税则目录》比较完善，一般产品该在哪个税则下都比较清楚，因此，利用产品分类来限制进口的作用毕竟有限。

c. 通过海关估价制度限制进口。海关估价制度（customs valuation system）

原本是海关为了征收关税而确定进口商品价格的制度,但在实践中它经常被用作一种限制进口的非关税壁垒措施。进口商品的价格可以有许多种确定办法,如:成交价,即货物出售给进口国后经调整的实付或应付价格;外国价,即进口商品在其出口国国内销售时的批发价;估算价,即由成本加利润推算出的价格等等。不同计价方法得出的进口商品价格高低不同,有的还相距甚远。海关可以采用高估的方法进行估价,然后用征从价税的办法征收关税。这样一来,就可提高进口商品的应税税额,增加其关税负担,达到限制进口的目的。

在各国专断的海关估价制度中,以"美国售价制"最为典型。所谓的美国售价制(American selling price system),是指美国对与其本国商品竞争激烈的进口商品(如煤焦油产品、胶底鞋类、蛤肉罐头、毛手套等)按美国售价(即美国产品在国内自由上市时的批发价格)征收关税,使进口税率大幅度提高。由于受到其他国家的强烈反对,美国不得已在1981年废止了这种估价制度。

为了消除各国海关估价制度的巨大差异,并减少其作为非关税壁垒措施的消极作用,关贸总协定于"东京回合"达成了《海关估价协议》,形成了一套统一的海关估价制度。它规定,海关估价的基础应为进口商品或相同商品的实际价格,而不得以本国产品价格或以武断、虚构的价格作为计征关税的依据。协议还明确规定六种应按顺序实施的估价方法,并对不得采用的估价作了限制。该协议的目的是要制定一个公正、统一和中性的海关估价制度,使之不能成为国际贸易发展的障碍。

我国的海关估价制度可说相当完善,与《海关估价协议》基本一致,只是在执行过程中有偏差。不同口岸在估价标准上采取灵活的态度,以致同一产品从不同口岸进口时,需交纳的关税相距甚远。比如汽车、空调从南方口岸进口就比从北方口岸进口来得便宜。这一点应引起注意。

d. 从进口商品查验上限制进口。海关查验货物主要有两个目的:一是看单据是否相符,即报关单是否与合同批文、进口许可证、发票、装箱单等单证相符;二是看单货是否相符,即报关所报内容是否与实际进口货物相符。为了限制进口,查验的过程可以变得十分复杂。一些进口国家甚至改变进口关道,即让进口商品在海关人员少、仓库狭小、商品检验能力差的海关进口,拖长商品过关时间。例如,1982年10月,为了限制日本等主要出口国向法国出口录像机,法国政府规定所有录像机进口必须到普瓦蒂埃海关接收检查,同时还规定了特别繁杂的海关手续,对所有伴随文件都要彻底检查,每个包装箱都要打开,认真校对录像机序号,查看使用说明书是否法文,检查是否所报原产地生产等等。普瓦蒂埃是个距法国北部港口几百英里的内地小镇,海关人员很少,仓库狭小,难以对付大量堆积如山的待进口的录像机。原先一卡车录像机一个上午就可以检查完,而在普瓦蒂埃却要花2~3个月,结果严重地限制了录像机进入法国市场。进口量从原来的每月6.4万多台下降至每月不足1万台。也有的海关,对有淡旺季的进口商品进行旷日持久的检查,故意拖过销售季节,从而限制了进口。

11.2.11 技术性贸易壁垒

技术性贸易壁垒(technical barriers to trade)是指一国以维护生产、消费安全以及人民健康为理由,制定一些苛刻繁杂的规定,使外国产品难以适应,从而起到限制外国商品进口的作用。

A. 技术标准

技术标准(technical standard)主要适用于工业制成品。发达国家普遍规定了严格、繁杂的技术标准,不符合标准的商品不得进口。例如,原西德禁止在国内使用车门从前往后开的汽车,而这恰好是意大利菲亚特500型汽车的式样;法国严禁含有红霉素的糖果进口,从而把英国糖果拒之门外;美国则对进口的儿童玩具规定了严格的安全标准等等。

B. 卫生检疫标准

卫生检疫标准(health and sanitary regulation)主要适用于农副产品及其制品。各国在卫生检疫方面的规定越来越严,对要求卫生检疫的商品也越来越多。如美国规定其他国家或地区输往美国的食品、饮料、药品及化妆品,必须符合美国"联邦食品、药品及化妆品法(The Federal Food, Drug and Cosmetic Act)"的规定。其条文还规定,进口货物通过海关时,均须经美国食品药物管理署(Food and Drug Administration—FDA)检验,如发现与规定不符,海关将予以扣留,有权进行销毁,或按规定日期装运再出口。

C. 商品包装和标签的规定

商品包装和标签的规定(packing and labelling regulation)适用范围很广。许多国家对在本国市场销售的商品订立了种种包装和标签的条例,这些规定内容繁杂、手续麻烦,出口商为了符合这些规定,不得不按规定重新包装和改换标签,费时费工,增加商品的成本,削弱了商品的竞争力。以法国为例,法国1975年12月31日宣布,所有标签、说明书、广告传单、使用手册、保修单和其他产品的情报资料,都要强制性地使用法语或经批准的法语替代词。

11.2.12 绿色壁垒

绿色壁垒(green barriers)是一种新兴的非关税壁垒措施,是指一国以保护有限资源、生态环境和人类健康为名,通过制定苛刻的环境保护标准,来限制国外产品的进口。绿色壁垒以其外表的合理性及内在的隐蔽性成为继关税之后,国际上广泛采用的一种国际贸易壁垒。

绿色壁垒的内容较为广泛,主要包括:

a. 绿色技术标准。例如欧盟启动的 ISO14000 环境管理系统,要求欧盟国家的产品从生产前到制造、销售、使用以及最后的处理阶段都要达到某些技术标准。这一系统提供了以预防为主、减少或消除环境污染的办法。

b. 绿色环境标志制度。即由政府管理部门或民间团体按严格的程序和环境标准颁发"绿色通行证",并要求付印于产品包装上,以向消费者表明,该产品从研制开发到生产使用,直至回收利用的整个过程均符合生态环境要求。例如,德国的"蓝色天使"、加拿大的"环境选择"、日本的"生态标志"、欧盟的"欧洲环保标志"等,要将产品出口到这些国家,必须经审查合格并拿到"绿色通行证"。

c. 绿色包装制度。要求包装必须节约资源,减少废弃物,使用后利于回收再利用或易于自然分解。例如,德国的《德国包装物废弃物处理法令》、日本的《回收条例》和《废弃物清除条件修正案》等;又如,丹麦要求所有进口啤酒、矿泉水、软饮料一律使用可再灌装容器。

d. 绿色卫生检疫制度。国家有关部门对产品是否含有毒素、污染物及添加剂等进行全面的卫生检查,防止超标产品进入国内市场。例如,欧盟从 2000 年 7 月起,提高了进口茶叶的安全及卫生标准,对其中的农药残留检查极其严格,比原标准高出 100~200 倍。又如,日本对进口蔬菜中农药残留量规定不得超过 30.5%;日本、英国、加拿大等国要求进口花生中黄曲霉素含量不得超过 20‰;法国禁止含有红霉素的糖果进口等。

e. 绿色补贴制度。即国家对生产绿色产品,将资源、环境成本内在化的企业给予财政补贴,鼓励出口。

绿色贸易壁垒一经出现便在全球范围迅速蔓延。发达国家依仗其较高的科技水平和先进设备,制定极其苛刻的环境标准,使发展中国家的产品难以"达标"而被拒于发达国家的国门之外。目前,绿色壁垒已成了我国出口贸易的"拦路虎",其影响程度已超过了"反倾销"案件对我国外贸出口的影响。据中国国际绿色化学高级研讨会称,仅 1999 年,我国对外出口受限制商品价值就高达 114 亿美元。

11.3 非关税壁垒与关税壁垒的比较

和关税相比,进口限额一类的非关税壁垒有许多明显的缺点:(1)进口配额等作为一种纯粹行政干预手段,更加同市场价格机制相背离,从而容易导致经济效率的损失;(2)其分配机制易于在政府官员中滋长腐败习气,并助长进出口商中间的垄断倾向;(3)在通货膨胀时期,它会对通货膨胀起推波助澜的作用;(4)在需求上升的情况下,进口限额等比起进口关税来,尽管可以更多地保护本国的进口替代工业,但总消费量却在减少,它可能比进口关税给消费者带来更大的利益损失。因此,就增进效率和福利而言,进口限额一类的非关税壁垒是一种劣于关税的贸易保护措施。

但另一方面也要看到,进口限额等也有其优点。作为一种行政干预手段,它可以明确无误地将进口量确定在限额所规定的水平上,即使面对一些进口商品在任何正常关税水平上都会充分进口的局面,也能发挥十分有效的限制作用。同时,在经济衰退时期,进口限额一类手段还是防止外国利用扩大出口,转嫁经济危机的有力武器。此外,限额措施的制定不需像关税一样要经过立法程序,而是由行政当局及时作出,因而可以有力地对付国际经济活动中的突发事件,并且成为比关税更有力的贸易谈判工具和进行报复的武器。况且,限额不需像关税一样承担着给不同国家同等待遇的义务,而可以实行贸易歧视政策,向各国提供不同的贸易待遇。最后,限额旨在消除竞争,完全容不得一点贸易自由的成分,不像关税一样多少还允许某些竞争的存在。因此,限额一类措施比关税更灵活,更具歧视性,打击进口的力度也更强。总之,它能比关税起到更强烈更有效的限制作用。

从实际情况看,发达国家除了少数情况外,在大多数制成品贸易中已放弃了使用这一对增进效率和福利不利的贸易壁垒措施。相反,广大发展中国家出于种种具体情况,还不得不把进口限额一类手段作为实现其贸易政策的重要手段。但必须认识到,随着世界贸易活动的不断深化和广大发展中国家经济发展水平的日益提高,国际规范对此的要求将逐渐严格。农副产品的进口限额在世界大多数地方已被取消这一事实,具有十分典型的启示意义。何况这一做法对本国经济的负面影响甚多。因此,长期死抱进口限额这类做法来阻止外国货的大量输入,是非常不明智的态度。

重 要 名 词

非关税壁垒　进口配额制　绝对配额　关税配额　全球配额　国别配额　自主配额　协议配额　"自动"出口限额制　进口许可证制　外汇管制　进口押金制　歧视性政府采购政策　技术性贸易壁垒　绿色壁垒

思 考 题

1. 非关税壁垒有哪些特点?与关税相比,它有哪些优缺点?
2. 试比较进口关税和进口配额经济效应的异同。

3. "自动"出口限额制是在什么情况下实施的？它与进口配额有何异同？
4. 什么是绿色壁垒？它主要包括哪些内容与类型？
5. 什么是海关程序？一般包括哪些环节？

12 鼓励出口和出口管制措施

各国除了利用关税和非关税措施限制进口外,还采取各种鼓励出口的措施扩大商品的出口。限制进口和鼓励扩大出口是国际贸易政策相辅相成的两个方面。无论采取自由贸易政策还是保护贸易政策的国家,都无例外地会采用这种奖出限入的政策。此外,出于政治、经济或军事方面的原因,一些国家对某些主要资源和战略物资,实行出口管制,限制或禁止出口。

12.1 鼓励出口措施

鼓励出口的措施是指出口国政府通过经济、行政和组织等方面的措施,促进本国商品的出口,开拓和扩大国外市场。各国鼓励出口的措施很多,既有宏观的,也有微观的。本节将从国家宏观经济政策方面论述几种主要的鼓励出口措施。

12.1.1 出口信贷

出口信贷(export credit)是一个国家的银行为了鼓励商品出口,加强商品的竞争能力,对本国出口厂商或外国进口厂商提供的贷款。这是一国的出口厂商利用本国银行的贷款扩大商品出口,特别是金额较大、期限较长,如成套设备、船舶等出口的一种重要手段。出口信贷利率一般低于相同条件资金贷放的市场利率,利差由国家补贴,并与国家信贷担保相结合。

出口信贷按借贷关系可以分为卖方信贷和买方信贷两种。

a. 卖方信贷(supplier's credit)。所谓卖方信贷,是指出口方银行向出口商(即卖方)提供的贷款。其贷款合同由出口商与银行签订。卖方信贷通常用于那些金额大、期限长的项目。因为这类商品的购进需用很多资金,进口商一般要求延期付款,而出口商为了加速资金周转,往往需要取得银行的贷款。卖方信贷正是银行直接资助出口商向外国进口商提供延期付款,以促进商品出口的一种方式。

b. 买方信贷(buyer's credit)。所谓买方信贷,是指出口方银行直接向进口商(即买方)或进口方银行提供的贷款,其附加条件就是贷款必须用于购买债权国的商品,这就是所谓约束性贷款(tied loan)。买方信贷由于具有约束性而能达到扩大出口的目的。

在出口信贷中,利用买方信贷较卖方信贷为多。从卖方信贷产生的历史看,出口商首先以赊销或延期付款方式出售设备,由于资金周转不灵,才由本国银行给以资金支持,即交易的开端首先由商业信用开始,最后由银行信贷加以补充与支持。最近20多年来,国际上金额大、期限长的大型项目及成套设备交易增加,而商业信贷本身存在的局限,使出口商筹措周转资金困难。因此,由银行直接贷款给进口商或进口方银行的买方信贷迅速发展起来。买方信贷属银行信贷,由于银行资金雄厚,提供信贷能力强,高于一般厂商,故国际间利用买方信贷大大超过卖方信贷。买方信贷还令出口商可以较早地得到货款和减少风险,进口厂商对货价以外的费用也比较清楚,便于其与出口厂商进行讨价还价。此外,对于出口方银行来说,贷款给国外的买方银行,要比贷款给国内企业风险更小,因银行的资信一般高于企业。另外,银行提供买方信贷,既能帮助出口厂商推销产品,加强银行对该企业的控制,又能为银行资金在国外的运用开拓出路。

由于出口信贷能有力地扩大和促进出口,因此西方国家一般都设立专门银行来办理此项业务,如美国进出口银行、日本输出入银行、法国对外贸易银行、加拿大出口开发公司等。这些专门银行除对成套设备、大型交通工具的出口提供出口信贷外,还向本国私人商业银行提供低利率贷款或给予贷款补贴,以资助这些商业银行的出口信贷业务。

我国也于1994年7月1日正式成立了中国进出口银行。这是一家政策性银行,其资金来源除国家财政拨付外,主要是中国银行的再贷款、境内发行的金融债券和境外发行的有价证券,以及向外国金融机构筹措的资金等。其任务主要是对国内机电产品及成套设备等资本品货物的进出口给予必要的政策性金融支持,从根本上改善我国出口商品结构,以促进出口商品结构的升级换代。

12.1.2 出口信贷国家担保制

出口信贷国家担保制(export credit guarantee system)就是国家为了扩大出口,对于本国出口商或商业银行向国外进口商或银行提供的信贷,由国家设立的专门机构出面担保。当外国债务人由于政治原因(如进口国发生政变、革命、暴乱、战争以及政府实行禁运、冻结资金或限制对外支付等),或由于经济原因(如进口商或借款银行因破产倒闭无力偿付、货币贬值、通货膨胀等)而拒绝付款时,这个国家机构即按照承保的数额给予补偿。这项措施是国家替代出口商承担风险,是扩大出口和争夺国外市场的一个重要手段。以英国出口信贷担保署（The Export Credit Guarantee Department）为例，该署对商业银行向出口商提供的某些信贷提供担保，一旦出现贷款过期未能清偿付款时，该署可给予商业银行100%的偿付，而不问清付的原因，但保留对出口商要求偿付的追索权。如果出口商不付款的原因超过其所承保风险之外，该署可要求出口商偿还。可见，出口信贷国家担保制能使银行减少或避免贷款不能收回而蒙受的损失，有利于银行扩大出口信贷业务，促进商品输出。这是一种提高商品非价格竞争力的重要手段。

出口信贷国家担保制的担保对象主要有两种。（1）对出口厂商的担保。出口厂商输出商品时所需的短期或中长期信贷均可向国家担保机构申请担保。有些国家的担保机构本身不向出口厂商提供出口信贷，但可为出口厂商取得出口信贷提供有利条件。例如，有的国家采用保险金额的抵押方式，允许出口厂商所获得的承保权利，以"授权书"方式转移给供款银行而取得出口信贷，这种方式使银行提供的贷款得到安全保障，一旦债务人不能按期还本付息，银行可直接从担保机构得到补偿。（2）对银行的直接担保。通常银行所提供的出口信贷均可申请担保。这种担保是担保机构直接对供款银行承担的一种责任。有些国家为了鼓励出口信贷业务的开展和提供贷款安全保障，往往给银行更为优厚的待遇。

对出口信贷进行担保往往要承担很大的风险。由于该措施旨在为扩大出口提供服务，收费并不高，以免加重出口商和银行的负担，因此，往往会因保险费收入总额不抵偿付总额而发生亏损。例如，1986年，英国出口信贷担保署亏损11.99亿美元，美国进出口银行亏损3.33亿美元，日本通产省出口担保课亏损8.1亿美元。严重的亏损情况使得私人保险公司不愿也无力经营，所以，对出口信贷进行担保只能由政府来经营和承担经济责任。目前，世界上有的发达国家和许多发展中国家都设立了国家担保机构，专门办理出口信贷保险业务。我国的中国进出口银行除了办理出口信贷业务外，也办理出口信用保险和信贷担保业务。

12.1.3　出口补贴

出口补贴（export subsidy）又称出口津贴，是一国政府为了降低出口商品的价格，增强其在国外市场的竞争力，在出口某商品时给予出口商的现金补贴或财政上的优惠待遇。

政府对出口商品可以提供补贴的范围非常广泛，但不外乎两种基本方式。

a. 直接补贴（direct subsidy）。即政府在商品出口时，直接付给出口商的现金补贴，主要来自财政拨款。其目的是为了弥补出口商品国内价格高于国际市场价格所带来的亏损，或者补偿出口商所获利润率低于国内利润率所造成的损失。有时候，补贴金额还可能大大超过实际的差价或利差，这已包含出口奖励的意味，同一般的出口补助已不可同日而语了。这种补贴方式以欧盟对农产品的出口补贴最为典型。欧盟国家的农产品由于生产成本较高,其国内价格一般高于国际市场价格。若按国际市场价格出口过剩的农产品,就会出现亏损。因此,政府对这种亏损或国内市场与国际市场的差价进行补贴。据统计,1994 年,欧盟对农民的补贴总计达 800 亿美元,严重扭曲了国际市场农产品的价格。

此外,这种现金补贴还可能来自一国的同业公会。为了鼓励和支持同行业的部分厂商向外拓展市场和大量出口,从而既发展壮大本行业的生产规模,又避免彼此间在国内市场的过度竞争,这种企业主组织有时愿意拿出一定的金额进行出口补贴。这种状况在市场经济较发达的国家可以见到。

b. 间接补贴(indirect subsidy)。即政府对某些商品的出口给予财政上的优惠。如退还或减免出口商品所缴纳的销售税、消费税、增值税、所得税等国内税,对进口原料或半制成品加工再出口给予暂时免税或退还已缴纳的进口税,免征出口税,对出口商品实行延期付税、减低运费、提供低息贷款,以及对企业开拓出口市场提供补贴等。其目的仍然在于降低商品价格,以便更有效地打进国际市场。

从经济效应上看,一般来说,出口补贴的结果会使出口工业生产增加,国内消费减少,出口量增加,国内价格上涨。由于出口补贴使得出口比在国内销售更加有利可图,而且政府没有限制出口数量,企业当然要扩大生产,尽量出口,除非在国内市场销售也能获得同样的收入。又由于补贴只是给出口的商品,要想在国内市场获得同样的收入,除了提价别无他法。在涨价之后,消费自然减少。从另一个角度说,国内消费者也必须付出与生产者出口所能得到的一样的价格,才能确保一部分商品留在国内市场而不是全部出口。如图 12-1 所示,出口产品的国际价格为 P_w,在没有补贴时,生产量为 OS_0,国内需求量是 OD_0,出口量为 D_0S_0。现在假设政府

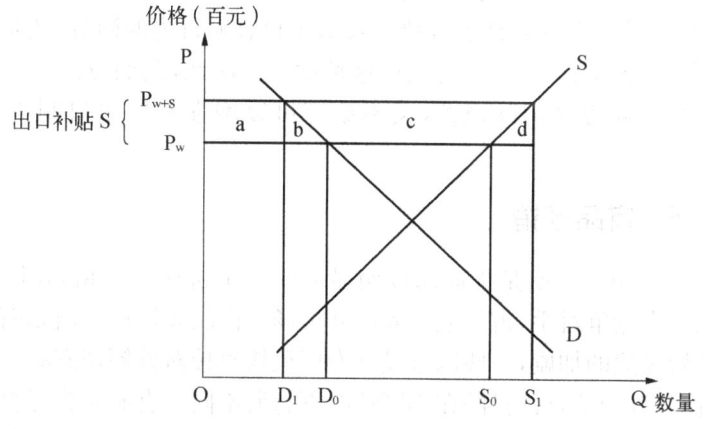

图 12-1 出口补贴的经济效应

对每单位商品的出口补贴s,商品出口的实际所得变成P_w+s元。在这一价格下,生产者愿意扩大生产增加出口,新的生产量为OS_1,国内的需求量则因为国内市场价格的上升而下降至OD_1,供给在满足了国内需求之后的剩余D_1S_1即为出口。由于国内价格上涨,消费者剩余减少面积(a+b)。生产者剩余增加面积(a+b+c)。因政府又提供了面积(b+c+d)的补贴,所以,政府补贴与消费者损失之和减去生产者盈余后,整个社会仍发生净损失(b+d)。

但是,如果受补贴方是个出口大国,出口补贴对其国内价格、生产、消费及社会利益虽然具有相同的经济效应,但程度是不同的。因为出口大国增加出口的结果会造成国际市场价格下降,出口商品生产者就不能得到全额出口补贴效益,生产和出口的增长也会小于小国,国内价格的涨幅和消费量的下降也会低于小国,但整个社会的净损失却比小国实行补贴时要大。因此,在出口已占世界市场很大份额时,还使用补贴来刺激出口未必是明智之举。

由于各国都实行奖出限入的外贸政策,因而纷纷采取形形色色的补贴措施以促进本国产品出口,而进口国政府往往采用反补贴以抵制和消除补贴,这种行为对进口国有关产业的不利影响。因此,补贴和反补贴已成为当今国际经济贸易关系中的一个突出问题。据统计,从1948—1993年年底的45年间,在关贸总协定处理过的238起国际贸易纠纷中,有40起与补贴和反补贴措施有关,约占全部案件的17%。其中欧美关于农产品补贴之争差点断送了乌拉圭回合一揽子协议,最终达成这一事实充分说明了这一问题的严重性。

应当看到,出口补贴行为会扭曲商品在国际市场上的价格,易于在价格竞争中获取一定优势,甚至会对进口国的商品或同类商品的生产造成损害。就此而言,出口补贴行为显然是国际贸易中的不公平行为。然而,对于经济落后的发展中国家来说,给予某些出口工业制成品以适度的补贴,仍旧是减少其国际收支逆差的重要一环。鉴于此,世界贸易组织在原则上反对出口补贴行为的同时,还是允许某些发展中国家在特殊情况下可以适度运用这种做法。因此,我们应该正确对待和运用这种手段,既充分遵循国际规范,又不放弃可以增强本国出口制成品竞争力的时机。

12.1.4 商品倾销

商品倾销(dumping)是指商品以明显低于公平价格的价格,在国外市场上大量抛售,以打击竞争对手,占领或巩固国外市场。商品倾销通常由私营垄断企业进行,但随着贸易战的加剧,一些国家设立专门机构直接对外倾销商品。

实行商品倾销的具体目的在不同情况下有所不同。有时是为了打击或摧毁竞争对手,以扩大和垄断其产品销路;有时是为了建立新的销售市场;有时是为了阻碍当地同种产品或类似产品的生产和发展,以继续维持其在当地市场上的垄断地位;有时是为了推销过剩产品,转嫁经济危机;有时是为了打击发展中国家的民族经济,以达到经济上、政治上控制的目的。

按照倾销的具体目的,商品倾销可分为三种。

a. 偶然性倾销(sporadic dumping)。这种倾销通常是因为销售旺季已过,或因公司改营其他业务,在国内市场上不能售出"剩余货物",而以较低的价格在国外市场上抛售。

b. 间歇性或掠夺性倾销(intermittent or predatory dumping)。这种倾销是以低于国内价格甚至低于生产成本的价格在国外市场销售商品,挤垮竞争对手后再以垄断力量提高价格,以获取高额利润。

c. 持续性倾销(persistent dumping),又称长期性倾销(long-run dumping)。这种倾销是无限期地、持续地以低于国内市场的价格在国外市场销售商品。

20世纪70年代以来,持续性倾销日益增多。其之所以能够存在和维持,一般来说必须具备三个条件:(1)出口商品生产企业在本国市场上有一定的垄断力量,在很大程度上可以决定价格的形成。(2)本国与外国的市场隔离,不存在倒买倒卖的可能性。(3)两国的需求价格弹性不同,出口国需求价格弹性低于进口国需求价格弹性。当这些条件成立时,企业就有可能通过在国内市场索要高价,而向外国购买者收取较低的价格,使利益最大化。下面将以1989年日本对美国的电话倾销案为例加以说明(参见图12-2)。

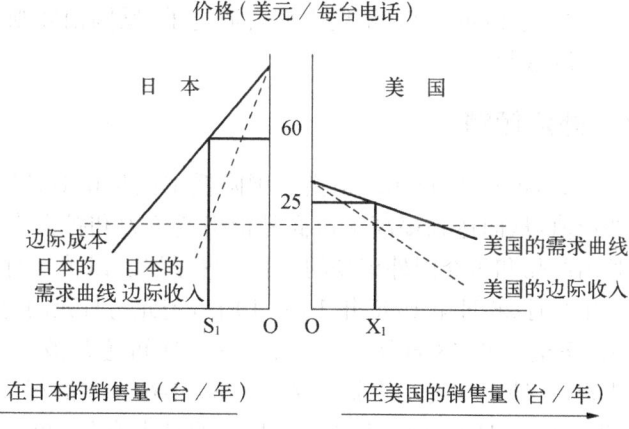

图12-2 倾销的经济分析

根据微观经济学的原理,在任何一个市场上,使边际成本等于边际收入,就能获得最大利润。在美国市场上,电话的需求弹性较大,竞争性较强,每台电话获取最大利润的价格是 25 美元。这将使美国消费者每年购买 X_1 台电话,在这一价格水平上,边际收入刚好等于边际成本。而在日本的国内市场上,消费者很少能看到可能代替日本主要牌子的电话机,企业面对的需求弹性较小,使利润最大化的价格是 60 美元。这能使消费者每年购买 S_1 台电话,也使边际成本等于边际收入。对日本公司来说,这种价格歧视比在两个市场上索要相同价格更为有利可图。因为如果索要价格相同,在日本得到的边际收入比在美国得到的低,只要运输费用和进口壁垒使日本消费者从美国远道进口日本制造的电话机在经济上不合算,日本企业就能通过在日本市场上索要较高的价格而继续获得较大的利润。

商品倾销由于实行低价策略,必然会导致出口商利润减少甚至亏损。这一损失一般可通过以下途径得到补偿:(1)采用关税壁垒和非关税壁垒措施控制外国商品进口,防止对外倾销商品倒流,以维持国内市场上的垄断高价。(2)出口国政府对倾销商品的出口商给予出口补贴,以补偿其在对外倾销商品中的经济损失,保证外汇收入。(3)出口国政府设立专门机构,对内高价收购,对外低价倾销,由政府负担亏损。如美国政府设立的农产品信贷公司,在国内高价收购农产品,而按低于国内价格一半的价格长期向国外倾销。由此引起的农产品信贷公司的亏损则由政府财政给予差额补贴。(4)出口商在以倾销手段挤垮竞争对手,垄断国外市场后,再抬高价格,以获得的垄断利润来弥补以前商品倾销的损失。实际上,采取上述措施,往往不仅能够弥补损失,而且还会带来较高利润。

长期以来,商品倾销是发达资本主义国家对外竞争和争夺国际市场的一个重要手段。由于商品倾销易引起对进口国同类工业的损害或损害威胁,打击民族工业的发展,因此关贸总协定在 60 年代中期就通过了《反倾销守则》,规定进口国可以用反倾销税加以抵制。

12.1.5 外汇倾销

外汇倾销(exchange dumping)是指一国降低本国货币对外国货币的汇价,使本国货币对外贬值,从而达到提高出口商品价格竞争力和扩大出口的目的。外汇倾销是向外倾销商品和争夺国外市场的一种特殊手段。以美元对日元的汇率变化为例,从 1985 年 2 月 26 日至 1995 年 10 月 10 日,美元与日元的比价从原来的 1 美元合 264 日元,跌至 100.43 日元,1995 年 4~5 月间还跌破 80 日元,美元贬值 62%。这意味着,一件 100 美元的美国商品 1985 年在日本的售价为 26 400 日元,而 1995 年仅为 10 043 日元,而一件 26 400 日元的日本商品 1985 年在美国的售价为 100 美元,1995 年则为 263 美元。由此可见,一国的货币(如美元)贬值即汇率下跌后,出口商品用外国货币(如日元)表示的价格降低,这就提高了该国(如美国)商品的价格竞争能力,从而有利于扩大出口。而同时,进入该国的外国商品(如日本货)以该国货币(如美元)表示的商品价格就会上涨,削弱了该外国商品的价格竞争力,从而又会限制进口。因此,实行外汇倾销会同时起到扩大出口和限制进口的双重作用。

然而,外汇倾销不能无限制和无条件地进行,必须具备一定的条件才能起到扩大出口和限制进口的作用。(1) 本国货币对外贬值的幅度大于国内物价上涨的程度。本国货币对外贬值,必然引起进口原料和进口商品的价格上涨,由此带动国内物价普遍上涨,使出口商品的国内生产价格上涨。当出口商品价格上涨幅度与货币对外贬值幅度相抵时,因货币贬值而降低的出口商品外汇标价会被因生产成本增加引起的该商品的国内价格上涨所抵销。由于货币对外贬值可以使出口商品的外汇标价马上降低,而国内物价上涨却有一个时滞,因此外汇倾销必须在国内价格尚未上涨或上涨幅度小于货币贬值幅度的前提下进行。由此可见,外汇倾销所起作用的时间是有限制的,或者说外汇倾销的作用是暂时的。(2) 其他国家不同时实行同等程度的货币贬值和采取其他报复性措施。换言之,外汇倾销措施必须在国际社会认可或不反对的情况下方能奏效。(3) 不宜在国内通货膨胀严重的背景下贸然采用。一国货币的对内价值与对外价值是互为联系、彼此影响的。一国货币汇价下跌(即对外价值下跌)迟早会推动其对内价值的下降,从而给已经严重的通货膨胀局面火上加油。

最后,必须注意实行外汇倾销的代价十分昂贵。由于外汇倾销的实质是降低出口商品的外汇标价以换取出口数量的增加,从而达到增加外汇收入的目的。因此,外汇倾销实际上使同量出口商品所能换回的进口商品数量减少,贸易条件趋于恶化。这就是说,外汇倾销可以推动商品出口大量增加,并不等于出口额必然随之增加。另外,它有时甚至会引起国内经济的混乱,出现得不偿失的结果。

12.1.6 促进出口的组织措施

二战以后,西方国家为了促进出口贸易的扩大,在制定一系列的鼓励出口政策的同时,还不断加强出口组织措施。这些措施主要有:

a. 成立专门组织,研究与制定出口战略。例如,美国1960年成立了"扩大出口全国委员会",其任务是向美国总统和商务部长提供有关改进和鼓励出口的各项措施的建议和资料;1978年成立了"出口委员会"和"跨部门的出口扩张委员会",附属于总统国际政策委员会;1979年成立了"总统贸易委员会",集中统一领导美国对外贸易工作;1992年成立了国会的"贸易促进协调委员会";1994年1月又成立了第一批"美国出口援助中心"等等。日本、欧盟国家也有类似的组织。

b. 建立商业情报网,加强国外市场情报工作,及时向出口商提供商业信息和资料。例如,英国的海外贸易委员会在1970年就设立出口信息服务部,向有关出口厂商提供信息,以促进商品出口。又如,日本政府出资设立的日本贸易振兴会(其前身是1951年设立的"海外市场调查部"),就是一个从事海外市场调查并向企业提供信息服务的机构。

c. 设立贸易中心,组织贸易博览会,以推销本国商品。贸易中心是永久性设施,可提供商品陈列展览场所、办公地点和咨询服务等,而贸易博览会是流动性的展出。这些工作可以使外国进口商更好地了解本国商品,从而起到促销的作用。例如,意大利对外贸易委员会对由其发起的展出支付80%的费用,对参加其他国际贸易展览会的公司也给予其费用30%～35%的补贴。

d. 组织贸易代表团出访和接待来访,以加强国际间经贸联系。许多国家为了推动和发展对外贸易,组织贸易代表团出访,其费用大部分由政府支付,加拿大就是一例。此外,许多国家还设立专门机构接待来访团体。例如,英国海外贸易委员会设立接待处,专门接待官方代表团,并协助本国公司、社会团体接待来访的外国工商界人士,以促进贸易。

e. 组织出口厂商的评奖活动,以形成出口光荣的社会风气。例如,英国从1919年起开始实行"女王陛下表彰出口有功企业的制度",并规定受表彰的企业在5年之内可使用带有女王名字的奖状来对自己的产品进行宣传。又如,有的国家对有突出贡献的出口商颁发总统奖章或授予荣誉称号,或者由总理亲笔写感谢信。这样都能较有力地推动本国对外贸易的发展。

鼓励出口还有许多其他措施。比如通过资本输出带动本国商品输出;采用外汇分成方式,即政府允许出口商从其所得的外汇收入中提取一定百分比自由支配,鼓励出口商的出口积极性;采取进出口连锁制,将进口与出口挂钩,要获得一定的进口权利就必须履行一定的出口义务,以出带进,或以进带出,达到扩大出口的目的。

12.2 出口管制措施

出口管制(export control)是指国家通过法令和行政措施,对本国出口贸易实行管理和控制。一般而言,世界各国都会努力扩大商品出口,积极参与国际贸易活动。然而,出于某些政治、军事和经济上的考虑,各国都有可能限制和禁止某些战略性商品和其他重要商品输往国外,于是就要实行出口管制。

12.2.1 出口管制的对象

需要实行出口管制的商品主要有以下几类:

a. 战略物资及其有关的尖端技术和先进技术资料。如军事设备、武器、军舰、飞机、先进的电子计算机和通讯设备等。各国尤其是发达国家控制这类物资出口的措施十分严厉,主要是从所谓的"国家安全"和"军事防务"的需要出发,防止它们流入政治制度对立或政治关系紧张的国家。例如,美国对古巴实行禁运,给古巴经济造成了极为恶劣的影响。此外,从保持科技领先地位和经济优势的角度看,对一些最先进的机器设备及其技术资料也必须严格控制出口。

b. 国内的紧缺物资。即国内生产紧迫需要的原材料和半制成品,以及国内供应明显不足的商品。如西方各国往往对石油、煤炭等能源实行出口管制。这些商品在国内本来就比较稀缺,倘若允许自由流往国外,只能加剧国内的供给不足和市场失衡,严重阻碍经济发展。

c. 历史文物和艺术珍品。各国出于保护本国文化艺术遗产和弘扬民族精神的需要,一般都要禁止该类商品输出,即使可以输出的,也实行较严格的管理。

d. 需要"自动"限制出口的商品。这是为了缓和与进口国的贸易摩擦,在进口国的要求下或迫于对方的压力,不得不对某些具有很强国际竞争力的商品实行出口管制。如根据纺织品"自限协定",出口国必须自行管理本国的纺织品出口。与上述几种情况不同,一旦对方的压力有所减缓或者基本放弃,本国政府自然会相应地放松管制措施。

e. 本国在国际市场上占主导地位的重要商品和出口额大的商品。对发展中国家来讲,这类商品实行出口管制尤为重要。因为发展中国家往往出口商品单一,出口市场集中,出口商品价格容易出现大起大落的波动。当国际市场价格下跌时,发展中国家应控制该商品的过多出口,从而促使这种商品国际市场价格提高,出口效益增加,以免加剧世界市场供大于求的不利形势而使本国遭受更大的经济损失。如欧佩克(OPEC)对成员国的石油产量和出口量进行控制,以稳定石油价格。

f. 跨国公司的某些产品。跨国公司在发展中国家的大量投资,虽然会促进东道国经济的发展,但同时也可能利用国际贸易活动损害后者的对外贸易和经济利益。例如,跨国公司实施"转移定价"策略,就是一个典型的例子。因此,发展中国家有必要利用出口管制手段来制约跨国公司的这类行为,以维护自己的正当权益。

12.2.2 出口管制的形式

出口管制的形式主要有单方面出口管制和多边出口管制两种。

a. 单方面出口管制。即一国根据本国的出口管制法案,设立专门的执行机构,对本国某些商品的出口进行审批和颁发出口许可证,实行出口管制。例如,美国长期以来就推行这种出口管制战略。早在1917年,美国国会就通过了《1917年与敌对国家贸易法案》,以禁止所有私人与美国敌人及其同盟者在战时或国家紧急时期进行财政金融和商业贸易上的交易。二战结束后,为了对当时存在的社会主义国家(如前苏联)进行禁运,又于1949年通过了《出口管制法案》,以禁止和削减全部商品和技术资料经由贸易渠道出口。这个法案以后几经修改,直至《1969年出口管理法》出台才被取代。以后美国国会又颁布了《1979年出口管理法》、《出口管理法1985年修正案》等,这些法案或修正案一次比一次宽松,但主要规定不变。

1989年冷战结束后,世界政治经济形势发生了巨大的变化,商业利益已越来越和国家安全利益并驾齐驱。一方面,冷战结束后威胁世界安全的军事存在并没有消除,因此有必要对出口技术和设备继续实施严格的单方面出口管制,以防止核子及生化武器的扩散。另一方面,由于出口管制,美国的出口商丧失了世界市场份额,而让外国竞争者乘虚而入。据估计,美国在制造业每年出口损失高达300亿美元,计算机业每年也不得不损失102亿美元的海外订单。比如,美国休斯敦公司曾试图与中国合作建造卫星项目,但终因美国政府对中国实行技术制裁而失掉数亿美元的生意。又比如,美国对中国实行高技术控制,迫使英特尔公司、美国电报电话公司、国际商用机器公司等只能将它们最好的技术束之高阁,眼睁睁地看着中国有关市场的贸易额每年以30%的高速度发展而一筹莫展。显然,这大大损害了美国的贸易和经济利益。在这种背景下,美国在1995年推出了新的出口控制法案,尽量使美国国家安全和出口商的商业利益达到更好的平衡。

b. 多边出口管制。即几个国家政府,出于共同的政治和经济目的,通过一定的方式建立国际性的多边出口管制机构,商讨和编制多边出口管制货单和出口管制国别,规定出口管制的办法等,以协调彼此的出口管制政策和措施。然后由各参加国依据上述精神,自行办理出口商品的具体管制和出口申报手续。例如,过去的巴黎统筹委员会就是这样一个典型的国际性多边出口管制机构。

巴黎统筹委员会本名为输出管制统筹委员会(Coordinating Committee for Multilateral Export Control—COCOM),它是在美国操纵下,由17国(美国、英国、法国、意大利、加拿大、比利时、卢森堡、荷兰、丹麦、葡萄牙、挪威、联邦德国、日本、希腊、土耳其、西班牙、澳大利亚)组成的常设多国出口管制机构。其总部设在巴黎,故而得名巴黎统筹委员会,简称"巴统"。该机构于1949年11月成立,其目的就是共同防止战略物资和先进技术输往社会主义国家,对它们实行出口管制,以遏制社会主义的发展。然而,随着国际形势的变化,巴统逐渐放宽了对社会主义国家的出口管制,其作用日渐减小,至1994年4月1日正式解散。

12.2.3 出口管制的程序

一般而言,西方国家出口管制的程序是,其有关机构根据出口管制的有关法案制定出口管制货单(commodity control list)和输往国别分组管制表(export control country group);而列入出口管制的商品,必须办理出口申报手续,获取出

12 鼓励出口和出口管制措施

口许可证后方可出口。

仍以美国为例,美国商务部贸易管理局是办理出口管制工作的具体机构,它负责制定出口管制货单和输往国外分组管制表。在管制货单中列有各种需要管制的商品名称、商品分类号码、商品单位及其所需的出口许可证类别等,在输往国别分组管制表中将商品输往国家或地区分成 Z、S、Y、P、W、Q、T、V 八个组,实行从严到宽不同程度的管制。

对出口受管制的商品,出口商必须向贸易管理局申领出口许可证。美国的出口许可证分为两种:

a. 一般许可证(general license),也称普通许可证。这种许可证的管理十分松动。一般而言,出口这类商品时,出口商在出口报关表上填清管制货单上这类商品的普通许可证编号,再经海关核实就算办妥出口许可证。

b. 特种许可证(validated license)。这种许可证必须向有关机构专门申请。出口商在许可证上要填清商品的名称、数量、管制编号以及输出用途,再附上有关交易的证明书和说明书,呈送有关机构审批,获准后才能出口商品。那些涉及所谓"国家安全"的商品,还要提交更高层的机构审批,如不予批准则禁止出口。可见,出口管制成了美国等西方国家对外实行政治歧视和贸易歧视的重要工具。

总之,西方国家的出口管制,不仅是国家管理对外贸易的一种经济手段,也是对外实行差别待遇和歧视政策的政治工具。20 世纪 70 年代以来,各国的出口管制有所放松,特别是出口管制的政治倾向有所减弱,但它仍作为一种重要的经济手段和政治工具而存在。

美国和"巴统"对我国的出口管制政策经历了一个从严到宽的过程。1949 年新中国成立之初,我国被美国划在"Y"组,1950 年因"抗美援朝",我国被降至实行完全禁运的"Z"组,成为美国的敌对国家。1970 年,尼克松总统放弃了敌视中国的政策,中美关系开始恢复。至 1972 年,美国开始放松对我国的出口管制,允许非战略物资向我国出口,我国被重新划入"Y"组,享受与前苏联、东欧大部分国家同等的待遇。1979 年 12 月,前苏联入侵阿富汗,这使得美国在中—美—苏三角关系中偏向中国。于是 1980 年 4 月,美国将中国从"Y"组划出,单列为"P"组,即可在逐项审查基础上出口军民两用技术产品,以示优于前苏联和东欧国家。1981 年,美国宣布允许向中国出口技术、商品的水平可为向前苏联出口的两倍,此即为里根政府对华出口管制的"双倍政策"(the double threshold policy),同时解除军用品出口禁令。1983 年,美国又将中国升级为"V"组,从"非敌国"(non-enemy country)升为"友好的非盟国"(friendly non-allied country),但是中国在"V"组中所受的待遇又不完全等同于"V"组其他国家,最为明显的例证是中国是该组中唯一受"巴统"管制的国家。

1989 年后,美国和其他西方国家对华出口管制放松的趋势出现了停顿甚至倒退的现象。美国不仅对军用品和军事技术而且对民用和军民两用技术及产品也加强了出口管制,甚至启用"301条款"和"超级301条款"对中国进行制裁。然而,中国的经济发展和在世界上所处的地位,决定了美国终究不能放弃中国这个巨大的、富有潜力的市场。近年来,美国又逐渐放松了对华出口管制,甚至连精密的大型电子计算机等"战略性产品"都允许向中国出口。

美国的出口管制政策给我国的经济发展造成了许多不利的影响。首先,出口管制影响了我国从美国及其他"巴统"国家引进先进的技术和设备。例如1986年6月,中国北方工业公司与美国ISC公司签订了一个进口CAD集成电路的合同,然而美国ISC公司迟迟得不到出口许可证,于是该合同不得不撤销。其次,出口管制限制了在华的外资企业从美进口技术、设备、零部件、原材料,从而影响了外国企业的对华投资和建立合资企业。例如,美国摩托罗拉公司就在1990年搁置了其在中国建设两座半导体器件和移动通讯设备工厂的计划。最后,由于美国除了对正常的出口进行管制外,还对某一出口和再出口中含有美国原产零部件的外国产品进行管制,而我国机电产品中含有不少从美国进口的原部件。因此,美国对华出口管制会对我国机电产品出口产生不利影响。

美国是我国的主要贸易伙伴之一。为了促使美国进一步放宽对我国的出口管制,减少美国出口管制对我国经济的影响,我国应采取各种措施与美国的出口管制进行有理、有利、有节的斗争。应当看到,"巴统"组织的正式取消,反映了一种世界各国放松出口管制的积极潮流。就这点而言,美国不断放松对华出口管制已是大势所趋。但是,出口管制作为一国外贸政策的组成部分,毕竟不可能完全弃之不用。对于美国这样一个世界头号强国来说,其霸权主义立场时有显露,尤其不会如此。我们对此必须保持清醒的头脑。

重 要 名 词

出口信贷 卖方信贷 买方信贷 出口信贷国家担保制 出口补贴 商品倾销 掠夺性倾销 外汇倾销

思 考 题

1. 商品倾销有哪几种类型?倾销所致的损失可通过哪些途径得以补偿?
2. 什么是出口补贴?结合图形分析其经济效应。
3. 试述外汇倾销对进出口的作用及其限制条件。
4. 什么是出口管制?出口管制的商品主要有哪些?

13 经济特区

15.1 世界经济特区概述

13.1.1 经济特区的涵义

经济特区(economic zone)是指一个国家或地区在其管辖的地域内划出一定非关境的地理范围,实行特殊的经济政策,以吸引外商从事贸易和出口加工等业务活动。其目的是为了促进对外贸易的发展,鼓励转口贸易和出口加工贸易,繁荣本地区和邻近地区的经济,增加财政收入和外汇收入。因此,建立经济特区是一国实行对外开放政策和鼓励扩大出口的一项重要政策。

13.1.2 经济特区的特点

a. 以扩大出口贸易、开发经济和提高技术水平为目的。各国建立经济特区,首要目的就是要扩大出口,增加外汇收入。在此基础上,通过发展出口加工业,吸收外资和引进先进技术设备,开发本地区和邻近地区的经济,提高国内生产的技术水平。

b. 有一个开放的投资环境。经济特区大都提供优惠待遇,同时,国家还采取财政措施等对特区的生产经营进行扶持,并简化各种行政手续,为外商投资提供方便。

c. 具有一定的基础设施。这些基础设施主要包括:水电设施,交通运输设施,仓储设施,通讯邮电设施,生活文化设施等。

d. 具有良好的社会经济条件。一般来说,经济特区都有较丰富的劳动力资源,文化教育程度较高,技术力量和管理能力也较强。

e. 有良好的自然条件。经济特区大都设在地理位置和自然环境较好的地区,交通运输方便,资源丰富或易于获得,气候温和,风景秀丽。

13.1.3 经济特区的历史发展

经济特区的发展已有很长的历史。它与对外贸易的发展有着密切的联系。早在 1228 年,法国南部马赛港就已在港区内开辟自由贸易区,以便让外国货物在不征收任何捐税的情况下进入港口的特定区域,然后再向外输出。15 世纪末,德意志北部的几个自由市联合起来,建立自由贸易联盟,史称"汉萨同盟"。为促进同盟内部的通商贸易,选定汉堡和布莱梅两地作为自由贸易区。可见,自由港与自由贸易区的雏形,早在封建社会的后期便已出现。

随着资本主义的不断发展,自由港与自由贸易区不断涌现。从 17~19 世纪,在国际贸易中占有优势地位的国家如荷兰、英国等,为了扩大对外贸易,增加外汇盈利,相继把地中海沿岸的某些港口(如直布罗陀)及中东、东南亚和加勒比海一带的某些港口辟为自由港,其中包括亚丁、吉布提、槟城、新加坡以及中国香港、中国澳门等。

进入 20 世纪 40 年代,自由港或自由贸易区在国际贸易中担当起越来越重要的角色。第二次世界大战以后,在世界重要航线上,建立了一批新的自由港或自由贸易区,南美最大的自由贸易区——巴拿马科隆自由贸易区即是一例。

20 世纪 50 年代末 60 年代初,一批新型的经济特区——出口加工区开始出现。爱尔兰于 1959 年在香农国际机场兴建的经济特区,是世界上第一个出口加工区。1965 年世界上第一个以出口加工区命名的经济特区在我国台湾高雄兴建起来。自此以后,出口加工区这类新型的经济特区,便在发展中国家和地区迅速涌现。这主要是由于发展中国家在 60 年代前后纷纷转向"出口导向"的工业化发展战略,以及国际分工向纵深发展,发达国家的许多劳动密集型工业逐步向发展中国家和地区转移,国际资本向发展中国家和地区投资设厂。

在出口加工区迅猛发展的影响下,传统的自由港或自由贸易区也发生了一些新的变化。设区国为了使自由港或自由贸易区产生新的活力,也注意吸引外资到港区来发展装配制造工业。例如,前述汉堡、不莱梅两个传统的自由港近十多年来分别设立新港区,加工生产轻工业品并发展修造船业。

综观世界经济特区的发展,其数量由少到多,发展迅速;设区范围自西欧扩展到全球;功能从单纯贸易型到工贸结合型并向综合型发展;经营内容从商品的交换到商品的生产并扩展到商品的研制;生产结构从劳动密集型向资金、技术和知识密集型调整。总的趋势由初级形态向高级形态发展。

第二次世界大战前,大约有 26 个国家和地区设立了 75 个自由港和自由贸易区。这时的经济特区,功能比较单一,主要是通过减免进出口税等手段来发展对外贸易。二战以后,经济特区进入了一个蓬勃发展的阶段。在这一时期,出口加工区颇为盛行,到20世纪70年代末,世界经济特区的总数增加到328个。80年代以来,科学工业园区成了后起之秀,大规模的综合性经济特区开始崛起,并推动经济特区进一步蓬勃发展。至80年代末、90年代初,设立各类经济特区的国家已达100个,经济特区的总数已增至900多个。

经济特区的迅猛发展,使其贸易总额不断增加,其贸易额占世界贸易总额的比重也不断上升。据统计,全世界各类经济特区的贸易总额占世界贸易总额的比率,1979年为7.7%,1985年为20%,1990年猛增到33%,1994年突破35%,近几年这一比率继续上升。世界经济特区的贸易总额高达1万亿美元以上。在世界经济特区数量大发展的同时,产业结构也日趋多元化和高技术化。首先,传统的自由港和自由贸易区在继续经营贸易、仓储等业务的同时,日益重视发展加工制造业。在发达国家,传统产业逐渐被新科技、高技术密集型产业所取代。其次,发展中国家亦为了发展本国经济,希望利用自己丰富的劳动力和自然资源来吸收外资、引进技术,建立劳动密集型加工区,实行"面向出口"的经济战略。

13.2 世界经济特区的类型

13.2.1 自由港和自由贸易区

自由港(free port)又称自由口岸,是世界性经济特区的最早形式,是指全部或绝大多数外国商品可以豁免关税自由进出口的港口。自由港在经济和贸易方面的基本特征是"自由",具体表现为贸易自由、金融自由、投资自由、运输自由。自由港一般具有优越的地理位置和港口条件,其开发目标和营运功能与港口本身的集散作用密切结合,以吸引外国商品扩大转口。目前如德国的汉堡、不莱梅,丹麦的哥本哈根,意大利的热那亚和里雅斯特,法国的敦刻尔克,葡萄牙的波尔,以及新加坡和我国香港特区,都是世界著名的自由港。

自由贸易区(free trade zone)由自由港发展而来,它是以自由港为依托,将范围扩大到自由港的邻近地区。自由贸易区与自由港的功能基本相似,以促进对外贸易为主,也发展出口导向的加工业和工商业、金融业、旅游和其他服务业。自由贸易区一般分两种:一种是包括了港口及其所在的城市,例如香港。另一种是仅包括港口或其所在城市的一部分,有人称之为"自由港区",如德国汉堡自由贸易区是汉堡市的一部分,占地仅5.6平方英里。

自由港和自由贸易区都是划在一国关境以外,外国商品除了进港口时免缴关税外,一般还可在港区内进行改装、加工、挑选、分类、长期储存或销售。外国商品只是在进入所在国海关管辖区时才纳税。

设立自由港和自由贸易区的主要目的是为了方便转口和对进口货物进行简单加工，主要面向商业，并以转口邻近国家和地区为主要对象，多设在经济发达国家或地区。自由港以欧洲为最多，自由贸易区以美洲为最多。

13.2.2 保税区

保税区(bonded area)又称保税仓库区(bonded warehouse)，是由海关设置的或经海关批准设置的特定地区和仓库。外国商品可以免税进出保税区，在保税区内还可对商品进行储存、改装、分类、混合、展览、加工和制造等。但是，商品若从保税区内进入本国市场，则必须办理报关手续，缴纳进口税。保税区制度是一些资本主义国家(如日本、荷兰)在没有设立自由港或自由贸易区的情况下设立的，它实际上起到了类似自由港和自由贸易区的作用，只是其地理范围一般相对较小。

13.2.3 出口加工区

出口加工区(export processing zone)是指一个国家或地区在其港口、机场附近交通便利的地方，划出一定区域范围，新建和扩建码头、车站、道路、仓库和厂房等基础设施，并提供减免关税和国内税等优惠待遇，鼓励外商在区内投资设厂，生产以出口为主的制成品。

出口加工区是20世纪60、70年代，在一些发展中国家和地区建立和发展起来的，其分布以非洲和亚洲为最多。出口加工区与自由贸易区相比，其主要特点是面向工业，以发展出口加工工业为主，而不是面向商业。出口加工区既提供了自由贸易区的某些优惠待遇，又提供了发展工业生产所必需的基础设施，是自由贸易区与工业区的一种结合体，即兼有工业生产与出口贸易两种功能的工业—贸易型经济特区。东道国设置出口加工区的主要目的是吸引外国投资，引进先进技术和设备，扩大出口加工工业和加工品的出口，增加外汇收入，促进本地区外向型经济的发展。

出口加工区有综合型和专业型两种。前者在区内可经营多种出口加工工业，如菲律宾的巴丹出口加工区即属此类；后者在区内只许经营某种特定的出口加工产品，如印度孟买的圣克鲁斯电子工业出口加工区，专业发展电子产品的生产和出口。目前世界各地的出口加工区大部分是综合型出口加工区。

一国为了达到其设立出口加工区的目的，除了要提供优惠待遇以吸引外国厂商投资设厂外，还应加强对外国投资者的引导和管理，如对外国投资者进行资格审核，限制投资项目，对产品的销售市场进行规定等。这样可以从客观上保证外商投资项目的技术先进性和适用性，或保证该项目能大批吸纳劳动力，解决部分就业问题，或者能大量采用区外原料，从而带动本地区的经济发展。此外，加强投资管理还可以避免区内工厂利用其优惠待遇与区外工厂争夺市场等事件的发生。

13.2.4 科学工业园区

科学工业园区(science-based industrial park)又称工业科学园、科研工业区、高技术园区(hi-tech park)等,是一种科技型经济特区。是以加速新技术研制及其成果应用,服务于本国或本地区工业的现代化,并便于开拓国际市场为目的,通过多种优惠措施和方便条件,将智力、资金高度集中用于高新技术研究、试验和生产。

科学工业园区最早形成于20世纪50年代末60年代初的美国,70年代逐渐在世界范围内兴起,80年代以后进入发展期,90年代进入高峰期。科学工业园区主要分布在发达国家和新兴工业化国家,以美洲为最多。世界知名的科学工业园区有:美国的"硅谷",英国的"剑桥科学园区",新加坡的"肯特岗科学工业园区",日本的"筑波科学城",我国台湾的"新竹科学工业园区"等。

科学工业园区的主要特点是:有充足的科技和教育设施及高校、研究机构,以一系列企业组成的专业性企业群为依托,区内企业设施先进、资本雄厚、技术密集程度高,信息渠道畅通、交通发达、政策优惠,鼓励外商在区内进行高科技产业的开发,吸引和培养高级技术人才,研究和发展尖端技术和产品。与出口加工区侧重于扩大制成品加工出口不同,科学工业园区旨在扩大科技产品的出口和扶持本国技术的发展。

科学工业园区有自主型和引进型两类。前者主要靠自有先进技术、充裕资金及高级人才来促进本国高新技术产业的发展,发达国家所设园区多属此类;后者则采取引进外资、技术、信息和人才的办法来进行合作研究与开发,发展中国家和地区所设园区多属此类。

13.2.5 自由边境区和过境区

自由边境区(free perimeter)也称自由贸易区域(free trade area),指设在本国省市地区的某一地段,按照自由贸易区或出口加工区的优惠措施,对区内使用的机器、设备、原料和消费品,实行减税或免税,以吸引国内外厂商投资。与出口加工区不同,外国商品在自由边境区内加工制造后主要用于区内使用,仅少数用于出口。因此,设立自由边境区的目的是吸引投资开发边境地区的经济。有些国家因而对优惠待遇规定了期限,或在边境地区生产能力发展后,就逐渐取消某些优惠待遇,甚至废除自由边境区。自由边境区现不常用,仅见于拉丁美洲少数国家。

过境区(transit zone)又称中转贸易区,指某些沿海国家为方便内陆邻国的进出口货运,根据双边协定,开辟某些海港、河港或边境城市作为过境货物的自由中转区,对过境货物简化海关手续,免征关税或只征收小额的过境费。过境区与自由港的明显区别在于,过境货物在过境区内可短期储存或重新包装,但不得加工制造。过境区一般都提供保税仓库设施。泰国的曼谷,印度的加尔各答,阿根廷的布宜诺斯艾利斯等,都是这种以中转贸易为主的过境区。

13.2.6 综合型经济特区

经济特区随着国际经济关系,特别是国际贸易、金融和经济技术交流的发展而以各种不同形式发展,并出现向综合化发展的趋势。综合型经济特区是一种多行业、多功能的特殊经济区域。其主要特点是:特区规模大,经营范围广。它不仅重视出口工业和对外贸易,同时也经营农牧业、旅游业、金融服务业、交通运输业、邮电通讯业以及其他一些行业,对区域经济的发展具有重要的意义。

13.3 中国的经济性特区

我国的经济性特区是指在国内划出一定的范围,在对外经济活动中采取较国内其他地区更加开放和灵活的政策,以减免关税等优惠措施为手段,通过创造良好的投资环境,鼓励外商投资,引进先进技术和科学管理方法,以促进经济发展的特定区域。主要有:经济特区、经济技术开发区、高新技术产业开发区、保税区、边境经济合作区及旅游度假区等类型。

A. 经济特区

经济特区是我国最早实行对外开放政策的地区,也是实行特殊优惠政策、集中吸收外资的重点地区。自1979年以来,我国先后设立了深圳、珠海、汕头、厦门和海南五个经济特区。特区致力于发展以工业为主的外向型经济,在我国的现代化建设中发挥着技术窗口、管理窗口、知识窗口和对外政策窗口的作用。

我国的经济特区与一些国家设立的出口加工区、自由贸易区的共同之处主要表现在:重视投资环境的建设,大力吸收国外投资,并对外来投资者实行减、免税优惠政策。在经济活动方面实行特殊的政策和规定,鼓励企业走向国际市场,参与国际竞争。然而,我国具体国情使这些特区有其特征:其一,我国经济特区具有社会主义性质,各种经济成分同时并存、平等竞争、共同发展;其二,面积较大,人口众多,经营范围广泛,涵盖了第一、第二、第三产业各部门;其三,功能较多,不仅发挥对外开放的基地和窗口作用,而且发挥经济体制改革试验场所的作用;其四,与国内其他区域的经济联系非常紧密。

B. 经济技术开发区

1984年以来,我国在沿海、沿江开放城市的工业建设地带设立了一批经济技术开发区。具有促进外商投资、加工出口、开展国际贸易保税及技术开发等功能的经济技术开发区也是我国吸收利用外资的重点地域,且是拓展国际经济合作与交流,发展外向型经济的重要基地。其主要任务是在划定的区域范围内,集中建设基础设施,完善涉外经济法规,建立精干高效的管理机构,创造吸引外资的良好环境,引进先进的工业项目。

经济技术开发区与经济特区有所不同:首先,在管理体制上,经济特区是相对独立的行政区域,开发区则是其所在人民政府直接领导和管辖下实行特殊政策的地域;其次,在经济结构上,经济特区是以工业为主、工贸结合的外向型综合性经济,开发区则以发展先进的工业生产和科研为主;最后,在对外资企业的政策上,经济特区的外资企业享受的政策优惠多于开发区的同类企业。

C. 高新技术产业开发区

高新技术产业开发区是我国借鉴国外高科技园区的成功经验,在适当地点划出一定区域,赋予优惠政策,集中发展高科技,以实现产业化的特定地域。它主要依托国内的科技力量和工农业基础,吸收国外资金,引进先进技术,致力于我国高新技术科研成果的商品化、产业化和国际化,促进高新技术产业的形成和发展。

1988年5月,经国务院批准建立的北京新技术产业开发试验区是我国第一个高新技术产业开发区,北京中关村科技园是我国典型的高新技术产业开发区。

D. 保税区

保税区是我国借鉴国际上自由贸易区和出口加工区的成功经验,结合我国国情,在重要的外运港口设立的。其基本功能有三:一是保税仓储、商品展示等贸易服务;二是国际转口贸易;三是出口加工。

1984年,我国就提出了保税区的设想,进入20世纪90年代,我国沿海地区逐步建立起保税区。上海外高桥保税区是我国设立的第一个保税区,也是我国目前最开放、政策最优惠的保税区。

E. 边境经济合作区

为繁荣内陆边境和少数民族地区经济,发展同周边国家的经济技术合作,从1992年开始,我国在一些边境开放城市先后举办了边境经济合作区。其目的在于利用边境开放城市的特殊条件,外引内联,广泛吸收国内外投资,在合作区内发展一些面向周边国家市场的出口加工工业,加速沿边地区的工业化进程,带动整个边境开放城市的经济发展,进而增强与毗邻国家发展经济交往的能力。

F. 旅游度假区

旅游度假区是1992年以来我国在交通方便、经济比较繁荣、风景闻名于世的地区兴建的以接待境外游客,发展国际旅游为主的特定经济区域,大致有热带海洋度假、温带海洋度假、平原内湖度假和山地内湖度假四种类型。区内建设综合服务、度假别墅、景观旅游、休闲疗养、游乐中心功能小区,以满足各类游客的喜好和要求。

　　旅游度假区的开发建设,以企业为主体,通过国内外市场筹集资金,注重利用外资。其经营面向市场,瞄准国际客源并促进国内旅游。国家在资金运筹、税费减免、进出口管理、扩大外商投资领域等方面实行扶植政策。

重 要 名 词

　　自由港　自由贸易区　出口加工区　保税区　科学工业园区　自由边境区　过境区

思 考 题

1. 什么是经济特区？它有什么特点？
2. 出口加工区与自由港或自由贸易区有何不同？
3. 我国的经济性特区有哪些类型？
4. 试比较我国经济特区与一些国家设立的出口加工区和自由贸易区的异同。

14 区域经济一体化

经济一体化始于第二次世界大战后,20 世纪 50 年代和 60 年代出现了大批经贸集团,70 年代到 80 年代初期处于停顿状态,80 年代后期又掀起世界范围经贸集团化的高潮。目前,各种类型的经济贸易集团组织遍布世界各地,对世界政治经济格局产生了多方面、多层次的影响。区域经济一体化和贸易集团化已成为当今世界经济贸易发展的趋势之一。

14.1 区域经济一体化概述

14.1.1 区域经济一体化的含义

所谓区域经济一体化(regional economic integration)是指地理区域上比较接近的两个或两个以上的国家实行的某种形式的经济联合,或组成的区域性经济组织。经济一体化往往通过条约的形式,组成各种类型松散的经济联合,建立起超国家的决策和管理机构,制定共同的政策措施,实施共同的行为准则,规定较为具体的共同目标,实现成员国的产品甚至生产要素在本地区内自由流动,促进地区性的专业分工,从而发挥规模经济效益,迅速发展生产技术,不断提高成员国的经济福利。它也要求参加一体化的国家让渡部分国家主权,由一体化组织共同行使这一部分主权,实行经济的国际干预和调节。

一体化不是按通常的双边或多边协定进行的国际经济合作和经济协调,它要求打破国界,实行紧密的国家合作和国际调节,并必须建立起一整套共同机构。这是经济一体化组织区别于其他国际组织的特点,如"经济合作与发展组织"、"七十七国集团"、"二十四国集团"等都不宜称之为国际经济一体化组织。

14.1.2 区域经济一体化的形式

目前存在的经济一体化组织,无论从内容还是层次来看差异都很大。从不同角度可以分为不同的类型。

A．按一体化的程度划分

a．优惠贸易安排(preferential trade arrangements)。这是指成员国之间通过协定或其他形式,对全部或部分商品规定特别的关税优惠,也可能包含小部分商品完全免税的情况。这是经济一体化的最低级和最松散的一种形式。二战以后初建的东南亚国家联盟就属于此种形式的一体化组织。

b．自由贸易区(free trade area)。这是指各成员国之间取消了商品贸易的关税壁垒,使商品在区域内完全自由流动,但各成员国仍保持各自的关税结构,按照各自的标准对非成员国征收关税。这是一种较松散的经济一体化形式,其基本特点是用关税措施突出了成员国与非成员国之间的差别待遇。例如1960年成立的欧洲自由贸易联盟和1994年1月1日建立的北美自由贸易区等。

c．关税同盟(customs union)。这是指各成员国之间完全取消关税和其他壁垒,实现内部的自由贸易,并对非成员国的商品进口建立统一的关税制度。这在一体化程度上比自由贸易区更进了一步。它除了包括自由贸易区的基本内容外,成员国还对同盟外的国家建立共同的、统一的关税税率。结盟的目的在于使参加国的商品在统一关境以内的市场上处于有利地位,排除非成员国商品的竞争,它开始带有超国家的性质。世界上最早最著名的关税同盟是比利时、卢森堡和荷兰组成的关税同盟。比利时和卢森堡早在1920年就建立了关税同盟,二战中,荷兰加入比卢关税同盟,组成比卢荷关税同盟。

d．共同市场(common market)。这是指除了在成员国内完全废除关税与数量限制并建立对非成员国的共同关税外,还取消了对生产要素流动的各自限制,允许劳动、资本等在成员国之间自由流动,甚至企业主可以享有投资开厂办企业的自由。欧洲经济共同体在80年代接近发展到这一水平。

e．经济同盟(economic union)。这是指成员国之间不但商品与生产要素可以完全自由流动,建立对外统一关税,而且要求成员国制定并执行某些共同经济政策和社会政策,逐步消除各国在政策方面的差异,使一体化程度从商品交换,扩展到生产、分配乃至整个国家经济,形成一个庞大的经济实体。如1991年已解散的经济互助委员会。

f．完全经济一体化(complete economic integration)。这是区域经济一体化的最高级形式。完全经济一体化不仅包括经济同盟的全部特点,而且各成员国还统一所有重大的经济政策,如财政政策、货币政策、福利政策、农业政策,以及有关贸易及生产要素流动的政策,并由其相应的机构(如统一的中央银行),执行共同的对外经济政策。这样,该集团相当于具备了完全的经济国家地位。完全经济一体化和以上几种一体化形式的主要区别在于:它拥有新的超国家的权威机构,实际上支配着各成员国的对外经济主权。1993年欧洲统一大市场以及欧洲联盟的建立,就标志着欧共体迈进了完全经济一体化的阶段。

以上六种经济一体化形式,虽然依次反映经济一体化的逐级深化,但一体化的不同层次并不意味着不同的一体化集团必然从现有形式向较高级形式发展和过渡。也就是说,阶段之间不一定具有必然过程。此外,一体化目标有高有低,结合范围有广有狭,但是都涉及成员国将局部权力让渡给一体化组织的问题。权力让渡的程度,一般都取决于一体化目标的高低。

B. 按一体化的范围划分

a. 部门一体化(sectoral integration)。这是指区域内各成员国的一种或几种产业(或商品)的一体化。如1952年建立的欧洲煤钢共同体与1958年建立的欧洲原子能共同体均属此类。

b. 全盘一体化(overall integration)。这是指区域内各成员国的所有经济部门加以一体化,欧洲经济共同体(欧洲联盟)就属此类。

C. 按参加国的经济发展水平划分

a. 水平一体化(horizontal integration)又称横向一体化。这是由经济发展水平相同或接近的国家所形成的经济一体化形式。从区域经济一体化的发展实践来看,现存的一体化大多属于这种形式。如欧洲经济共同体,中美洲共同市场,东南亚国家联盟等。

b. 垂直一体化(vertical integration)又称纵向一体化。这是由经济发展水平不同的国家所形成的一体化。如1994年1月1日成立的北美自由贸易区,将经济发展水平不同的发达国家(美国、加拿大)和发展中国家(墨西哥)联系在一起,使建立自由贸易区的国家之间在经济上具有更大的互补性。

14.2 区域经济一体化的发展状况和趋势

14.2.1 区域经济一体化的发展概况

经济一体化是二战以后世界经济发展中出现的新现象。其发展呈现出渐进式的特征。20世纪50年代区域经济一体化最初兴起时主要局限于欧洲,一体化程度也较低。欧洲经济共同体和欧洲自由贸易联盟所获得的不同程度的成功,引发了世界其他地区的效仿,导致60年代区域经济一体化的较大发展,尤其是在非洲和拉丁美洲的发展中国家中出现了一批一体化组织,但由于缺乏必要的经济基础,以及国家之间的经济融合程度不高,这些组织中的大部分陷于停顿甚或解体。80年代中期以来,区域经济一体化进入新的发展时期,进入90年代,区域经济一体化的发展达到鼎盛时期,20世纪90年代以来区域经济一体化的蓬勃发展不仅表现为一体化组织数量的增多,更表现为一体化组织的规模扩大和程度加深。欧洲经济共同体在统一市场建成的基础上向经济货币联盟迈进,并更名为欧洲联盟,成员国扩大为15个,而且已开始了"东扩"、"南下"、"北伸"的进程。美国和加拿大正式建立起自由贸易区,并通过纳入墨西哥而组建北美自由贸易区。东南亚国家联盟扩大为10个国家,并正在向2003年建成自由贸易区切实地推进。

20世纪90年代以后,区域经济一体化的发展还突破了只在经济水平相近的国家间形成一体化组织的传统做法,出现了由经济发展水平悬殊的发达国家与发展中国家共同组建区域经济一体化组织的新趋势。而且,区域一体化组织之间出现了跨洲际合作的新现象,最为引人注目的是以东盟和北美自由贸易区的成立和发展。预计21世纪初,跨区域、跨洲际的经济合作将得到进一步发展,区域经济合作的空间将不断扩大。在欧洲将形成欧洲—地中海自由贸易区;在美洲将建立美洲自由贸易区;美欧还可能建立起跨大西洋自由贸易区。

不仅发达国家无一例外地卷入了组建区域经济一体化新浪潮,而且广大发展中国家出于发展本国或本地区经济和共同对付发达国家的需要,也纷纷组建、巩固和发展自身的区域经济合作组织。据统计,目前全球共有33个地区一体化组织。一些主要的经济一体化组织简况见表14-1。

表14-1

经济一体化组织概览

名称	现有成员国（或地区）	总部（常设机构）所在地	成立时间
欧洲自由贸易联盟	奥地利、挪威、瑞典、瑞士、冰岛、芬兰、列支敦士登	日内瓦	1960.1
比荷卢经济联盟	比利时、荷兰、卢森堡	布鲁塞尔	1960.11
欧洲共同体（欧洲联盟）	爱尔兰、比利时、丹麦、德国、法国、荷兰、卢森堡、葡萄牙、西班牙、希腊、意大利、英国、奥地利、瑞典、芬兰	布鲁塞尔	1958（1994.1.1）
维谢格拉德集团	匈牙利、波兰、捷克、斯洛伐克	维谢格拉德	1991.2

(续表)

名称	现有成员国(或地区)	总部(常设机构)所在地	成立时间
黑海经济合作区	希腊、阿尔巴尼亚、罗马尼亚、保加利亚、俄罗斯、乌克兰、摩尔多瓦、亚美尼亚、阿塞拜疆、格鲁吉亚、土耳其	伊斯坦布尔	1992.6
独联体经济联盟	亚美尼亚、白俄罗斯、哈萨克斯坦、俄罗斯、乌兹别克斯坦、吉尔吉斯斯坦、摩尔多瓦、塔吉克斯坦、阿塞拜疆	莫斯科	1993.9
欧洲经济区	爱尔兰、比利时、丹麦、德国、法国、荷兰、卢森堡、葡萄牙、西班牙、希腊、意大利、英国、奥地利、挪威、瑞典、冰岛、芬兰		1994.11
经济合作组织	土耳其、巴基斯坦、伊朗、阿富汗、阿塞拜疆、哈萨克斯坦、乌兹别克斯坦、吉尔吉斯斯坦、土库曼斯坦、塔吉克斯坦	德黑兰	1985
东南亚国家联盟	印度尼西亚、马来西亚、新加坡、菲律宾、泰国、文莱、越南、老挝、柬埔寨、缅甸	雅加达	1967.8
海湾合作委员会	阿联酋、阿曼、巴林、卡塔尔、科威特、沙特	利雅得	1981.5
南亚区域合作联盟	孟加拉国、不丹、印度、马尔代夫、尼泊尔、巴基斯坦、斯里兰卡	加德满都	1985.12
阿拉伯合作委员会	埃及、约旦、伊拉克、也门	安曼	1989.2
阿拉伯马格里布联盟	阿尔及利亚、利比亚、毛里塔尼亚、摩洛哥、突尼斯	摩洛哥	1989.2
西非经济共同体	贝宁、布基纳法索、科特迪瓦、马里、毛里塔尼亚、尼日尔、塞内加尔	瓦加杜古	1973.4
西非国家经济共同体	上行7国,以及多哥、佛得角、冈比亚、几内亚比绍、几内亚、加纳、利比里亚、尼日利亚、塞拉利昂	阿布贾	1975.5
南部非洲发展协调会议	安哥拉、博茨瓦纳、津巴布韦、莱索托、马拉维、莫桑比克、纳米比亚、斯威士兰、坦桑尼亚、赞比亚	哈博罗内	1980.4
东部和南部非洲优惠贸易区	上行8国(不含博茨瓦纳、纳米比亚),以及埃塞俄比亚、布隆迪、吉布提、科摩罗、肯尼亚、卢旺达、毛里求斯、索马里、苏丹	卢萨卡	1981.12

(续表)

名　称	现有成员国(或地区)	总部(常设机构)所在地	成立时间
中非国家经济共同体	布隆迪、赤道几内亚、刚果、加蓬、喀麦隆、卢旺达、扎伊尔、中非圣多美和普林西比、乍得	利伯维尔	1983.10
安第斯集团	秘鲁、玻利维亚、厄瓜多尔、哥伦比亚、委内瑞拉	利马	1969.10
加勒比共同体	巴巴多斯、安提瓜和巴布达、巴哈马、伯利兹、多米尼加联邦、格林纳达、圭亚那、圣卢西亚、圣基茨和尼维斯联邦、牙买加、圣文森特与格林纳丁斯、特立尼达和多巴哥、蒙特塞拉特	乔治敦	1983.10
拉丁美洲一体化协会	阿根廷、秘鲁、玻利维亚、厄瓜多尔、哥伦比亚、墨西哥、委内瑞拉、乌拉圭、智利	塞得维的亚	1981.3
北美自由贸易区	美国、加拿大、墨西哥	墨西哥城	1992.12
中美自由贸易区	萨尔瓦多、洪都拉斯、危地马拉、尼加拉瓜	圣萨尔瓦多	1993.2
澳新自由贸易区	澳大利亚、新西兰	堪培拉	1990.7
亚太经济合作区*（亚太经合组织）	日本、中国、韩国、新加坡、印尼、马来西亚、泰国、菲律宾、文莱、越南、墨西哥、加拿大、美国、澳大利亚、智利、中国香港、中国台湾、新西兰、巴布亚新几内亚、秘鲁、俄罗斯	新加坡	1989.11

　　* 严格地讲，亚太经合组织并不是一种一体化形式。但是，它确实具有发展成一种松散的一体化形式的趋势，加之它与中国的对外贸易发展有着直接的关系，故一并列出。

14.2.2　主要地区的区域经济一体化进程

A．欧洲

欧洲是区域经济一体化的发源地。欧洲的区域经济一体化进程相对于其他地区进展更为顺畅，收效更为明显。欧洲将成为世界上最先建立全洲性经济共同体的地区。

自法国、联邦德国、意大利、荷兰、比利时、卢森堡6国政府于1957年3月签署《欧洲经济共同体条约》(又称《罗马条约》)，并于1958年在布鲁塞尔正式成立西欧

14 区域经济一体化

共同市场以来,随着英国、丹麦、爱尔兰、希腊、西班牙、葡萄牙、奥地利、瑞典、挪威、芬兰的先后加入,这个一体化组织逐渐发展壮大,规模不断扩大,并两度易名,先发展为"欧洲共同体(European Communities—EC)",后又定名"欧洲联盟(European Union—EU)",成为一个强大的经济和政治实体,在国际生活中发挥着日益重大的影响。西欧共同市场建立的最初动机只是建立一个区域性的关税同盟和农业共同市场,但该组织成立以来,经济一体化在广度和深度上不断发展。首先在一体化组织内部取消了工业品进口关税与限额,实现了对外统一关税。同时实施共同农业政策,实行统一的农产品价格管理制度,并进一步实行农产品出口补贴制度和设立欧洲农业指导和保证基金,促进农业的机械化和现代化。进入20世纪90年代以来,欧共体的影响更为巨大。1991年12月各成员国通过了《马斯特里赫特条约》(简称《马约》),提出了实现真正的全面的欧洲统一的新目标,其中包括:建立欧洲货币体系,并设立欧洲货币单位(European Currency Unit—ECU),成员国之间实行固定汇率,对外实行联合浮动,并建立欧洲货币基金,使得欧共体成为相对稳定的货币区;加强政治一体化的进程,组成统一的政治联盟,例如建立欧洲议会,实行防务合作的军事体制,经常磋商和协调对重大国际问题的立场等。所有这些都大大加强了欧共体作为一个整体的经济实力和政治力量。继欧洲中央银行成立后,欧洲单一货币——欧元又于1999年1月1日诞生,从而使欧洲经济一体化建设植根于欧盟各成员国的肌体之中。伴随着欧共体共同政策的不断调整变化,欧共体先后进行了4次扩充,由原先只有6国的欧共体扩大到目前拥有15国的欧盟(芬兰、瑞典、奥地利3国于1995年1月1日正式加入欧洲联盟)。欧盟还计划在2015年前后接纳马耳他、土耳其及10个中欧、东欧国家入盟,届时,欧洲将可能形成一个涵盖27个欧洲国家的统一经济区。

经过40多年的规划和发展,欧共体(欧盟)在经济建设领域取得巨大的成就。截至1999年底,欧盟总人口达3.76亿,国内生产总值合计8万多亿美元。欧盟已成为目前世界上生产国际化、经济贸易一体化程度最高、影响最大的一体化组织。

1993年1月1日起,欧共体内部大市场正式开始运行,除人员流动略有限制外,商品、资本、劳务已实现在区内的完全自由流通。统一市场的建立不仅提高了个别企业的规模经济,而且还提高了竞争程度,增加了整个一体化组织的经济效益。经济学家塞克奇尼(Paolo Cecchini)估计,1992年欧洲商品市场统一后,可能产生的经济利益约占欧共体12国全部国民生产总值的6%左右,其中0.2%来自取消贸易障碍,2.2%来自专业化分工和生产发展,2.1%来自规模经济,还有1.0%则来自竞争的加强。

欧共体也加强了与东欧国家的经济合作。它与波兰、匈牙利、前捷克斯洛伐克签署协定,双方建立了联系国关系。1995年2月1日,欧洲联盟与捷克、斯洛伐克、罗马尼亚、保加利亚四国签订的"欧洲协定"又正式生效。根据该协定规定,双方将在协定生效后5～10年内,逐步相互取消关税及其他贸易壁垒,同时在一定限度内实现人员和资本的自由流动。该协定将使中东欧国家完全融入欧洲一体化进程,为它们日后正式加入欧盟创造了条件。

B. 美洲

美洲可能是世界上第二个实现"洲际经济一体化"的地区。战后相当长一段时间,美洲的区域经济一体化发展极不平衡,南美发展较快,1960年形成了拉丁美洲自由贸易协会和中美洲共同市场两个一体化组织,而北美的美国、加拿大等国对此并不热心。但是,20世纪80年代中期以来,随着世界经贸格局的重大变化,这种状态发生了巨大的转变。在美国的积极活动和推动下,美加两国于1989年1月1日起正式执行《美加自由贸易协定(US—Canada Free Trade Zone)》。其后,美、加、墨3国政府首脑于1992年12月17日签署了《北美自由贸易协定(North American Free Trade Agreement)》,这成为美洲经济一体化的一个重要里程碑。该协定涉及3国之间的商品、服务贸易和投资自由化,知识产权保护,贸易争端的解决等内容,后来应美方的要求又加上了有关劳工和环境保护的补充规定,其中心内容是经过15年的过渡期最终建成包括3国在内的"北美自由贸易区(North American Free Trade Area—NAFTA)"。该协定已于1994年1月1日正式开始生效执行。北美自由贸易区的建立是发达国家和发展中国家在区域经济合作组织内实行垂直型国际分工的一种新的尝试,是南北合作的一种新尝试。北美自由贸易区自启动以来,取得了令人瞩目的成就。但是由于墨西哥和美加之间经济发展水平相差较远,其政治、法律、文化等社会环境不同,北美自由贸易区的运行也存在一些困难。

1994年12月,美洲34国领导人在美国迈阿密举行27年来的首次美洲国家首脑会议。根据会上达成的协议,美洲各国将于2005年前完成关于建立"美洲自由贸易区"的谈判。为此,各国首脑还签署了《原则宣言》和《行动计划》。在会议结束之时,关于智利加入北美自由贸易协定的预备性谈判已经开始。预计在21世纪初,一个横贯整个西半球(北起阿拉斯加南至火地岛)、涵盖30多个国家、拥有8.5亿人口和13万亿美元国民生产总值的"美洲经济圈"的雏形,将可能大致形成。

C. 亚洲、太平洋地区

与欧洲和美洲大陆相比,亚太地区的经济一体化进程显得较为缓慢,并与多年来经济蓬勃发展的势头不相协调。不过近年来在重大变化的外部形势推动下,亚太地区的经济一体化加快了步伐。

1989年1月,澳大利亚总理霍克访问韩国时提出"汉城倡议",建立召开亚太国家部长级会议,以讨论加强经济合作问题。经与有关国家磋商,1989年11月

5~7日,澳大利亚、美国、加拿大、日本、韩国、新西兰和东盟6国在澳大利亚首都堪培拉举行了亚太经济合作组织(Asia and Pacific Economic Cooperation—APEC)首届部长级会议,亚太经济合作组织正式成立,从此拉开了亚太地区经济合作的序幕。1993年1月1日,亚太经合组织秘书处在新加坡正式建立。1993年11月,亚太经合组织第一次领导人非正式会议在美国西雅图举行,高官——部长级——首脑会议三个层次的决策机制得以形成,这次会议成了亚太经合组织发展进程中的一个里程碑。

1994年11月在印尼茂物举行了第六届部长级会议和第二次国家首脑非正式会议,发表了《茂物宣言》,确定了发达国家在2010年前,发展中国家在2020年前实现区域内贸易和投资自由化的构想。各国一致同意在人力资源、基础设施建设、科学与技术、环境保护、中小企业发展和公共部门的参与等方面加强合作。1995年11月的大阪会议,亚太经合组织成员国通过了《大阪宣言》和《行动议程》,提出了九大原则作为实现贸易与投资自由化的基础,以便实现长远目标。亚太经合组织的当时18个成员国(或地区)都作出了加快合作进程的承诺。大阪《行动议程》的通过和实施,标志着亚太经合组织由摇摆的阶段进入务实行动的阶段。

然而,亚太地区要实现其合作目标,障碍依然很多,路途还很长远。亚太区域广大,各国经济政治制度差异又大,这就决定了这种经济合作不可能像欧洲联盟和北美自由贸易区那样紧密,而只能是一种建立在共同利益上的松散合作。与此相对应,次区域经济合作就非常活跃,其中影响较大的主要有两个:其一是澳新自由贸易区。从20世纪60年代中期起,这个贸易区内已经取消商品关税,1980年7月1日起又取消关税配额和进口许可证制度,形成了一个比较完善的自由贸易区。另一个是东南亚国家联盟。近几年来东盟推进经济一体化所取得的进展是亚太地区次区域经济集团扩大和深化的典型。1991年10月,东盟6国达成关于15年内将其建成为自由贸易区的协议,1994年又决定将提前五年于2003年建成自由贸易区,同时接受越南为其正式成员。随着老挝、柬埔寨、缅甸3国的加入,东盟已发展为包括东南亚10国的联盟。东盟还通过"十加三"首脑会议加强与中国、日本、韩国的经济合作。

此外,南亚各国在1985年也创立了南亚区域合作联盟。1990年11月在马尔代夫举行了第五届南亚区域合作联盟首脑会议,并通过《马累宣言》。1993年4月11日在达卡会议上,各国首脑签署了《南亚优惠贸易安排》,承诺会员国之间进口商品时,可以享受10%的关税优惠待遇。不过,南亚诸国产业结构趋同,产品相互竞争的可能性远大于相互间的互补性,加之经济发展程度较低,短期内难以大力调整产业结构,这在一定程度上影响了区域经济合作的深化。

D. 其他地区的经济一体化

在非洲,区域经济一体化始于20世纪60年代。1964年成立了中非关税和经济同盟，1967年成立了东非经济共同体。近年来，非洲大陆各种一体化组织发展迅速，经济合作逐步加强。据不完全统计，全非已有40多个地区性经济合作组织和8个经济一体化组织。1991年6月，非洲32个国家的元首、政府首脑及其代表签署了建立"非洲经济共同体"的条约，规定到2025年间，分六个阶段逐步建成一个"非洲经济共同体"，最终在非洲实现商品、资金和劳务的自由流动，并建立统一的中央银行，发行非洲统一货币。当然，由于历史、政治和经济等方面的诸多原因，其实际进程可能较为艰难坎坷。但面临着沦为"第四世界"的巨大压力和其他地区经济集团化的严峻挑战，21世纪初，"非洲经济圈"的建设有可能获得比较顺利的进展。

中亚和独联体国家的经济一体化目前也在迅速发展。原苏联在解体后四分五裂，却依然建立起独联体，这本身就说明在经济一体化的世界潮流中，大多数原苏联加盟共和国同样需要某种一体化形式来加强彼此间的经济联合。但从长远看，"独联体"这种形式还不足以帮助他们解决各自的经济问题，因而他们会参与其他各种形式的地区经济一体化。其中俄罗斯联邦共和国在将来的世界经济合作中，较大可能是其亚洲部分进入东亚经济集团或西太平洋经济区，其欧洲部分和另一些地处欧洲的独立共和国逐步纳入欧洲经济圈。而中亚的一些独立共和国将进而参加土耳其、伊朗等筹划的黑海和里海经济区，如1992年成立的"黑海经济合作区"。此外，西亚经济合作运动一度陷于沉默，近年又发出新的声音。例如海湾合作委员会各国在1992年底达成协议，宣布从1993年起建立共同市场，统一进口关税，以保证进口货物在沙特、科威特、巴林、卡塔尔、阿曼和阿联酋六国间的自由流动。不过要看到，西亚地区多为阿拉伯国家，在经济上与北非的阿拉伯国家关系密切，与欧洲国家有着传统的经济联系。所以，西亚各国在未来的经济一体化进程中，一种可能是会加强区域内的合作；另一种可能则是"各奔前程"，各自向欧洲经济区和非洲经济区靠拢。

综观世界各主要地区的经济一体化进程可见，区域经济一体化已是全球性的浪潮。这一方面反映了国际分工在当代的深化，各国之间的经济关系日益紧密，生产和消费越来越超越国界走向国际化，各国经济各自为政的局面已成过去，国家之间、地区之间经济联系越来越需要更多的协调及相应的制度安排；另一方面，它又反映了多边自由贸易体制正面临巨大挑战及区域性贸易保护主义抬头的一种倾向。

14.3 区域经济一体化的动因及影响

14.3.1 区域经济一体化的基本动因

区域经济一体化的形成与发展，有着深刻的历史原因和社会经济基础。

其一是地缘关系。由于邻国在历史、民族习惯、宗教信仰、消费偏好等方面较为相似,加之地理位置邻近,因而具有建立和发展彼此间经济贸易往来的基础,国际间最初的经济贸易往来,几乎都是以地缘经济为基础发展起来。而且,地缘经济在世界贸易发展史上一直具有重要的意义。地缘经济的范围随着生产力的发展而不断扩大,可以说区域贸易的集团化是经济地缘化在当代的集中表现,是经济地缘化发展的新阶段。

其二是贸易壁垒的存在。世界经济一体化、全球贸易自由化已是不可逆转的趋势,然而,20世纪70年代中期以来,新贸易保护主义抬头,在多边贸易体制下存在着重重贸易壁垒,尤其是进入80年代以后,各种贸易保护主义的冲击和威胁变本加厉,使世界各国不得不寻求维护自由贸易的新方式。于是,在多边贸易体制的另一侧,发展形成了以降低贸易壁垒,推进自由贸易为中心的区域经济合作组织。

其三是世界经济发展的不平衡。二战以来,在经济不平衡发展规律的作用下,各国经济实力的消长变化很大。尤其是冷战结束后,形成多极化格局,各国之间的竞争,尤其是经济竞争日益激烈,仅靠一国力量获取长久的优势已不可能,而源于地缘和传统经贸联系组成区域经济集团则不失为提高竞争力的重要选择。美国联合加拿大、墨西哥,稳住拉美,插足亚太;欧盟不断深化一体化进程,与欧洲自由贸易联盟建立欧洲经济区乃至第四次扩大;日本致力于亚太区域经济合作;发展中国家纷纷掀起经济地区主义浪潮,无不是依靠周边国家的经济贸易联合,提高自身竞争实力的重要举措。

其四是科学技术的发展。二战后的科技革命极大地提高了各国的劳动生产率,促进了世界范围的生产国际化,加强了生产和科学技术的国际化,从而为经济全球化和区域经济一体化奠定了物质技术基础。20世纪90年代开始,美国、日本、西欧的一些国家竞相建设"信息高速公路",使全球信息产业迅猛发展,并推动了各国间经济合作的进一步发展。

此外,政治上的需要,调整区域内部的资源配置以降低成本、提高竞争力,以及打开一些一贯封闭保守的国家的市场以降低两国间贸易差额等等,亦是区域经济一体化组织形成不可忽视的原因。

14.3.2 区域经济一体化的影响

区域经济一体化的形成和发展对成员国和非成员国均有很大的影响,既有正面效应,也有负面影响。

A. 一体化的内部影响

区域经济一体化对成员国自身的经济影响主要是积极的,但也有一定的消极作用。

　　a. 促进了集团内部贸易的增长。区域经济一体化组织成立后,通过消除关税和非关税壁垒,形成区域性的统一市场,加强了区域内商品、劳务、技术和资本等生产要素的自由流动,从而加深了成员国在经济上的相互依赖程度,同时集团内的国际分工使销售渠道稳定,这就推动了成员国内部贸易的发展,集团内部贸易在成员国对外贸易总额中所占比重显著提高。以欧共体为例,随着欧共体内部市场容量的不断扩大,成员国之间贸易迅速增长,其速度大大超过与区外贸易的增长。1965 年欧洲经济共同体内部贸易所占比重还小于对世界其他地区的贸易。

　　在全球自由贸易难以实行的情况下,区域经济一体化无疑为小范围内资源的合理利用和配置提供可能。由于成员国之间生产要素能更大程度地自由流动,这就为区域一体化内部厂商实现规模经济提供了条件。厂商规模经济的取得和提高,使得国民收入水平提高,从而直接增加了市场容量。这一结果带动区域一体化成员国贸易规模的扩大。据有关专家统计,欧洲经济共同体成员国因取消彼此间贸易障碍而使相关的成本降低 20%～30%。

　　b. 改变了国际贸易的地区分布。区域经济一体化改变了国际贸易的地区分布,使贸易更多地趋向于区域内部。在一体化内部贸易迅速增加的同时,成员国减少与区外非成员国的贸易。如欧共体对美国的贸易占其贸易总额的比重 1985 年为 11.4%,1987 年下降至 8.6%;欧共体对发展中国家的贸易占其贸易总额的比重则由 1985 年的 30.3%下降到 1987 年的 20.4%。

　　c. 有利于经济一体化国家整体贸易地位的提高。区域经济一体化使得原来一些单个经济力量比较薄弱的国家以整个集团出现在世界经济舞台上,其经济地位显然提高。由于其地位上升和竞争能力的增强,加重了这些国家在国际贸易谈判桌上的分量,在一定程度上维护了本身的贸易利益。以欧洲经济共同体为例,1958 年创建时,其经济实力同当时美国这个经济大国相比,存在着极大的差距,6 个成员国的国内生产总值之和仅相当于美国的 40%,出口贸易和美国相近,黄金外汇储备只有美国的 55%。但到了欧共体发挥作用之后,大部分成员国经济增长率超过美国,而且欧共体的阵营不断扩大,到 1979 年,欧共体 9 国的国内生产总值达 23 800 亿美元,超过美国的 23 480 亿美元,出口贸易额超过美国两倍以上,黄金外汇储备则比美国大 5 倍多。欧共体内部贸易在世界贸易中的比重也从 1975 年的 18.5%上升到 1990 年的 24.2%。

　　至 1999 年,欧盟 15 国的国内生产总值已达 8 万多亿美元,与接近 9 万亿美元的美国国内生产总值相差不大。欧盟作为一个整体已成为世界经济格局中强有力的一极,无论是对其成员国还是对周边邻国都产生了巨大的凝聚力和向心力。目前,中东欧国家纷纷申请入盟。这些国家不仅入盟意愿强烈,而且在不断加强与欧盟的经济联系。

d. 成员国经贸政策的自主权相应受到约束。在区域经济一体化之前,各成员国的贸易政策基本具有自主性,完全由自己决定和实施。但在经济一体化集团内,区域性国际协调必然渗透到各成员国经贸政策的制定过程之中,从而在一定程度上缩减了自己的经济主权。例如,成员国的进出口管理体制、外汇体制、产业政策及有关的经济体制和政策的制定,都要遵守区域性安排中的法则和规范,承担相应的义务,并不断协调彼此间的实施步伐和利益分配。随着一体化程度的不断深化,成员国的经济自主权将越趋缩减。

B. 一体化的外部影响

区域经济一体化对区外非成员国的经贸活动也有着一定的积极影响。这表现为:区域性集团实现内部经济一体化后,其成员国自身会增强经济活力,促进经济加速发展,扩大对外需求,从而在一定程度上促进了世界贸易总量的增长。这就为各国经济发展提供了更多的机遇,即产生"收入溢出效应"。此外,由于区域经济一体化在技术开发领域创造的新成果也会向外扩散,使得区外国家也可受益。欧共体优惠的科技合作政策,汇集了区内各国的科技精英,推动新技术产品的联合开发,这些成果也会随出口的增长转移到其他国家,提高了世界的科技开发水平。

然而,区域性经济集团化内外有别的各项政策对非成员国更多的是不利影响。

首先,区域经济一体化以加强对区外国家的保护为特征之一。扩大内部贸易是以牺牲与集团外国家的部分贸易额为代价的,使得区外国家本可以进入区内的商品和劳务受到严厉的保护主义的打击,这反映了其固有的排他性和歧视性。随着一体化的深化和扩大,世界范围的贸易保护主义将随之加强。这样恶化了国际贸易的环境,尤其是使区外发展中国家的贸易环境雪上加霜。特别是对出口商品结构还比较落后的发展中国家,向西欧和北美出口较以前更为困难。

其次,区域经济一体化还改变了国际直接投资的地区流向。由于贸易转移影响,原来以出口方式进入市场的外国跨国公司,因受到歧视而改为以直接投资取代出口,在一体化区域内部直接生产。这样可以绕过进口国关税与非关税壁垒,以保护从前通过出口所占领的市场。这是因为,虽然区域一体化并没有提高非成员国商品的关税率,但由于成员国之间取消关税,就会使非成员国的跨国公司与一体化成员国的跨国公司相比处于竞争劣势。只有投资于区域集团内部以享有国民待遇,才能使非成员国跨国公司的劣势得以消除,进而保护其传统市场。显然,流入的外部直接投资是从世界其他地区潜在的投资转移来的,所以,一体化区域内外国直接投资的增加,意味着一体化区外的投资相应下降。例如,美国对欧共体直接投资的增加,恰恰与其减少对发展中国家的投资同步进行。美国在欧共体投资存量占其对外直接投资总额的比重,由1957年的6.7%增加到1991年的41.9%,而同期,其对发展中国家直接投资的份额则从40.6%下降到24.7%。

再次,区域经济一体化在一定程度上困扰着多边贸易体系的正常运行和进一步发展,从而影响全球贸易环境。世界经济区域化、集团化趋势,将使若干个实力相当或相近的区域性经济集团出现在世界经济大舞台上。可以预计,在它们之间合作与竞争并行不悖。这样,现在的国与国之间的协调,将转化为区域与区域之间的国际经济协调。相比之下,由于经济集团具有错综复杂的利益格局,而任何一种国际协调都不可能完全符合各国的经济利益,因此,不可避免地会出现反对国,国际协调将受到重重阻力,不能完全或顺利地贯彻。

总之,区域经济一体化具有双重性质,它以对内自由贸易,对外保护贸易为基本特征。对内,由于取消关税和非关税壁垒,促进了内部贸易的自由化,使区域内各国间的生产专业化和国际分工更为密切和精细,从而使内部贸易迅速增长。从这一意义上说,它是走向世界经济一体化的一个阶梯,使世界各国的经济变得更加难以分割。对外,由于贸易保护的加强,区域内部同外部国家间的贸易相对减弱,从而使本来很紧密的世界经济分成若干相对立的区域,又不利于世界经济一体化的发展。因此,世界各国应达成共识,以全球贸易自由化为目标制定贸易政策,并通过世界贸易组织采取有效措施,规避区域经济一体化的消极影响,充分发挥其积极作用,努力将区域经济一体化汇入全球贸易自由化的潮流之中。

14.4 经济一体化理论

对于区域经济一体化问题,许多经济学家进行了深入的研究和探索,并提出了不少理论和学说,其中以范纳和利普西的关税同盟理论和小岛清的协议性国际分工原理最为成熟。

14.4.1 关税同盟理论

对关税同盟理论研究较多的学者有美国普林斯顿大学经济学教授范纳(J. Viner)、利普西(R. G. Lipsey)。按照范纳的观点,完全形态的关税同盟应具备三个条件:(1)完全取消各参加国之间的关税;(2)对来自成员国以外地区的进口设置统一的关税;(3)通过协商方式在成员国之间分配关税收入。因此,关税同盟有着互相矛盾的两种职能:对成员国内部是贸易自由化措施,对成员国以外则是差别待遇措施。关税同盟理论主要研究关税同盟形成后,关税体制的变更——对内取消关税,对外设置共同关税——对国际贸易的静态和动态效果。

A. 关税同盟的静态效果

关税同盟的静态效果主要是指贸易创造效应(trade creating effect)和贸易转移效应(trade diverting effect)。

所谓贸易创造,是指由于关税同盟内实行自由贸易后,产品从成本较高的国内生产转往成本较低的成员国生产,从成员国的进口增加,新的贸易得以"创造"。其效果是:(1) 由于取消关税,成员国由原来生产并消费本国的高成本、高价格产品,转向购买成员国的低价格产品,从而使消费者节省开支,提高福利。(2) 提高生产效率,降低生产成本。从一国看,以扩大的贸易取代了本国的低效率生产;从同盟整体看,生产从高成本的地方转向低成本的地方,同盟内部的生产资源可以重新配置,改善了资源的利用。

所谓贸易转移,是指由于关税同盟对外实行保护贸易,导致从外部非成员国较低成本的进口,转向从成员国较高成本的进口,发生"贸易转移"。其效果是:(1) 由于关税同盟,阻止从外部低成本进口,而以高成本的供给来源代替低成本的供给来源,使消费者由原来购买外部的低价格产品转向购买成员国的较高价产品,增加了开支,造成损失,减少福利。(2) 从全世界的角度看,这种生产资源的重新配置导致了生产效率的降低和生产成本的提高。由于这种转移有利于低效率生产者,使资源不能有效地分配和利用,使整个世界的福利水平降低。

现引用利普西的数例加以说明(见图 14-1)。假定在一定的固定汇率下,X 商品的货币价格在 A 国为 35 美元,在 B 国为 26 美元,在 C 国为 20 美元,并假定 A、B 两国结成关税同盟,互相取消关税。

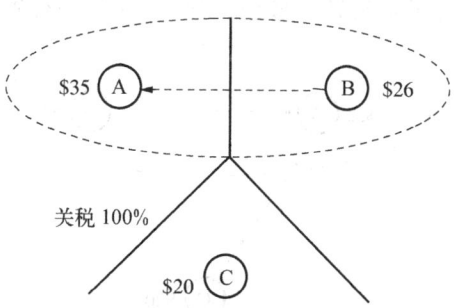

(实线:结成同盟前;虚线:结成同盟后)

图 14-1 贸易创造效应

在图 14-1 中,假定缔结关税同盟前,A 国凭借保护性关税,自己生产 X 商品。在这种情况下,为了阻止价格最低的(20 美元)来自 C 国的进口,就需要征收 75% 以上的关税,现假定关税为 100%。当 A 国与 B 国结成关税同盟,互相取消关税后,从 B 国的进口从以前的 35 美元降低到 26 美元。不言而喻,A 国必须停止 X 商品的生产(在成本可变的情况下,必须把生产压缩到成本为 26 美元才合算)。这时 A、B 两国都要凭借保护才能阻止来自 C 国的进口。也就是说,缔结关税同盟以前,因为 A、B 两国设有保护关税,A、B、C 3 国都生产 X 商品,3 国之间的贸易被关税隔断了。而在缔结关税同盟之后,则创造出了从 B 国向 A 国出口的新的贸易和国际分工(专业化),这就是所谓的贸易创造效应。这时,A 国可以用较低的价格(以前 35 美元,现在 26 美元)买到 X 商品,从而提高了福利。从 A、B 两国整体情况看,由于生产从高成本转向了低成本,节省了资源,因而能提高福利。对 C 国来说,因为它原来就不与 A、B 两国发生贸易关系,所以仍和以前一样,没有什么不利;而如果把关税同盟国家增加收入、增加进口的动态效果计算进去,C 国也会有利可得。因此,对整个世界是有利的。也就是说,建立关税同盟后,关税同盟与外部关系未变,但在同盟内实现了生产的专业化和自由贸易。3 国之间本来没有贸易关系,而关税同盟在其内部创造和扩大了贸易。从这个意义上讲,关税同盟推动了贸易自由化的发展。

在图 14-2 中,假定缔结关税同盟前 A 国不生产 X 商品,而采取自由贸易,无税(或关税很低)地从国外进口,则当然是从成本最低的供给者 C 国以 20 美元的价格进口。而在同 B 国缔结关税同盟后,A 国将从 B 国花 26 美元进口。假定 A、B 两国的关税同盟按照 C 国 20 美元与 B 国 26 美元的差距征收 30% 以上的统一进口关税,则共同关税阻碍了从低价格(20 美元)的 C 国的进口,保护了 B 国(26 美元)低效率、高成本的生产,使 B 国 X 商品在 A 国获得市场。这意味着在关税同盟中保护了落后工业,出现了贸易转移效应。显然,这是一种贸易保护的倾向,并因不

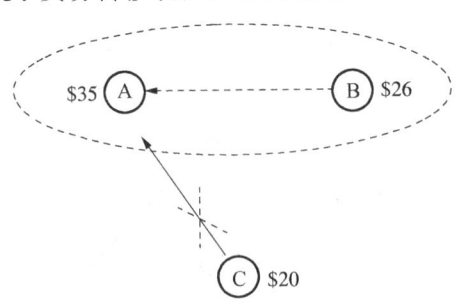

(实线:结成同盟前;虚线:结成同盟后)

图 14-2 贸易转移效应

能有效地分配资源而使整个世界（包括B国在内）福利降低。前面假定A国在缔结关税同盟之前是无税的，即使是有税的（例如在C国20美元与B国26美元之差的30%范围以内，假定是20%），结果也是一样的。这是因为，A国的进口还是从结盟前的较低供给来源（24美元）转向了现在的较高供给来源（26美元）。因此，贸易转移效应必然表现为贸易保护的加强。

可见，关税同盟以两种相反的方式影响贸易和福利。如果说贸易创造代表利益，贸易转移所增加的成本便是代价。结成关税同盟是获得净利益还是带来净损失，取决于贸易创造和贸易转移影响的大小。图14-3中，假定A国为小国，D_X和S_X分别代表A国X产品的国内需求曲线和供给曲线，S_B和S_C分别代表B国和C国在自由贸易条件下的供给曲线，显然，C国的生产效率高于B国。在结盟前，若A国对X产品征收水平为T的非歧视性关税，则它将按(P_C+T)的价格从C国进口S_2D_2。而A国与B国结盟后，取消对B国的关税，对C维持原关税水平T，则$P'_C=P_C+T>P_B$，A国故而从价格较低的成员国进口X产品，在P_B价格下，A国的进口量为S_3D_3，其中，原有的S_2D_2为贸易转移，是生产由高效率的C国转移至低效率的B国所致，新增的$S_3S_2+D_2D_3$则是由于征收歧视性关税、B国的进口价低于C国而产生的贸易创造。结盟后，A国消费者剩余增加了(a+b+c+d)；生产者剩余减少了a部分；由于丧失了关税收入，A国政府损失了(c+e)。因此，关税同盟给A国带来的净福利影响是(b+d)−e，影响不确定。

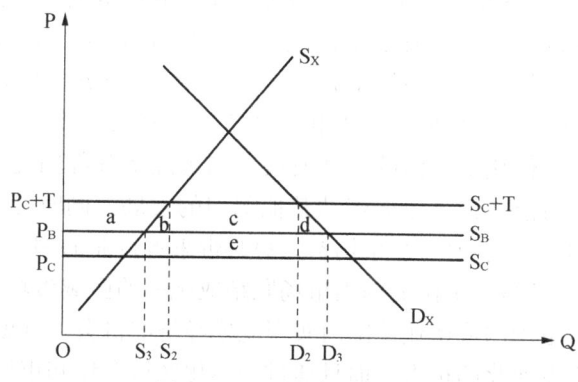

图14-3 关税同盟的静态效果

贸易创造和贸易转移对经济福利影响的大小，取决于以下因素：一是结盟前成员国的关税水平。结盟前关税水平越高，结盟后的贸易创造效果越大，越有可能超过贸易转移的效果。在图14-3中，若T越高，(P_C+T)与P_B的距离就越大，则(b+d)，即贸易创造的效果就越大。二是成员国的供给与需求弹性。成员国的供给与需求弹性越大，贸易创造效果越大。图14-3中，若D_X和S_X曲线越平坦，则贸易创造(b+d)的效果越大。三是成员国与非成员国的成本差异。成员国与非成员国的成本差异越小,贸易转移效果就越小。即图14-3中,若 P_B 与 P_C 间的距离越小,则贸易转移效果 e 越小。四是成员国的生产效率。成员国的生产效率越高,贸易创造效果越大,结盟后社会福利水平越有可能提高。五是同盟国对外关税水平。同盟国对外关税水平越低,贸易转移的可能性越小。六是缔结关税同盟的成员国多少。结盟的国家越多,贸易转移的可能性越小,资源重新配置的利得越大。七是结盟前成员国贸易量。结盟前,成员国彼此间的贸易量越大,或与非成员国间的贸易量越小,结盟后贸易转移的可能性越小,经济福利越可能提高。八是成员国之间经济结构的竞争性和互补性。成员国的经济结构的竞争性越大、互补性越小,结盟后福利水平越可能提高。

除了贸易创造和贸易转移带来的关税同盟静态福利效应之外,关税同盟还会产生一些其他的静态效果。首先,关税同盟建立以后,成员国之间取消关税,从而可以减少征收关税的行政支出。其次,关税同盟建立后,成员国与非成员国的贸易量减少,使关税同盟作为一个整体对外部的贸易条件改善。最后,同盟国作为一个整体,"用一个声音说话",可以加强对外谈判力量。

B. 关税同盟的动态效果

关税同盟还具有经济的动态经济效果,即刺激各成员国的经济增长,并带来国民收入的持续增长。这些动态效果会通过一系列渠道表现出来。

a. 获得规模经济效益。规模经济效益是指当企业规模扩大到一定程度时,单位产品生产成本的下降。美国经济学家巴拉萨(B. Balassa)认为,关税同盟可以使生产厂商获得重大的内部与外部经济之利。内部规模经济主要来自对外贸易的增加,以及随之带来的生产规模的扩大和生产成本的降低。外部规模经济则来源于整个国民经济或一体化组织内的经济发展。国民经济各部门之间是相互关联的,某一部门的发展可能在许多方面带动其他部门的发展。同时,区域性的经济合作还可导致区域内部市场的扩大,市场扩大势必带来各行业的相互促进。也就是说,建立关税同盟,将使各成员国的国内市场联结成统一的区域市场,而更大的区域市场将增加在经济范围内或产业范围内实现规模经济的机会。这就有利于推动企业生产规模和生产专业化的扩大。而且通过一体化区域合作和市场扩大也有助于基础设施(如运输、通讯网络等)实现规模经济。这些对于小国尤为明显。

b. 加强市场竞争,推动利益增长。区域经济一体化组织的建立,摧毁了原来各国受保护的市场,提高了市场的竞争性。市场竞争将增强比较价格作为相对稀缺性指标的可靠性,从而导致市场效率和透明度的提高,并促进资源配置效率改善。即使在寡头或垄断市场结构下,在产品差异和规模经济存在的条件下,广大市场范围内所增强的竞争将限制或削减相互串通或其他滥用市场力量所带来的社会成本。竞争还将刺激公司改组和产业合理化,推动先进技术的广泛使用,从而将促进现代化的进一步发展。这些自然有助于提高经济效益和增进社会利益。

西托夫斯基(T. Scitovsky)认为,竞争加强的影响是欧洲经济共同体最重要的影响。他认为关税同盟建立后,促进了商品流通,可以加强竞争、打破独占,经济福利因此提高。这是因为高关税会促进垄断,使一二家大公司统辖为数较多而效率低下的小生产者,他们宁愿用高价来排挤小企业而不肯提高产量。如果关税较低,大公司则不得不进行竞争,小企业也会联合、合并,提高效率。

但是有些学者对此持相反的看法,认为区域经济一体化的发展,使贸易壁垒消除,内部市场扩大,易于获取生产的规模经济,从而产生独占,导致效率和福利下降。

c. 刺激投资。通过多国协定的约束,区域一体化扩大了市场规模,改善了投资环境。这样,它对成员国内部的投资者和非成员国的投资者都大大加强了投资吸引力。关税同盟从以下几方面使投资增加:(1)关税同盟成立后,成员国市场变成统一的大市场,需求增加,从而使企业投资增加。(2)商品的自由流通,使同行业竞争加剧。为了提高竞争能力,厂商一方面必须扩大生产规模,增加产量,降低成本。另一方面必须增加投资,更新设备,提高装备水平,改进产品质量,并研制新产品,以改善自己的竞争地位。(3)由于关税同盟的成员国减少了从其他国家的进口,迫使非成员国为了避免贸易转移的消极影响,到成员国内进行直接投资设厂,就地生产,就地销售,以绕开关税壁垒。这一点被认为是欧洲经济共同体成立后,美国到欧共体国家投资激增的主要原因。

更大区域的市场以各种形式所增加的投资机会,也会提高创新的利润率,因为研究与发展的固定成本将在更广的市场范围内加以分散,并促进规模经济的实现。同时,竞争引起的公司改组、合理化、现代化和技术改进将进一步提高投资的水平和效率。

但是,也有一些学者认为,关税同盟建立后,由于受贸易创造效应影响的产业会减少投资,且外部资金投入会使成员国的投资机会减少等原因,关税同盟内部的投资不一定会增加。

d. 促进生产要素的自由流动。关税同盟成立后,市场趋于统一,生产要素可以在成员国间自由流动,提高了要素的流动性,劳动力和资本从边际生产力低的地区流向边际生产力高的地区。劳动力的自由流动,有利于人尽其才,增加就业机会,提高劳动者素质。自然资源的流动能使物尽其用。关税同盟还能促使企业家精神在成员国之间传播和发扬。这些都将使生产要素配置更加合理,要素利用率提高,降低了要素闲置的可能性,从而有益于生产资源的最佳配置。

日本通产省的《通商白皮书(1991年度)》就区域经济一体化趋势在经济上所引起的正负两方面的效果列表加以说明,参见表14-2。

表 14-2

区域性经济一体化的效果

对区域外国家影响的效果	区域外与区域内国家贸易影响的效果	积极效果	1. 区域内经济增长的提高,对第二次贸易扩大的效果	贸易扩大效果(域内)	区域内的输入需求变为国内廉价品的贸易
				域内规模经济效益的提高	由于市场扩大,规制的标准化,实现市场份额的稳定
				促进竞争的效果	区域内输入的优惠,加强了对外来输入品的竞争
				技术、产业网络等利用的可能性增大	
			2. 交易成本降低的效果		由于域内各国的规制、基准等的标准化和简化,当域外向域内输出时,也可因手续简化而使成本降低
		消极效果	3. 贸易转换效果		从域外的输入由相对价廉的域内国的输入品所代替
			4. 交易条件效果(在大国参加区域性集团的情况下)		当域外国的输入减少的条件下,该域外国的商品就会因滞销而价格下落,从而使该域外国的交易条件恶化
			5. 调整障碍效果(在关税同盟条件下)		随着同盟各国外贸政策的统一,域外国很难获得同样的补偿
	其他		6. 投资转换效果		由于域内国竞争加强,就要求产业结构的调整
对区域集团内国家所受影响的效果			7. 区域性集团内经济结构调整效果		由于域内国竞争加强,就要求产业结构的调整
			8. 关税收入减少		
			9. 行政性成本降低		由于贸易政策、制度废止和简化,使成本降低

资料来源:孙执中:《论经济区域性一体化对经济增长的影响》,《世界经济》1992 年第 10 期。

14.4.2 协议性国际分工原理

协议性国际分工原理是由日本教授小岛清提出的。他认为,在经济一体化组织内部如果仅仅依靠比较优势原理进行分工,不可能完全获得规模经济的好处,反而可能会导致各国企业的集中和垄断,影响经济一体化组织内部分工的和谐发展和贸易的稳定。因此,必须实行协议性国际分工,使竞争性贸易的不稳定性尽可能保持稳定,并促进这种稳定。

所谓协议性国际分工,是指一国放弃某种商品的生产并把国内市场提供给另一国,而另一国则放弃另外一种商品的生产并把国内市场提供给对方,即两国达成互相提供市场的协议,实行协议性分工。协议性分工不能指望通过价格机制自动地实现,而必须通过当事国的某种协议来加以实现,也就是通过经济一体化的制度把协议性分工组织化。像拉美中部共同市场统一产业政策,由国家间的计划决定的分工,就是典型的协议性国际分工。

协议性国际分工原理建立在成本长期递减理论的基础上。如图14-4所示的Ⅰ国和Ⅱ国X、Y两种商品的成本递减曲线,其中纵轴表示两国分别生产两种商品时的成本。现假定Ⅰ国和Ⅱ国达成互相提供市场的协议,Ⅰ国要把Y商品的市场、Ⅱ国要把X商品的市场,分别提供给对方,即:X商品全由Ⅰ国生产,并把Ⅱ国X_2量的市场提供给Ⅰ国;Y商品全由Ⅱ国生产,并把Ⅰ国Y_1量的市场提供给Ⅱ国。两国如此进行集中生产,实行专业化之后,如图中虚线所示,两种商品的成本都明显下降。但这仅仅是每种商品的产量等于专业化前两国产量之和的情况,如果同时考虑随着成本的下降所引致的两国需求的增加,实际效果将更大。

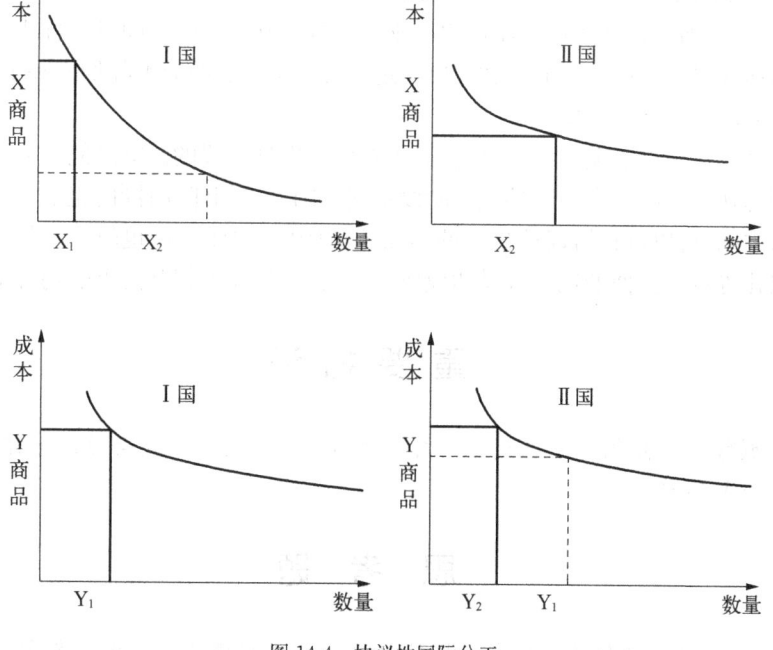

图14-4 协议性国际分工

应该注意到以上的分工方向,并不是因为 X 商品在 I 国的成本较低,Y 商品在 II 国的成本较低,即不是由比较成本的价格竞争原理决定的。从图中可以看到,X 商品在 I 国的成本较高,Y 商品的成本两国相同。这就是说,尽管 X 商品与比较优势的竞争原理所指示的方向相反,Y 商品两国成本相同,但是若能互相提供市场,首先进行分工,就可以实现规模经济,互相买到低廉的商品。

此外,还有一点应该注意。如果与图 14-4 所示的情况相反,即 I 国对 Y 商品实行专业化,II 国对 X 商品实行专业化,也可以获得分工的益处。但由于新的分工使 Y 商品的成本与图示相比没有多大变化,而 X 商品专业化后的成本则高于图示的成本,因而其分工的益处要小于图示中所得到的益处。这是因为,图 14-4 中,对 Y 商品来说,两国成本曲线基本相同,初期生产量也基本相同,因而初期成本是基本一致的;而对 X 商品来说,初期生产量小的 I 国虽然成本较高,但是它的成本递减率很大,随着生产规模的扩大,成本越来越低。

由上面的分析可以看到,为了互相获得规模经济的好处,实行协议性国际分工是非常有利的。但达成协议性分工还必须具备下列条件:

a. 参加协议的国家生产要素禀赋比率没有多大差别,工业化水平和经济发展水平相近,因而协议性分工的对象商品在哪个国家都能进行生产。

b. 作为协议分工对象的商品,必须是能够获得规模经济的商品,一般是重工业、化学工业的商品。

c. 每个国家自己实行专业化的产业和让给对方的产业之间没有优劣之分,否则不容易达成协议。这种产业优劣主要决定于规模扩大后的成本降低率和随着分工而增加的需求量及其增长率。

上述三个条件表明,经济一体化必须在同等发展阶段的国家之间建立,而不能在工业国与初级产品生产国这种发展阶段不同的国家之间建立;同时也表明,在发达工业国家之间,可以进行协议性分工的商品范畴较广,因而利益也较大。另外,生活水平和文化等较为类似的地区容易达成协议,并且容易保证相互需求的均等增长。

重 要 名 词

区域经济一体化　关税同盟　共同市场　经济同盟　完全经济一体化　贸易创造　贸易转移

思 考 题

1. 什么是区域经济一体化?区域经济一体化有哪几种形式?各有什么特点?

2. 简述区域经济一体化形成和发展的动因。
3. 试述区域经济一体化的现状和发展趋势。
4. 试析区域经济一体化的内部影响和外部影响。
5. 关税同盟的静态效果有哪些?
6. 何谓贸易创造效果?何谓贸易转移效果?试分析。
7. 关税同盟的静态效果的大小,主要取决于哪些因素?
8. 关税同盟的动态效果有哪些?

15

贸易条约与协定

15.1 贸易条约与协定的涵义

贸易条约与协定(commercial treaty and agreement)是两个或两个以上的主权国家为了确定彼此间在经济、贸易关系方面的权利和义务关系而缔结的书面协议。

早在资本主义以前就有贸易条约与协定,资本主义生产方式诞生后,随着国际贸易的发展,贸易条约与协定的数量日益增加,内容也日益复杂。

贸易条约与协定按照参加国的多少,可分为双边和多边贸易条约与协定两种。前者是在两个主权国家之间缔结的,如通商航海条约、贸易协定、支付协定等;后者是由两个以上主权国家共同缔结的,如国际商品协定、关贸总协定、洛美协定(现科托努协定)等。

贸易条约与协定是国际条约与协定的一种,是国家间经济贸易往来的法律文件形式和法律依据之一。作为反映并巩固国家之间在国际政治舞台上经济力量、政治力量对比关系的一种法律形式,贸易条约与协定必然反映缔约国对外政策和对外贸易政策的要求,并为缔约国实行对外政策和对外贸易政策的目的服务。从历史上看,贸易条约与协定最初主要是用来调整缔约国之间关于自然人与法人相互来往的贸易关系问题。随着资本主义的发展和各国间经济关系的加强,在贸易条约与协定中,一般将缔约国政府本身的相互经济与贸易关系作为主要内容。贸易条约与协定的条款,通常在形式上保持平等,但实际上,缔约国在经济上的利益,往往取决于缔约国的政治、经济实力对比状况,因此,缔约国之间从贸易条约与协定中得到的实际利益并不是均等的。发达资本主义国家往往利用贸易条约与协定作为其对外扩张,夺取销售市场、原料来源和投资范围的重要手段。

第二次世界大战后,世界政治与经济形势发生了深刻的变化,发达资本主义国家之间为了达到稳定国际贸易发展、保障贸易利益、加强经济贸易与合作等目的,签订了不少贸易条约与协定。许多发展中国家为维护本国的主权和保护民族经济的发展,在平等互利的基础上,也与发达国家签订了一系列贸易条约与协定。贸易条约与协定已成为各国对外贸易政策的主要组成部分。但20世纪70年代中期以后,发达国家为保护其国内市场,采取了新的贸易保护主义政策,这使得发达国家之间以及发达国家和发展中国家所签订的许多贸易条约与协定中,往往带有贸易保护主义的色彩,对国际经济与贸易的发展产生了消极影响。

15.2 贸易条约与协定的种类

15.2.1 贸易条约

这里所说的贸易条约(commercial treaty)是狭义上的概念,又称通商航海条约(treaty of commerce and navigation),是全面规定缔约国之间经济、贸易关系的条约。其内容相当广泛,涉及缔约国经济、贸易、航海等各个方面的问题,主要包括:关税的征收及海关手续的规定、船舶航行与使用港口的规定、关于缔约双方的公民和企业组织在对方国家所享受待遇的规定、有关知识产权保护的规定、关于进口商品征收国内捐税的规定、关于铁路运输和过境的规定、关于仲裁裁决的规定等。

由于贸易条约的内容关系到国家的主权与经济权益,因此,这种条约是以国家或国家首脑的名义签订的,由国家或国家首脑特派全权代表签订。双方代表在条约上签字之后,还需按有关缔约国的法律程序完成批准手续,缔约国间互相换文后才能生效。有效期限一般比较长。

15.2.2 贸易协定

贸易协定(trade agreement)是缔约国间为调整和发展相互间经济贸易关系而签订的书面协议。其特点是,与贸易条约相比,所涉及的面比较窄,对缔约国之间的贸易关系往往规定得比较具体,有效期较短,签订程序也较简单,一般只需经签字国的行政首脑或其代表签署即可生效。

贸易协定的内容通常包括:贸易额、双方出口货单、作价办法、使用的货币、支付方式、关税优惠等。未签订通商航海条约的国家间,在签订贸易协定时,通常把最惠国待遇条款列入。对贸易额和双方出口货单的规定往往不是硬性的,在具体执行时还可以通过协商加以调整。

15.2.3 贸易议定书

贸易议定书(trade protocol)是缔约国就发展贸易关系中某项具体问题所达成的书面协议。这种议定书往往是作为贸易协定的补充、解释或修改而签订的,内容较为简单,如用来规定有关贸易方面的专门技术问题,或个别贸易协定中的某些条款,有时也用来规定延长条款或协定的有效期。在签订长期贸易协定时,关于年度贸易的具体事项,往往通过议定书的方式加以规定。也有在两国尚未达成贸易协定时,先签订议定书,暂时作为进行贸易的依据。贸易议定书有的是作为贸易协定的附件而存在;有的则是独立文件,具有与条约、协定相同的法律效力。其签订程序比贸易协定更为简单,一般经签字国有关行政部门的代表签署后即可生效。

15.2.4 支付协定

支付协定(payment agreement)大多为双边支付协定,是规定两国间关于贸易和其他方面债权债务结算方法的书面协议。其主要内容包括:清算机构的确定、清算账户的设立、清算项目与范围、清算货币、清算办法、差额结算办法的规定等。

支付协定是外汇管制的产物。在实行外汇管制的条件下,一种货币不能自由兑换另一种货币,对一国所具有的债权不能用来抵偿对第三国的债务,结算只能在双边基础上进行,因而需要通过缔结支付协定来规定两国间的债权债务结算方法。这种通过相互抵账来清算两国间的债权债务的办法,既有助于克服外汇短缺的困难,亦有利于双边贸易的发展。

自1958年以来,西方一些主要资本主义国家相继实行货币自由兑换,双边支付清算逐渐为多边现汇支付清算所代替。但对于一些目前仍实行外汇管制的发展中国家,往往还签订支付协定。

15.2.5 国际商品协定

国际商品协定(international commodity agreement)是某项商品的主要生产国(出口国)和消费国(进口国)就该项商品的购销、价格等问题,经过协商达成的政府间多边协定。其主要目的在于稳定该项商品的价格和供销,消除短期和中期的价格波动。

国际商品协定的主要对象是发展中国家所生产的初级产品。发展中国家为了保障自身的利益,希望通过协定维持合理的价格;而作为主要消费国的工业发达国家则持另一种态度,在价格偏低时,他们对签订协议并不感兴趣,只有当价格上涨时,才想通过协定保证价格不致上涨过高,并保证供应,才有签订协议的要求。因此,在谈判和签订协定的过程中,生产国和消费国之间充满着矛盾。在第二次世界大战以前,只签订有小麦(1933年)和糖(1937年)两种国际商品协定。二战以后,共签订了糖(1953年)、锡(1956年)、咖啡(1962年)、橄榄油(1958年)、小麦(1949年)、可可(1973年)、天然橡胶(1979年)七种国际商品协定。

国际商品协定主要通过设立缓冲库存(buffer stock)、签订多边合同

(multilateral contracts)、规定出口限额(export quotas)或出口限额与缓冲库存相结合等办法来稳定价格。缓冲库存,即协定执行机构向成员国筹措的缓冲基金(包括存货和现金),当协定商品价格偏低时,即以现金购买商品以避免价格下跌,当价格偏高时,即抛出存货以抑制价格上涨。国际锡协定和国际天然橡胶协定就是采用这种方法来稳定价格。多边合同通过规定在协定规定的价格幅度内,进口国向各出口国购买一定数量的有关商品,出口国也向各进口国出售一定数量的有关商品来稳定商品价格。国际小麦协定就是采用这种办法稳定小麦价格的。出口限额则通过控制商品供应量来稳定价格,即先规定一个基本的年度出口配额,再根据市场需求情况作相应的增减。国际咖啡协定和国际糖协定即采取这种办法。国际可可协定则采用出口限额与缓冲存货相结合的办法来稳定价格。

应该指出,国际商品协定最多只对协定商品的短期价格发挥一些稳定作用,对于长期价格的稳定并不能产生任何重大影响,有些协定甚至在签订之后就形同具文,对协定商品价格的稳定未曾发生任何作用。

15.3 贸易条约与协定的结构

贸易条约与协定一般由序言、正文和结尾三个部分组成。

序言有一定的格式,通常载明条约当事国的国名、特命全权代表的姓名和缔结条约的目的与遵循的原则。

正文是贸易条约与协定的主要组成部分,它是有关缔约各方权利、义务的具体规定,是实质性条款的部分。各种贸易条约或协定的主要内容,都是在正文中予以规定的。

结尾,即行政条款或最后条款,包括条约的生效、有效期、延长或废止的程序、份数,条约使用的文字等内容,还有签订条约的地点和各方代表的签名。其中缔结条约的地点对于需经批准的条约有特别的意义。以双边条约为例,如果条约是在一方首都签订的,按照惯例,批准书就应在对方国家的首都交换。贸易条约与协定所使用的文字就双边贸易条约而言,一般用缔约国双方的文字写成,并且规定两种文字具有同等的效力。如系多边贸易条约,还使用国际通用的文字,如英文、法文、拉丁文等。

15.4 贸易条约与协定中所依据的法律原则

15.4.1 最惠国待遇原则

最惠国待遇是贸易条约与协定中的一项重要条款,其涵义是:缔约国一方现在和将来所给予任何第三国的一切特权、优惠和豁免,也同样给予缔约国对方。其基本要求是使缔约一方在缔约另一方享有不低于任何第三国享有或可能享有的待遇。

最惠国待遇可分为无条件的最惠国待遇和有条件的最惠国待遇两种。无条件的最惠国待遇,是指缔约国一方现在和将来给予任何第三国的一切优待,立即无条件无补偿地、自动地给予对方。有条件的最惠国待遇,是指如果缔约国一方给予第三国的优惠是有条件的,则另一方必须提供同样的补偿,才能享受这种优待。无条件的最惠国待遇是英国首先采用的,故又称"欧洲式"最惠国待遇;有条件的最惠国待遇是美国最先采用的,故也叫"美洲式"最惠国待遇。现在的国际贸易条约与协定普遍采用无条件的最惠国待遇原则。

最惠国待遇原则可以适用于缔约国经济贸易关系的各个方面,也可以只适用于贸易关系中某几项具体问题。在贸易协定中适用的范围一般包括:(1)有关进口、出口、过境商品的关税和其他捐税;(2)有关商品进口、出口、过境、存仓和换船方面的海关规则、手续和费用;(3)进出口许可证的发给及其他限制措施。在通商航海条约中,缔约双方的船舶驶入、驶出和停泊时的各种税收、费用和手续等也包括在最惠国待遇的适用范围内。

在贸易条约中,一般还规定了不适用最惠国待遇的限制和例外条款。如缔约国一方给予邻国有关边境贸易的特惠待遇、关税同盟的成员国之间或在特定国家之间的特惠待遇、多边国际条约的成员国所享有的权利等均不适用最惠国待遇。

15.4.2 国民待遇原则

国民待遇(national treatment)原则就是缔约各方相互承诺,保证缔约对方的公民、企业和船舶在本国境内享有与本国公民、企业和船舶同等的待遇。其基本要求是:缔约国一方根据条约的规定,应将本国公民享有的权利和优惠扩及缔约国对方在本国境内的公民、企业和船舶。其适用范围通常包括:外国公民的私人经济权利、外国产品应缴纳的国内税、利用铁路运输转口过境的条件、船舶在港口的待遇、商标注册、著作权及发明专利权的保护等等。但沿海航行权、领海捕鱼权、土地购买权、零售贸易权等通常不包括在内。

15.4.3 互惠原则

互惠(reciprocal treatment)原则的基本要求是:缔约国双方根据协议相互给予对方的法人或自然人对等的权利和待遇。这项原则不能单独使用,必须与其他特定的权利或制度的内容相结合加以反映。互惠待遇之所以在现代国际贸易中广泛使用,是因为:互惠待遇可以拓展一国产品的国外市场;可以促进两国的贸易关系;可以维持两国贸易的平衡;可以表示两国互相尊重的平等精神和可以长期保持经济与贸易关系。

重 要 名 词

贸易协定　支付协定　国际商品协定　最惠国待遇　国民待遇

思 考 题

1. 简述最惠国待遇的涵义、种类、适用范围及例外。
2. 二战以后签订的国际商品协定有哪些?
3. 国际商品协定主要通过哪几种方法来稳定协定商品的价格?

16

世界贸易组织

16.1 世界贸易组织的前身——关税与贸易总协定

关税与贸易总协定(General Agreement on Tariff and Trade—GATT,简称总协定)是世界贸易组织的前身,是关于关税与贸易政策的多边国际协定。

关税与贸易总协定于1947年10月30日由23个国家在日内瓦签订,1948年1月1日生效。1995年12月正式退出历史舞台,1996年1月1日为世界贸易组织所取代。47年内,总协定的成员不断增加,缔约方之间的贸易额不断提高,其规范的领域不断扩大,在国际贸易中的作用日益加强。截至1994年年底,总协定已有正式缔约方128个,缔约方之间的贸易额约占世界贸易的90%以上。其规范领域由关税到非关税措施,由货物贸易延伸至服务贸易、知识产权保护和投资措施。总协定的多边贸易规则成了世界各国普遍接受的共同准则,它对世界贸易乃至整个世界经济的发展发挥了非常重要的作用。从1947年总协定建立到1994年终止,世界贸易增加10余倍,这在很大程度上应归功于总协定的成功运作。

16.1.1 关贸总协定的产生

第二次世界大战以后,除美国之外的发达资本主义国家,均留下了战争重创,在恢复本国国民经济的同时,都关心世界经济的重建。当时,国际经济关系上有三大问题急需解决:其一是在金融方面,重建国际货币制度,维持各国间汇率的稳定和国际收支的平衡,因金本位制度在战前经济大危机中已经崩溃;其二是在国际投资方面,创立处理长期国际投资问题的国际组织;其三是在贸易方面,重建国际贸易秩序,扭转贸易保护主义和歧视性贸易政策,促进国际贸易自由化。美国作为战后超级政治经济大国,为了对外扩张和担当重建世界经济的领袖,积极倡导和推动了战后国际经济关系三大问题的解决。前两个问题的解决,分别产生了国际货币基金组织(International Monetary Fund—IMF)和世界银行(International Bank of

Reconstruction and Development—IBRD)。对于第三个问题的解决,由于拟议中的国际贸易组织(International Trade Organization—ITO)的夭折而由关贸总协定代行。

国际贸易组织的构想是由美国国务院提出的。1946年2月,联合国经济与社会理事会通过决议,决定召开联合国贸易与就业会议,负责国际贸易组织的筹建和宪章的起草工作。1947年4月在日内瓦举行的第二次筹备会议上通过了《国际贸易组织宪章》草案,并达成了123项双边关税减让协议。之后,参加国将这些协议与草案中有关贸易政策的部分加以合并,经修改后称为《关税与贸易总协定》,并将其作为一项过渡性的临时协议来处理各国在关税和贸易方面的问题,待《国际贸易组织宪章》生效后就用宪章的有关部分代替它。同年10月30日,23个国家签署了《关税与贸易总协定临时适用议定书》,并于1948年1月1日起临时生效。

1947年11月,在哈瓦那召开的世界贸易和就业会议上通过了《国际贸易组织宪章》(即《哈瓦那宪章》)。但由于美国国会对其他国家提出的修正案不予批准,其他各国也持观望态度,《哈瓦那宪章》没有得到必要数量国家的批准,因而成立国际贸易组织的计划未能实现。关贸总协定就成为各缔约国在贸易政策方面确立某些共同遵守的准则,推行多边贸易和贸易自由化的一项唯一的、带有总括性的多边协定,一直沿用至世界贸易组织正式成立,才结束其临时性地位。

关贸总协定的总部设在瑞士日内瓦,其组织机构主要有缔约国大会;代表理事会;委员会、工作组和专门小组;18国咨询组;总干事;秘书处。

16.1.2 关贸总协定的宗旨、内容及基本原则

A. 关贸总协定的宗旨和内容

关贸总协定既是一项含有一整套多边贸易原则和规则的契约,又是缔约方进行贸易谈判的场所。其宗旨是:通过多边贸易谈判,大幅度地削减关税和其他贸易障碍,取消国际贸易中的歧视待遇,从而实现提高生活水平,保证充分就业,保障实际收入和有效需求的持续增长,扩大世界资源的充分利用和扩大商品的生产和交换。

《关税与贸易总协定》本件最初只有三部分,共35条,后因发展中国家的加入,总协定于1965年增加了3条有关发展中国家贸易和发展问题的内容,作为第四部分。总协定的第一部分为第1条和第2条,是总协定的核心,规定了最惠国待遇原则和关税减让表;第二部分从第3条到第23条,是总协定的重要条款,主要是各缔约方的贸易政策;第三部分从第24条到第35条,主要为各有关程序和手续的规定;第四部分从第36条到第38条,是专门处理发展中国家贸易和发展问题的条款。

《1994年关税与贸易总协定》(GATT1994)继承了《1947年关税与贸易总协定》的整体,同时对有关条款进行了修正和扩充,并结合一些附带协议(side agreement)。

B. 关贸总协定的基本原则

关贸总协定的基本原则可归纳为以下几条：

a. 非歧视原则。这是总协定最为重要的原则，通过无条件的最惠国待遇条款和国民待遇条款体现。

b. 关税保护和关税减让原则。总协定只允许缔约国通过关税来保护国内某些产业，且要求缔约国之间通过关税减让谈判逐步降低关税。总协定原则上不允许采用非关税壁垒进行保护。

c. 一般取消或禁止数量限制原则。总协定原则上禁止采用进出口数量限制。但是，为了稳定农产品市场或/和改善国际收支或/和促进发展中国家的经济发展，可在非歧视的基础上实施或维持数量限制。

d. 公平贸易原则。总协定反对倾销和出口补贴等不公平贸易行为，并授权缔约国在其某项工业由于倾销或出口补贴受到重大损害或受到重大威胁时，可征收反倾销税或反贴补税予以抵制。

e. 豁免与采取保障措施原则。总协定规定，当某缔约国因承担义务使某种产品进口大量增加而严重损害或严重威胁国内同类产品的生产时，可以全部或部分地暂停实施其所承担的义务，或者撤销或修改关税减让，但在采取该保障措施行动之前，必须与受影响的缔约国磋商，否则受影响的缔约国有权暂停实施大体上对等的关税减让或其他义务。

f. 磋商调解原则。总协定规定了磋商调解和解决贸易争端的程序和办法。在总协定范围内，大部分贸易争端通过有关缔约方直接协商解决，经缔约方协商未能解决的问题，总协定理事会可设立独立专家小组来审查，寻求双方均满意的解决办法。

g. 给予发展中国家特殊优惠待遇原则。总协定规定了给予发展中国家的贸易与经济发展方面以关税和其他特殊优惠待遇，如允许发展中国家之间进行有限的关税减让，而不必对发达国家实行对等的减让；允许发展中国家进行有限的出口补贴；发展中国家可享受普遍优惠制等等。

h. 贸易政策法规在全国统一实施和透明原则。总协定原则上要求缔约方提前公布所有的贸易政策法规，使其他缔约方在其实施前有一定时间熟悉之。但总协定不要求公开那些会妨碍法令的贯彻执行、会违反公共利益或会损害某一企业的正当商业利益的机密资料。

16.1.3 关贸总协定的历次谈判回顾

A. 关贸总协定历次谈判简况

总协定以多边贸易谈判为其主要活动内容。自1947年以来，在总协定的主持下，共举行了八轮多边贸易谈判，每一轮谈判都取得了一定的成果。参见表16-1。

16 世界贸易组织

表 16-1

关税与贸易总协定历次多边贸易谈判简况表

届次	谈判时间	谈判地点与名称	参加方	谈判主要议题	谈判主要成果
1	1947年4月至10月	瑞士日内瓦	23	关税减让	就45 000项商品达成关税减让协议，使占资本主义国家进口值54%的应税商品平均降低关税35%，影响世界贸易额近100亿美元；关贸总协定也随谈判的成功和临时适用协定的签订而临时生效。
2	1949年4月至10月	法国安纳西	33	关税减让	谈判总计达成的双边关税减让协议147项，增加关税减让商品5 000项，使占应税进口值56%的商品平均降低关税35%。
3	1950年10月至1951年4月	英国托尔基	39	关税减让	达成关税减让协议150项，又增加关税减让商品8 700项，使占应税进口值11.7%的商品平均降低关税26%。
4	1956年1月至5月	瑞士日内瓦	28	关税减让	达成近3 000项商品的关税减让，但仅涉及25亿美元的贸易额，使占应税进口值16%的商品平均降低关税15%。
5	1960年9月至1962年7月	瑞士日内瓦（狄龙回合）	45	关税减让	达成约4 400项商品的关税减让，共涉及49亿美元的贸易额，使占应税进口值20%的商品平均降低关税20%。
6	1964年5月至1967年6月	瑞士日内瓦（肯尼迪回合）	54	(1) 关税减让 (2) 反倾销问题	使分别列入各国税则的关税减让商品项目合计达60 000项，工业品进口税税率下降了35%，影响了400亿美元的商品贸易额；制定了第一个反倾销协议；为发展中国家新增了贸易与发展部分；开创了波兰作为"中央计划经济国家"参加关贸总协定多边贸易谈判的先例。
7	1973年9月至1979年4月	瑞士日内瓦（东京回合、尼克松回合）	99	(1) 关税减让 (2) 减少、消除非关税壁垒 (3) 框架协议	以一揽子关税减让方式达成关税减让与约束，涉及3 000多亿美元贸易额，平均关税水平下降35%；达成多项非关税壁垒协议和守则；通过了给予发展中国家优惠待遇的"授权条款"。

(续表)

届次	谈判时间	谈判地点与名称	参加方	谈判主要议题	谈判主要成果
8	1986年9月至1993年12月	瑞士日内瓦（乌拉圭回合）	117	共15项议题，大致可分为4大类：市场准入；贸易竞争规则；"新领域"的议题和贸易体制程序的议题	达成涉及21个领域的45个协议，减税商品涉及的贸易额高达1.2万亿美元，减税幅度近40%，近20个产品部类实行了零关税；农产品的非关税措施全部关税化，并进行约束和减让，纺织品的歧视性配额限制在10年内取消；非关税壁垒受到严格规范；涉及的三个新领域即服务贸易、与贸易有关的知识产权和与贸易相关的投资措施等议题谈判成功；达成了关于建立世界贸易组织协定。

B. 关贸总协定历次多边贸易谈判的特点

从各次谈判情况，可以看出总协定的发展过程和特点。

a. 参加总协定的国家不断增加。总协定临时生效之初，仅有23个缔约方，截至1994年底已有128个缔约方。而且，每次参加多边贸易谈判的国家也在增加。这从一个侧面说明了战后贸易自由化在世界范围内不断扩大。

b. 历次多边贸易谈判中，发达国家居于主要地位。尤其是美国、欧洲经济共同体、日本等是谈判的主角，也是谈判的主要受益者。尽管发展中国家在总协定中的权益逐步受到重视，但因其在国际贸易中的比重只占1/5左右，加上其市场受到发达国家的控制与垄断，使发展中国家从谈判中获得的利益较少。在"乌拉圭回合"谈判中，广大发展中国家得到的实惠比希望的少得多，在市场准入、纺织品贸易自由化等方面远未达到要求，而在其处于劣势的服务贸易、知识产权、投资等领域却不得不承担许多新的义务。

c. 美国在总协定中的地位举足轻重，影响巨大，但其作用日趋下降。美国是总协定的积极倡导者和支持者，总协定是在美国的积极策动下产生的，并且总协定的历次多边贸易谈判也都是在美国的提议下进行的。但是20世纪70年代末以来，由于美国经济实力衰退，加之欧洲经济共同体和日本等经济实力的增强，美国的权威地位开始动摇，谈判实力不断削弱。在"乌拉圭回合"谈判中，欧共体的强硬立场使美国在谈判开始时提出的对农产品"取消一切补贴"的"世界农业改革长期目标"已被暂时搁置起来。

d. 谈判内容增多，谈判时间拉长。随着世界经济结构的变化，贸易内容的复杂，加上各缔约方经济贸易发展的不平衡，使得谈判内容从关税减让扩展到非关税壁垒，谈判所涉及的商品从有形商品贸易扩展到无形商品和服务贸易。由于谈判内容的增加，范围的扩大，牵涉面越来越广，每次谈判的时间逐渐拉长。早期的谈判几个月就可以完成,到"乌拉圭回合"则历时 7 年之久。

16.1.4 乌拉圭回合多边贸易谈判

1986 年 9 月 15～20 日在乌拉圭埃斯特角城举行的关税和贸易总协定缔约国部长级会议,决定发动第八轮多边贸易谈判,即"乌拉圭回合"。这一轮谈判范围之广泛、议题之复杂,对世界经济影响之深远,在总协定历史上都是空前的。

A. 乌拉圭回合谈判议题与目标

1986 年 9 月 20 日,总协定缔约国部长级会议发表的《乌拉圭回合部长宣言》,确定谈判范围为货物贸易谈判和服务贸易谈判两大部分,涉及 15 个议题,即关税、非关税措施、热带产品、自然资源产品、纺织品和服装、农产品、关贸总协定条款、保障条款、多边贸易谈判协议和安排、补贴和反补贴措施、争端解决、与贸易有关的知识产权包括冒牌货贸易问题、与贸易有关的投资措施、关贸总协定体制作用和服务贸易。

关于货物贸易谈判,《乌拉圭回合部长宣言》规定的目标是:"决心制止和扭转保护主义,消除贸易扭曲现象;决心维护关贸总协定的基本原则和促进关贸总协定的目标;决心建立一个更加开放的、具有生命力和持久的多边贸易体制"。关于服务贸易谈判,其目标是:"制订处理服务贸易的多边原则和规则的框架,包括对各个部门制订可能的规则,以便在透明和逐步自由化的条件下扩大服务贸易,并以此作为促进所有贸易伙伴的经济增长和发展中国家发展的一种手段。"

B. 乌拉圭回合谈判达成的协议和协定

乌拉圭回合谈判涉及面广,难度大,谈判各方存在着错综复杂的矛盾,尤其是发达国家之间在农产品补贴问题上的严重分歧,使谈判屡屡搁浅,一拖再拖。在各方的共同努力下,乌拉圭回合于 1993 年 12 月 15 日终告结束。

乌拉圭回合多边贸易谈判达成了《乌拉圭回合多边贸易谈判成果的最后文件》(The Final Act Embodying the Result of the Uruguay Round of the Multilateral Trade Negotiations),简称《最后文件》。该文件包括 28 个协议和协定,涉及关税、非关税措施、热带产品、自然资源产品、原产地规则、装船前检验、反倾销、补贴和反补贴、技术性贸易壁垒、进口许可证程序、海关估价、政府采购、农产品贸易、纺织品和服装、保障条款、统一的争端解决制度、总协定体制的运行、与贸易有关的投资措施、与贸易有关的知识产权、服务贸易、国营贸易、动植物检疫、贸易政策审议机制、民用航空器贸易、国际收支、奶制品贸易、牛肉贸易、建立世界贸易组织等议题。《最后文件》于 1994 年 4 月 15 日正式签署,1995 年 1 月 1 日正式生效。

C. 乌拉圭回合谈判的主要成果

如上所述,乌拉圭回合谈判达成了包括 28 个协议的《最后文件》,取得了显著的成果,现将一些主要成果简介如下:

a. 大幅度削减工业品关税。各缔约方平均减税幅度达 40%,涉及的贸易额高达 1.2 万亿美元,其中有 20 个产品实行零关税。发达国家的工业品关税税目约束比例由乌拉圭回合前的 78% 扩大到 97%,发展中国家同期的税目约束比例则由 21% 剧增到 65%。

b. 对农产品贸易作出较为全面的安排。《农业协议》确立了农产品贸易的非关税措施关税化原则,且各缔约方承诺在实施期限内,将各自的农产品关税削减到一定水平,所有关税(包括关税化后的关税)均受约束。《农业协议》还要求成员方削减"黄箱"政策措施(即那些对生产和贸易产生扭曲作用的国内支持)和出口补贴。议定的削减比例见表 16-2。

c. 确定了纺织品与服装贸易自由化目标。依纺织品和服装协议规定,在世界贸易组织生效后的 10 年内分三个阶段逐步取消进口数量限制和进口年增率;在发达国家逐步取消数量限制的同时,发展中国家也必须开放国内市场。协议还规定建立纺织品监督机构,以监督协议的实施和审理有关协议实施的争端。

表 16-2
农产品保护减让表[①]

	发达国家 (1995—2000 年)	发展中国家 (1995—2004 年)
关税[②]		
全部农产品平均削减	36%	24%
每项产品最低削减	15%	
"黄箱"政策措施		
综合支持总量[③]削减 (以 1986—1988 年平均水平为基期)	20%	13%
出口补贴		
补贴额削减	36%	24%
补贴量削减 (以 1986—1990 年平均水平为基期)	21%	14%

① 最不发达国家不需承诺削减关税或补贴。

② 关税削减的基础税率为 1995 年 1 月 1 日前的约束税率;对于未约束的关税,基础税率为 1986 年 9 月乌拉圭回合开始时的实施税率。

③ 综合支持总量(aggregate measurement of support—AMS)指"给基本农产品生产者生产某项特定农产品提供的,或者给全体农产品生产者生产非特定农产品提供的年度支持措施的货币价值"。

d. 简化了进口许可证程序。协议规定：保留许可证要求和程序的缔约方，在申请许可证的程序方面所作的任何改变都必须在实施变化之前至少 21 天公布；进口商提交许可证申请的期限至少为 21 天；缔约方若要制定颁发许可证的新程序或改变现行程序，必须在 60 天内将有关规定通知进口许可证委员会。

e. 强化了保障措施的管理。保障条款协定限定了缔约方实施保障措施的先决条件，明文禁止实施"灰色区域"措施，并设立了一个"日落条款"。

f. 完善了争端解决机制。乌拉圭回合制定了统一的争端解决程序；《关于争端解决之规则和程序谅解书》强化了原有的各种争端解决程序，并设立了一个新的上诉机构。

g. 建立了政策审议机制。该机制设立了贸易政策审议机构；确立了定期审查制度，对国际贸易环境的发展状况进行年度总评，以确保关贸总协定及乌拉圭回合各项协议在良好的环境下得以切实执行。

h. 首次将服务贸易、与贸易有关的知识产权及与贸易有关的投资措施等新领域纳入了多边规则的管辖之下。《服务贸易总协定》(General Agreement on Trade in Services—GATS)提供了对服务贸易的适用规则，规定了最惠国待遇、国民待遇、市场准入、透明度、款项和转拨资金的自由流通，以及"特许计划"制度的一体化；《与贸易有关的知识产权协定》(Agreement on Trade-Related Aspects of Intellectual Property-Rights—TRIPs)确立了规则，要求签约国对专利、版权、工业设计、商标、商业秘密、集成电路、地理标志(如用于酒类的标志)以及与知识产权相关的物品等实行最低限度水平的保护；《与贸易有关的投资措施协议》(Agreement on Trade-Related Investment Measures—TRIMs)规定了在缔约国内实行某些限制的投资规则，以抵制一些国家假借投资管理而对自由贸易实施限制的行为。

i. 达成了关于建立世界贸易组织的协定。这是乌拉圭回合的一项重大的意外成果，协定规定建立世界贸易组织，统辖当今国际贸易中货物、服务、知识产权、投资措施等领域的规则。

16.2 世界贸易组织

世界贸易组织是国际贸易领域最大的政府间国际组织，统辖当今国际贸易中货物、服务、知识产权、投资措施等领域的规则，并对各成员之间经济贸易关系的权利和义务进行监督和管理。

世贸组织成立于 1995 年 1 月 1 日，1995 年与关贸总协定并行了 1 年，1996 年 1 月 1 日事实取代总协定。世贸组织总部设在瑞士日内瓦。截止到 2001 年 11 月，已有成员方 142 个,成员之间的贸易量占世界贸易的 95% 以上。

16.2.1 世界贸易组织的产生

如前所述,早在关贸总协定成立以前,已有一个国际贸易组织的意念,借以处理国际间各项影响贸易的因素。而关贸总协定只是一份临时起草的协议,为的是在国际贸易组织正式成立之前,能尽快推行贸易自由化。后因美国国会未批准成立国际贸易组织,关贸总协定便成了国际贸易谈判的场所,但始终处于临时性的地位,其权威性不强。

随着国际经济贸易形势的发展,关贸总协定的作用因其法律地位、职能范围、管辖内容和运行机制等方面的局限性而日显有限,故建立国际贸易组织的呼声和建议在关贸总协定实施的 40 多年中未曾中断。学术界更是关心成立国际贸易组织问题,并提出一系列构想。

关贸总协定发动"乌拉圭回合"以来,建立国际贸易组织问题引起了普遍关注。但建立世界贸易组织与世界贸易组织协议的达成,可谓是"乌拉圭回合"多边贸易谈判的一项重大意外成果。

当 1986 年"乌拉圭回合"多边贸易谈判开始时,其中的 15 个议题中并没有建立世界贸易组织的问题,只是设立了一个关于修改和完善关贸总协定体制职能的谈判小组,但是,在新议题中已涉及货物贸易以外的问题,如知识产权保护、服务贸易以及与贸易有关的投资措施等。面对这些非货物贸易的重要议题,很难在关贸总协定的旧框架内来谈判,而有必要创立一个正式的国际贸易组织通过分别谈判来解决。因此,在 1990 年年初,欧共体时任主席国意大利首先提出了建立一个多边贸易组织的倡议。这个倡议后来以 12 成员国名义正式提出,得到美国、加拿大等主要西方大国的支持,同年 12 月召开的布鲁塞尔部长会议上正式作出决定,责成体制职能小组负责"多边贸易组织协议"的谈判。历经一年的紧张谈判,于 1991 年 12 月形成了一份"关于建立多边贸易组织的协定草案",并成为同年底《邓克尔最后案文》的一个部分。经过两年的修改和完善,最终于 1993 年 12 月 15 日"乌拉圭回合"结束时根据美国的动议把"多边贸易组织"(MTO)改名为"世界贸易组织"(World Trade Organization——WTO,简称"世贸组织")。《建立世界贸易组织协议》于 1994 年 4 月 15 日在摩洛哥的马拉喀什部长会议上获得通过,《建立世界贸易组织协议》连同其四个附件,加上《部长会议宣言》及决定共同构成了"乌拉圭回合"多边贸易谈判的一揽子成果,并采取"单一整体"义务和无保留例外接受的形式,由 104 个参加方政府代表签署,其中包括中国政府代表的签署。至此,一个国际贸易领域的正式组织——世界贸易组织宣告成立,于 1995 年 1 月 1 日开始运作,从而结束 40 多年关贸总协定临时适用的历史。

16.2.2 建立世界贸易组织的马拉喀什协议

《建立世界贸易组织的马拉喀什协议》(Marrakesh Agreement Establishing the World Trade Organization)简称《建立世界贸易组织协议》，由序言、16条案文和4个附件组成。序言和16条案文主要规定了世界贸易组织的宗旨和目标、职能、组织机构、成员资格、决策方式，以及特定成员之间互不适用多边贸易协议等内容，4个附件就规范和管理多边贸易关系作了实质性规定。附件1包括：(1) 多边货物贸易协定(13)；(2) 服务贸易总协定及其各附件；(3) 与贸易有关的知识产权协定。附件2是关于争端解决规则与程序的谅解。附件3为贸易政策审议机制协议。附件4是诸边贸易协议，包括：(1) 民用航空器贸易协议；(2) 政府采购协议；(3) 国际奶制品协议；(4) 国际牛肉协议。

16.2.3 世界贸易组织的宗旨和基本原则

A. 宗旨和目标

《建设世界贸易组织协议》的序言规定，世界贸易组织全体成员"在处理贸易和经济领域的关系时，应以提高生活水平、确保充分就业、大幅度和稳定地增加实际收入和有效需求、持续地开发和合理利用世界资源、拓展货物和服务的生产和贸易为目的，努力保护和维持环境，并通过与各国的不同经济发展水平相适应的方式来加强环保。"由此可见，世界贸易组织的宗旨不仅重申了关贸总协定的目标，而且强调扩大服务贸易、保护和维持环境、确保各成员方（包括发展中成员）在国际贸易增长中得到与其经济发展相适应的份额。

B. 基本原则

世界贸易组织适用的基本原则主要来自关税与贸易总协定、服务贸易总协定以及历次多边贸易谈判，特别是"乌拉圭回合"谈判达成的一系列协议。它由若干规则和一些规则的例外组成。

a. 无歧视原则。这一原则承袭了关贸总协定的非歧视原则，主要针对进出口商品与有关事项。世贸组织成员相互给予无条件的最惠国待遇和国民待遇，即要求每一成员方在进出口方面应以相等的方式对待所有其他成员方，而不应采取歧视待遇；同时，要求每一成员方对进入本国市场的任何其他成员的产品应在国内税或其他国内商业规章等方面给予和本国产品同等待遇，而不应歧视。

b. 贸易自由化原则。所谓贸易自由化原则，从本质上来说，就是限制和取消一切妨碍和阻止国际间贸易开展与进行的障碍，包括法律、法规、政策和措施等。而世界贸易自由化从根本上来说，是通过削减关税、弱化关税壁垒以及取消和限制形形色色的非关税壁垒措施来实现的。因此，这一原则又是通过关税减让原则和一般取消数量限制原则等来实现的。

c. 透明度原则。这一原则继承了关贸总协定的贸易政策法规在全国统一实施和透明原则，是世贸组织成员在货物和服务贸易中必须遵守的基本原则之一，它要求有关成员方政府在实施与贸易有关的法律和规章时，必须予以公布，接受其他成员对其政策法规进行检查、监督和纠正，以保证成员方有关法规真正符合建立世界贸易组织协议的规定。但世贸组织允许成员方对某些机密不予公开。

d. 市场准入原则。所谓市场准入，是指一国允许外国的货物、劳务与资本参与国内市场的程度。市场准入原则旨在通过增强各国对外贸易体制的透明度，减少和取消关税、数量限制和其他各种强制性限制市场进入的非关税壁垒，以及通过各国对开放本国特定市场所作出的具体承诺，切实改善各缔约国市场准入的条件，使各国在一定的期限内逐步放宽市场开放的领域，加深开放市场的程度，从而达到促进世界贸易的增长，保证各国的商品、资本和服务可以在世界市场上公平自由竞争的目的。

在货物贸易领域，市场准入原则几乎体现在所有"乌拉圭回合"最终文件的有关协议中，包括关税的减让，各种非关税壁垒的约束和取消，以及长期游离于多边规则之外的纺织品和服装及农产品贸易领域。在服务贸易领域，市场准入原则的实施对各缔约国而言不是一般性义务，而是具体承诺的义务，只适用于各成员国所承诺开放的部门。虽然获得对外开放服务市场的具体承诺是一个极其艰难的过程，但市场准入原则的确立已订立了一个可以逐步开放市场的机制，其影响将持续于今后长期谈判的过程中。

e. 公正、平等处理贸易争端原则。国际贸易争端是随着国家间经济交往的开始和发展所不可避免的一种现象。在关贸总协定所规定的争端解决程序和对其的修改、补充基础上形成的世界贸易组织争端解决机制体现了贸易争端处理的公正、平等原则。具体体现在以下几个方面：实行调解制度、建立上诉机构、从全体一致通过机制到全体一致否决机制的转变、对发展中国家及最不发达国家的特殊规定及世界贸易组织的道义压力。

f. 给予发展中国家和最不发达国家优惠待遇原则。这项原则是关贸总协定该原则的进一步加强。世界贸易组织除了继续对发展中国家的贸易与经济发展方面实行关税和其他特殊优待之外，还在以下几个方面给予发展中国家一定的优惠待遇：（1）允许发展中国家用较长时间履行义务，或有较长的过渡期；（2）允许发展中国家在履行义务时可有较大的灵活性；（3）规定发达国家向发展中国家提供技术援助，以便发展中国家更好地履行义务。

16.2.4 世界贸易组织的职能和机构

A．职能

根据建立世贸组织协议第三条的规定，世贸组织的职能是：为该协定和各多边贸易协议的执行、管理、运作和进一步目标的实现提供方便并提供框架，为该协议及其附件有关各成员方的多边贸易关系谈判提供场所，为在部长级会议决定下谈判结果的执行提供框架，对该协议附件2有关争端处理规则和程序谅解书进行管理，以及对贸易政策评审机构进行管理。此外，为在全球性的经济决策方面形成较大的协调，世贸组织还应和国际货币基金组织和世界银行及其附属机构进行适当的合作。

B．组织机构

为执行其职能，世贸组织在瑞士日内瓦设立相应的组织机构（见图16-1）。

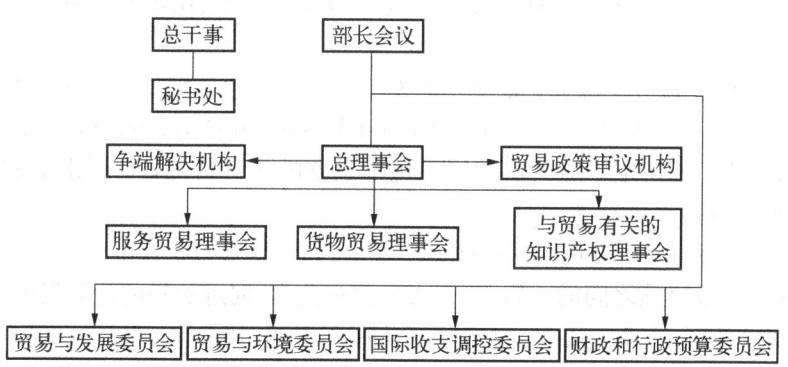

图 16-1 世界贸易组织机构

a．部长会议(Ministerial Conference)。它是世贸组织的最高决策机构（但为非常设机构），定期举行会议（至少每两年一次），对国际贸易重大问题作出决策，在适当时候发动多边贸易谈判。

b．总理事会(General Council)。它是世贸组织的核心机构，负责日常对世贸组织的领导和管理。在部长会议休会期间代为执行各项职能。

c．秘书处(The Secretariat)。它负责处理日常工作，由部长会议任命的总干事(Director-General)领导。总干事和秘书处的职责具有国际性，在履行职务中，不得寻求和接受任何政府或世贸组织以外组织的指示。

d．分理事会，总理事会下设三个分理事会，分别履行不同的职责。

(1) 货物贸易理事会(Council for Trade in Goods)。该理事会主要负责管理监督1994年关贸总协定及其附属的12个协议的执行。其下分设12个委员会具体负责各项协议的执行。

(2) 服务贸易理事会(Council for Trade in Service)。该理事会主要负责管理监督服务贸易总协定的执行。下设基础电讯谈判小组、自然人移动谈判小组、海上运输服务谈判小组、金融服务委员会及专业服务工作小组。

(3) 与贸易有关的知识产权理事会(Council on Trade-related Aspects of Intellectual Property Rights)。它主要负责管理、监督世贸组织知识产权协定的执行。

e. 争端解决机构(Dispute Settlement Body—DSB)和贸易政策审议机制(Trade Policy Review Mechanism—TPRM)。这两个机构均直接隶属于部长会议或总理事会。

争端解决机构下设专家小组和上诉机构,负责处理成员方之间基于各有关协定、协议所产生的贸易争端。

政策审议机制负责定期审议各成员方的贸易政策、法律与实践,并就此作出指导。

f. 专门委员会。部长会议下设有四个专门委员会分别负责处理相关事宜。

(1) 贸易与发展委员会(Committee on Trade and Development)。其职责是定期审议多边贸易协定中对欠发达国家优惠条款的执行情况,并定期向总理事会报告,以便采取进一步行动。

(2) 贸易与环境委员会(Committee on Trade and Enviroment)。其职责是协调贸易与环境措施之间的矛盾,制定必要的规范,以促进贸易的持久发展。

(3) 国际收支调控委员会(Committee on BOP Restrictions)。该委员会负责监督审查有关协定中涉及国际收支条款以及依据这些条款而采取限制进口措施的执行情况。

(4) 财政和行政预算委员会(Committee on Budget, Finance and Administration)。该委员会负责确定并收缴成员方应交的会费,提出世贸组织的年度财务报告及预算,负责世贸组织的财产及内部行政事务。

16.2.5 世界贸易组织体制的特点

a. 管辖范围广。关贸总协定的管理范围狭窄单一,其规则只涉及货物贸易,且农产品和纺织品都是作为例外处理的。世界贸易组织体制不仅包括关贸总协定已有的货物贸易方面的规则,而且包括经"乌拉圭回合"修改和新制定的规则,例如"东京回合"的五个守则、装运前检验协议、原产地规则协议、与贸易相关的投资措施协议、与贸易相关的知识产权协议和服务贸易总协定等。

b. 体制统一。关贸总协定体制由两层结构组成:一层是总协定文本和前七轮多边贸易谈判达成的关税减让表;另一层是多种纤维协议和东京回合的9个协议。多种纤维协议采用背离总协定的管理方法,东京回合守则采取自由选择参加方法,这样就导致缔约方在总协定体制内权利和义务的不平衡,还导致关贸总协定体制本身的分化。而世界贸易组织体制所管理的协议,除政府采购协议、牛肉协议、民用航空器贸易协议、国际奶制品协议等东京回合的4个协议外,其他协议必须一揽子签署参加,确保了世界贸易组织体制的统一性。

c. 法律健全。关贸总协定从法律上说并非一个组织,只是一项临时适用的契约,其组织机构和法律基础都不健全。世界贸易组织的体制不但把总协定临时适用变为正式适用,而且建立了一整套组织机构。这样,世贸组织将与其他国际组织在法律上处于平等地位,具有法人资格,对其所有成员方均有严格的法律约束力。作为正式国际组织,它享有特权和豁免,是国际法主体。由于它不是联合国专门机构,也不隶属于联合国体系,因此可避免联合国的各种影响,比较符合发达国家特别是贸易大国的愿望。

d. 完善了争端解决机制。关贸总协定是唯一有争端解决机制的准国际组织,但该机制不够健全。表现在:专家小组权限过小,争端解决时间过长,监督后续行动不力。"乌拉圭回合"中建立起来的综合争端解决机制健全了各种程序,特别是加强了对实施裁决的监督。为确保世界贸易组织规则的严格遵守和世界贸易组织体制的正常运作,综合争端解决机制适用该体制所管理的一切协议和决定。1995年1月1日至2001年5月2日,世贸组织共受理了234起贸易争端,几乎与关贸总协定47年受理的贸易争端数相当。这充分说明了世贸组织争端解决机制的运作效率。

e. 建立了贸易政策审议机制。为了监督缔约方是否严格维护关贸总协定秩序,许多国家要求通过"乌拉圭回合"建立贸易政策审议机制。1988年年底,各缔约方就建立贸易政策审议机制问题达成了协议。该协议从1989年4月12日临时生效后试行的结果表明,贸易政策审议机制不但能促进各国政策的透明度,而且有利于改善缔约方之间的贸易关系。

f. 加强了全球经济决策的协调。世界贸易组织通过加强其与国际货币基金组织和世界银行之间的联系,使它们在全球经济决策过程中加强协调,以使政策和行动更加和谐一致,发挥更大的作用。

16.2.6 世界贸易组织对世界经济贸易的影响

如上所述,世界贸易组织统辖着国际贸易中货物、服务、与贸易有关的知识产权以及与贸易有关的投资措施等领域的业已强化的规则,它通过贸易政策审议机制、争端解决机制、补贴纪律、可持续发展、服务贸易自由化、知识产权保护等手段将协调管理的触角从边境措施延伸到国内决策与立法领域,监督职能空前强化,行使着一个"世界经济组织"的职能,其对世界经济贸易的影响日益突出,主要表现在以下方面:

a. 货物和服务贸易的自由化有助于加强各成员之间的经济贸易合作。世贸组织通过多边贸易谈判逐步取消贸易壁垒,使贸易更加自由地进行,从而在其成员间创造一个相互信任与合作的氛围,使各国通过分工和贸易提高生活水平和实现经济繁荣。WTO成立以来,各成员除按照关税减让表减让关税外,还有43个成员方在1997年3月26日同意从1997年7月1日开始到2000年逐步取消信息技术产品的关税,涉及的贸易额约6 000亿美元。7国集团和欧盟同意对465种药品实施零关税待遇。在服务贸易领域,有关金融服务的谈判在1997年12月底达成协议,关于基础电信的谈判在1997年3月就逐步开放各自的市场达成了协议,69个世贸组织成员承诺更广泛的基础电讯服务自由化,涉及基础电讯服务业的国内和国际营业额6 000多亿美元。

b. 争端解决机制为世界经济稳定发展提供保障。随着贸易规模的扩大和可供交换的货物、服务的增多,以及参与贸易的国家、地区及公司的增加,贸易争端在所难免。世贸组织较为完善的争端解决机制有助于成员方在公平基础上解决贸易争端,避免在双边基础上解决争端可能导致的国家间的严重冲突,使成员方的经济贸易得以顺利发展。世贸组织运行以来的6年多时间已受理了240多起贸易争端。

c. 知识产权保护为技术扩散创造良好条件。世贸组织《与贸易有关的知识产权协定》的实施,对扩大技术和知识产权的国际交换、加快新产品的开发、推动科学技术的进步均有积极作用。而货物贸易逆差国,通过加强知识产权保护,不仅可以促进知识产权的转让和许可,扩大无形贸易出口,而且可以打击冒牌产品,增加含有知识产权的产品出口,缩小、甚至扭转货物贸易逆差。

d. 各项协议的实施有利于提高各成员人民的生活水平、增加就业。世贸组织通过谈判降低贸易壁垒并在各成员之间平等地实施有关协议,使商品和服务价格下降,从而降低生活成本,改善人民生活水平。世贸组织的研究表明:《纺织品服装协议》的实施可为全世界的消费者带来至少233亿美元的利益。其中美国123亿美元,加拿大8亿美元,欧盟为22亿美元,发展中国家为80亿美元。另据估计,乌拉圭回合协议、协定的实施将使世界收入增加1 090亿~5 100亿美元。同时,世贸组织协议的实施,有利于各成员经济的增长,从而创造更多的就业机会。

e. 良好的竞争环境利于成员方提高经济效率、降低经济运行成本,提高国际竞争力。世贸组织的一些基本原则使各成员的企业在一个更为公平、公正、客观和透明的竞争环境中从事生产经营和贸易,从而为一国生产要素在国内外市场进行合理配置创造条件,这对提高经济效率、降低生产成本十分有利。此外,世贸组织有助于一国政府从本国的全局利益、长远利益出发参与世贸组织的有关活动,平衡国内利益集团的利益,提高其国际竞争力。

值得注意的是,世界贸易组织体制运行过程中出现的一些不正常现象对世贸组织作用的充分发挥产生了一定的消极影响。自世界贸易组织开始运作以来,大国操纵多边决策现象依然存在。例如,1999年年底在西雅图召开的世贸组织第三届部长会议上,美国、欧盟等发达国家针对发展中国家的廉价劳工这一主要有利条件,企图把贸易与劳工标准问题挂钩,发展中成员的坚决反对,才使他们的图谋暂未得逞,但发达国家与发展中国家的矛盾难以调和,却导致了西雅图会议无果而终——会议结束时仍未能就启动新一轮多边贸易谈判达成一致。另外,世贸组织在实施某些规则时忽略成员方经济水平的差异,接纳新成员谈判的内容与世贸组织协议的规定相脱节等等,也影响了世贸组织的正常运行。因此,世贸组织应采取有效措施制止和纠正各种不正常现象,解决所存在的种种问题,使世贸组织体制按既定目标正常运行,以促进贸易、投资自由化发展,最大限度地推动世界经济贸易的发展。

16.3 中国与世界贸易组织

中国是关贸总协定的创始缔约国之一。但新中国成立后,台湾当局的非法退出总协定,使中国与总协定的关系长期中断。1986年7月,中国政府向总协定正式提出"复关"申请,从此踏上"复关"征途,直至1995年1月1日世界贸易组织建立,中国"复关"未果,至1995年7月,中国"复关"谈判转为"入世"谈判。历尽艰辛,2001年9月17日,中国长达15年的马拉松式"复关"、"入世"谈判终于结束。2001年11月10日在卡塔尔首都多哈举行的世贸组织第四届部长级会议上中国获准加入世界贸易组织,以2001年12月11日起,中国正式成为世贸组织的成员。"入世"后的权利为中国经济发展带来机遇,但"入世"后应尽的义务也给中国带来一定挑战。

16.3.1 中国与关贸总协定

中国是关贸总协定23个创始缔约国之一,并参加了总协定第一轮和第二轮关税减让谈判。新中国成立后,台湾当局因不甘心让中国内地享受到从总协定谈判中获得的关税减让,1950年,以"中华民国"的名义退出总协定,1965年,又非法取得关贸总协定的观察员资格。直到1971年,联合国恢复中国的合法席位,总协定取消了台湾当局观察员身份。

当时由于中国政府对总协定的情况不够了解以及国内实行高度集中的计划经济,加之对外贸易在中国国民经济发展中的作用不大,因此,中国政府未在总协定问题上作过任何表态,与总协定的关系长期中断。

1978年,党的十一届三中全会把改革开放作为基本国策,从此,我国参加了总协定主持下的一系列活动。1980年8月,中国代表出席了国际贸易组织临时委员会执委会会议,时任总干事邓克尔的选举。1981年,中国代表列席了关贸总协定纺织品委员会主持的第三个国际纺织品贸易协议的谈判。1983年,中国政府签署了该协议,并成为关贸总协定纺织品委员会的正式成员。1982年,中国获准以观察员身份参加总协定活动。1984年又被授予总协定"特殊观察员"身份,并被允许参加总协定理事会及其下属机构的会议。

1986年7月,中国正式提出了恢复在关贸总协定缔约国地位的申请,同时阐明了"以恢复方式参加关贸总协定,而非重新加入;以关税减让作为承诺条件,而非承担具体进口义务;以发展中国家地位享受相应待遇,并承担与我国经济和贸易发展水平相适应的义务"等三项重返关贸总协定的原则。1987年2月,中国向总协定正式递交了《中国对外贸易制度备忘录》(The Memorandum on China's Foreign Trade Regime),同年3月总协定成立了中国问题工作组开始进行恢复中国的总协定缔约国地位的谈判。但由于西方国家对中国复关的要价过高,直至1994年12月举行的工作组第19次会议,仍未能达成中国复关的协议。

16.3.2 中国与世界贸易组织

世界贸易组织成立后,中国原先的复关问题转变为加入世界贸易组织问题。中国入世问题,经过非正式谈判后,于1996年3月开始正式谈判。与中国举行双边市场准入谈判的世贸组织成员共有36个,包括匈牙利、新西兰、韩国、捷克、斯洛伐克、巴基斯坦、土耳其、新加坡、印度尼西亚、日本、澳大利亚、智利、美国、加拿大、古巴、委内瑞拉、斯里兰卡、巴西、乌拉圭、秘鲁、挪威、冰岛、菲律宾、印度、哥伦比亚、阿根廷、泰国、波兰、吉尔吉斯、拉脱维亚、欧盟、危地马拉、哥斯达黎加、厄瓜多尔、瑞士和墨西哥。

在从复关到入世的谈判进程中,中国政府一贯持积极态度,并明确表示愿意在乌拉圭回合协议的基础上,根据中国的经济发展水平和按照权利与义务平衡的原则,本着灵活务实的态度,与各成员方进行认真的谈判,以早日加入世贸组织。然而,谈判进程充满坎坷,西方国家虽然表示支持中国复关和入世,实际上却要价很高,个别成员甚至曾提出不承认中国的发展中国家身份,并将中国视为非市场经济国家。

中国在复关、入世道路上历尽艰辛,1999年11月15日,中美双方就中国加入世贸组织达成双边协议,才使中国跨过了入世最高的一座门槛;2000年5月19日,中国与欧盟就中国入世问题达成双边协议,又使中国在入世道路上迈进一大步;2001年9月13日,中国与墨西哥结束了关于中国入世的双边谈判。至此,中国完成了所有的入世双边市场准入谈判。2001年9月17日,中国加入世界贸易组织的所有法律文件在世贸组织中国工作组第18次会议上获通过,长达15年的中国复关、入世谈判终告结束。2001年11月10日,中国入世的法律文件提交世贸组织第四次部长级会议审议通过。从2001年12月11日起,中国正式成为世贸组织的成员。

入世是中国和世界双赢和共赢结果。对世界而言,世贸组织接纳具有世界人口四分之一的中国,使其世界性多边贸易体系名副其实,以真正实现其"拓展贸易"的目标。中国入世后,其巨大的市场潜力将会逐步转化为现实的购买力,从而为世界各国、各地区提供一个巨大的开放市场,为人类作出重要的贡献。对中国来说,入世是中国对外开放的需要,也是中国进行经济体制改革和建立社会主义市场经济体制的需要。入世后,中国将按照世贸组织的原则进一步完善符合国际通行规则的社会主义市场经济体制。中国将按照世贸组织相互开放市场的原则,加强与包括广大发展中国家在内的所有世贸组织成员的经济技术合作。这必将大大加快中国的现代化建设和参与国际经济的进程。

16.3.3 中国入世后的机遇与挑战

A. 中国入世后享有的权利和获得的机遇

入世后,中国将享有世贸组织成员可享受的权利,从而为中国带来诸多机遇。

首先,中国可以在142个现有成员中享受多边的、无条件的和稳定的最惠国待遇,并享受世贸组织其他成员开放和扩大货物、服务市场准入的利益。作为发展中国家,还可享受一定范围的普惠制待遇及发展中国家成员的大多数优惠或过渡安排。这些权利将为中国有竞争优势的产业开拓国外市场,并为后发优势的充分发挥拓宽国际空间,从而扩大中国的货物和服务贸易,增加对外投资。在入世以前,中国只能通过双边贸易协定在某些国家获得最惠国待遇,而这种双边的最惠国待遇是非常不稳定的,如美国每年均对中国进行一次移民政策审议,以确定是否延长给予中国最惠国待遇。入世前,中国也只能在一定范围内和一定程度上从向其提供普遍优惠制的发达国家享受普惠制。入世后,中国能享受的最惠国待遇是无条件的,享有的普惠制则来自所有的给惠国。

其次,入世后,中国可以利用世贸组织的贸易争端解决机制和程序,公平、客观、合理地解决与其他国家的经济贸易摩擦,从而为我国对外经济贸易的发展营造良好的外部环境。改革开放以来,随着中国对外开放程度的扩大,各种经济贸易纠纷逐渐增多。入世前,中国只能通过双边谈判来解决争端,发达国家往往利用国内的、单边主义的,甚至过时的法律条款对中国实行歧视待遇,如美国、欧盟、澳大利亚等国以中国是"非市场经济国家"为由,在反倾销案的处理中专断地以他们选定的"类比国"价格或生产成本作为第三国的替代价格,而完全无视中国已基本完成向市场经济体制转轨的事实。入世后,便可利用世贸组织的争端解决机制较好地解决经贸纠纷。

再次,入世后,中国有权参与各个议题的谈判,与其他成员平等地参与有关规则的制定、修改和发展以及多边贸易体制的建设。这将大大增强中国在世界事务,尤其是国际贸易方面的发言权和主动权,维护中国在世界贸易中的地位和合法权益,并在建立国际经济新秩序、维护发展中国家利益等方面发挥更大的作用。

此外,入世后,中国还可以通过世贸组织这一讲坛宣传改革开放政策,积极发展与世界各国的经贸合作和技术交流,更多地利用外资,拓宽中国接受世贸组织发达成员方的经济正传递的渠道。这将有利于中国社会主义市场经济体制的尽速确立。

B. 中国入世后承担的义务和面临的挑战

中国入世后,在享受各项权利的同时,也要承担相应的义务。在经济实力和综合国力尚不够强的情况下与世界经济接轨,并在高层次和高水平上参与国际分工,将使中国面临一定的挑战。

首先,实施关税减让是世贸组织的一项主要目标。入世后,中国的首要义务是降低关税。中国承诺到2005年将平均关税率降至10%,入世前属关税保护对象的汽车、粮食等产业的关税要大幅度削减,因此,这些行业将面临国外产品的激烈竞争。同时,国家财政收入将会因此减少。

其次,世贸组织的另一重要原则是取消非关税壁垒,因此,入世后,中国必须在外贸管理体制方面进行大的改革:改革进口配额和进口许可证制度,使之符合世贸组织的透明度原则;改革海关估价制度,加强与海关合作理事会的合作,解决海关估价的技术性问题;制定和实施原产地规则法规,在原产地规则上做到明确性和可预见性;增加政府采购的透明度,更多地通过国际招标的方式不加歧视地实施。

再次,作为"乌拉圭回合"新领域之一的服务贸易,最先被提出来要求开放的是金融服务、电讯服务、运输服务及专业服务等行业,因此,中国开放服务贸易领域也要优先考虑这些行业。中国服务贸易的市场准入范围正在逐步扩大,特别是在与美国进行双边谈判之后,决定开放旅游、保险、金融,以及批准外国律师事务所在中国设立办事处,这意味着中国的旅游业、保险业、金融业及律师事务等将面临全面的竞争。

最后,在知识产权保护方面,中国与"乌拉圭回合"通过的《与贸易有关的知识产权协定》尚存在一定距离,因此,入世后,中国现行的知识产权制度面临一定挑战,必须按知识产权协定的标准加以完善。在知识产权的执行措施方面,包括司法程序、行政程序和边境措施,要确保公平和迅速,保护权利者的正当权利的行使。

此外,"乌拉圭回合"通过的贸易政策审议规则规定定期审查成员方的贸易政策,中国作为发展中国家也要接受6年1次的审查条件。这就要求中国的贸易政策要有透明度,必须把转型时期的总体目标以及各个阶段的实施计划,把关税减让及非关税壁垒的取消,市场经济新政策的实施等及时通报世界贸易组织。

综上所述,加入世界贸易组织使中国经济发展既获得机遇,又面临挑战,比较而言,机遇大于挑战,利大于弊。更重要的是,"入世"有利于促进中国建成能按经济规律办事、按国际规范管理、经得起国际竞争考验、能对市场作出及时正确反应的宏观调控和微观管理体系,使中国能在世界经济贸易舞台上与其他成员共同竞技、合作发展。

16.4 世界贸易组织与中国市场

16.4.1 世贸组织与中国农产品市场

中国是一个农业大国,农产品市场一直是中国最重要的市场之一。从近几年情况看,中国既是农产品出口国,也是农产品进口国。发达国家实行的高额农业补贴,使中国某些经济作物和肉类出口处于不利的竞争地位;同时,中国为调剂粮食品类,从某些发达国家进口享受价格补贴的粮食,又节省了外汇支出。由于中国在农产品贸易中的双重身份,加入世界贸易组织对中国农产品市场的影响也较复杂。

一方面,加入世贸组织后,中国可以享受比较稳定的最惠国待遇,有助于扩大中国农产品特别是农产品加工品的出口规模,进而带动农业的发展。中国的农产品及其加工品在出口贸易中一直占据重要地位。多数农产品价格普遍低于国际市场价格。如果向国际市场出口这些农产品,则具有明显的价格优势和较强的竞争力。加入世贸组织后,我们可以获得许多优惠条件,例如减少关税、减少和取消包括数量限制在内的非关税措施与壁垒。同时,作为发展中国家,还可享受更优惠的待遇。这些优惠条件的获得,势必会刺激农产品及其加工品出口的大幅度增长。特别是随着"乌拉圭回合"多边谈判所达成的在预定期限内减少农产品生产和出口补贴协议的执行,国际农产品贸易自由化程度将不断提高。世界各国将按比较利益重新安排和调整农业生产。原来依靠政府价格补贴而本身不具备比较优势的国家,必然放弃那部分的农产品市场。例如,日本的大米和蔬菜市场、欧盟的谷物和糖料市场。中国加入世界贸易组织后,将有更多的机会参与国际农产品市场的竞争,扩大农产品出口规模。农产品贸易的逐步自由化,将排除许多人为的非市场因素对农产品贸易的干扰,世界农产品贸易将走自由竞争之路。各国农产品出口的竞争将更激烈,这对中国的农产品出口市场也是一个考验。

另一方面,加入世界贸易组织后,意味着中国将对其他成员国开放国内农产品市场,对国内农产品市场的保护也将相应地受到限制。长期以来,我国农产品进口主要依赖进口许可证、进口配额及其他非关税措施调控。入世后,非关税措施必须转化为关税并按规定减让。降低关税和减少非关税保护,为国外农产品进入中国市场提供了便利条件,一些在质量上有竞争力的国外农产品如羊毛、橡胶、糖料、棉花、热带山果等,有可能大量挤入国内市场。另外,非关税措施的关税化并以1986—1988年为基期进行减让,对中国农业的保护十分不利,因为1986—1988年中国大部分农产品的价格低于国际市场价格,关税化后的关税等值为负值。因此,中国将无法使用贸易规则规定的关税化手段保护本国农业,为此,我国要加强自身的竞争力,培养农产品市场的自我保护能力。国家可从政策上积极扶植农业,引导农业生产走外向型发展道路。同时,我国应充分运用世贸组织协定中的例外规定,特别是给予发展中国家的差别优惠待遇,分阶段地保护我国农产品市场。

16.4.2 世贸组织与中国工业品市场

自改革开放以来,中国工业品市场逐步由内向封闭型向外向开放型市场转变。2000年中国工业制成品的出口额在出口总额中的比重由1978年的46.5%上升到89.2%,同期,工业制成品的出口额增长速度超过了出口总额的增长速度。这说明中国工业品市场与国际市场的联系日益密切,国际市场已成为促进和推动中国工业品市场发展的重要因素。加入世贸组织后,我国工业品出口将可享受许多优惠待遇和其他世贸组织成员扩大市场准入的利益,为有竞争力的工业带来发展机遇。另一方面,国内市场开放度将明显提高,我国同意在2005年将工业产品的关税从1997年的24.6%降到9.4%左右,有些领域将降至其他国家相同的5%~6%的关税水平。同时,"入世"后,对幼稚工业的保护也将从过渡退到适度保护状态。因此,加入世界贸易组织无疑会对中国工业品市场产生极大影响,其影响程度又因工业品的类别不同而有所不同。

a. 机电工业。加入世贸组织将对机电产品市场产生较大冲击。其一,正在起步的高新技术产品将受到严重挑战。一些精加工、高附加值的机电产品,如轿车、彩电、复印设备、广播电视通讯设备、数控机床和部分精密加工设备等,国内起步较晚,在生产规模、技术水平和产品质量等诸方面都缺乏较强的国际竞争力。加入世贸组织后,这些产品所受到的冲击将使这些幼稚产业的发展受到威胁。其二,一些重复建设严重的行业和低素质企业将会面临严重的困境,生存的空间将逐步萎缩。这一局面会给机电工业乃至整个社会带来较大震动,引起一系列连锁反应。其三,缺乏价格和质量优势的产品,将随国内市场的开放而失去原有的保护,在激烈的竞争中被逐步淘汰。量大面广的机电企业的素质将受到一次重大考验。

但以上三方面的问题,从长远看有利于中国机电工业的改组改造,加速行业结构、产品结构和企业组织结构的调整,提高机电产品的国际竞争力,积极走向国际市场。

b. 纺织工业。中国纺织工业的发展与国际市场的变化息息相关。首先,中国是世界纺织品生产大国。其次,中国已跻身于世界纺织品出口大国之列,成为国际纺织品贸易中最大的供应国。再次,中国纺织工业对国际市场的依存度日益提高。因此,加入世贸组织,对纺织工业的对外贸易、经济运行机制、结构调整等都将产生至关重要的影响。

首先,将给中国纺织工业的发展带来历史性机遇,为中国进一步扩大纺织品和服装出口创造新的增长空间。中国成为世贸组织的成员后,适用"乌拉圭回合"签订的纺织品与服装协议(ATC),将享受到纺织品服装贸易的配额限制逐年放宽和出口增长率逐年提高的好处,使中国纺织品竞争优势得以充分实现,纺织品出口有可能大幅度增长,而且对纺织工业加速结构调整,推动经济运行机制改革,进一步提高企业竞争能力都起到重要的作用。可以说,加入世贸组织将为中国纺织工业迈上新台阶、实现良性循环提供新的发展机遇。

但挑战与机遇并存。由于纺织工业发展过程中存在的一些矛盾和问题,可能使纺织工业在加入世贸组织后的短期内处于不利地位。突出表现在纺织品出口体制不适应,技术装备不适应,产品品种质量不适应和企业竞争能力不适应,从而削弱了纺织工业在国际上的竞争能力。

c. 轻工业。中国出口的轻工产品技术含量较低,绝大部分属劳动密集型产品,与发达国家相比有一定竞争力,出口量及其潜力都很大。加入世贸组织后,轻工企业将有更多、更优越进入国际市场的机会。从总体上来看是机遇大于挑战,但也会给一些行业带来不同程度的冲击。其一,随着进口关税的大幅度降低和进口许可证管理的取消或大幅度削减,一些被高关税限制进口的国外竞争力较强的产品,如家电、化妆品等,可能大量涌入而对国内轻工行业产生冲击。其二,中国轻工产品仍以低档为主,难以与国外竞争。其三,根据世界贸易组织的规定,为保护知识产权,有些产品要增加知识保护成本。这对一些模仿国外同类产品制造的轻工消费品的生产和出口将产生影响。其四,出口产品增长过猛,可能受到反倾销制约。

16.4.3 世贸组织与中国服务业市场

服务贸易是关贸总协定"乌拉圭回合"一项重要的新议题。通过谈判,各缔约方于1990年12月达成了第一个关于国际服务贸易的多边协定——《服务贸易总协定》,后来,作为附件已成为《建立世界贸易组织协议》的一项主要内容,其原则、规则是当今国际服务贸易活动的重要准则。《服务贸易总协定》将服务贸易多边谈判的主要宗旨确定为逐步实现服务贸易自由化。据此,各成员方为取消或降低贸易自由化的各种障碍需要定期进行谈判。这种谈判应充分考虑各国国内政策目标和发展水平,在互利的基础上进行,并允许各国依据国内立法对有关服务业的开放作出限制和保留。协定在要求参加国尽可能开放服务业市场的同时,允许发展中国家保护本国的服务产业部门。

由于历史的原因,我国服务业总体水平比较落后。改革开放以来,我国服务业有较快发展,但与国外相比仍有很大差距。目前,西方发达国家服务业占其GDP的比重达70%~80%,而我国还不足35%,比发展中国家的平均水平还低。可见,我国服务业尚有很大发展潜力。加入世贸组织以后,我国的服务业市场将对外开放,在金融、保险、电信、分销、旅游、教育等领域逐步引进外资,加快我国服务业的发展。同时,我国服务业也将被准许进入别国,我国具有优势的服务业,如航运、卫星发射服务、工程建设、饮食业和劳务输出等将有更多机会扩大出口。当然,入世后,国内服务业市场的开放,难免对我国尚缺乏竞争力的服务业带来一定冲击。大量生产要素的流入,特别是服务人员的流入,会给我国就业带来一定压力,同时也给生产服务业设施和设备的相关产业的发展增加压力。但我国入世后是逐步开放服务业市场,而不是完全放开,而且,开放的服务行业在品种、地区、范围、程度、方式等方面都有一定的限制。例如,对电信业的开放,我国承诺的条件是:在中国入世之际,外资即可在移动电话企业中持有25%股权,1年后可达35%,3年后提高到49%;对于互联网、传呼和其他具有增加值的服务项目,外资可在北京、上海和广州的中国企业中即刻持有30%股权,2年后升至50%,并取消所有地域限制;对固线电话和长途电话的开放,3年后外资可持股25%,6年后增至49%;对电信设备的进口,在2005年前逐步取消关税。又如,银行业的开放也是逐步进行的:外资银行将在中国加入世贸组织2年后获准向中国企业提供人民币业务;5年后向个人提供人民币业务,并取消地域限制。再如,保险业的开放过程为:人寿保险公司外商持股比例入世时可达50%,1年后可达51%;在非人寿保险和再保险领域,外商将获准在合资保险公司中持有51%的股份,并在两年内可成立全资的独立分支机构,但其经营范围和险种是受到限制的。所以,入世对中国服务业的冲击并不像人们所想象的那么大,而且有几年的过渡期作调整。

总而言之,加入世界贸易组织给中国服务业带来的机遇大于冲击和压力。

重要名词

关贸总协定　世界贸易组织　市场准入

思　考　题

1. 关贸总协定主持了哪几轮多边贸易谈判?历次多边贸易谈判有哪些特点?
2. 乌拉圭回合谈判取得了哪些主要成果?
3. 世界贸易组织的宗旨和基本原则是什么?
4. 世界贸易组织体制与关贸总协定相比,主要有哪些特点?
5. 试析世界贸易组织对世界经济贸易的影响。
6. 试述中国加入世界贸易组织给本国经济带来的机遇和挑战。

实务篇

与国内贸易相比，国际贸易有其特有的业务内容。本篇分为三个部分，阐述国际货物贸易业务的基本知识、操作技能及所依据的国际惯例和法律法规。

第一部分为国际货物买卖合同的内容。国际贸易的复杂性，导致了贸易条件的多样性。当事人必须对有关贸易条件作出明确的选择，并在合同中完整地表达。国际贸易的长期实践，使得货物买卖所涉及的贸易条件都有一系列规范化的做法，由国际法、国际贸易惯例和各国的国内法加以规范，也有一部分是有关行业的习惯做法。这一部分讨论了11个贸易条件，包括品质、数量、包装、价格、运输、保险、支付、检验、索赔、不可抗力和仲裁。其中，表达国际贸易中价格条件的贸易术语和国际贸易的支付条件，是诸多贸易条件中最具有"国际"特色的，故而单列在第19章和第24章予以重点讨论。

第二部分为交易磋商和合同的履行。国际贸易中，交易磋商有明确的程序和内容，交易磋商的过程，是双方通过要约和承诺，确立契约关系的过程。程序的合法性保证了所达成的合同的有效性。合同一旦生效，卖方应按约履行交货、交单和移转货物所有权的责任，而买方则应承担接货、付款的责任。履约中的每一个环节，都必须严格按照合同以及有关法律和国际惯例的规定进行操作。本部分以《联合国国际货物销售合同公约》为依据，讨论了交易磋商的程序、内容及其法律效力，并阐述履约主要环节的有关规定和具体操作要点。

国际贸易中，买卖双方达成一笔交易，除了通常逐笔成交的单边进出口方式以外，还有许多行之有效的贸易方式，而且在长期实践中形成了一整套规范化的做法。

第三部分介绍了国际贸易中常见的，特别是对我国经济发展有重要作用的贸易方式。

国际贸易惯例和有关的法律法规，是国际贸易实务的重要基础，在各章节的讨论中都被特别加以强调，是本篇贯穿始终的主要内容。

17 国际贸易术语

17.1 贸易术语及其国际惯例

17.1.1 贸易术语的概念

国际贸易术语又称价格术语。

国际贸易中,买卖双方所承担的义务,会影响到商品的价格。在长期的国际贸易实践中,逐渐把某些和价格密切相关的贸易条件与价格直接联系在一起,形成了若干种报价的模式。每一种模式都规定了买卖双方在某些贸易条件中所承担的义务。用来说明这种义务的术语,称之为贸易术语。

贸易术语所表示的贸易条件,主要分两个方面:其一,说明商品的价格构成,是否包括成本以外的主要从属费用,即运费和保险费;其二,确定交货条件,即说明买卖双方在交接货物方面彼此所承担的责任、费用和风险的划分。

贸易术语是国际贸易中表示价格的必不可少的内容。在报价中使用贸易术语,明确了双方在货物交接方面各自应承担的责任、费用和风险,说明了商品的价格构成。从而简化了交易磋商的手续,缩短了成交时间。

另外,由于规定贸易术语的国际惯例对买卖双方应该承担的义务,作了完整而确切的解释,因而避免了由于对合同条款的理解不一致,在履约中可能产生的某些争议。

17.1.2 关于贸易术语的国际惯例

有关贸易术语的国际惯例,主要有三种。

A.《1932年华沙—牛津规则》(W. O. Rules)

由国际法协会制订,本规则共21条,主要说明 CIF 买卖合同的性质。具体规定了买卖双方所承担的费用、风险和责任。

B.《1941年美国对外贸易定义修正本》

由美国九大商业团体制订,对以下六种术语作了解释:

(1) EX(point of origin)——产地交货价。

(2) FOB——运输工具上交货价。FOB又分为六种。其中第五种为装运港船上交货价——FOB vessel(named port of shipment)。

(3) FAS——船边交货价。

(4) C&F——成本加运费(目的港)价。

(5) CIF——成本加保险费、运费(目的港)价。

(6) EX DOCK——目的港码头交货价。

该惯例在美洲国家影响较大。在与采用该惯例的国家贸易时,要特别注意与其他惯例的差别,双方应在合同中明确规定贸易术语所依据的惯例。

C.《国际贸易术语解释通则》

国际商会于1936年在巴黎制定了《1936年国际贸易术语解释通则》。随后作了多次修改,以适应国际贸易公式发展的需要。特别是随着电子数据交换和集装箱运载方式的广泛使用,国际商会对该《通则》作了全面的修改,并于1990年7月1日正式实施《1990年国际贸易术语解释通则》。该通则为国际贸易行业广泛采用,但在实施过程中,也发现了某些贸易术语的规定缺乏合理的可操作性,于是国际商会在《90通则》的框架内,对个别贸易术语(主要是指FCA、FAS和DEQ)作了实质性的修订,于1999年7月出版了《2000年国际贸易术语解释通则》,并于2000年1月1日开始生效。

在《2000通则》的使用过程中,国际商会吸收了相关行业的意见,考虑了无关税区的扩大和电子数字通讯技术的进步,于2007年开始发起对《2000通则》的修改,历时3年,于2010年9月公布了《2010通则》,将贸易术语总数由13条调整为11条,更新并整合了交货相关的规则,尤其是把传统的"越过船舷"这一不符合操作实践的规定,明确为"置于船上"。

《2010通则》取消了沿袭已久的4组分类,将贸易术语按适合的运输方式分为两大类,见表17-1。

表17-1

贸易术语一览表

适用于任何运输方式或多种运输方式的术语	
EXW	工厂交货
FCA	货交承运人
CPT	运费付至

(续表)

适用于任何运输方式或多种运输方式的术语	
CIP	运费保险费付至
DAT	运输终端交货
DAP	目的地交货
DDP	完税后交货

适合于海运和内河航运的术语	
FAS	船边交货
FOB	船上交货
CFR	成本加运费
CIF	成本加保险费加运费

目前,《2010通则》已被世界各国广泛采纳。甚至连美国商会等团体也向美国商人推荐使用这一惯例,以取代《美国对外贸易定义修正本》。

17.2 装运港交货的三种常用贸易术语

《国际贸易术语解释通则》中共有11个贸易术语,其中使用最多的是装运港交货的三种术语:FOB,CFR和CIF。

这三种贸易术语,都只适用于海运和内河运输,买卖双方在货物交接方式和责任、费用、风险划分中所承担的义务基本一致,只是在运输和保险的责任上有所区别。

17.2.1 对三种贸易术语的基本解释

A. FOB(… named port of shipment)—装运港船上交货(……指定装运港)

按照《通则》的解释,卖方必须在合同规定的装运期内,在指定的装运港将货物装上买方指定的船上,并及时通知买方。货物在装运港置于船上,风险即由卖方转移至买方。

买方负责租船订舱,支付运费,在合同规定的期间到达装运港接运货物,并将船名及装船日期给予卖方充分的通知。

卖方要负责取得出口报关所需的各种证件,并负责办理出口手续。买方则负责取得进口报关所需的各种证件,并负责进口报关。

卖方应向买方提供通常的单证,证明已完成交货装船的义务。其中的运输单据则应在买方承担费用和风险的条件下,卖方给予一切协助,取得有关运输合同的运输单据。买方应接受与合同相符的货物和单据,并按照合同规定支付货款。

如果买卖双方已约定采用电子方式通讯,则上述单据可被具有同等效力的电子数据交换(EDI)信息所代替。

B. CFR(…named port of destination)——成本加运费(……指定目的港)

CFR 与 FOB 不同之处在于,由卖方负责租船订舱并支付运费。按《通则》解释,卖方只需按通常条件租船订舱,经习惯航线运送货物,同时向买方提供办理保险所必需的信息;并规定,除非另有约定,卖方必须自行承担费用,向买方提交全套正本可转让的单据(如海运提单)。

CFR 在货物装船、风险转移、办理进出口手续和交单、接单付款方面,买卖双方的义务和 FOB 是相同的。

C. CIF(…named port of destination)——成本加保险费加运费(……指定目的港)

CIF 与 CFR 相比,买卖双方所承担的义务相同。但以 CIF 方式成交,卖方还承担为货物办理运输保险并支付保险费的义务。在 FOB 和 CFR 中,由于买方是为自己所承担的运输风险而办理保险,因而不构成一种义务。按《通则》解释,卖方应在不迟于货物越过船舷时,办理货运保险。在合同无明示时,卖方可按保险条款中最低责任的险别投保,投保金额最低为 CIF 价格的 110%。

17.2.2 在具体业务中应注意的几个问题

A. 风险和费用的划分界限问题

《通则》以"置于船上"作为划分买卖双方所承担的风险和费用责任的界限。这里的风险是指货物灭失或损坏的风险,而费用是指正常运费以外的费用。实际业务中,卖方应向买方提供"已装船提单",这表明双方约定由卖方承担货物装入船舱为止的一切风险和费用责任。

B. FOB 方式中的船货衔接问题

《通则》规定,买方应给予卖方关于船名、装船地点和所要求的交货时间的充分的通知。在实务中,为了保证卖方备货和买方派船接货互相衔接,这一到船通知是必不可少的。如有需要,可在合同中对买方应在船到港多少时间前通知卖方作出规定。

C. CFR 方式中的已装船通知

CFR 方式中,卖方向买方发出已装船通知,具有通知买方及时办理保险的作用。买方办理进口货物保险时,保险公司按有关的装船通知承保。如果卖方未能及时向买方发出已装船通知,致使买方未能及时办理保险,则万一货物在运输途中发生灭失或损坏,其风险仍由卖方承担。所以,CFR方式中,卖方应特别注意及时向买方发出装船通知。

D. 《1941年美国对外贸易定义修正本》中的FOB

《修正本》中将FOB分为六种,只有第五种是装运港船上交货。与《通则》的FOB相近,但该术语的出口报关的责任在买方而不在卖方。所以我国在与美国、加拿大等国家洽谈进口贸易使用FOB方式成交时,除在FOB后注明Vessel外,还应明确由对方(卖方)负责办理出口结关手续。

E. 关于租船运输时,装卸费用的负担问题

如果使用班轮运输,班轮运费内包括了装卸费用。但在大宗货物使用租船运输时,船方是否承担装卸责任,也即运费中是否包括装卸费用,需由租船合同另行规定。故买卖双方在商定买卖合同时,应明确装卸费用由谁负担。通常以贸易术语的变形,即在贸易术语后加列字句来加以说明。

a. 以FOB方式成交。需明确装船费用由何方负担。常见的FOB术语的变形有:

FOB Liner Terms(FOB班轮条件),装船费用按照班轮的做法,由支付运费的一方,即买方负担。

FOB Under Tackle(FOB吊钩下交货),卖方负责将货物交至买方指定的船只吊钩所及之处,吊装费用由买方负担。

FOB Stowed(FOB理舱费在内),卖方负担将货物装入船舱并承担包括理舱费在内的装船费用。理舱费是指货物入舱后进行安置和整理的费用。

FOB Trimmed(FOB平舱费在内),卖方负担将货物装入船舱并承担包括平舱费在内的装船费用。平舱费是指对入舱的散装货物平整所产生的费用。

b. 以CFR和CIF方式成交。需明确卸货费用由谁负担,CFR和CIF术语的变形相类似。以CIF为例,主要有:

CIF Liner Terms(CIF班轮条件),卸货费由支付运费的一方,即卖方负担。

CIF Ex Ship's Hold(CIF舱底交货),买方负担将货物从舱底吊卸到码头的费用。

CIF Landed (CIF卸到岸上),卖方负担将货物卸到目的港岸上的费用。包括驳船费和码头费。

F. 象征性交货

卖方在装运港将货物装至船上以运交买方,然后卖方通过一定程序(比如付款交单、信用证)向买方提交包括物权凭证(海运提单)在内的全部合格单据,即完成了交货义务,运输单据上的出单(或装运)日期,即为"交货日期"。这种方式称为象

征性交货。以这种方式订立的合同,卖方只负责装运,无需保证到货,所以又称为装运合同,以区别于交货合同。

FOB、CFR、CIF 三种术语,均属于象征性交货,与之相对应,买方是凭单付款,所以装运单据在这类交易中具有特别重要的意义。关于这一点,在后面的支付方式章节中,有更详尽的讨论。

17.3 向承运人交货的三种贸易术语

17.3.1 "货交承运人"的概念

"承运人"是指在运输合同中,承担履行或办理履行铁路、公路、航空、海洋、内河运输或多式联运义务的人。

向承运人交货的贸易术语有三种,它们是:

FCA(… named carrier)—货交承运人(……指定地点)

CPT(… named place of destination)—运费付至(……指定目的地)

CIP(… named place of destination)—运费、保险费付至(……指定目的地)

这三种贸易术语不仅适用于海运和内河运输,而且适用于航空运输、铁路运输和公路运输。它们均属于象征性交货。

《90通则》对在不同运输方式下的"货交承运人"这一交货条件,作了具体的规定:铁路运输中货物够装满一整车或整集装箱,以及内河运输和公路运输中在卖方所在地点交货时,卖方有责任把货物装入运输工具。在其他情况下,卖方都是在承运人所在地点交货,只需把货物交给承运人照管,即履行了交货义务。这一规定,对于海上运输来说,明显不同于越过船舷交到船上的传统方式。

《2000通则》对"货交承运人"作了更为简明的规定:卖方在指定地点将业经出口清关的货物,交付给(买方)指定的承运人。……如果交付是在卖方的场所进行,卖方应当负责装卸货物。如果交付是在任何其他地方进行,则卖方不负责卸载货物。

17.3.2 和传统贸易术语的比较

FCA、CPT、CIP 与传统的 FOB、CFR、CIF 相比较,有以下三个共同点:(1)都是象征性交货,相应的买卖合同为装运合同;(2)均由出口方负责出口报关,进口方负责进口报关;(3)买卖双方所承担的运输、保险责任互相对应。即 FCA 和 FOB 一样,由买方办理运输,CPT 和 CFR 一样,由卖方办理运输,而 CIP 和 CIF 一样,由卖方承担办理运输和保险的责任。

由此而产生的操作注意事项,也是相类似的。

这两类贸易术语的主要不同点在于:(1) 适合的运输方式不同。FCA、CPT、CIP 适合于各种运输方式,而 FOB、CFR、CIF 只适合于海运和内河运输;(2) 风险点不同。FCA、CPT、CIP 方式中,买卖双方风险和费用的责任划分以"货交承运人"为界,而传统的贸易术语则以"置于船上"为界;(3) 装卸费用负担不同。FCA、CPT、CIP 均由承运人负责装卸,因而不存在需要使用贸易术语变形的问题;(4) 运输单据性质不同。海运提单具有物权凭证的性质,而航空运单和铁路运单等,不具有这一性质(详见 19.2 "运输单据")。

所以,除了风险点不同之外,可以把 FCA、CPT、CIP 看成是 FOB、CFR、CIF 从海运方式向各种运输方式的延伸。

17.4 其他贸易术语

《通则》中包含了十一种贸易术语。

前面已介绍了六种常用术语,现将其他五种贸易术语简介如下。

17.4.1 工厂交货(……指定地点)

本术语以 EXW(… named place)表示。

卖方在其处所或其他指定地点(即工厂、工场、仓库等),将未经出口清关且未装载于任何提货车辆的货物置于买方支配时,即完成了交货义务。买方则负责自行将货物装运,并承担其间的全部风险、责任和费用。包括货物出入境手续和费用。

卖方必须给予买方关于交货地点和时间的充分的通知以及办理保险所必需的信息;如果买方有权确定交货地点和时间以收取货物,则买方应给予卖方充分的通知。

这个术语是卖方承担义务最少的贸易术语,如买方无法直接或间接办理货物出境手续时,则不宜采用这一方式。

17.4.2 船边交货(……指定装运港)

本术语以 FAS(… named port of shipment)表示。

卖方负责将货物交至装运港买方指定的船边,若买方所派船只不能靠岸,卖方应负责用驳船把货物运至船边,卖方在船边完成交货义务。风险自交付时起由买方承担。

该术语买卖双方有关进出口清关、运输合同、派船通知以及交单付款等义务,均和 FOB 术语相同。

17.4.3 运输终端交货(……指定运输终端)

本术语以 DAT(… named terminal of destination)表示。

卖方将货物运至指定港口或目的地的指定运输终端,并将货物从运输工具上卸下,交给买方处置,即完成交货。运输终端意味着任何地点,例如码头、仓库、堆场或公路、铁路、空运货站等。卖方承担货物卸下并完成交货之前的一切风险。

17.4.4 目的地交货(……指定目的地)

本术语以 DAP(… named place of destination)表示。

卖方将货物运至指定目的地,将还在运输工具上可供卸载的货物交由买方处置,即完成交货。卖方承担货物运送至指定目的地的一切风险。如运输合同中已包含了在目的地的卸货费用,该费用仍应由卖方负担,尽管卖方并不承担卸货的责任和风险。

买方自行负责从运输工具上卸载货物,并承载可能发生的费用和一切风险。

本术语与 DAT 不同之处在于卸货责任不同。此外,当指定目的地并非运输终端,而是需要从运输终端搬运至某一地点,则更适于使用本术语 DAP,而不是 DAT。

17.4.5 完税后交货(……指定目的地)

本术语以 DDP(… named place of destination)表示。

卖方将货物运至进口国的指定地点,交由买方处置。卖方还应承担交货前的一切风险、责任和费用,其中包括货物进口报关的手续和费用,以及支付进口关税和其他捐税。

与 EXW 相反,DDP 是卖方所承担的义务最多的贸易术语。

本术语适用于各种运输方式。实际业务中货物均以集装箱方式装载。

17.5 贸易术语的表达

贸易术语应在货物单价中得到表达。

在国际货物贸易合同中,单价应包括:计价单位、价格及贸易术语。其中应注意在贸易术语的缩写字母后面,写上规定的装运地(港)或目的地(港)。

例如,每吨 1 000 美元 FOB 上海,此处上海应为装运港。

每吨 1 100 美元 CIF 纽约,此处纽约应为目的港。

每吨1 200美元 CIP 伦敦希思罗机场,此处伦敦希思罗机场应为空运目的地。

17.6 贸易术语的使用

不同的贸易术语,买卖双方承担不同的义务。采用何种贸易术语,既关系到双方的利益所在,也关系到能否顺利履约,所以在洽谈交易时,双方应恰当地选择贸易术语。目前在国际贸易中,较多使用象征性交货的术语。即以装运港或装运地交货的方式成交。我国外贸企业在进出口业务中,对贸易术语的选用主要考虑下列因素:

a. 有利于我国远洋运输业和保险业的发展,增收减支。我国在进口贸易中,大多使用 FOB 或 FCA 术语。在出口贸易中,则争取按 CIF 或 CIP 方式成交。

b. 有利于发展双方的合作关系。有些国家规定进口贸易必须在本国投保,有些买方为了谋求保险费的优惠,与保险公司订有预保合同,则我方可同意按 CFR 和 CPT 方式出口。在大宗商品出口时,国外买方为谋求以较低运价租船,我方也可按 FOB 或 FCA 方式与之成交。

c. 与运输方式相适应。FOB、CFR、CIF 只适合于海洋运输和内河运输。在航空运输和铁路运输情况下,自应采取 FCA、CPT、CIP 术语。但即使是海洋运输,在以集装箱方式运输时,出口商在货交承运人后即失去了对货物的控制,因而作为出口方,应尽量采用 FCA、CPT、CIP 方式成交。此类贸易术语还有利于出口方提早转移风险,提前出具运输单据,早日收汇,加快资金周转。

d. 重视规避风险。在我方进口大宗货物需以租船方式装运时,原则上应采用 FOB 方式,由我方自行租船、投保,以避免卖方与船方勾结,利用租船提单,骗取货款。

此外,以 FOB 方式出口时,也应注意如买方不按期派船所带来的不能如期发货收汇的风险。如果出口货物是买方定制且价值较高,宜采用 CFR 或 CIF 方式。

贸易术语只是合同诸多贸易条件中的一个方面。它的选用必须和其他贸易条件相适应。在以后的章节中,将有进一步的阐述。

重 要 名 词

贸易术语　风险　象征性交货　货交承运人

思 考 题

1. 何谓贸易术语？关于贸易术语的国际惯例主要有哪几种？
2. 简述装运港交货的三种贸易术语的含义，并比较它们的异同点。
3. 使用装运港交货的三种贸易术语时，应注意哪些具体业务问题？
4. 说明"承运人"和"货交承运人"的概念。
5. 比较 FOB、CFR、CIF 和 FCA、CPT、CIP 两类贸易术语的异同点。
6. 写出《2010 通则》所规定的十一种贸易术语的英文缩写和中文名称；简述各组的特点和贸易术语的基本含义。
7. 写出常用贸易术语在单价中的表达。
8. 在国际贸易中，如何选择使用贸易术语？

案 例 题

我某公司出口货物一批至英国伦敦，以 CIF 方式成交，合同规定为 8 月份装运。进口方要求在合同中添加："货物应于 10 月 10 日前抵达伦敦港"的条款。我方业务员结算了航程，认为 8 月份装运应能在 10 月 10 日前抵达，故同意加列。

问：加列此条款后，合同性质有何改变？我方应如何对待对方的要求？

18

主要贸易条件

《联合国国际货物销售合同公约》规定,合同的建议"如果写明货物并且明示或暗示地规定数量和价格或规定如何确定数量和价格,即为十分确定。"可见,商品的品名品质,数量和价格,为交易中必不可少的条件。

18.1 商品的品名品质

18.1.1 商品的品名

商品品名,是合同中不可缺少的主要交易条件。品名也代表了商品通常应具有的品质。在合同中,应尽可能使用国际上通用的名称。

对新商品的定名,应力求准确,符合国际上的习惯称呼。对某些商品还应注意选择合适的品名,以利减低关税,方便进出口和节省运费开支。

国际上为了便于对商品的统计征税时有共同的分类标准,早在 1950 年,由联合国经济理事会发布了《国际贸易标准分类》(SITC)。其后,世界各主要贸易国又在比利时布鲁塞尔签订了《海关合作理事会商品分类目录》(CCCN),又称《布鲁塞尔海关商品分类目录》(BTN)。CCCN 与 SITC 对商品分类有所不同,为了避免采用不同目录分类在关税和贸易、运输中产生分歧,在上述两个规则的基础上,海关合作理事会主持制定了《协调商品名称及编码协调制度》(The Harmonized Commodity Description and Coding System,简称 H. S. 协调制度)。该制度于 1988 年 1 月 1 日起正式实施,我国于 1992 年 1 月 1 日起采用该制度。目前,各国的海关统计,普惠制待遇等都按 H. S. 进行。所以,我国在采用商品名称时,应与 H. S. 规定的品名相适应。

18.1.2 商品的品质

品质是商品买卖最重要的因素。合同中的品质约定,是买卖双方交接货物的依据。通常用两种方式表示商品的品质。

A. 用文字说明表示品质

这种方式称为"凭文字说明销售"。具体可分为以下几种：

a. 规格(specification)。合同中规定商品的品质指标，如：化学成分、长短粗细、含量等。这是最广为采用的既方便又准确的一种表示品质的方法。

b. 等级(grade)。为买卖双方都熟悉的商品，在某些情况下，可采用凭等级买卖：一是按商品的不同规格，分成不同的等级，既简化了品质表示，又易于比较优劣；二是有些商品不能用规格描述，或不能完整地用规格描述，特别是一些土特产品，比如：茶叶、水果等，可用双方都认可的等级来表示品质。

c. 标准(standard)。商品的标准是指标准化了的规格和等级。标准有的由国家或有关政府部门制订；也有的是由商品交易所、同业工会或有关国际组织制订。公布了的标准经常需要修改变动。所以，当采用标准说明商品品质时，应注明采用标准的版本和年份。

国际贸易中常用的标准有各国的国家标准，如美国的 ANSI、英国的 BS、法国的 NF、德国的 DIN、日本的 JIS，还有区域标准和国际标准，如欧盟的 CE、国际标准化组织的 ISO 等。

d. 商标和牌名(trade mark and brand)。某些商品在市场上行销已久，品质优良稳定，知名度高，且品种单一，则往往可以其商标和牌名表示其品质。如可口可乐、大白兔奶糖。应注意许多著名品牌由于其产品品种多样性和复杂性，是不可能单凭商标品牌成交的。比如：IBM、SONY 等。它们的产品，必须具有完整确切的品质指标或技术说明。

e. 产地名称(name of origin)。此类描述局限于土特产品，如苏绣、四川榨菜，用以表示产品的传统工艺或特色风味。

f. 说明书和图样(description and illustrations)。对于结构性能复杂的商品，通常以说明书和图样加以完整地描述，以此作为买卖双方认定的品质标准。

凭说明书和图样成交的合同，往往附有品质保证条款和技术服务条款。

B. 用样品表示品质

这种方式称为"凭样品买卖"。样品构成合同不可分割的一个部分。

a. 样品的种类。按样品提供者的不同，分成卖方样品(seller's sample)和买方样品(buyer's sample)两种。凭买方样品成交，在我国出口贸易中又称为"来样成交"。

b. 凭样品成交中的一些做法：

（1）对等样品，凭买方样品成交。有时会因仿制产品与买方来样不符而招致退货索赔。卖方往往会按买方样品先做一个复制品交买方确认，经确认后即以该复制品作为交货品质的依据，这种经确认的复制品，称为"对等样品"或"回样"。这种做法,实际上是用卖方样品取代了买方样品,使卖方在交货时取得主动。

(2) 复样或封样。卖方在寄发样品或发运商品前,由公证机构或会同买方,抽取若干份样品加以封存,万一买卖双方在履约过程中发生质量争议,即可使用封样作为核对之用。

(3) 合同中的保障条款。凭买方来样成交时,应注意防范侵权行为的产生。如果不能十分确定,可以在合同中加列保障条款,即万一发生由于买方来样而导致侵犯第三者权益,如专利、商标侵权,应由买方负责。

18.1.3 品质条款

品质条款中应写明商品的名称和规格、等级等,或说明样品的编号和日期。根据商品的特性,可分别采用文字说明或样品或两者兼用。

对某些商品还可在合同中规定允许其品质有一定的机动幅度。常见的有下列一些方式。

a. 交货品质与样品大体相等或其他类似条款。此种表述,源于凭样品成交,比较难以做到货、样完全一致。但是,即使有此种表述,仍不应允许货物和样品之间有明显的可以表达的差异。

b. 对某些初级产品规定品质机动幅度,允许其品质指标在一定范围内变动。如鸭鹅绒的含绒量为70%,允许上下2%。又如籼米的含水率最高为15%,杂质最高为1%,碎粒最高为30%等。

c. 对工业制成品,可规定品质公差,如机械加工的零件尺寸。品质公差有些是国际公认的,有些则由买卖双方在合同中约定。

对在机动幅度内的品质差异,一般均按合同单价计价,不再另作调整。但如果有些品质指标的变动,会给商品质量带来实质性的变化,为了体现按质论价,也可在合同中订立品质增减价条款。如出口大豆时规定含油率不低于20%,以20%为基础,含油率每增加1%,价格增加2%。

18.2 商品的数量

18.2.1 常见的度量衡制度

a. 公制(the metric system)。基本单位为千克和米。为欧洲大陆及世界大多数国家所采用。

b. 国际单位制(the international system)。国际单位制是国际标准计量组织在公制基础上制定公布的。其基本单位包括千克、米、秒、摩尔、坎德拉、安培和卡等七种。是我国的法定计量单位。

c．英制(the British system)。基本单位为磅和码。为英联邦国家所采用,而英国因加入欧盟,在一体化进程中已宣布放弃英制,采用公制。

d．美制(the U.S. system)。基本单位和英制相同,为磅和码。但有个别派生单位不一致。如英制为长吨等于2 200磅,而美制为短吨等于2 000磅。此外容积单位加仑和蒲式耳,英美制名称相同,大小不同。

18.2.2 计量单位

国际贸易中用以表示商品数量的计量单位分成两类:一类是以度量衡制单位表示,包括重量、长度、面积、体积和容积。另一类是以个数表示,包括约定成俗的一些个数单位,如打、罗、大罗、令,以及订有国际或国家标准的某些商品的包装单位,如桶(石油)、包(棉花)等。

18.2.3 计算重量的方法

在国际贸易中,按重量计量的商品很多。根据一般商业习惯,计算重量的方法有以下几种。

A．净重

净重是指商品本身的重量,按照国际惯例,如合同中对重量的计算没有其他规定,则应以净重计量。

有的商品需经包装后才能称量,所得重量为毛重。对价值较低的商品,可以在合同中规定以毛重计量,即所谓"以毛作净"(gross for net)。如果需以净重计算,则必须从毛重中减去包装物的重量,即皮重。计算皮重主要有下列几种做法:

a．实际皮重。即称量每件包装物的重量。

b．平均皮重。在包装物比较划一的情况下,可从全部商品中抽取一定件数的包装物,加以称量,求出平均每件包装物的重量。

c．习惯皮重。适用于规范化的包装方式。包装的重量已为人所共知,无需称量。

d．约定皮重。双方事先约定的包装重量。

B．公量

对于含水率不稳定的商品,如羊毛、生丝、棉花等,为准确计算这类商品的重量,国际上通常采用按公量(conditioned weight)计算的方法。即测定商品的实际回潮率(含水率)以计算商品干净重,再换算成含公定回潮率的重量。计算公式为:

$$公量 = [商品实际重量 \div (1+实际回潮率)] \times (1+公定回潮率)$$
$$= 商品干净重 \times (1+公定回潮率)$$

C. 理论重量

对一些具有固定规格尺寸的商品,每件重量基本一致,一般可从件数推算出总重量,即所谓理论重量(theoretical weight)以方便买卖双方交接货物。

D. 法定重量

鉴于各国普遍采用了混合税或选择税的方式计征关税,故以重量计征关税的货物,海关按法定重量征税,通常把直接接触商品的内包装的重量计算在内。

18.2.4 合同中的数量条款

A. 合同数量条款的作用

商品数量条款是合同中不可缺少的主要条件。《联合国国际货物销售合同公约》规定:按约定数量交货是卖方的一项基本义务。如卖方交货数量大于约定的数量,买方可以拒收多交的部分,也可收取多交部分中的一部分或全部,但应按实际收取数量付款。如卖方交货数量少于约定的数量,卖方应在规定的交货期届满之前补交,且不得使买方遭受不合理的损失。买方可保留要求赔偿的权利。因而,正确订立合同中的数量条款,对买卖双方都是十分重要的。

B. 数量机动幅度

在实际业务中,对于大宗散装商品,如农副产品和工矿产品,由于商品特点和运输装载的缘故,难以严格控制装船数量。此外,某些商品由于货源变化、加工条件限制等,往往在最后出货时,实际数量与合同规定数量有所上下。对于这类交易,为了便于卖方履行合同,通常可在合同中规定溢短装条款(more or less clause),即规定交货数量可在一定幅度内增减。常用的方式为规定允许溢短装的百分比。例如:20 000米,卖方可溢短装5%。在以信用证支付方式成交时,按《跟单信用证统一惯例》的规定,在金额不超过信用证规定时,对于仅用度量衡制单位表示数量的,可有5%的增减幅度;如果在数量上加有"大约"一类的词语,则可有10%的增减幅度。

对在机动幅度内多交或少交的数量,一般可按合同价格结算。如果双方考虑到交货时市场价格可能有较大变化,则可事先在合同中规定,对于溢短装部分按货物装船时的市价计算。

18.3 商品的包装

商品总是和一定的包装联系在一起的。有些包装已成为商品的一个组成部分。在国际贸易中,包装更有其特殊的意义,是主要贸易条件之一。

按包装在商品流通过程中所起的不同作用,可分为销售包装(sales packing)和运输包装(transport packing):销售包装又称内包装,主要作用是保护商品、方便使用、促进销售,并应符合销售地国家的法律和法规。运输包装又称外包装,其主要作用是保护商品、方便储运和节省费用。本节主要讨论运输包装。

18.3.1 运输包装的类型

商品在运输过程中,不一定都需要包装。随着运输装卸技术的进步,越来越多的大宗颗粒状或液态商品,如粮食、水泥、石油等,都采用散装方式,即直接装入运输工具内运送,配合机械化装卸工作,既降低了成本,又加快了速度。另外有一类可以自行成件的商品,在运输过程中,只需加以捆扎即可,这种方式称为裸装,如车辆、钢材、木材等。

但绝大多数商品,在长途运输过程中,需要进行运输包装,按其包装方式,可分成单件包装和集合包装。

a. 单件包装指货物在运输过程中作为一个计件单位的包装。常用的有箱(case)、包(bale)、桶(drum)、袋(bag)、篓(basket)、罐(bottle)等。

b. 集合包装是在单件包装的基础上,把若干单件组合成一件大包装,以适应港口机械化作业的要求。集合包装能更好地保护商品,提高装卸效率,节省运输费用。常见的集合包装方式有托盘(pallet)、集装袋(flexible container)和集装箱(container)。

18.3.2 运输包装的标志

运输包装的标志,其主要作用是在储运过程中识别货物,合理操作。按其用途可分成运输标志(shipping mark)、指示性标志(indicative mark)、警告性标志(warning mark)、重量体积标志和产地标志。

a. 运输标志又称唛头。是一种识别标志。按国际标准化组织(ISO)的建议,包括四项内容:(1)收货人名称的英文缩写或简称;(2)参考号,如订单、发票或运单号码;(3)目的地;(4)件号。

例如:ABCCO　　　　收货人名称
　　　SC9750　　　　合同号码
　　　LONDON　　　 目的港
　　　No.4—20　　　 件号(顺序号和总件数)

运输标志在国际贸易中还有其特殊的作用。按《公约》规定,在商品特定化以前,风险不转移到买方承担。而商品特定化最常见的有效方式,是在商品外包装上,标明运输标志。此外,国际贸易主要采用的是凭单付款的方式,而主要的出口单据如发票、提单、保险单上,都必须显示出运输标志。

商品以集装箱方式运输时,运输标志可被集装箱号码和封口号码取代。

b. 指示性标志。它是一种操作注意标志,以图形和文字表达。如小心轻放、由此起吊、禁止翻滚等。

c. 警告性标志。警告性标志又称危险品标志,是用于说明商品系易燃、易爆、有毒、腐蚀性或放射性等危险性货物。它以图形及文字表达。对危险性货物的包装储运,各国政府都订有专门的法规,应严格遵照执行。

d. 重量体积标志。运输包装外通常都标明包装的体积和毛重,以方便储运过程中安排装卸作业和舱位。

e. 产地标志。商品产地是海关统计和征税的重要依据,由产地证说明。但一般在内外包装上均注明产地,作为商品说明的一个重要内容。

18.3.3 关于中性包装和定牌问题

a. 中性包装。它指商品和内外包装上均无生产国别和生产厂商名称。这种中性包装的做法以往是国际贸易中常见的方式,在买方的要求下,可酌情采用。因中性包装有可能涉嫌假冒产品,且违反进口国的关税等规定,故目前国际上已限制使用中性包装。出口商千万不能因图一己之利而损害国家的声誉和利益。

b. 定牌。卖方按买方的要求在其出售的商品或包装上标明买方指定的商标和牌号,称之为定牌生产。

随着我国加工制造业的发展,以及跨国企业把产品的制造环节从比较成本出发向中国转移,某些商品由品牌拥有者设计,并规定有关工艺和标准,委托制造厂商加工生产,成品由委托方销售,此种做法,称为OEC。

在国际贸易中,定牌商品有的在其定牌商标下标明产地,有的则不标明产地和生产厂商。后一种做法,称为定牌中性。

我国目前接受外商定牌或以OEC方式出口的产品很多,大部分均标明"中国制造"。

18.4 商品的价格

商品的价格,始终是交易磋商的核心条款。在国际贸易中,正确掌握作价原则,选择有利的计价货币,作好成本核算,是对外报价必须做好的工作。

18.4.1 进出口商品的计价原则

在确定进出口商品价格时,国际市场行情和购销意图,是商品定价的最主要的依据。市场行情既反映了当前的价格水平,又反映了未来价格变动的趋势。正确把握市场行情,才能以有利的价格条件成交。

我们在出口商品报价时,尤其应重视国际市场的价格。有些出口商采用低价作为竞争手段,导致被进口国有关企业指控"倾销"。对此,我们一方面应积极应诉,另一方面在报价时应充分重视市场价格水平。

18.4.2 计价货币

国际贸易中,对于现汇贸易,应采用可兑换货币。我国的人民币,已实行经常项目下可兑换,所以也是我国对外贸易中使用的货币之一。可兑换货币的价值,因汇率的变动而变动,故而买卖双方均应密切注意货币汇率的升降趋势。选择合适的货币,以减少由于汇率波动而带来的风险。

通常,买卖双方愿意选择汇率稳定的货币作为计价货币。但在汇率不稳定的情况下,出口方倾向于选用"硬币",即币值坚挺,汇率看涨的货币,而进口方则倾向于选用"软币",即币值疲软,汇率看跌的货币。合同中采用何种货币要由双方自愿协商决定。若采用的计价货币对其中一方不利,这一方应采取合适的保值措施,比如远期外汇买卖,并应把所承担的汇率风险考虑到货价中去。但在实际中,汇率风险往往是难以预测的。

18.4.3 佣金和折扣

在商品价格中,有时会包含佣金和折扣。

A. 佣金

佣金(commission)是指卖方或买方支付给中间商代理买卖或介绍交易的服务酬金。

我国的外贸专业公司,在代理国内企业进出口业务时,通常由双方签订协议规定代理佣金比率,而对外报价时,佣金率不明示在价格中,这种佣金称之为"暗佣"。如果在价格条款中,明确表示佣金多少,称为"明佣"。在我国对外贸易中,主要出现在我国出口企业向国外中间商的报价中。

包含佣金的合同价格,称为含佣价,通常以含佣价乘以佣金率,得出佣金额。其计算公式为:

$$佣金 = 含佣价 \times 佣金率$$

而

$$佣金 = 含佣价 - 净价$$

整理后得含佣价和净价的关系:

$$含佣价 = \frac{净价}{1 - 佣金率}$$

18 主要贸易条件

佣金通常以英文缩写字母 C 表示。比如每公吨 1 000 美元 CFR 西雅图包含佣金 2%,可写成:每公吨 1 000 美元 CFRC2 西雅图。其中的"C2"即表示佣金率为 2%。

卖方应在收妥货款后,再向中间商支付佣金。

发票应按含佣价开立。而卖方出具的汇票,也可以在汇票金额中扣除佣金,即由汇票付款人在支付货款时代为扣除,支付给中间商。

B. 折扣

折扣(discount)是卖方在原价格的基础上给予买方的一定比例的价格减让。

使用折扣方式减让价格,而不直接降低报价,使卖方既保持了商品的价位,又明确表明了给予买方的某种优惠,是一种促销手段。如数量折扣、清仓折扣、新产品的促销折扣等。比如:每件 20 美元 CIF 纽约减 5% 折扣。卖方在开具发票时,应标明折扣,并在总价中将折扣减去。

18.4.4 出口商品的成本核算

出口商品的成本核算主要有两个经济效益指标。

A. 出口商品换汇成本(换汇率)

该指标反映出口商品每取得一美元的外汇净收入所耗费的人民币成本。换汇成本越低,出口的经济效益越好。计算公式为:

$$出口换汇成本 = \frac{出口总成本(人民币元)}{出口外汇净收入(美元)}$$

这里的出口总成本,包括进货(或生产)成本,国内费用(储运、管理、预期利润等,通常以费用定额率表示)及税金。出口外汇净收入指的是扣除运费和保险费后的 FOB 外汇净收入。

例:某商品国内进价为人民币 7 270 元,加工费 900 元,流通费 700 元,税金 30 元,出口销售外汇净收入为 1 100 美元,则:

出口总成本 = 7 270 + 900 + 700 + 30 = 8 900(元人民币)

换汇成本 = 8 900 ÷ 1 100 = 8.09(元人民币/美元)

B. 出口商品盈亏率

该指标说明出口商品盈亏额在出口总成本中所占的百分比,正值为盈,负值为亏。

$$出口商品盈亏率 = \frac{出口人民币净收入 - 出口总成本}{出口总成本} \times 100\%$$

其中　　　　出口人民币净收入＝FOB出口外汇净收入×银行外汇买入价

上述例子中，若银行的外汇买入价为每美元8.20元，则

$$出口商品盈亏率 = \frac{1\ 100 \times 8.20 - 8\ 900}{8\ 900} \times 100\% = 1.35\%$$

盈亏率和换汇成本之间的关系为：

$$出口商品盈亏率 = \left(\frac{银行买入价}{出口换汇成本} - 1\right) \times 100\%$$

可见，换汇成本高于银行买入价，盈亏率是负值。换汇成本低于银行外汇买入价，出口才有盈利。

重要名词

标准　对等样品　保障条款　溢短装条款　运输标志　定牌　换汇成本

思考题

1. 货物销售合同中，约定商品品质的方式有哪几种？
2. 凭样品成交中，可采用哪几种方式以避免或处理可能因货样不一而发生的纠纷？
3. 品质条款中的品质机动幅度有哪几种规定方式？
4. 国际贸易中的商品以重量计算时，有哪几种计重方式？
5. 什么情况下合同中要规定数量机动幅度？如何规定？
6. 商品的运输标志有何作用？标准运输标志包括哪些内容？
7. 何谓中性包装和定牌生产？如何使用？
8. 包含佣金和折扣的价格，在发票中应如何处理？
9. 我方出口报价为每打250美元CIF C2西雅图，对方要求改报CIF C3价，若我方收入不变，我方应报价多少？
10. 简述出口商品成本核算的主要经济指标，并掌握计算方法。

案例题

某外商携样品来我国寻求供应商，经考察多家制造商提供的仿制品和报价后，选定了一家并签署合约。事后，因该产品市场行情下跌，该外商借口我方供应商的

产品与其样品不符,拒绝接货付款。我方认为,对方在验看我方提供的样品后签署合约,而我方产品和我方提供的样品是一致的,但对方出具了合同,合同上明示,按该外商提供的样品成交且我方产品确与对方样品有所不一致。

问:我方应从该纠纷中吸取何种教训?

19

国际货物运输

19.1 运输方式

19.1.1 海洋运输

海洋运输是国际贸易中最主要的运输方式,国际贸易总运量中的 2/3 以上,我国绝大部分进出口货物,都是通过海洋运输方式运输的。海洋运输的运量大,运费低,航道四通八达,是其优势所在。但速度慢,航行风险大,航行日期不易准确,是其不足之处。

按照船舶的经营方式,海洋运输可分为班轮运输和租船运输。

A. 班轮运输

a. 班轮运输的特点:(1)班轮运输有固定的船期、航线、停靠港口和相对固定的运费率;(2)班轮运费中包括装卸费,故班轮的港口装卸由船方负责;(3)班轮承运货物的数量比较灵活,货主按需订舱,特别适合于一般件杂货和集装箱货物的运输。

b. 班轮运费。班轮运费由班轮运价表规定,包括基本运费和各种附加费。基本运费分成两大类:一类是传统的件杂货运费;一类是集装箱包箱费率。

(1)件杂货运费基本上按每个运费吨作计费单位。按毛重计费时,运费吨为公吨,在运价表内以"W"表示。按体积计费时,运费吨为立方米,在运价表内以"M"表示。运价以"W/M"表示时,即按货物毛重(公吨数)或体积(立方米数),从高计费。按运费吨计价的货物一般分为 20 个等级,第 1 级货物运费率最低,第 20 级货物运费率最高。

对于价值较高的货物,也可按商品的价格计收,称为从价运费(ad valorem——A.V.)。从价运费一般不超过 FOB 价格的 5%。

件杂货也有按件数计收运费的。大宗低值货物,可由船、货双方议定运价。

（2）集装箱包箱费率有三种方式：① FAK 包箱费率（freight for all kinds），即不分货物种类，按每个集装箱收取的费率（见表19-1）。② FCS 包箱费率（freight for class），即按货物等级制定的包箱费率（见表19-2）。③ FCB 包箱费率（freight for class & basis），即按货物等级及不同类型的计价标准制定的费率。

表19-1

中国—新加坡航线集装箱费率表（FAK）

（USD）

装运港 port of loading	货　物 commodity	CFS/CFS W/M	CFS/CY 20'/40'	CY/CY 20'/40'
黄埔 Huangpu	general cargo（普通货） semi-hazardous cargo（半危货） hazardous cargo（全危货） refrigerated cargo（冷冻货）	47.50 62.50 77.50 	830/1510 1130/2050 1430/2590 2080/3460	750/1350 1050/1890 1350/2430 2000/3300

表19-2

中国—澳大利亚航线集装箱费率表（FCS）

（USD）

等　级 class	CFS/CFS W	CFS/CFS M	CFS/CY 20'/40'	CY/CY 20'/40'
1～7	81	57	1370/2490	1250/2250
8～10	86	61	1470/2670	1350/2430
11～15	92	64	1570/2850	1450/2610
16～20	104	74	1770/3210	1650/2970
chemical non-hazardous（化学非危品）	92	65	1570/2850	1450/2610
semi-hazardous cargo（半危货）	98	70	1670/3030	1550/2790
hazardous cargo（全危货）				
refrigerated cargo（冷冻货）				

以上集装箱包箱费率计算表中，分别订有20英尺和40英尺包箱费率，如果货物拼箱装运，即未装满一个集装箱的货物，FAK 和 FCS 方式按 W/M 方式列出基本运费，FCB 则按不同类别的计价标准，列出基本运费。

班轮运费中的附加费名目繁多，其中包括：超长附加费、超重附加费、选择卸货港附加费、变更卸货港附加费、燃油附加费、港口拥挤附加费、绕航附加费、转船附加费和直航附加费等。

集装箱运输费用中,除上述海运运费外,还需包括有关的服务费和设备使用费。

此外,班轮公司对不同商品混装在同一包装内,按其中收费较高者计收运费。同一票商品,如包装不同,其计费等级和标准也不同,如托运人未按不同包装分别列明毛重和体积,则全票货物按收费较高者计收运费。同一提单内有两种以上不同货名,如托运人未分别列明毛重和体积,亦从高计费。

B. 租船运输

租船指包租整船。租船费用较班轮低廉,且可选择直达航线,故大宗货物一般采用租船运输。租船方式主要有定程租船和定期租船两种。

a. 定程租船。定程租船(voyage charter)是以航程为基础的租船方式,又称程租船。船方必须按租船合同规定的航程完成货物运输任务,并负责船舶的运营管理及其在航行中的各项费用开支。程租船的运费一般按货物装运数量计算,也有按航次包租金额计算。

租船双方的权利和义务,由租船合同(charter party)规定,程租船方式中,合同应明确船方是否负担货物在港口的装卸费用。如果船方不负担装卸,则应在合同中规定装卸期限或装卸率,以及与之相应的滞期费和速遣费。如租方未能在限期内完成装卸作业,为了补偿船方由此而造成延迟开航的损失,应向船方支付一定的罚金,即滞期费。如租方提前完成装卸作业,则由船方向租方支付一定的奖金,称为速遣费。通常速遣费为滞期费的一半。

b. 定期租船。定期租船(time charter)是按一定时间租用船舶进行运输的方式,又称期租船。船方应在合同规定的租赁期内提供适航的船舶,并负担为保持适航的有关费用。租船人在此期间可在规定航区内自行调度支配船舶,但应负责燃料费、港口费和装卸费等运营过程中的各项开支。

C. 运费的收取

以 F 组贸易术语成交,由买方订立运输合同,卖方在托运时,无需支付运费,由收货人在目的港提货时支付。承运人签发提单时在运费栏内注明"运费到付"(freight to collect)。若以 C 组贸易术语成立,由卖方订立运输合同,卖方在托运时,需支付运费后才能从承运人处取得提单。承运人在提单运费栏内注明"运费预付"(freight prepaid)。

19.1.2 铁路运输

铁路运输是仅次于海运的一种主要运输方式。运量较大,速度较快,运输风险明显小于海洋运输,能常年保持准点运营。

19 国际货物运输

A. 国际铁路联运

国际铁路联运，发货人由始发站托运，使用一份铁路运单，铁路方面便根据运单将货物运往终点站交给收货人。在由一国铁路向另一国铁路移交货物时，不需收、发货人参加，亚欧各国按国际条约承担国际铁路联运的义务。

我国通往欧洲的国际铁路联运线有两条：一条是利用俄罗斯的西伯利亚大陆桥贯通中东、欧洲各国；另一条是由江苏连云港经新疆与哈萨克斯坦铁路连接，贯通俄罗斯、波兰、德国至荷兰的鹿特丹。后者称为欧亚大陆桥，运程比海运缩短9 000公里，比经由西伯利亚大陆桥缩短3 000公里，进一步推动了我国与欧亚各国的经贸往来，也促进了我国沿线地区的经济发展。

B. 至港澳地区的铁路运输

对港澳地区的铁路运输按国内运输办理，但又不同于一般的国内运输。货物由内地装车至深圳中转和香港卸车交货，为两票联运，由外运公司签发"货物承运收据"。京九铁路和沪港直达通车后，内地至香港的运输更为快捷，由于香港特别行政区系单独关税区，故货物在内地和香港间进出，需办理进出口报关手续。

对澳门地区的铁路运输，是先将货物运抵广州南站再转船运至澳门。澳门亦为单独关税区。

19.1.3 航空运输

航空运输有其他运输无法比拟的优越性。运送速度快，运输安全准确，可简化包装节省包装费用。

航空运费按W/M方式计算，但其重量体积比为6 000立方厘米比1千克（相当于6立方米/公吨），故而实际运费计算以千克为单位。

尽管航空运费一般较高，但对体积大，重量轻的货物，采用空运反而有利。且空运计算运费的起点比海运低，运送快捷准点。所以小件货物、鲜活商品、季节性商品和贵重商品适宜采用航空运输。

航空运输方式主要有班机运输，包机运输，集中托运和航空快递业务。

A. 班机运输

班机运输（scheduled airline）是指具有固定开航时间、航线和停靠航站的飞机。通常为客货混合型飞机，货舱容量较小，运价较贵，但由于航期固定，有利于客户安排鲜活商品或急需商品的运送。

B. 包机运输

包机运输（chartered carrier）是指航空公司按照约定的条件和费率，将整架飞机租给一个或若干个包机人（包机人指发货人或航空货运代理公司），从一个或几个航空站装运货物至指定目的地。包机运输适合于大宗货物运输，费率低于班机，但运送时间则比班机要长些。

C. 集中托运

集中托运(consolidation)可以采用班机或包机运输方式,是指航空货运代理公司将若干批单独发运的货物集中成一批向航空公司办理托运,填写一份总运单(master air waybill)送至同一目的地,由其在目的地的代理人收货并分拨。该公司并另行出具分运单(house air waybill)分发给各个委托人,以用于向买方交单和结算。这种托运方式,可降低运费,是航空货运代理的主要业务之一。

D. 航空快递业务

航空快递业务(air express service)是指由快递公司与航空公司合作,向货主提供的快递服务,其业务包括:由快递公司派专人从发货人处提取货物后以最快航班将货物出运,飞抵目的地后,由专人接机提货,办妥进关手续后直接送达收货人,称为"桌到桌运输"(desk to desk service)。这是一种最为快捷的运输方式,特别适合于各种急需物品和文件资料。

外贸企业办理航空运输,需要委托航空运输公司作为代理人,负责办理出口货物的提货、制单、报关和托运工作。委托人应填妥国际货物托运单,并将有关报关文件交付航空货运代理。空运代理向航空公司办理托运后,取得航空公司签发的航空运单,即为承运开始。航空公司需对货物在运输途中的完好负责。

货到目的地后,收货人凭航空公司发出的到货通知书提货。

19.1.4 集装箱运输和国际多式联运

集装箱运输是指将货物装载于标准规格的集装箱内进行运输,适合于海洋运输、铁路运输和航空运输等各种运输方式。集装箱运输以其高效优质低成本的特点,成为当今最重要的一种货物装载形式。在集装箱运输的基础上,发展了把多种运输方式有机地结合起来的国际间连贯运输,即国际多式联运。

A. 集装箱运输

集装箱运输实际上是指货物运输过程中的一种装载形式。集装箱是一种能反复使用的便于快速装卸的标准化货柜。国际标准化组织推荐了三个系列十三种规格的集装箱,在国际运输中常用的集装箱规格为20英尺和40英尺两种。即1A型$8'×8'×40'$,1AA型$8.6'×8'×40'$,1C型$8'×8'×20'$。

集装箱按其装载货物所属货主,可分为整箱货和拼箱货。整箱货(FCL)可由货方自行装箱后直接送到集装箱堆场(CY),整箱货到达目的地后,送至堆场由收货人提取。堆场通常设在集装箱码头附近,是集装箱的中转站。

如果一家货主的货物不足一整箱,需送至集装箱货运站(CFS)由承运人把不同货主的货物按性质、流向进行拼装,称为拼箱货(LCL)。货到目的地,拼箱货

(LCL)应送至货运站由承运人拆箱后分别由收货人提取。

集装箱这种交接方式应在运输单据上予以说明。国际上通用的表示方式为：

FCL/FCL 或 CY/CY（整装整拆）

FCL/LCL 或 CY/CFS（整装拼拆）

LCL/FCL 或 CFS/CY（拼装整拆）

LCL/LCL 或 CFS/CFS（拼装拼拆）

每个集装箱有固定的编号，装箱后封贴在箱门上的封条上印有号码。集装箱号码和封印号码可取代运输标志，显示在主要出口单据上，成为运输中的识别标志和货物特定化的记号。

B. 国际多式联运

"国际多式联运"是以集装箱装载形式把各种运输方式连贯起来进行国际运输的一种新型运输方式。按照《联合国国际多式联运公约》的解释，"国际多式联运"必须具备以下五个条件：

a. 至少是两种不同运输方式的国际间连贯运输。

b. 有一份多式联运合同。

c. 使用一份包括全程的多式联运单据。

d. 由一个多式联运经营人对全程运输负责。

e. 是全程单一的运费费率。

国际多式联运过程中，涉及货物装卸、交接和管理等许多复杂问题，因而承办多式联运的承运人都只能在有限的几条路线上协调好多种运输方式的连贯性。我国自 20 世纪 80 年代初开展多式联运业务，已建立了数十条联运路线，但完整的管理体系和货运代理网络尚待形成。

19.2 运输单据

运输单据的种类很多，包括海运提单（ocean bill of lading）、海运单（sea waybill）、航空运单（air waybill）、铁路运单（rail waybill）、承运货物收据（cargo receipt）和多式联运单据（multimodal transport document—MTD）等。

19.2.1 海运提单

A. 海运提单的性质和作用

海运提单是承运人收到货物后出具的货物收据，也是承运人所签署的运输契约的证明，提单还代表所载货物的所有权，是一种物权凭证。

B. 海运提单的种类

海运提单可以从不同角度，予以分类：

a. 根据货物是否装船，可分为"已装船提单"(shipped B/L)和"备运提单"(received for shipment B/L)。"备运提单"上加注"已装船注记"后，即成为"已装船提单"。提单上的装船日期，是指货物全部装上船的日期。

b. 根据提单上对货物外表状况有无不良批注，可分为"清洁提单"和"不清洁提单"。国际贸易结算中，银行只接受"清洁提单"，即承运人未在提单上批注货物外表状况有任何不良情况。

c. 根据提单"收货人"栏内的书写内容，可分为"记名提单"和"指示提单"。提单"收货人"栏，又称提单抬头，表明货物所有权的归属。记名提单，该栏记载特定收货人名称，只能由该收货人提货，不能转让。指示提单，又分不记名指示和记名指示：

不记名指示提单仅填写"to order"(凭指定)，必须由托运人背书后才能转让，又称"空白抬头"。

记名指示提单填写"to the order of…"(凭某某指定)，该某某即为具体的指示人，提单由其背书后可以转让，通常为受托银行。

背书又分两种形式：一种由有权背书人单纯签署，称为空白背书。另一种除背书人签署外，还写明被背书人(受让人)的名称，称为记名背书。在国际贸易中，通常采用"凭指示空白背书提单"，习惯上称"空白抬头、空白背书"。

d. 按船舶运营方式的不同，可分为班轮提单和租船提单。班轮提单上载明运输合同的条款，船货双方受其约束。而租船提单则受另行制定的租船合同约束，故在使用该提单时，往往要提供租船合同副本。

e. 承运人违规签发倒签提单和预借提单的责任。倒签提单是指承运人应托运人的请求，将提单的装船日期倒签，以避免违反合同或信用证的规定。预借提单是承运人在货物尚未装船时提前签发已装船提单，并将所记载的装船日期提前。这两种提单应认定为对收货人的一种侵权行为，承运人和托运人应对由此而导致收货人的一切损失承担责任。

19.2.2 铁路运单

铁路运输分为国际铁路联运和通往港澳的国内铁路运输，分别使用国际铁路货物联运单和承运货物收据。

A. 国际铁路货物联运单

该运单为发送国铁路和发货人之间缔结的运输合同，运单签发，即表示承运人已收到货物并受理托运。装车后加盖承运日戳，即为承运。运单正本随同货物送至终点站交收货人,是铁路同收货人交接货物,核收运杂费用的依据。运单副本加盖日戳后是卖方办理银行结算的凭证之一。

铁路运单不是物权凭证,收货人必须按运单上的抬头,凭有效身份证件提取货物。

B. 承运货物收据

内地通过国内铁路运往港澳地区出口货物,一般都委托中国对外贸易运输公司承办。货物装车发运后,由外运公司签发一份承运货物收据给托运人。托运人以此作为结汇凭证。承运货物收据既是承运人出具的货物收据,也是承运人与托运人签署的运输契约,还具有物权凭证的作用,收货人凭以提取货物。

19.2.3 航空运单

航空运单是承运人与托运人之间签订的运输契约,也是承运人或其代理人签发的货物收据。航空运单不仅应有承运人或其代理人签字,还必须有托运人签字。航空运单与铁路运单一样,不是物权凭证,不能凭以提取货物,必须作成记名抬头,不能背书转让。

收货人凭航空公司的到货通知单和有关证明提货。

航空运单正本一式三份,分别交托运人,航空公司和随机带交收货人,副本若干份,由航空公司按规定分发。

19.2.4 海运单

海运单是海上运输合同的证明和承运人出具的货物收据,但它不同于海运提单,不是物权凭证,也不能转让,必须作成记名抬头,收货人凭有效身份证明提货。海运单的使用,主要是方便进口商及时提货,特别是对于船程较短的运输,往往出现"船(货)到单不到"的情况,使用海运单可避免船货滞留港口码头。

19.2.5 多式联运单据

多式联运单据是由承运人或其代理人签发,其作用与海运提单相似,既是货物收据也是运输契约的证明。在单据作成指示抬头或不记名抬头时,可作为物权凭证,经背书可以转让。

在传统的海陆或海空联合运输中,第一程海运承运人也可签发包括全程的联运提单,但各运程的承运人都只对自己的运程负责,并分别向托运人计收运费。

多式联运单据表面上和联运提单相仿,但联运提单承运人只对自己执行的一段负责,而多式联运承运人对全程负责;联运提单由船公司签发,包括海洋运输在内的全程运输,多式联运单据由多式联运承运人签发,也包括全程运输,但多种运输方式中,可以不包含海洋运输。

19.3 合同中的装运条款

合同中的装运条款,应具体规定交货时间、装运地、目的地、能否分批装运和转运等内容。

19.3.1 交货时间

《国际贸易术语解释通则》规定,对于以F组和C组术语成交的合同,卖方只要在合同规定的装运地(港),将货物装到船上或船边或交付承运人监管就算完成了交货义务,以这类贸易术语成交的合同是一种装运合同,合同中的交货时间,实际上是装运时间,卖方对何时到货并不承担责任。而EXW和D组的贸易术语,则是卖方必须将货物置于买方的实际控制之下。因而,合同中规定的交货时间是买卖双方实际交接货物的时间。

交货时间是合同中的重要条款。推迟和提前交货都构成违约。

对于装运合同中装运期的规定,通常有下列做法:

a. 规定明确的装运时间,如1997年12月装运、1997年12月31日前装运。前者对装运期规定了上下限,后者则只规定了最迟装运日期。

b. 规定收到信用证后若干天装运。采用信用证支付方式的合同,卖方为了避免买方未能开出或未能及时开立信用证而可能造成卖方损失的风险,有时可采用此种规定方法。此时卖方往往要等收到买方开来信用证后才开始备货或投产,因而交货时间与收到信用证的时间相关联。

19.3.2 分批装运和转运

A. 分批装运

在大宗货物交易中,买卖双方根据运输条件和供需情况,可在合同中规定分批装运条款。

分批装运条款可笼统规定允许卖方分批装运,也可具体规定各批次的数量和装运的日期,即分期装运。后种做法对卖方有严格限制,按照《跟单信用证统一惯例》规定,若其中有一期未按信用证规定装运,信用证对该期及以后各期均告失效。

《惯例》还规定,除非信用证明示不准分批装运,可视作允许分批装运。运输单据表面上注明同一运输工具、同一航次、同一目的地的多次装运,即使注明不同的装运日期或不同装货地点,也不视作分批装运。

B. 转运

转运包括运输过程中的转船、转机以及从一种运输工具上卸下再装上另一种运输工具的行为。

经修订后于 1993 年生效的《跟单信用证统一惯例》，大大放宽了对转运的限制。按其规定，信用证未明确禁止转运，即为允许转运。即使信用证禁止转运，只要运输单据包括全程运输，该禁止只对港到港方式中非集装箱化的件杂货、散装货有效。

19.4 国际货运代理

在进出口业务中，托运、提货、存仓、报关和保险等环节的手续相当复杂，要求经办者充分熟悉业务。国际货运代理业的出现，为进出口商解决了这方面的困难。

国际货运代理(international freight forwarder)的主要工作是接受委托人的委托或授权，代办各种国际贸易货物运输所需要的业务。

按国际货运代理协会联合会(FIATA)的资料介绍，国际货运代理的作用在于：

a. 运用专门知识，以最安全、最迅速、最经济的方式组织运输。

b. 在世界各贸易中心建立客户网和自己的分支机构，以控制全部运输过程。

c. 在运费、包装、单证、结关、领事要求及金融等方面向企业提供咨询。

d. 把小批量的货物集中为成组货物，使客户从中受益。

e. 货运代理不仅组织和协调运输，而且影响到新运输方式的创新和新运输路线的开发。

我国的国际货运代理自 20 世纪 80 年代以来发展迅速，除中国对外贸易运输总公司、中国租船公司和中国外轮代理公司外，还有大量的国有和中外合资的国际货运代理公司，国家于 1995 年 6 月公布了《国际货运代理业管理规定》，以规范和加强对这一行业的管理。

国际货运代理具体的业务范围包括如下几方面。

A. 出口业务

a. 选择运输路线、方式和适当的承运人。

b. 为货主和选定的承运人之间安排揽货、订舱。

c. 包装、计量和储存货物。

d. 办理保险。

e. 收取货物并签发有关单据，

f. 办理出口结关手续并将货物交付承运人。
g. 支付运费,收取正本提单并交给发货人。
h. 安排货物转运。
i. 通知收货人。
j. 记录货物灭失情况,协助收货人向有关责任方索赔。

B. 进口业务
a. 报告货物动态。
b. 接收和审核货运单据,支付运费并提货。
c. 进口报关,支付有关捐税和费用。
d. 安排运输过程中的存仓。
e. 向收货人交付已结关的货物。
f. 协助收货人储存或分拨货物。

C. 国际货运代理

国际货运代理公司也可作为无船承运人(NVOCC)承办多式联运业务,即作为合同当事人签发多式联运单据,将各段运输委托实际承运人执行。

目前,因信息技术的发展,带动了物流管理和控制水平的提高,货运代理企业开始进入供应链一体化的领域,作为第三方物流为货主提供一揽子运输方案。

重 要 名 词

集装箱　欧亚大陆桥　集中托运　国际多式联运　物权凭证　国际货运代理

思 考 题

1. 海洋运输有何特点?按其经营方式可分哪两类?
2. 班轮运输有何特点?
3. 班轮运费是如何计算的?
4. 程租船和期租船方式中,船货双方的费用负担是如何划分的?
5. 航空运输有哪几种主要形式?
6. 集装箱的运输环节是如何表达的?
7. 各种运输单据,作为结算凭证,是如何使用的?
8. 合同中的装运条款包括哪些内容?
9. 国际货运代理的业务范围包括哪些内容?

19　国际货物运输

案　例　题

我某公司从欧洲进口废铜若干吨(裸装),合同中约定允许转运。该批货物由A海运公司承运,在新加坡转船后抵达我国港口,我方凭A公司出具的已装船海运提单向第二程船公司提货,发现货物已被掉换成废钢,遂向A公司提出索赔,并同时以投保一切险为依据向保险公司索赔。

问:应如何处理该案的赔偿责任?(此题涉及保险,参见第20章内容)

20

国际货物运输保险

国际货物运输路途长、环节多,运输过程中会遇到各种风险而造成货物损失。进出口商人通过投保货物运输险,将不定的损失变为固定的费用。投保后,万一货物在运输过程中发生约定范围内的损失,可从保险公司得到经济上的补偿。

货物在运输过程中可能遭受的风险和损失是多种多样的。为了明确责任,保险公司在其保险险别条款中,对不同险别所承保的风险和损失都作了规定。

20.1 海上运输保险的承保范围

20.1.1 保险利益

保险人所承保的标的,是保险所要保障的对象。但被保险人(投保人)投保的并不是保险标的本身,而是被保险人对保险标的所具有的利益,这个利益,叫做保险利益。投保人对保险标的不具有保险利益的,保险合同无效。

国际货运保险同其他保险一样,被保险人必须对保险标的具有保险利益。这一保险利益,在国际货运中,体现在对保险标的的所有权和所承担的风险责任上。以 FOB、FCA、CFR 和 CPT 方式达成的交易,货物在越过船舷后风险由买方承担。一旦货物发生损失,买方的利益受到损失,所以买方具有保险利益。所以由买方作为被保险人向保险公司投保,保险合同只在货物越过船舷后才生效。货物越过船舷以前,买方不具有保险利益,因此不属于保险人对买方所投保险的承保范围。以 CIF 和 CIP 方式达成的交易,投保是卖方的合同义务,卖方拥有货物所有权,当然具有保险利益。卖方向保险公司投保,保险合同在货物启运地启运后即生效。

20.1.2 风险

保险业把海上货物运输的风险分成海上风险和外来风险。风险是造成损失的原因。

A．海上风险

海上风险包括自然灾害和意外事故。

a．自然灾害。自然灾害仅指恶劣气候、雷电、洪水、流冰、地震、海啸以及其他人力不可抗拒的灾害,而不是指一般自然力所造成的灾害。

b．意外事故。意外事故主要包括船舶搁浅、触礁、沉没、碰撞、失火、爆炸以及失踪等具有明显海洋特征的重大意外事故。

B．外来风险

外来风险是指海上风险以外的各种风险,分为一般外来风险和特殊外来风险。

a．一般外来风险。一般外来风险指偷窃、破碎、渗漏、玷污、受潮受热、串味、生锈、钩损、短量、淡水雨淋等。

b．特殊外来风险。特殊外来风险主要是指由于军事、政治及行政法令等原因造成的风险,从而引起货物损失。如战争、罢工、交货不到、拒收等。

20.1.3 损失

海上货物运输的损失又称海损(average)是指货物在海运过程中由于海上风险而造成的损失,海损也包括与海运相连的陆运和内河运输过程中的货物损失。

海上损失按损失的程度可以分成全部损失(total loss)和部分损失(partial loss)。

A．全部损失

全部损失又称全损,是指被保险货物的全部遭受损失。有实际全损(actual total loss)和推定全损(constructive total loss)之分。实际全损是指货物全部灭失或全部变质而不再有任何商业价值。推定全损是指货物遭受风险后受损,尽管未达实际全损的程度,但实际全损已不可避免,或者为避免实际全损所需支付的费用和继续将货物运抵目的地的费用之和超过了保险价值。推定全损需经保险人核查后认定。

B．部分损失

不属于实际全损和推定全损的损失,为部分损失。按照造成损失的原因,可分为共同海损(general average —GA)和单独海损(particular average —PA)。

在海洋运输途中,船舶、货物或其他财产遭遇共同危险,为了解除共同危险,有意采取合理的救难措施所直接造成的特殊牺牲和支付的特殊费用,称为共同海损。在船舶发生共同海损后,凡属共同海损范围内的牺牲和费用,均可通过共同海损清算,由有关获救受益方(即船方、货方和运费收入方)根据获救价值按比例分摊,然后再向各自的保险人索赔。共同海损分摊涉及的因素比较复杂,一般均由专门的海损理算机构进行理算(adjustment)。

不具有共同海损性质,且未达到全损程度的损失,称为单独海损。该损失仅涉及船舶或货物所有人单方面的利益损失。

按照保险条例,不论投保何种险种,由于海上风险而造成的全部损失和共同海损均属保险人的承保范围。对于推定全损的情况,由于货物并未全部灭失,被保险人可以选择按全损或按部分损失索赔。倘若按全损处理,则被保险人应向保险人提交"委付通知",把残余标的物的所有权交付保险人,经保险人接受后,可按全损得到赔偿。

20.1.4 费用

海上风险还会造成费用支出,主要有施救费用和救助费用。所谓施救费用是指被保险货物在遭受承保责任范围内的灾害事故时,被保险人或其代理人或保险单受让人,为了避免或减少损失,采取各种措施而支出的合理费用。所谓救助费用是指保险人或被保险人以外的第三者采取了有效的救助措施之后,由被救方付给的报酬。

保险人对上述费用都负责赔偿,但以总和不超过保险金额为限。

20.1.5 外来风险的损失

指前文讲述的除海上风险以外的其他风险所造成的损失。这类损失,不按损失的程度区分成全损和部分损失,而是按造成损失的原因分类,以作为保险公司承保的依据。分成一般外来风险所造成的损失和特殊外来风险所造成的损失。详细见后面的中国保险条款的附加险分类。

20.2 我国海运货物保险险别

中国人民保险公司制定的货运保险条款,称为中国保险条款(C.I.C.)。该条款对保险人的承保责任范围,按风险和损失的性质,制订了各种险别,可分为基本险和附加险两大类。

20.2.1 基本险

基本险可以单独投保,被保险人投保时,必须选择一种基本险投保。海洋货运保险的基本险包括平安险(F.P.A.)、水渍险(W.P.A.;W.A.)和一切险(all risks)。

平安险的承保范围,包括除了由自然灾害造成的单独海损以外的海上风险所造成的一切损失和费用。具体包括：

a. 在运输过程中，由于自然灾害造成被保险货物的实际全损或推定全损。

b. 由于运输工具遭遇搁浅、触礁、沉没、互撞与流冰或其他物体碰撞以及失火、爆炸等意外事故造成被保险货物的全部或部分损失。

c. 只要运输工具曾经发生搁浅、触礁、沉没、焚毁等意外事故，不论这意外事故发生之前或者以后曾在海上遭遇恶劣气候、雷电、海啸等自然灾害造成的被保险货物的部分损失。

d. 在装卸转船过程中，被保险货物一件或数件、整件落海所造成的全部损失或部分损失。

e. 被保险人对遭受承保责任内危险的货物采取抢救、防止或减少货损措施支付的合理费用，但以不超过该批被救货物的保险金额为限。

f. 运输工具遭遇自然灾害或者意外事故，需要在中途的港口或者在避难港口停靠，因而引起的卸货、装货、存仓以及运送货物所产生的特别费用。

g. 共同海损的牺牲、分摊和救助费用。

h. 运输契约订有"船舶互撞责任"条款，按该条款规定应由货方偿还船方的损失。

水渍险的承保范围，包括海上风险所造成的一切损失和费用。即在平安险的基础上，加上自然灾害造成的单独海损。

一切险的承保范围，包括水渍险的所有责任，还包括由一般外来风险所造成的损失。

根据保险条款规定，上述基本险承保责任的起讫，采用国际保险业通用的"仓至仓条款"(W/W clause)。该条款规定，保险人的保险责任自被保险货物运离保险单所载明的起运地仓库或储存处所开始运输时生效，直到该项货物到达保险单所载明目的地收货人的最后仓库或储存处所或被保险人用作分配、分派或非正常运输的其他储存处为止。如未抵达上述目的地，则在货物于最后卸载港全部卸离海轮后60天为止。在上述60天内如再需转运，则开始转运时保险责任终止。

必须注意的是，若由买方投保（比如FOB、FCA、CFR、CPT方式），则由于在货物越过船舷前买方对保险标的物并不具有保险利益，故而即使已经投保，保险公司承保责任的起讫，将不是"仓至仓"，而是"船至仓"，即自货物越过船舷后才承担相应的保险责任。如果卖方在此种情况下希望对装船前的风险予以保险，则应自行投保"卖方利益险"。

上述基本险还规定了下列除外责任(exclusions)：(1) 被保险人的故意行为或过失所造成的损失；(2) 属于发货人责任所引起的损失；(3) 在保险责任开始前，被保险货物已存在的品质不良或数量短差所造成的损失；(4) 被保险货物的自然损耗、本质缺陷、特性以及市价跌落、运输延迟所造成的损失和费用;(5)属于海洋运输货物战争险条款和货物运输罢工险条款规定的责任范围和除外责任。

20.2.2 附加险

附加险承保由外来风险所造成的损失,可分成一般附加险和特殊附加险,分别对应于一般外来风险和特殊外来风险。

A. 一般附加险

一切附加险包括:(1)偷窃、提货不着险(theft,pilferage and non-delivery—TPND);(2)淡水雨淋险(rain fresh water damage);(3)短量险(risk of shortage);(4)混杂、玷污险(intermixture and contamination risks);(5)渗漏险(leakage risk);(6)碰损、破碎险(clashing and breakage risks);(7)串味险(taint of odour risk);(8)受潮、受热险(sweating and heating risks);(9)钩损险(hook damage);(10)锈损险(rusting risk);(11)包装破裂险(loss and/or damage caused by breakage of packing)。

B. 特殊附加险

特殊附加险包括:(1)战争险(war risk);(2)罢工险(strike risk);(3)交货不到险(failure to deliver risk);(4)进口关税险(import duty risk);(5)舱面险(on deck risk);(6)拒收险(rejection risk);(7)黄曲霉素险(aflatoxin risk);(8)货运港澳地区存仓火险责任扩展条款(fire risk extension clauses for storage of cargo at destination Hong Kong, including Kowloon, or Macao—FREC)。

附加险不能单独投保。可在投保一种基本险的基础上,根据货运需要加保其中的一种或若干种。投保了一切险后,因一切险中已包括了所有一般附加险的责任范围,所以只需在特殊附加险中选择加保。

20.3 英国伦敦保险业协会货物保险条款

在国际保险市场上,各国保险组织都制定有自己的保险条款。但最为普遍采用的是英国伦敦保险业协会所制订的《协会货物条款》(Institute Cargo Clause—I.C.C.)。我国企业按 CIF 或 CIP 条件出口时,一般按《中国保险条款》投保,但如果国外客户要求按《协会货物条款》投保,一般可予接受。

《协会货物条款》的现行规定于 1982 年 1 月 1 日修订公布,共有六种险别,它们是:(1)协会货物条款(A)[简称 ICC(A)];(2)协会货物条款(B)[简称 ICC(B)];(3)协会货物条款(C)[简称 ICC(C)];(4)协会战争险条款(货物)(IWCC);(5)协会罢工险条款(货物)(ISCC);(6)恶意损害险(malicious damage clause)。

以上六种险别中,(A)险相当于中国保险条款中的一切险,其责任范围更为广泛,故采用承保"除外责任"之外的一切风险的方式表明其承保范围。(B)险大体上相当于水渍险。(C)险相当于平安险,但承保范围较小些。(B)险和(C)险都采用列明风险的方式表示其承保范围。六种险别中,只有恶意损害险,属于附加险别,不能单独投保,且被包含在(A)险的承保范围中。其他五种险别的结构相同,体系完整。因此,除(A)、(B)、(C)三种险别可以单独投保外,必要时,战争险和罢工险在征得保险公司同意后,也可作为独立的险别进行投保。

20.4 我国进出口货物保险的做法

20.4.1 出口保险

凡按 CIF 和 CIP 条件成交的出口货物,由出口企业向当地保险公司逐笔办理投保手续。应根据合同或信用证规定,在备妥货物,并确定装运日期和运输工具后,按约定的保险险别和保险金额,向保险公司投保。投保时应填制投保单并支付保险费,保险公司凭以出具保险单或保险凭证。

投保的日期应不迟于货物装船的日期。投保金额若合同没有明示规定,应按 CIF 或 CIP 价格加成 10%,如买方要求提高加成比率,一般情况下可以接受。但增加的保险费应由买方负担。

保险单证是主要的出口单据之一。保险单证所代表的保险权益经背书后可以转让。卖方在向买方(或银行)交单前,应先行背书。

应当注意的是,当卖方按 C.I.C. 条款投保平安险和水渍险时,若货物在货物运离保险单上载明的仓库或储存所至码头装船过程中,若因运载车辆倾覆而导致货损,卖方并不能以"仓至仓条款"向保险公司索赔,因为上述两个险别并不对陆上运输工具的倾覆造成的保险标的损失承担责任,只有一切险才对此类损失承担部分或全部责任。若卖方按 I.C.C. 条款投保 ICC(A)、ICC(B)和 ICC(C)中任一险别,则都将上述损失包括在承保范围以内。

20.4.2 进口保险

按 FOB,CFR,FCA 和 CPT 条件成交的进口货物,由我进口企业自行办理保险。为简化投保手续和避免漏保,一般采用预约保险的做法,即被保险人(投保人)和保险人就保险标的物的范围、险别、责任、费率以及赔款处理等条款签订长期性的保险合同。投保人在获悉每批货物起运时,应将船名、开船日期及航线、货物品名及数量、保险金额等内容,书面定期通知保险公司。保险公司对属于预约保险合同范围内的商品,一经起运,即自动承担保险责任。

未与保险公司签订预约保险合同的进口企业,则采用逐笔投保的方式,在接到国外出口方的装船通知或发货通知后,应立即填写"装货通知"或投保单,注明有关保险标的物的内容、装运情况、保险金额和险别等,交保险公司,保险公司接受投保后签发保险单。

20.4.3 保险金额与保险费

保险金额是保险人赔付的最高限额,也是理赔金额的依据。以 CIF 方式成交,如双方在合同中没有约定,卖方投保的最低保险金额为 CIF 价格加成 10%。在贸易实践中,如买方在该笔交易中,其交易费用、预期利润等保险利益较高,则可在合同中约定较高的保险加成率。

$$保险金额 = CIF(或 CIP)价 \times (1 + 保险加成率)$$

由此而增加的保险费,卖方应计入报价中由买方负担。

$$保险费 = 保险金额 \times 保险费率$$

由于

$$CIF(或 CIP)价 = CFR(或 CPT)价 + 保险费$$

所以可以从 CFR(或 CPT)价计算 CIF(或 CIP)价,公式为:

$$CIF(或 CIP)价 = \frac{CFR(或 CPT)价}{1 - [保险费率 \times (1 + 投保加成率)]}$$

20.4.4 保险索赔

进出口货物在运输途中遭受损失,被保险人(投保人或保险单受让人)可向保险公司提出索赔。保险公司按保险条款所承担的责任进行理赔。

索赔主要程序如下。

A. 损失通知

被保险人获悉货损后,应立即通知保险公司或保险单上指明的代理人。后者接到损失通知后,应即采取相应的措施,如检验损失,提出施救意见,确定保险责任和签发检验报告等。

B. 向承运人等有关方面提出索赔

被保险人除向保险公司报损外,还应向承运人及有关责任方(如海关、理货公司等)索取货损货差证明,如系属承运人等方面责任的,应及时以书面方式提出索赔。

C. 采取合理的施救、整理措施

被保险人应采取必要的措施以防止损失的扩大,保险公司对此提出处理意见的,应按保险公司的要求办理。所支出的费用可由保险公司负责,但以与理赔金额之和不超过该批货物的保险金额为限。

D. 备妥索赔单证,提出索赔要求

索赔单证除正式的索赔函以外,应包括保险单证、运输单据、发票,以及检验报告、货损货差证明等。

保险索赔的时效一般为两年。

重要名词

推定全损　共同海损　单独海损　预约保险

思 考 题

1. 何谓"保险利益"?货物运输保险中是如何认定"保险利益"的?
2. 简述 C.I.C. 海运货物保险条款的内容。
3. 简述 C.I.C. 的仓至仓条款和除外责任。
4. 简述 I.C.C. 的险别。
5. 如何计算投保金额和保险费?
6. 简述我国外贸企业在进出口货物运输保险的一般做法和注意事项。
7. 简述保险索赔的主要程序。

案 例 题

我方以 FOB 方式出口一批仪器,考虑到装船过程中有可能因装卸作业造成货损,故要求对方投保中明确"仓至仓条款"。

问:保险公司是否接受?在实践中我方应如何处理?

21

商品检验、索赔、不可抗力和仲裁

21.1 商品检验

21.1.1 商品检验的意义

国际贸易中,卖方所交货物的品质、数量、包装等必须符合合同规定,因而在买卖双方交接货物过程中,对商品进行检验并出具检验证书,是一个不可缺少的环节。

商品可以由买卖双方自行检验。但在国际贸易中,大多数场合下买卖双方不是当面交接货物,而且在长途运输和装卸过程中,又可能由于各种风险和承运人的责任而造成货损。为了便于分清责任,确认事实,往往需要由权威的、公正的商检机构对商品进行检验,并出具检验证书以资证明。这种由商检机构出具的检验证书,已成为国际贸易中买卖双方交接货物、结算货款、索赔和理赔的主要依据。

此外,各国法律和《联合国国际货物销售合同公约》都对买方的检验权作了相似的规定:除非合同另有规定,当卖方履行交货义务以后,买方有权对货物进行检验,如果发现货物与合同规定不符,而且确属卖方的责任,买方有权向卖方表示拒收,并有权索赔。

法律还规定,即使买方已经行使了检验权,表示接受货物或未行使检验权,但已处分了货物,如在合同规定的索赔期限内发现货物与合同不符,仍有权向卖方索赔,但不能要求退货。

21.1.2 检验的时间和地点

《公约》等规定的买方检验权,是一种法定的检验权,它服从于合同的约定,买卖双方通常都在合同中对如何行使检验权的问题作出规定,即规定检验的时间和地点。主要有以下五种做法:

a. 在出口国产地检验。发货前,由卖方检验人员会同买方检验人员对货物进行检验,卖方只对商品离开产地前的品质负责。离产地后运输途中的风险,由买方负责。

b. 在装运港(地)检验。货物在装运前或装运时,由双方约定的商检机构检验,并出具检验证明,作为确认交货品质和数量的依据,这种规定,称为以"离岸品质和离岸数量"为准。

c. 目的港(地)检验。货物在目的港(地)卸货后,由双方约定的商检机构检验,并出具检验证明,作为确认交货品质和数量的依据,这种规定,称为以"到岸品质和到岸数量"为准。

d. 买方营业处所或用户所在地检验。对于那些密封包装、精密复杂的商品,不宜在使用前拆包检验,或需要安装调试后才能检验的产品,可将检验推迟至用户所在地,由双方认可的检验机构检验并出具证明。

e. 出口国检验,进口国复检。按照这种做法,装运前的检验证书作为卖方收取货款的出口单据之一,但货到目的地后,买方有复验权。如经双方认可的商检机构复验后,发现货物不符合合同规定,且系卖方责任,买方可在规定时间内向卖方提出异议和索赔,直至拒收货物。

上述各种做法,各有特点,应视具体的商品交易性质而定。其中在出口国产地检验,使买方得以在装运前监控货物的质量,我国在进口成套设备时,通常采用这种方式。但对大多数一般商品交易来说,"出口国检验,进口国复验"的做法最为方便而且合理,因为这种做法一方面肯定了卖方的检验证书是有效的交接货物和结算凭证,同时又确认买方在收到货物后有复验权,这符合各国法律和国际公约的规定。我国对外贸易中大多采用这一做法。

21.1.3 检验机构

国际上的检验机构,有官方的,也有民间私人或社团经营的。国际贸易中的商品检验主要由民间机构承担,民间商检机构具有公证机构的法律地位。比较著名的有:瑞士日内瓦通用鉴定公司(SGS)、日本海外货物检验株式会社(OMIC)、美国保险人实验室(UL)、英国劳合氏公证行(Lloyd's Surveyor)、法国船级社(B.V.)以及中国香港天祥公证化验行等。

我国进出口商品检验主要由官方的"中华人民共和国出入境检验检疫局"及其分支机构承担,此外还有各种专门从事动植物、食品、药品、船舶、计量器具等官方检验机构。

1980年成立的中国进出口商品检验公司(CCIC)及其分公司,是接受国家委托从事进出口商品检验的具有法人资格的公司。我国商检机构和一些国外检验机构建立了委托代理关系(如 SGS)或合资检验机构(如 OMIC)。外国检验机构经批准也可在我国设立分支机构,在指定范围内接受进出口商品检验和鉴定业务。

21.1.4 法定检验和公证鉴定

按我国《商品检验法》规定,我国商检机构基本任务有三项:

a．法定检验。商检机构依据国家的法律、行政法规的规定,对进出口商品实施强制性的检验。

按规定:属于法定检验的出口商品,未经检验合格,不准进口;属于法定检验的进口商品,进口报关时必须提交报验单,进口后,未经检验合格者,不准销售、使用。

实施法定检验的商品由《商检机构实施检验的进出口商品种类表》和其他法律法规加以规定。

b．公证鉴定。应国际贸易关系人的申请,商检机构以公证人的身份,办理规定范围内的进出口商品的检验鉴定业务,出具证明,作为当事人办理有关事务的有效凭证。比如:品质、数量证明;残损鉴定和海损鉴定;车、船、飞机和集装箱的运载鉴定;普惠制产地证和一般的非优惠产地证。

c．实施监督管理。商检机构通过行政管理手段,对进出口商品有关企业的检验部门和检验人员进行监督管理;对生产企业的质量体系进行评审;对进出口商品进行抽查检验等,是我国商检机构对进出口商品执行检验把关的重要手段。

21.2 违约和索赔

国际货物买卖合同确立了买卖双方的权利和义务,任何一方不履行或不完全履行合同规定的义务,即构成违约。合同的另一方可因自己的权利受到侵犯及因此而受到的损失向对方索赔。

21.2.1 违约责任

不同性质的违约,所承担的法律责任不同。

《联合国国际货物销售合同公约》规定:"一方当事人违反合同的结果,如使另一方当事人蒙受损失,以至于实际上剥夺了他根据合同规定有权期待得到的东西,即为根本违反合同⋯⋯"受损害的一方有权向违约方要求损害赔偿并有权宣告合同无效。但如违约的情况尚未达到根本违反合同的程度,则受损害方只能要求损害赔偿而不能宣告合同无效。

各国法律均有相似的规定。如美国法律把违约程度按其造成的后果分成"严重违约"和"轻微违约"。对于"严重违约",受损害方不但有权要求损害赔偿,而且有权宣告合同无效。对于"轻微违约",则只能要求赔偿而不能解除合同。英国则按合同中的不同条款,分成"违反要件"和"违反担保",这和一般按违约的客观后果进行区分有所不同,但在近年的司法实践中,英国的判例已向《公约》的规定靠拢。

我国《合同法》规定:"因标的物质量不符合质量要求,致使不能实现合同目的的,买受人可以拒绝接受标的物或解除合同。"这里的"不能实现合同目的",应可视为在货物质量方面的"根本性违约"。

21.2.2 索赔和理赔

索赔和理赔是一个问题的两个方面,属于卖方责任而引起买方索赔的主要有:卖方所交货物的品质、数量、包装和合同不符;卖方未按期交货;卖方其他违反合同或法定义务的行为。属于买方责任而引起卖方索赔的有:买方未按期付款;未及时办理运输手续;未及时开立信用证;买方其他违反合同或法定义务的行为。

索赔和理赔中,索赔依据和索赔时间是两个最基本的条件。

索赔的法律依据是合同和适用的法律、惯例。索赔的事实依据是违约事实的书面文件,指有资格的机构出具的书面证明,当事人的陈述和其他旁证。

索赔期限通常在合同中加以约定。超过约定的索赔期限,受损害的一方即丧失索赔权。如果在合同中未约定索赔期限,则依照法律规定索赔期限。法定索赔期限较长,《联合国国际货物销售合同公约》规定为自买方实际收到货物之日起两年之内。营业地处于公约缔约国的买卖双方,在合同中无约定索赔期限时,将以公约规定的两年为索赔期限。

21.2.3 合同中的索赔条款

买卖双方可根据交易的需要在合同中订立或不订立索赔条款。订立索赔条款通常有两种方式。

a. 异议和索赔条款。针对卖方交货品质、数量或包装不符合合同规定而订立。

主要内容包括索赔依据和索赔期限。索赔依据主要是指双方认可的商检机构出具的检验证书。索赔期限根据不同商品由双方约定。

b. 罚金条款。针对当事人不按期履约而订立。如卖方未按期交货或买方未按期派船、开证。主要内容是规定罚金或违约金的数额以补偿对方的损失。

罚金的支付并不解除违约方继续履行的义务,因此,违约方支付罚金外,仍应履行合同义务,如因故不能履约,则另一方在收受罚金之外,仍有权索赔。

英美法系国家的法律,只承认损害赔偿,不承认对于带有惩罚性的罚金。所以在与英、美、澳、新等国贸易时,应注意约定的罚金额的合法性。

罚金条款常用于大宗商品或成套设备的合同中。

21.3 不可抗力

21.3.1 不可抗力的涵义

不可抗力(force majeure)是指买卖合同签订后，不是由于当事人一方的过失或故意，发生了当事人在订立合同时不能预见，对其发生和后果不能避免并且不能克服的事件，以致不能履行合同或不能如期履行合同。遭受不可抗力事件的一方，可以据此免除履行合同的责任或推迟履行合同，对方无权要求赔偿。

不可抗力通常包括两种情况：一种是自然原因引起的，如水灾、旱灾、暴风雪、地震等；另一种是社会原因引起的，如战争、罢工、政府禁令等。但不可抗力事件目前国际上并无统一的明确的解释。哪些意外事故应视作不可抗力，可由买卖双方在合同的不可抗力条款中约定。

21.3.2 不可抗力条款

不可抗力条款是一种免责条款，即免除由于不可抗力事件而违约的一方的违约责任。一般应规定的内容包括：不可抗力事件的范围，事件发生后通知对方的期限，出具证明文件的机构以及不可抗力事件的后果。

我国进出口合同中的不可抗力条款，按对不可抗力事件范围规定的不同，主要有以下三种方式：

a．概括式，即对不可抗力事件作笼统的提示，如"由于不可抗力的原因，而不能履行合同或延迟履行合同的一方可不负有违约责任。但应立即以电传或传真通知对方，并在××天内以航空挂号信向对方提供中国国际贸易促进委员会出具的证明书"。

b．列举式，即逐一订明不可抗力事件的种类。如"由于战争、地震、水灾、火灾、暴风雪的原因而不能履行合同或延迟履行合同的一方不负有违约责任……"

c．综合式，即将概括式和列举式合并在一起，如"由于战争、地震、水灾、火灾、暴风雪或其他不可抗力原因而不能履行合同的一方不负有违约责任……"综合式是最为常用的一种方式。

21.3.3 不可抗力事件的处理

《联合国国际货物销售合同公约》规定，一方当事人享受的免责权利只对履约障碍存在期间有效，如果合同未经双方同意宣告无效，则合同关系继续存在，一旦履行障碍消除,双方当事人仍须继续履行合同义务。

所以不可抗力事件所引起的后果,可能是解除合同也可能是延迟履行合同,应由双方按公约规定结合具体情势商定。

《公约》还规定,在不可抗力事件发生后,违约方必须及时通知另一方,并提供必要的证明文件,而且在通知中应提出处理意见。如果因未及时通知而使另一方受到损害,则应负赔偿责任。

我国涉外经济合同法也规定:"……应及时通知另一方,以减轻可能给另一方造成的损失……"

不可抗力事件出具证明的机构,大多为当地商会。在我国,由中国国际贸易促进委员会(即中国国际商会)出具。

另一方接到不可抗力事件的通知和证明文件后,应根据事件性质,决定是否确认其为不可抗力事件,并把处理意见及时通知对方。

不可抗力事件的处理,关键是对不可抗力事件的认定,尽管在合同的不可抗力条款中作了一定的说明,但在具体问题上,双方会对不可抗力事件是否成立出现分歧。通常应注意下列事项:

a. 区分商业风险和不可抗力事件。商业风险往往也是无法预见和不可避免的,但是它和不可抗力事件的根本区别在于一方当事人承担了风险损失后,有能力履行合同义务,典型情况是对"种类货"的处理,此类货物可以从市场中购得,因而卖方通常不能免除其交货责任。

b. 重视"特定标的物"的作用。对于包装后刷上唛头或通过运输单据等已将货物确定为某项合同的标的物,称为"特定标的物",此类货物由于意外事件而灭失,卖方可以确认为不可抗力事件。如果货物并未特定化,则会造成免责的依据不足。比如3万米棉布在储存中由于不可抗力损失了1万米,若棉布分别售于两个货主,而又未对棉布作特定化处理,则卖方对两个买主都无法引用不可抗力条款免责。

21.4 仲裁

21.4.1 争议的解决方式

国际贸易中,双方在履约过程中有可能发生争议。由于买卖双方之间的关系是一种平等互利的合作关系,所以一旦发生争议,首先应通过友好协商的方式解决,以利于保护商业秘密和企业声誉。如果协商不成,则当事人可按照合同约定或争议的情况采用调解、仲裁或诉讼方式解决争议。

a. 调解(conciliation)。由双方当事人自愿将争议提交选定的调解机构(法院,仲裁机构或专门的调解机构),由该机构按调解程序进行调解。若调解成功,双方应签订和解协议,作为一种新的契约予以执行,若调解意见不为双方或其中一方接受,则该意见对当事人无约束力,调解即告失败。

我国在诉讼和仲裁中,均采用了先行调解的程序。

b. 仲裁(arbitration)。双方当事人达成书面协议,自愿把争议提交给双方同意的仲裁机构,仲裁机构作出的裁决是终局的,对双方都有约束力。

仲裁方式具有解决争议时间短、费用低、能为当事人保密、裁决有权威性、异国执行方便等优点。

c. 诉讼(litigation)。一方当事人向法院起诉,控告合同的另一方,一般要求法院判令另一方当事人以赔偿经济损失或支付违约金的方式承担违约责任,也有要求对方实际履行合同义务的。

诉讼是当事人单方面的行为,只要法院受理,另一方就必须应诉。但诉讼方式的缺点在于立案时间长,诉讼费用高,异国法院的判决未必是公正的,各国司法程序不同,当事人在异国诉讼比较复杂。

综观上述三种解决争议的方式,在国际贸易实践中,仲裁是最被广泛采用的一种方式。

21.4.2 仲裁协议

A. 仲裁协议的形式

仲裁协议必须采用书面形式。一种是双方当事人在争议发生之前订立的,表示一旦发生争议应提交仲裁,通常为合同中的一个条款,称为仲裁条款。另一种是双方当事人在争议发生后订立的,表示同意把已经发生的争议提交仲裁的协议,往往通过双方函电往来而订立。

B. 仲裁协议的作用

仲裁协议表明双方当事人愿意将他们的争议提交仲裁机构裁决,任何一方都不得向法院起诉。仲裁协议也是仲裁机构受理案件的依据,任何仲裁机构都无权受理无书面仲裁协议的案件。仲裁协议还排除了法院对有关案件的管辖权,各国法律一般都规定法院不受理双方订有仲裁协议的争议案件,包括不受理当事人对仲裁裁决的上诉。

C. 仲裁协议的内容

一般应包括仲裁地点、仲裁机构、仲裁程序、仲裁裁决的效力及仲裁费用的负担等。

仲裁地点是协议中最为重要的一个问题。因为仲裁地点与仲裁适用的程序和合同争议所适用的实体法密切相关。通常均适用于仲裁所在地国家的仲裁法和实体法。

我国进出口贸易合同中的仲裁地点一般采用下列三种规定方法：

a. 力争规定在我国仲裁。

b. 有时规定在被诉方所在国仲裁。

c. 规定在双方同意的第三国仲裁。

由于我国企业目前大多缺乏在国外申诉的能力，所以应力争在我国仲裁。

仲裁裁决是终局的，对双方当事人均有约束力，不得向任何机构提出变更裁决的请求。

仲裁费用的负担可在协议中订明，通常由败诉方负担，也可规定由仲裁庭裁决。

21.4.3 仲裁机构和仲裁程序

A. 仲裁机构

世界上许多国家和一些国际组织都设有专门从事国际商事仲裁的常设机构，如国际商会仲裁院、英国伦敦仲裁院、英国仲裁协会、美国仲裁协会、瑞典斯德哥尔摩商会仲裁院、瑞士苏黎世商会仲裁院、日本国际商事仲裁协会以及中国香港国际仲裁中心等。我国的涉外仲裁机构为中国国际经济贸易仲裁委员会，设在北京，在上海和深圳设有分会。

"中华人民共和国仲裁法"公布实施(1995年9月1日)后，按该法成立的各地方仲裁委员会，亦可受理涉外商事案件。

仲裁机构不是国家的司法部门，而是依据法律成立的民间机构。

B. 仲裁程序和适用的实体法

各国仲裁机构的仲裁规则对仲裁程序都有明确规定。按我国仲裁规则规定，基本程序如下：

a. 申请仲裁。申请人应提交仲裁协议和仲裁申请书，并附交有关证明文件和预交仲裁费。仲裁机构立案后应向被诉人发出仲裁通知和申请书及附件。被诉人可以提交答辩书或反请求书。

b. 指定仲裁员组成仲裁庭。当事人双方均可在仲裁机构所提供的仲裁员名册中指定或委托仲裁机构指定一名仲裁员，并由仲裁机构指定第三名仲裁员作为首席仲裁员，共同组成仲裁庭。如果用独任仲裁员方式，可由双方当事人共同指定或委托仲裁机构指定。申请人应按规定预缴仲裁费。

c. 仲裁审理。仲裁审理案件有两种形式：一种是书面审理，也称不开庭审理，只根据有关书面材料对案件进行审理并作出裁决，海事仲裁常采用书面仲裁形式。另一种是开庭审理,这是普遍采用的一种方式。仲裁庭审是不公开的,以保护当事人的商业机密。

d. 适用的实体法。合同当事人可以选择适用法律。当事人没有选择的,适用于合同有最密切联系的国家的法律。通常是指仲裁所在地法,也可以根据具体情况适用合同签订地或履行地所在国的法律。

e. 仲裁时效。我国法律规定,货物买卖合同争议提起诉讼或仲裁的时效,自当事人知道或者应当知道其权利受到侵犯之日起4年。在实务中一旦发生争议,应尽快提请仲裁。

21.4.4 仲裁裁决的执行

仲裁裁决应由当事人自行执行。仲裁机构自身不具有强制执法的能力。一方如果逾期不予执行,另一方可向法院申请强制执行。

为了解决是否承认和执行外国仲裁裁决的问题,1958年6月联合国通过了《承认和执行外国仲裁裁决公约》,简称《1958年纽约公约》。我国于1987年4月正式加入这一公约。公约规定,各缔约国必须承认和执行外国的仲裁裁决。作为例外,缔约国可作两项保留,经济"互惠保留"和"商事保留"。我国加入时也作了这两项保留,即在互惠的基础上,对另一缔约国领土内作出的仲裁裁决适用于该公约,且只承认商事法律管辖关系所产生的争议适用于该公约。

重 要 名 词

检验权 根本违反合同 不可抗力 仲裁协议

思 考 题

1. 国际贸易中商品检验的意义何在?
2. 《公约》对买方的检验权作了何种规定?
3. 国际货物买卖合同中,对检验时间和地点主要有哪几种规定?
4. 我国商检机构的基本任务有哪些? 简单说明之。
5. 《公约》对违约责任是如何规定的?
6. 索赔的基本条件是什么? 什么是索赔的法律依据和事实依据?
7. 合同中的索赔条款通常是如何订立的?
8. 何谓不可抗力? 一旦发生不可抗力事件应如何处理?
9. 简述仲裁协议的形式、内容和作用。

10. 评述采用仲裁方式解决商事纠纷的特点。

案 例 题

1. 我与美国田纳亚州某粮食公司订立小麦进口合同,进口 10 万吨壹级小麦,是年田纳亚州遭受严重自然灾害,以致该粮食公司无法完成其收购计划。该公司以自然灾害为不可抗力,要求解除合同。

问:我方应如何处理?

2. 我国某外贸企业与南美 A 公司达成一进口合同,合同中规定以信用证方式付款。到货后我发现货物质量有严重问题,向对方交涉未果,遂要求对方同意向我国或第三国仲裁机构提请仲裁,遭对方拒绝。考虑到向对方所在地提起诉讼的风险和成本,只得放弃索赔。

问:从该事件中我外贸企业应吸取何种教训?

22

国际贸易结算

国际贸易中,货物和金钱的相对给付是不可能由买卖双方当面完成的。卖方发货交单,买方凭单付款,以银行为中介,以汇兑方式或以票据为工具进行结算,是当代国际结算的主要特征。结算过程中买卖双方所承受的手续费用、风险和资金负担则是双方选择结算方式所考虑的主要因素。

22.1 票据

国际贸易结算,基本上是非现金结算。使用以支付金钱为目的并且可以流通转让的债权凭证——票据为主要的结算工具。

各国都对票据进行了立法。我国于1995年5月10日通过了《中华人民共和国票据法》,并于1996年1月1日起施行。

票据可分为汇票、本票和支票。国际贸易结算中以使用汇票为主。

22.1.1 汇票

A. 汇票的定义

汇票(bill of exchange, draft)是出票人签发的,委托付款人在见票时或者在指定日期无条件支付确定的金额给收款人或者持票人的票据。

从以上定义可知,汇票是一种无条件支付的委托,有三个基本当事人:出票人、付款人和收款人。

B. 汇票的内容

根据我国票据法规定,汇票必须记载下列事项:

a. 表明"汇票"的字样。

b. 无条件支付的委托。应理解成汇票上不能记载支付条件。

c. 确定的金额。

22　国际贸易结算

d. 付款人名称。在国际贸易中,通常是进口方或其指定银行。
e. 收款人名称。在国际贸易中,通常是出口方或其指定银行。
f. 出票日期。
g. 出票人签章。

汇票上未记载规定事项之一的,汇票无效。

汇票尚需列明付款日期、付款地点和出票地点。称为相对应记载事项,倘未列明,可根据票据法予以确定。

C. 汇票的种类

汇票从不同角度可分成以下几种:

a. 按出票人不同,可分成银行汇票和商业汇票。银行汇票(banker's draft),出票人是银行,付款人也是银行。商业汇票(commercial draft),出票人是企业或个人,付款人可以是企业、个人或银行。

b. 按是否附有包括运输单据在内的商业单据,可分为光票和跟单汇票。光票(clean draft),指不附带商业单据的汇票。银行汇票多是光票。跟单汇票(documentary draft),指附有包括运输单据在内的商业单据的汇票。跟单汇票多是商业汇票。

c. 按付款日期不同,汇票可分为即期汇票和远期汇票。汇票上付款日期有四种记载方式:见票即付(at sight);见票后若干天付款(at…days after sight);出票后若干天付款(at…days after date);定日付款(at a fixed day)。若汇票上未记载付款日期,则视作见票即付。

见票即付的汇票为即期汇票。其他三种记载方式为远期汇票。

d. 按承兑人的不同,汇票又可分成商业承兑汇票和银行承兑汇票。远期的商业汇票,经企业或个人承兑后,称为商业承兑汇票。远期的商业汇票,经银行承兑后,称为银行承兑汇票。银行承兑后成为该汇票的主债务人,所以银行承兑汇票是一种银行信用。

D. 票据行为

汇票使用过程中的各种行为,都由票据法加以规范。主要有出票、提示、承兑和付款。如需转让,通常应经过背书行为。如汇票遭拒付,还需作成拒绝证书和行使追索权。

汇票的票据行为简图如图 22-1 所示。

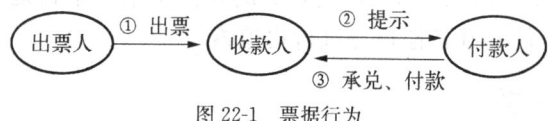

图 22-1　票据行为

a. 出票(issue)。出票人签发汇票并交付给收款人的行为。出票后,出票人即承担保证汇票得到承兑和付款的责任。如汇票遭到拒付,出票人应接受持票人的追索,清偿汇票金额、利息和有关费用。

b. 提示(presentation)。提示是持票人将汇票提交付款人要求承兑或付款的行为,是持票人要求取得票据权利的必要程序。

提示又分付款提示和承兑提示。

c. 承兑(acceptance)。承兑指付款人在持票人向其提示远期汇票时,在汇票上签名,承诺于汇票到期时付款的行为。具体做法是付款人在汇票正面写明"承兑(accepted)"字样,注明承兑日期,于签章后交还持票人。付款人一旦对汇票作承兑,即成为承兑人,以主债务人的地位承担汇票到期时付款的法律责任。

d. 付款(payment)。付款人在汇票到期日,向提示汇票的合法持票人足额付款。持票人将汇票注销后交给付款人作为收款证明。汇票所代表的债务债权关系即告终止。

e. 背书(endorsement)。票据包括汇票是可流通转让的证券。

根据我国《票据法》规定,除非出票人在汇票上记载"不得转让"外,汇票的收款人可以以记名背书的方式转让汇票权利。即在汇票背面签上自己的名字,并记载被背书人的名称,然后把汇票交给被背书人即受让人,受让人成为持票人,是票据的债权人。

受让人有权以背书方式再行转让汇票的权利。在汇票经过不止一次转让时,背书必须连续,即被背书人和背书人名字前后一致。对受让人来说,所有以前的背书人和出票人都是他的"前手",对背书人来说,所有他转让以后的受让人都是他的"后手",前手对后手承担汇票得到承兑和付款的责任。

在金融市场上,最常见的背书转让为汇票的贴现,即远期汇票经承兑后,尚未到期,持票人背书后,由银行或贴现公司作为受让人,从票面金额中扣减按贴现率结算的贴息后,将余款付给持票人。

f. 拒付和追索(dishonour & recourse)。持票人向付款人提示,付款人拒绝付款或拒绝承兑,均称拒付。另外,付款人逃匿、死亡或宣告破产,以致持票人无法实现提示,也称拒付。

出现拒付,持票人有追索权。即有权向其前手(背书人、出票人)要求偿付汇票金额、利息和其他费用的权利。在追索前,必须按规定作成拒绝证书和发出拒付通知。拒绝证书。用以证明持票人已进行提示而未获结果,由付款地公证机构出具,或由付款人自行出具退票理由书,或有关的司法文书。拒付通知。用以通知前手关于拒付的事实,使其准备偿付并进行再追索。

22.1.2 本票

本票(promissory note)是出票人签发的,承诺自己在见票时无条件支付确定金额给收款人或者持票人的票据。这是我国《票据法》对本票的定义,指的是银行本票。

国外票据法,允许企业和个人签发本票,称为一般本票。但在国际贸易中使用的本票,均为银行本票。

银行本票都是即期的。一般本票可以是即期的或远期的。

22.1.3 支票

支票(chaque,check)是出票人签发,委托办理支票存款业务的银行或者其他金融机构在见票时无条件支付确定的金额给收款人或持票人的票据。

从以上定义可见,支票是以银行为付款人的即期汇票。支票出票人签发的支票金额,不得超出其在付款人处的存款金额。如果存款低于支票金额,银行将拒付。这种支票称为空头支票,出票人要负法律上的责任。

22.1.4 变形票据

a. 汇票的出票人是收款人,称为已收汇票,常见于托收。
b. 汇票的出票人是付款人,称为对己汇票,相当于本票。
c. 支票的付款人是收款人,用于出票人向银行解付款项。

22.2 汇付和托收

汇付和托收是国际贸易结算中常见的凭商业信用进行结算的方式。

22.2.1 汇付

A. 汇付业务的一般做法

汇付(remittance)指付款人通过银行将款项汇交收款人。在国际贸易中如采用汇付,通常是由买方按合同规定的条件和时间(如预付货款或货到付款或凭单付款)通过银行将货款汇交卖方。

汇付有四个当事人,即汇款人、汇出行、汇入行和收款人。流程简图如图 22-2 所示。

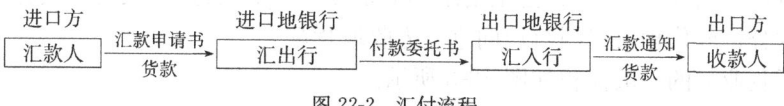

图 22-2 汇付流程

汇付根据汇出行向汇入行发出汇款委托的方式分为三种形式:

a. 电汇(T/T)。汇出行接受汇款人委托后,以电传方式将付款委托通知收款人当地的汇入行,委托它将一定金额的款项解付给指定的收款人。

电汇因其交款迅速,在三种汇付方式中使用最广。但因银行利用在途资金的时间短,所以电汇的费用比下述信汇的费用高。

b. 信汇(M/T)。信汇和电汇的区别,在于汇出行向汇入行航寄付款委托,所以汇款速度比电汇慢。因信汇方式人工手续较多,目前欧洲银行已不再办理信汇业务。

c. 票汇(D/D)。票汇是以银行即期汇票为支付工具的一种汇付方式。由汇出行应汇款人的申请,开立以其代理行或账户行为付款人,列明汇款人所指定的收款人名称的银行即期汇票,交由汇款人自行寄给收款人。由收款人凭票向汇票上的付款人(银行)取款。

B. 汇付的应用

买卖双方对每一种结算方式,都从手续费用、风险和资金负担的角度来考虑它的利弊。

汇付的优点在于手续简便、费用低廉。

汇付的缺点是风险大,资金负担不平衡。因为以汇付方式结算,可以是货到付款,也可以是预付货款。如果是货到付款,卖方向买方提供信用并融通资金。而预付货款,则买方向卖方提供信用并融通资金。不论哪一种方式,风险和资金负担都集中在一方。在我国外贸实践中,汇付一般只用来支付订金,货款尾数,佣金等项费用,不是一种主要的结算方式。在发达国家之间,由于大量的贸易是跨国公司的内部交易,而且外贸企业在国外有可靠的贸易伙伴和销售网络,因此,汇付是主要的结算方式。

在分期付款和延期付款的交易中,买方往往用汇付方式支付货款,但通常需辅以银行保函或备用信用证,所以又不是单纯的汇付方式了。

22.2.2 托收

A. 托收的基本涵义

托收(collection)是债权人(出口方)委托银行向债务人(进口方)收取货款的一种结算方式。

其基本做法是出口方先行发货,然后备妥包括运输单据(通常是海运提单)在内的货运单据并开出汇票,把全套跟单汇票交出口地银行(托收行),委托其通过进口地的分行或代理行(代收行)向进口方收取货款。

托收业务的一般流程如图 22-3 所示。

B. 托收的种类

托收是根据是否随附货运单据,分为跟单托收和光票托收。国际贸易中使用的多为跟单托收。跟单托收有两种交单方式:付款交单和承兑交单。

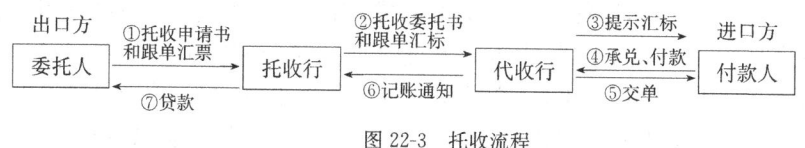

图 22-3 托收流程

a. 付款交单(D/P)。出口方在委托银行收款时,指示银行只有在付款人(进口方)付清货款时,才能向其交出货运单据,即交单以付款为条件,称为付款交单。按付款时间的不同,又可分为即期付款交单和远期付款交单。即期付款交单(D/P sight),出口方按合同规定日期发货后,开具即期汇票(或不开汇票)连同全套货运单据,委托银行向进口方提示,进口方见票(和单据)后立即付款,银行在其付清货款后交出货运单据。远期付款交单(D/P after sight),出口方按合同规定日期发货后,开具远期汇票连同全套货运单据,委托银行向进口人提示,进口方审单无误后在汇票上承兑,于汇票到期日付清货款,然后从银行处取得货运单据。

远期付款交单和即期付款交单的交单条件是相同的:买方不付款就不能取得代表货物所有权的单据,所以卖方承担的风险责任基本上没有变化。远期付款交单是卖方给予买方的资金融通,融通时间的长短取决于汇票的付款期限,通常有两种规定期限的方式:一种是付款日期和到货日期基本一致。买方在付款后,即可提货。另一种是付款日期比到货日期要推迟许多。买方必须请求代收行同意其凭信托收据(T/R)借取货运单据,以便先行提货。所谓信托收据,是进口方借单时提供的一种担保文件,表示愿意以银行受托人身份代为提货、报关、存仓、保险、出售,并承认货物所有权仍归银行。货物售出后所得货款应于汇票到期时交银行。代收行若同意进口方借单,万一汇票到期不能收回货款,则代收行应承担偿还货款的责任。但有时出口方主动授权代收行凭信托收据将单据借给进口方。这种做法将由出口方自行承担汇票到期拒付的风险,与代收行无关,称之为"付款交单,凭信托收据借单(D/P,T/R)"。从本质上看,这已不是"付款交单"的做法了。

b. 承兑交单(D/A)。承兑交单指出口方发运货物后开具远期汇票,连同货运单据委托银行办理托收,并明确指示银行,进口人在汇票上承兑后即可领取全套货运单据,待汇票到期日再付清货款。

承兑交单和上面提及的"付款交单,凭信托收据借单"一样,都是在买方未付款之前,即可取得货运单据,凭以提取货物。一旦买方到期不付款,出口方便可能钱货两空。因而,出口商对采用此种方式持严格控制的态度。

C. 托收的使用

托收和汇付一样,属于凭商业信用进行结算的一种方式。

托收方式对买方比较有利,费用低,风险小,资金负担小,甚至可以取得卖方的资金融通。对卖方来说,即使是付款交单方式,因为货已发运,万一对方因市价低落或财务状况不佳等原因拒付,卖方将遭受来回运输费用的损失和货物转售的损失。远期付款交单和承兑交单,卖方承受的资金负担很重,而承兑交单风险更大。

托收是卖方给予买方一定优惠的一种付款方式。对卖方来说,是一种促进销售的手段,但必须对其中存在的风险持慎重态度。

我国外贸企业以托收方式出口,主要采用付款交单方式,并应着重考虑三个因素:商品市场行情,进口方的资信情况即经营作风和财务状况,以及相适应的成交金额。其中特别重要的是商品的市场行情。因为市价低落往往是造成经营作风不好的商人拒付的主要动因。市价坚挺的情况下,较少发生拒付,且即使拒付,我方处置货物也比较方便。

我外贸企业一般不采用承兑交单方式出口。在进口业务中,尤其是对外加工装配和进料加工业务中,往往对进口料件采用承兑交单方式付款。

22.3 信用证

22.3.1 信用证的概述

信用证(letter of credit)是银行出具的一种有条件的付款保证。

《跟单信用证统一惯例》对信用证有如下的定义:"'跟单信用证'和'备用信用证'(以下统称'信用证'),意指一项约定,不论其如何命名或描述,系指一家银行('开证行')应其客户('申请人')的要求和指示或以其自身的名义,在与信用证条款相符的条件下,凭规定的单据:Ⅰ.向第三者('受益人')或其指定人付款,或承兑并支付受益人出具的汇票,或Ⅱ.授权另一家银行付款,或承兑并支付该汇票,或Ⅲ.授权另一家银行议付。"

在国际贸易中,上述信用证定义中的申请人是进口方,开证行是进口地银行,受益人是出口商。于是我们可以对信用证作这样的理解:

a. 信用证是开证行应进口方的请求向出口方开立的在一定条件下保证付款的凭证;

b. 付款的条件是出口方(受益人)向银行提交符合信用证要求的单据;

c. 在满足上述条件的情况下,由银行向出口方付款,或对出口方出具的汇票承兑并付款;

d. 付款人可以是开证行,也可以是开证行指定的银行。收款人可以是受益人,或者是其指定的银行。

对于信用证定义中表达的"约定"应特别注意以下两点:其一,由银行承诺付款。而在汇款和托收方式中,银行均未作出此种承诺;其二,条件是由受益人提交符合信用证要求的单据。在国际贸易中单据是第三者或当事人出具的履约证书,所以信用证的约定是要求受益人以单据的形式向银行证明自己已履行了合同义务,银行即向其支付货款。对一个实际上已履行了合同义务的出口商来说,要提交这样的单据是能够做到的。因而信用证所提出的条件,并未对卖方构成合同义务的实质性的变更或添加。

22.3.2 信用证的当事人和一般业务程序

信用证业务的基本当事人有三个:开证申请人(applicant)、开证行(issuing bank)和受益人(beneficiary)。其他当事人主要有:通知行(advising bank)、议付行(negotiating bank)、付款行(paying bank)、偿付行(reimbursing bank)、承兑行(accepting bank)和保兑行(confirming bank)。

在国际贸易结算中使用的跟单信用证有不同的类型,其业务程序也各有特点,但都要经过申请开证、开证、通知、交单、付款、赎单这几个环节。现以最常见的议付信用证为例,说明其业务程序。

议付信用证业务程序,见图 22-4。

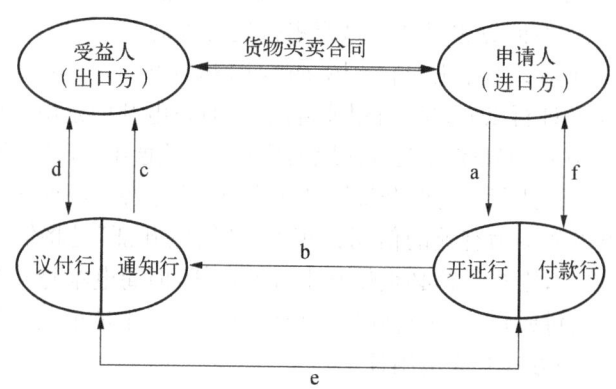

图 22-4　议付信用证业务程序

进出口双方签署买卖合同中规定以信用证方式支付货款。于是:

A. 申请开证

开证申请人即为合同的进口方,应按合同规定的期限向所在地银行申请开证。申请开证时,申请人应填写并向银行递交开证申请书,开证申请书的内容包括两个方面:一是指示银行开立信用证的具体内容,该内容应与合同条款相一致,是开证行凭以向受益人或议付行付款的依据。对于这一部分内容,申请人也可附上合同,由银行据以缮制信用证后交申请人确认。二是关于信用证业务中申请人和开证行之间权利和义务关系的声明。其基本内容包括:申请人承认在付清货款前开证行对单据及其代表的货物拥有所有权,必要时,开证行可以出售货物,以抵付进口人的欠款;承认开证行有权接受"表面上合格"的单据,对于伪造单据、货物与单据不符或货物中途灭失、受损、延迟到达,开证行概不负责;保证单据到达后如期付款赎单,否则,开证行有权没收申请人所交付的押金,以充当申请人应付价金的一部分;承认电讯传递中如有错误、遗漏或单据邮递损失等,银行不负责任。

开证申请书内容应完整明确,为防止混淆和误解,不要加注过多的细节。

申请人申请开证时,应向开证行交付一定比例的押金或其他担保品,押金为信用证金额的百分之几到几十,其高低由开证行规定,与申请人的资信和市场行情有关。对于资信良好的客户,有的银行会授予一定的开证额度,在规定额度内开证,可免交保证金。

B. 开证行开立信用证

开证行接受申请人的开证申请后,应严格按照开证申请书的指示拟定信用证条款,有的草拟完信用证后,还应送交开证申请人确认。开证行应将其所开立的信用证由邮寄或电传或通过 SWIFT 电讯网络送交出口地的联行或代理行,请他们代为通知或转交受益人。通知行的主要责任是鉴定信用证签名或电传密押的真实性,而且,受益人如有问题也可通过这家银行进行查询。

信用证的开证方式有信开(open by airmail)和电开(open by telecommunication)两种。前者是指开证行以航邮将信用证寄给通知行;电开即是由开证行将信用证加注密押后以电讯方式通知受益人所在地的代理行,即通知行,请其转知受益人。电开方式又分"全电开证"和"简电开证"。"全电开证"是将信用证的全部内容加注密押后发出,该电讯文本为有效的信用证正本。"简电开证"是将信用证主要内容发电预先通知受益人,银行承担必须使其生效的责任,但简电本身并非信用证的有效文本,不能凭以议付或付款,银行随后寄出的"证实书"才是正式的信用证。如今大多用"全电开证"的方式开立信用证。

C. 通知行通知受益人

通知行收到信用证后,经核对签字印鉴或密押无误,应立即将信用证转知受益人,并留存一份副本备查。

通知行通知受益人的方式有两种:一种是附上签署的通知书后,将信用证直接转交受益人;另一种是当该信用证以通知行为收件人时,通知行应以自己的通知书格式照录信用证全文经签署后交付受益人。这两种形式对受益人来说,都是有效的信用证文本。

按《跟单信用证统一惯例》规定,如通知行无法鉴别信用证的表面真实性,它必须毫不迟延地通知开证行说明它无法鉴别,如通知行仍决定通知受益人,则必须告知受益人它未能鉴别该证的真实性。

D. 交单议付

受益人收到信用证后,应立即进行审核,如发现信用证中所列条款内容与买卖合同不相符合,或者不符合有关国际惯例(主要是《国际贸易术语解释通则》和《跟单信用证统一惯例》)中的规定,应即通知申请人要求修改,申请人向开证行提交修改申请书,开证行作成修改通知书后按原来信用证的传递方式交付通知行,经通知行审核签字密押无误后转知受益人。

受益人对信用证的内容审核无误,或收到修改通知书审核后可以接受,即可根据信用证的规定发运货物,缮制并取得信用证规定的全部单据,开立汇票(或不开汇票,视信用证规定),连同信用证正本和修改通知书(如果有修改通知书),在信用证规定的有效期和交单期内,递交给通知行或与自己有往来的银行或信用证中指定的议付银行办理议付。

议付是受益人利用信用证取得资金融通的一种方式。即由受益人向上述当地银行递交信用证规定的全套单据,银行在单证一致的前提下,扣除了预付款的利息和手续费后,购进受益人出具的汇票和全套单据。俗称"买单",又称"出口押汇"。议付是可以追索的。

按《跟单信用证统一惯例》规定,如开证行在信用证中清楚表明适用于议付,则开证行对议付行承担了付款责任。如果开证行在信用证中表明该证适用于付款或承兑方式,则开证行并不对买单银行承担信用证所规定的付款责任,该行此时可作为汇票的善意持票人或受益人的委托人向开证行索偿。

即使开证行在信用证中指定了议付行,议付行也不承担必须议付的责任。信用证也不禁止受益人直接向开证行交单。但通常议付是受益人获取货款的一种最为安全快捷的方式。

E. 寄单索偿

议付行议付后,取得了信用证规定的全套单据,即可凭单据向开证行或其指定银行请求偿付货款。如果开证行未在信用证内指定其他银行,则议付行应将单据寄交开证行;若开证行在信用证中指定了一家付款行,则议付行应将单据寄交指定付款行。收到单据的开证行或付款行,在审单无误后,即应将款项偿付给议付行。若开证行在信用证中指定了一家偿付行,则议付行应向开证行寄单,但同时又向偿付行发出索偿通知,偿付行在接到索偿通知后,按其与开证行的事先约定,向议付行偿付;如偿付行拒绝偿付,开证行仍应承担付款责任。开证行和付款行的付款,是不可追索的。

开证行或付款行如发现单据和信用证不符,应在不迟于收到单据的次日起 7

个营业日内通知议付行表示拒绝接受单据,如未能在该期限内表示拒绝,则开证行必须履行付款责任。

F. 申请人付款赎单

开证行在向议付行偿付后,即通知申请人付款赎单。开证人应到开证行审核单据,若单据无误,即应付清全部货款与有关费用(如开证时曾交付押金,则应扣除押金的本息),若单据和信用证不符,申请人有权拒付。申请人付款后,即可从开证行取得全套单据。此时申请人与开证银行之间因开立信用证而构成的契约关系即告结束。

22.3.3 信用证的内容

目前信用证大多采用全电开证,各国银行使用的格式不尽相同,文字语句也有很多差别,但基本内容大致相同,主要包括以下几个方面。

A. 信用证本身的说明

a. 信用证的类型:说明可否撤销、转让;是否经另一家银行保兑;偿付方式等。

b. 信用证号码,开证日期,有效期和到期地点。

B. 信用证的当事人

a. 必须记载的当事人:申请人、开证行、受益人、通知行。

b. 可能记载的当事人:保兑行、指定议付行、付款行、偿付行等。

C. 信用证的金额和汇票

a. 信用证的金额:币别代号、金额、加减百分率。

b. 汇票条款:汇票的金额、到期日、出票人、付款人。

D. 货物条款

包括货物名称、规格、数量、包装、单价以及合约号码等。

E. 运输条款

包括运输方式、装运地和目的地、最迟装运日期、可否分批装运或转运。

F. 单据条款

说明要求提交的单据种类、份数、内容要求等,基本单据包括:商业发票、运输单据和保险单;其他单据有:检验证书、产地证、装箱单或重量单等。

G. 其他规定

a. 对交单期的说明。

b. 银行费用的说明。

c. 对议付行寄单方式、议付背书和索偿方法的指示。

H. 责任文句

通常说明根据《跟单信用证统一惯例》开立以及开证行保证付款的承诺,但电开信用证可以省略。

Ⅰ. 有权签字人的签名或电传密押

目前,"环球银行间财务电讯协会"(SWIFT)所建立的高效安全的电讯网络,已为办理国际结算的大银行所接受,我国的主要银行均已成为 SWIFT 的成员,故信用证的开立已渐趋采用 SWIFT 格式。

22.3.4 信用证的业务特点

A. 信用证是一种银行信用

开证银行在信用证中作出承诺,在单据符合信用证条件的情况下,开证行负首要的付款责任。

B. 信用证是一种自足文件

信用证的开立以买卖合同为基础。但信用证一经开出,就是一种独立的完整的契约文件。在信用证业务中,当事人只按信用证的规定办事,不受买卖合同的约束。

C. 信用证是一种单据业务

在信用证业务中,各有关方面处理的是单据,而不是和单据有关的货物、服务或其他行为。银行严格审核单据,以确定单据表面上是否符合信用证条款。而对单据的形式,准确性和真实性等不负责任。

上述信用证的特点,不仅保证了银行对信用证业务的可操作性,也保证了受益人所得到的银行信用是充分的,不受干扰的。但是,如果出口方所出具的单据和货物不一致,甚至伪造单据,申请人(进口方)有可能遭受必须付款而又得不到合同规定货物的风险。此时进口方只能凭合同向对方交涉。

22.3.5 信用证的种类

A. 按基本性质分类

a. 根据是否要求受益人提交单据分为跟单信用证和光票信用证。

跟单信用证(documentary credit)是开证行凭跟单汇票或单纯凭单据付款的信用证。单据是指代表货物或证明货物已交运的运输单据。如提单、铁路运单、航空运单等。通常还包括发票、保险单等商业单据。国际贸易中一般使用跟单信用证。

光票信用证(clean credit)是开证行仅凭不附单据的汇票付款的信用证,汇票如附有不包括运输单据的发票、货物清单等,仍属光票。

b. 根据开证行的责任,信用证一旦开出,即为不可撤销信用证。

不可撤销信用证是指信用证一经开出,在有效期内,未经受益人、开证人及保兑行(如果有)的同意,开证行不得片面修改或撤销信用证的规定和承诺。

信用证上未注明可否撤销,即为不可撤销信用证。国际贸易中使用的信用证,必须是不可撤销信用证。

c. 根据是否有另一家银行为信用证加保,可分为保兑信用证和不保兑信用证。

保兑信用证(confirmed letter of credit)是指开证行开出的信用证,由另一家银行保证对符合信用证条款规定的单据履行付款义务。对信用证加保兑的银行称为保兑行,保兑行承担与开证行相同的第一性付款责任。

当开证银行资信好和成交金额不大时,一般都使用不保兑的信用证。我国银行不开具要求另一家银行保兑的信用证,故我国进口企业通常不接受开立保兑信用证的要求。

d. 按信用证付款方式,分为即期付款信用证、远期付款信用证、承兑信用证和议付信用证四种方式。

国际贸易中最常用的是议付信用证(negotiation credit),议付信用证指允许受益人向某一指定银行或任何银行交单议付的信用证。通常在单证相符的条件下,银行扣取垫付利息和手续费后,即将货款垫付给受益人。议付信用证可分为公开议付信用证和限制议付信用证,前者受益人可任择一家银行作为议付行,后者则由开证行在信用证中指定一家银行为议付行。开证行对议付行承担付款责任。

即期付款信用证和远期付款信用证都在信用证上明确规定一家银行为付款行,不要求受益人出具汇票,仅凭提交的单据付款。承兑信用证则规定由开证行或指定的承兑行对受益人开出的远期汇票进行承兑。以上三种信用证,是否有银行愿意议付与开证银行无关。

一切信用证都必须明确表示它适用于哪一种方式。

B. 按附加性质分类

a. 可转让信用证。信用证上注有"可转让"(transferable),受益人有权将信用证的全部或部分转让给一个或数个第三者(即第二受益人)使用。可转让信用证的受益人一般是中间商,第二受益人则是实际供货商。

受益人可以要求信用证中的授权银行(转让行),向第二受益人开出新证,新证由原开证行承担付款责任。原证条款不变,但其中信用证金额、商品单价可以减少,有效期和装运期可以提前,投保比例可以增加,申请人可以变成原受益人。可转让信用证只能转让一次,即第二受益人不能再转让给新的受益人。

在使用过程中,当第二受益人向转让行交单后,第一受益人有权以自己的发票和汇票替换第二受益人的发票和汇票,以取得原证和新证之间的差额。

b. 循环信用证(revolving credit)。信用证被全部或部分使用后,其金额可恢复使用直至达到规定次数或累积总金额为止的信用证。这种信用证适用于分批均衡供应,分批结汇的长期合同,以使进口方减少开证的手续、费用和押金,使出口方既得到收取全部交易货款的保障,又减少了逐笔通知和审批的手续和费用。

循环信用证的循环方式可分为按时间循环和按金额循环。

循环信用证的循环条件有三种:(1)自动循环。即不需开证银行的通知,信用证即可按所规定的方式恢复使用。(2)半自动循环。在使用后,开证行未在规定期限内提出停止循环的通知,即可恢复使用。(3)非自动循环。在每期使用后,必须等待开证行通知,才能恢复使用。

c. 假远期信用证(usance credit payable at sight)又称"买方远期信用证"。信用证要求受益人开立远期汇票,但在信用证中规定:"远期汇票即期付款,所有贴现和承兑费用由买方负担。"这种信用证,虽然受益人开出的是远期汇票,但议付时等同于即期汇票,不因此而增加贴息的负担。对开证申请人来说,取得了延期付款的融资方便,又利用了开证银行优惠的贴现率。

d. 带电汇偿付条款的信用证(credit with T/T reimbursement)。即期信用证中规定,议付行在议付后可以电传方式通知开证行,要求开证行立即以电汇方式将货款拨交议付行。这种方式使出口商在议付时减少扣减贴息的计息天数,但开证行未经审查即先行付款,故开证行往往在信用证中指定一家可靠的议付行,即为限制议付信用证。

e. 背对背信用证(back to back credit)。它指受益人以原证为抵押,要求银行以原证为基础,另开立一张内容相似的信用证。背对背信用证通常由中间商申请开立给实际供货商。其使用方式与可转让信用证相似,所不同的是原证开证行并未授权受益人转让,因而也不对新证负责。

背对背信用证的受益人可以是国外的,也可以是国内的。

f. 对开信用证(reciprocal credit)。它指两张互相制约的信用证,进出口双方互为开证申请人和受益人,双方的银行互为开证行和通知行。这种信用证一般用于补偿贸易、易货贸易和对外加工装配业务。

通常在先行开出的信用证中注明,该证需待回头信用证开出后才生效。

22.4 国际商会《跟单信用证统一惯例》

信用证是国际贸易中通行的一种结算方式,国际商会的《跟单信用证统一惯例》对跟单信用证当事人的权利和义务,有关业务和术语作了统一的解释,成为信用证业务的行为准则。随着国际贸易的发展,新的运输方式和通讯方式的出现,以及使用《统一惯例》过程中暴露的问题,国际商会多次对其作了修订,最新的版本于2006年公布,定名为《跟单信用证统一惯例,2006年修订本,国际商会第600号出版物》(简称 UCP 600),于2007年1月1日实施。

"UCP 600"已为各国银行普遍接受。在开立信用证的正文上,均表明适用于"UCP 600",故其对各有关当事人具有约束力。

"UCP 600"对信用证业务的各项规定,体现了独立性、完整性、可靠性与可操作性的统一。操作中常见的主要规定简介如下:

a. 汇票不应以申请人作为付款人。

b. 银行审单时间为收到单据次日起算的5个银行工作日。

c. 议付行在议付时应对汇票及/或单据付出价金,仅审核单据而未付出价金不构成议付。

d. 对于信用证的修改,受益人可以作出接受或不接受的通知,也可以保持沉默直至交单为止,交单时按修改书制单,即表示接受,修改书生效。若没有按修改书制单,应由受益人另具通知书以示拒绝。

e. 运输单据的签署必须表明承运人(或多式联运经营人)或其代理人的身份,代理人签署时还应标明被代理人(承运人)的身份或名称。

f. 信用证中的禁止转运条款,仅对海运中港至港的非集装箱方式的转船有约束力。

g. 装运期以单据签发的日期为准,若单据上另有装船日期、起飞日期、由承运人接管日期等批注,则以该日期为准。

h. 发票必须由受益人开立,如信用证未规定必需签署,发票可以不加签署。

i. 信用证业务项下各项费用,由指示方负担。即使信用证规定此类费用由受益人或其他人负担,如遭拒付,指示方仍有支付的最后责任。故费用的最终承担者为开证申请人。

j. 如信用证要求多份单据,除海运投单和保险单等明示出具一份以上正本的单据外,其他单据可以只提交一份正本,其余份数以副本来满足。

k. 受益人如提交信用证中没有规定的单据,银行不予审核,仅予转递。

l. 保兑行对议付信用证名下的单据所作的议付,是不可追索的。

22.5 银行保函和备用信用证

国际贸易中,跟单信用证为买方向卖方提供了银行信用作为付款保证,但不适用于需要为卖方向买方作担保的场合,也不适用于国际经济合作中货物买卖以外的其他各种交易方式。然而在国际经济交易中,合同当事人为了维护自己的经济利益,往往需要对可能发生的风险采取相应的保障措施,银行保函和备用信用证,就是以银行信用的形式所提供的保障措施。

22.5.1 银行保函

银行保函(banker's letter of guarantee—L/G)是银行应委托人的请求,向受益人开立的一种书面担保凭证,银行作为担保人,对委托人的债务或义务,承担赔偿责任。

委托人和受益人的权利和义务,由双方订立的合同规定,当委托人未能履行其合同义务时,受益人可按银行保函的规定向保证人索偿。

国际商会于1992年出版了《见索即付保函统一规则》,其中规定,索偿时,受益人只需提示书面请求和保函中所规定的单据,担保人付款的唯一依据是单据,而不能是某一事实。担保人与保函所可能依据的合约无关,也不受其约束。

以上规定表明,担保人所承担的责任是第一性的、直接的付款责任。

把保函与跟单信用证相比,当事人的权利和义务基本相同,所不同的是跟单信用证要求受益人提交的单据是包括运输单据在内的商业单据,而保函要求的单据实际上是受益人出具的关于委托人违约的声明或证明。这一区别使两者适用范围有了很大的不同,保函可适用于各种经济交易中,为契约的一方向另一方提供担保。另外,如果委托人没有违约,保函的担保人就不必为承担赔偿责任而付款。而信用证的开证行则必须先行付款。

22.5.2 备用信用证

国际商会"UCP 600"规定,该惯例也适用于备用信用证(standby L/C)。

备用信用证的定义和前述信用证的定义并无不同,都是银行(开证行)应申请人的请求,向受益人开立的,在一定条件下凭规定的单据向受益人支付一定款项的书面凭证。所不同的是,规定的单据不同。备用信用证要求受益人提交的单据,不是货运单据,而是受益人出具的关于申请人违约的声明或证明。

传统的银行保函有可能使银行卷入商业纠纷,美、日等国的法律禁止银行开立保函。于是美国银行采用备用信用证的形式,对国际经济交易行为提供担保。随着银行保函在应用中性质的变化,特别是1992年国际商会《见索即付保函统一规则》的公布,银行保函和备用信用证的内容和作用已趋一致。所不同的只是两者遵循的惯例不同。备用信用证适用于"UCP 600",而银行保函则适用于上述《规则》。

备用信用证在应用上与保函相同。

22.5.3 保函和备用信用证在分期付款和延期付款中的应用

A. 分期付款

在机电产品、成套设备、船舶和其他大型工程项目的交易中,出口方按进口方要求设计和制造产品,且成交金额较大,往往采用分期付款的方式:买方预交部分定金,其余货款按工程进度或交货进度分若干期支付,在货物交付完毕时付清或基本付清。这种形式,买方在交货前预付了部分货款,故通常由卖方向买方提供银行保函或备用信用证,若卖方不能如期交货或不能交货,则由银行负赔偿责任。比如偿还买方已付货款以及利息,也可规定违约金的数目。

B. 延期付款

类似交易中,若买方要求卖方予以资金融通,可采用延期付款方式。买卖双方签约后,买方一般要预付小额定金,也可按工程进度或交货进度分期支付部分货款,但大部分货款是在交货后若干年内分期偿还。这是卖方向买方提供的商业信贷,故通常由买方向卖方提交银行保函或备用信用证。若买方不能按期支付货款本息,则由银行负责偿还。

22.6 国际保理

保理(factoring)又称托收保付。它是国际贸易中以托收、赊账方式结算货款时,出口方为了避免收汇风险而采用的一种请求第三者(保理商)承担风险责任的做法。

22.6.1 保理机构

保理机构是专门从事保理业务的商行,大多由商业银行出资或资助下建立的,具有独立的法人资格。

各国保理机构建立了"国际保理联合会(factors chain international—FCI)",通过该组织,各国保理机构之间可互换进口商的资信情报,掌握进口商的付款能力,减少保理机构承担坏账的风险。

保理机构所提供的金融管理服务主要包括以下四项:

a. 提供进口商的资信分析和信用评估。
b. 应收账款的托收服务。
c. 对认可的应收账款进行融资,该融资在财务风险的范围内是无追索权的。
d. 承收应收账款的会计工作。

22.6.2 国际保理业务的当事人及业务程序

国际保理业务的当事人有出口商、进口商、出口保理商以及进口保理商(出口保理商在进口地的代理人)。

一般业务程序如下：

a. 出口商在决定以托收或赊销方式成交前,填写保理商提供的"信用额度"申请表,把合同内容和进口人名称通知本国的(出口)保理商。

b. 出口保理商将有关资料通知进口地的保理商,委托其对进口商进行资信调查,核实"买方信用额度",并及时将调查结果通知出口保理商。

c. 出口保理商对可以认可的交易与出口商签订保理协议,协议内明确规定信用额度。并将该协议通知进口保理商,取得进口保理商的正式批准。

d. 出口商在保理协议规定的额度内与进口商签订买卖合同。

e. 出口商按合同规定发货,取得运输单据和其他商业单据。如系赊销,则将全套副本单据提交出口保理商;如系托出,则应提交正本,并在单据上注明应收账款转让进口保理商。

f. 出口保理商收到全套单据后,将单据转交进口保理商。由进口保理商负责向进口商收款,并将款项拨交出口保理商。

g. 出口保理商将收到的货款扣除手续费后交付出口商。若按协议规定,在出口商交单后已预支部分货款(一般为 50%～90%),则应在付款时扣除预付款的本息。

h. 如进口商不能按时付款或拒付,进口保理商应负责追偿和索赔。并按协议规定的时间(通常为 90 天)向出口人付款。

22.6.3 采用国际保理的注意事项

国际保理的主要作用是为出口商的信用风险提供保障,但保理商承担的仅仅是财务风险。如果进口商并非因财务方面的原因而拒付,而是因货物品质、数量等不符合合同规定而拒付,保理商将不予担保。对超过信用额度的部分也不予担保。因而出口商必须严格按照合同规定交付货物,且不要超额发货。

采用保理方式,卖方需支付保理商提供的资信调查、承担信用风险和收取应收账款等服务的费用,为发票金额的 1%～2.5%。若预支货款,其利率高于贴现率。这些因素,均应在报价时予以考虑。对买方来说,由于付款方式是托收或汇付,省却了开证费用和押金,又没有资金负担,故而货价的提高也是可以接受的。

重 要 名 词

跟单信用证　不可撤销信用证　保兑信用证　议付信用证　可转让信用证　银行保函

思 考 题

1. 汇票从不同角度可分成哪几种？
2. 简述汇票的票据行为。
3. 评述汇付方式的优缺点。
4. 简述跟单托收的类型及其业务程序。
5. 简述跟单托收的使用特点。
6. 何谓信用证？简述其一般业务程序。
7. 简述信用证的业务特点。
8. 何谓银行保函？和信用证相比有何不同？
9. 何谓备用信用证？和一般的跟单信用证有何不同？
10. 简述国际保理业务的一般做法及其注意事项。

案 例 题

1. 我某轮胎制造公司，接到美国客户来电订货，其中支付方式要求为货到付款。由于市场竞争激烈，该公司通过美国有关咨询公司调查后，了解到该客户信誉良好，故同意以货到付款方式成交。请评论此项交易是否妥当。

2. 我公司以付款交单方式出口货物一批，当银行向进口方交单时，对方以市场不景气为由拒绝付款，并提出如果我方指示代收行以8折金额交单，对方可以付款。考虑到对方倘若拒付，我方来回运费及货物转售损失严重，无奈只得以收取8折货款后放单。请评价此事及应吸取的教训。

3. 我上海某公司出口货物一批，共装5个40英尺集装箱，对方来证规定：最迟装运日期为8月31日，禁止分批装运和转运。由于我方无法订妥8月份开航的直航船舶，只得订由上海往香港的8月份班轮，再在香港转船。发货后将单据交单议付后，对方开证行以我所交提单上注明在香港转船，拒绝接受。

问：对方拒绝接单是否合理？

23

交易磋商和合同签订

交易磋商是指买卖双方就交易条件进行协商,协调双方的经济利益,求得一致,达成交易。在国际贸易中,交易磋商有明确的内容和规范的程序。交易磋商的过程,是双方通过要约和承诺,确立契约关系的过程。双方在交易磋商的过程中,即在达成交易之前,就对自己的行为承担一定的法律责任。程序的合法性,保证了所达成的合同法律上的有效性。

23.1 交易磋商的主要环节

交易磋商可以是口头的(面谈或电话),也可以是书面的(传真、电传或信函)。交易磋商的过程可分成询盘、发盘、还盘和接受四个环节,其中发盘和接受是必不可少的,是达成交易所必需的法律步骤。

23.1.1 询盘

询盘(inquiry)是交易的一方向对方探询交易条件,表示交易愿望的一种行为。询盘多由买方作出,也可由卖方作出。内容可详可略。如买方询盘:"有兴趣东北大豆,请发盘",或者"有兴趣东北大豆,11月装运,请报价"。

询盘对交易双方无约束力。

23.1.2 发盘

发盘(offer)也叫发价,指交易的一方(发盘人)向另一方(受盘人)提出各项交易条件,并愿意按这些条件达成交易的一种表示。

发盘在法律上称为要约,在发盘的有效期内,一经受盘人无条件接受,合同即告成立,发盘人承担按发盘条件履行合同义务的法律责任。

发盘分为卖方发盘(selling offer)和买方发盘(buying offer),买方发盘也称递盘(bid)。发盘多由卖方提出。

实务中常见由买方询盘后,卖方发盘,但也可以不经过询盘,一方径直发盘。

23.1.3 还盘

受盘人不同意发盘中的交易条件而提出修改或变更的意见,称为还盘(counter offer)。在法律上叫反要约。

还盘实际上是受盘人以发盘人的地位发出的一个新盘。原发盘人成为新盘的受盘人。

还盘又是受盘人对发盘的拒绝,发盘因对方还盘而失效,原发盘人不再受其约束。

还盘可以在双方之间反复进行,还盘的内容通常仅陈述需变更或增添的条件,对双方同意的交易条件无须重复。

23.1.4 接受

接受是指受盘人在发盘的有效期内,无条件地同意发盘中提出的各项交易条件,愿意按这些条件和对方达成交易的一种表示。

接受(acceptance)在法律上称为"承诺",接受一经送达发盘人,合同即告成立。双方均应履行合同所规定的义务并拥有相应的权利。

如交易条件简单,接受中无需复述全部条件。如双方多次互相还盘,条件变化较大,还盘中仅涉及需变更的交易条件,则在接受时宜复述全部条件,以免疏漏和误解。

23.2 发盘和接受

在交易磋商的四个环节中,发盘和接受是必不可少的两个法律步骤。在作出发盘和接受时,必须符合法律的规定,当事人均应承担法定的义务。《联合国国际货物销售合同公约》对此作了详尽的规定。本节按《公约》规定,结合贸易实践,进一步讨论发盘和接受的运作。

23.2.1 发盘

A. 构成发盘的条件

根据《公约》规定,一项有效的发盘必须具有三个条件:

a. 向一个或一个以上特定的人提出,即发盘中指明特定的受盘人的名称。出口商向国外广泛寄发商品目录、价目表等,一般不构成发盘。

b. 内容十分确定。《公约》认为"一个建议如果写明货物并且明示或暗示地规定数量和价格或规定如何确定数量和价格即为十分确定"。

《公约》该项规定,是对合同约定内容的最低要求。一项合同得以履行,还需要按《公约》中的"法定条件",对商品品质以及交货和支付的时间和地点等予以确定,这给实际履行带来了困难和不确定性。在实践中,一个有效的发盘其内容必须是完整的、明确的和无保留的。完整是具备主要交易条件,一般指品名品质、数量、包装、价格、装运期和支付方式;明确是指意思表达清楚,解释确切,不会导致对当事人权利和义务理解的明显分歧;无保留是指发盘中不附有交易条件以外的限制性说明,如"以我方最后确认为准"等。

c. 表明得到接受时承受约束的意旨。这种表示,通常用"发盘"、"报价"、"定货"、"递盘"等字样。

B. 发盘的有效期

每一发盘均有一个有效期,即可供受盘人作出接受的期限,发盘人只在有效期内才受到约束。由于市场行情多变,所以有效期是对发盘人因此而承受的风险的一种保障。发盘人可在发盘中明确规定有效期。也可以不作明确规定,根据国际惯例,应理解为合理时间内有效。但合理时间究竟有多长,并无统一规定。为避免纠纷,宜作明确规定为好。口头发盘,如无约定,仅当场有效。

规定有效期的方式通常有两种方式:

a. 规定最迟送达发盘人的时间,如:"限15日复到有效"。

b. 规定一段接受时间,如:"发盘3天有效"。这种规定方式,《公约》对起讫时间的计算有下列规定:电传或传真方式应从发出时刻起算,信函则从信上载明的发信日期起算,如信上未载明则从信封上所载日期起算;如果最后一天为发盘人的非营业日而不能送达,则顺延至下一个营业日。

C. 发盘的撤回和撤销

a. 发盘的撤回。发盘于送达受盘人时生效。发盘人于发盘尚未生效之时,可将其撤回,即撤回通知应在发盘送达受盘人之前或同时到达。

b. 发盘的撤销。一项已送达受盘人的发盘可否撤销,各国法律有不同规定。英美法认为,发盘在被接受前可以撤销;大陆法认为,发盘生效后即不得撤销。《公约》对此作出折中的规定:发盘送达受盘人后,在受盘人尚未表示接受前,发盘人将撤销通知送达受盘人,发盘可予撤销。但下列两种情况下的发盘不得撤销:(1)在发盘中规定了有效期或以其他方式表示该发盘是不可撤销的。(2)受盘人有理由相信该发盘是不可撤销的,并本着对该发盘的信赖采取了行动。

D. 发盘的终止

发盘在下列情况下终止,发盘人不再受发盘约束:(1)过了有效期;(2)对方拒绝或还盘;(3)发盘人作了有效的撤销。

23.2.2 接受

A. 构成有效接受的条件

按《公约》规定,一项有效的接受应符合下列条件:

a. 须由受盘人作出。由第三者作出接受,只能视作一项新的发盘。

b. 必须是无条件的。有条件接受只能视作还盘。

c. 必须在发盘规定的时效内作出。

d. 接受必须表示出来。缄默或不行动不构成接受。

B. 接受生效的时间

在接受生效的时间上,英美法采用投邮生效的原则,即接受通知书一经投邮或发出,立即生效;而大陆法采用到达生效的原则,即接受通知书必须到达发盘人时才生效。《公约》明确规定,接受送达发盘人时生效。

C. 有条件接受

接受应该是无条件的,任何对发盘表示接受但对交易条件有所变更或添加,均为无效接受。

但是,《公约》对发盘的交易条件的变更或添改,分为实质性变更和非实质性变更。受盘人对货物的价格、品质、数量、支付方式、交货时间和地点,一方当事人对另一方当事人的赔偿责任范围或解决争端的办法等条件提出的添加或变更,均为实质性的变更。此种接受,只能视作还盘。如果所作的添加或变更的条件属于非实质性的交易条件,则除非当事人及时对这些变更或添加提出异议,否则该接受有效。合同按添加或变更后的条件,于该接受到达时生效。

D. 逾期接受

超过发盘的有效期才到达的接受,为逾期接受,一般情况下无效,应视为一项发盘。但《公约》规定,如果发盘人毫不迟延地用口头或书面通知受盘人,确认该接受有效,则该逾期接受仍有接受的效力,也即合同于接受通知书到达时生效,而不是受盘人收到确认通知后才生效。

如果接受的逾期是由于传递不正常而造成的,从载有接受的信件和其他书面文件表明,如果传递正常,它本应在有效期内送达。对于这种逾期接受,除非发盘人毫不迟延地通知受盘人,发盘因逾期而失效,否则该接受有效,合同于该接受到达时成立。

E. 接受的撤回和修改

在接受送达发盘人之前,受盘人将撤回或修改接受的通知送达发盘人,或两者同时送达,则接受可以撤回或修改。

接受一旦送达,即告生效,合同成立,受盘人无权单方面撤销或修改其内容。

23.3 合同的订立

A. 签订书面合同的意义

按《公约》规定,在交易磋商中,一方的发盘为另一方所接受,合同即告成立。签订书面合同不是合同成立的必要法律步骤。

我国在参加《公约》时,对合同的形式作了保留,规定国际买卖合同必须采用书面形式,方为有效。因而,以下两种情况,达成交易后,签订书面合同为必要的法律步骤:

a. 经口头磋商达成的交易,必须签署一份书面合同,合同才能生效。

b. 经函电方式磋商达成的交易,如果其中一方曾声明以签订书面合同为准,即使双方已就交易条件达成一致,在签订书面合同后,合同才能生效。

但是,在国际贸易中,双方当事人经磋商达成交易后,往往另行签订书面合同。这是因为通过签订合同,把往来函电中有所变更的条件,最终归纳于一份规范的合同文本中,并由双方签署。这样的合同,既是一份完整、有效的法律文件,也是一份完整、明确的履约依据。

B. 书面合同的形式和内容

在国际贸易中,书面合同的形式和内容,并无统一规定。

从格式的繁简来看,通常把繁式的称为合同(contract),而把简式的称为确认书(confirmation),但无实质性的区别。此外还有备忘录(memo)、协议书(agreement)等名称。

合同的内容通常包括三个部分:

a. 约首。包括合同名称、编号以及双方当事人名称、地址、电传或传真号码等。

b. 本文。合同条款,即对各项交易条件的具体规定,包括品名品质、数量、包装、价格、运输、支付等六个必要条款以及保险、检验、索赔、不可抗力和仲裁等条款。

c. 约尾。订约日期、地点和双方有权签字人的签署。

重 要 名 词

发盘 还盘 接受 实盘性变更

思 考 题

1. 交易磋商通常包括哪几个环节?简单说明之。

2. 一项有效的发盘必须具备哪些条件?
3. 如何理解发盘的内容"十分确定"?
4. 发盘如何得以撤回和撤销?
5. 发盘在何种情况下终止?
6. 一项有效的接受应具备哪些条件?
7. 《公约》对"有条件接受"和"逾期接受"作了哪些规定?
8. 签订书面合同有何意义?

案 例 题

我向国外客户发盘,供应某家电一批。对方来电接受,但表明要求同时提交美国保险人实验室出具的检验合格证。我方因未通过该认证,故未予理会。事后对方催促我们按期发货,我方告知并未通过认证事项,对方以我方违约为由提起索赔。

问:应如何处理此案,有何教训?

24

出口合同的履行

国际货物买卖合同一旦成立,买卖双方均应按合同规定履行自己的义务,卖方的基本义务是交货、交单和移转货物的所有权,买方的基本义务是接货、付款。合同能否完整地履行以实现预期的经济目的,取决于买卖双方。以不同交易条件订立的合同,履行合同的程序也各不相同。目前,我国出口合同大多数以 CIF 和 CFR 价格条件成交,以信用证方式结算货款。本章主要介绍这类典型合同的履行程序,其他条件达成的合同可以参照执行。

履行出口合同的环节,概括起来可分成货(备货、报验),证(催证、审证、改证以及利用信用证融资),运(托运、报关、保险),款(制单结汇)四个基本环节。这些环节,有些是平行展开,有些是互相衔接,都必须严格按照合同的规定和法律、惯例的要求,做好每一步工作。同时还应密切注意买方的履约情况,以保证合同最终得以圆满履行。

24.1 备货

货物是合同的主要标的,卖方不仅要保证所交货物与合同的规定相符合,还必须符合适用于货物买卖合同的有关法律的规定。具体而言,卖方备货应注意以下几个方面。

24.1.1 货物的品质必须符合合同的规定和法律的要求

A. 货物品质应符合合同的规定

合同中表示品质的方法,有"凭文字说明"和"凭样品"两种类型。对于凭文字说明成交的合同,卖方所交货物必须与文字说明相符。文字说明包括品质指标、行业公认或买卖双方认定的等级,标明版本年份的标准以及技术说明书和图样等。对于凭样品成交的合同,该样品应是买卖双方交接货物的依据,卖方交付的货物的内在质量与外观形态都应和样品一致。如果在交易中既凭文字说明，又凭样品来表示商品品质，则卖方所交货物既要和文字说明相符，又要和样品一致，其中任何一种不一致，都构成违约。

B. 货物品质应符合法律的要求

法律对货物品质的要求，主要有三个方面：

a. 货物应适合同一规格货物的通常用途，具有可销性（或称适销品质）。这是法律所要求卖方承担的默示条件。

b. 货物应适合于订立合同时买方曾明示或默示地使卖方知道的特定用途。这也是法律所要求的默示担保责任。当买方事先使卖方知道购买货物的特定用途时，卖方如不能保证所交货物适合于该特定用途，应于订约前通知买方。如果情况表明买方并不依赖卖方的技能和判断力来挑选或提供适合特定用途的货物，或者这种依赖对卖方是不合理的，则卖方不承担责任。

c. 货物应符合进口国法律法规所要求的品质标准。世界各国都对数以万计的商品规定了严格的品质标准和技术标准，比如，法国禁止果汁内含有葡萄糖。黎巴嫩规定巧克力的含水率不超过 1.6% 等。这些强制性的要求，即使合同中未作规定，卖方也必须保证货物达到标准。否则无法进入该国市场。

24.1.2 交货数量应符合合同的规定

交货数量是合同的一个重要交易条件。对于卖方在交货数量上应承担的义务，各国法律都有具体的规定，但并不一致。由于世界各主要贸易国都是《联合国国际货物销售合同公约》的缔约国，因而不论其国内法如何规定，我国企业在与其贸易时，均按《公约》规定处理。

《公约》规定，如果卖方多交，则买方对于多交的部分，可以拒收，也可以接收一部分或全部。如果卖方少交，则买方有权要求卖方补交，并请求损害赔偿。如果卖方少交货物的后果构成了根本违反合同，则买方可宣告合同无效并有权索赔。

买卖双方也可根据具体情况在合同中规定数量机动幅度。对于合同中的数量机动幅度，《跟单信用证统一惯例》有相对应的以下规定：

a. 信用证未规定数量不得增减，货物数量仅以度量衡制计量单位表示，未计包装单位，也不是以个数计算，则在支取金额不超过信用证金额的前提下，可以有 5% 的增减。比如，日本向我方订购 2 万米棉布，则我方交货数量可有 5% 的增减，但以总金额不超过信用证金额为限。若日方订货时表明，2 万米布，每 20 米一匹，共 1 000 匹。加上了包装单位，就不适用 5% 的机动幅度的规定。

b. 信用证以"大约"、"近似"或类似意义的词语用于信用证的金额、数量或单价时，应解释为允许有关指标有 10% 的增减。

24.1.3 货物包装应与合同和法律的要求一致

合同中对包装的要求有繁有简,凡是合同中有明文规定的,卖方必须严格照办。对于合同没有明文规定的,应注意符合有关法律的要求。

a.《公约》规定,"货物按照同类货物通用的方式装箱或包装,如果没有此种通用方式,则按照足以保全和保护货物的方式装箱或包装。"在合同包装条款不明确时,这是对卖方在包装方面的最低要求。

b. 各国国内法对包装及包装上的文字说明的相应规定。比如美国食品药物管理署(FDA)规定,食品罐头不能使用焊锡;对包装上的文字说明以及外包装材料和填充物等,各国均有相应的规定。卖方必须在包装方面遵守这些强制性的规定。

24.1.4 按合同规定的时间交货

交货时间是买卖合同的主要条件。延迟装运或提前装运均可导致对方拒收或索赔。

合同中如未规定允许分批装运或转运,则应理解为不允许分批装运或转运。

合同中如规定允许分期/分批装运的,但同时又规定了每批的数量,则卖方必须严格照办。如果其中某一期未按规定时间或数量装运,买方可按违约情况要求损害赔偿直至解除该期合同,或解除该期以后各期的合同,甚至解除全部合同。

此外,卖方还应保证对货物拥有完全的所有权,即任何第三者不能根据物权、工业产权或其他知识产权主张任何权利或要求。针对这一责任,卖方在接受买方来样订货和来料来件加工装配业务时,可在合同中订明"关于任何违反知识产权和工业产权的行为,均由买方负责,与卖方无涉"。

24.2 报 验

根据《中华人民共和国出口商品检验法》规定,一切出口商品都必须经过检验,未经检验或检验不合格的,不准出口。这里的检验,包括国家商检机构的检验和生产、经营单位自行检验。

属于法定检验的商品,或合同规定由国家商检机构检验出证的商品,在货物备齐后,应向商品检验局申请检验,一般应在商品出运前一周内提出申请,报验时应填写"出口报验申请单",并随附合同和信用证副本,以及出口货物报关单等通关用的凭证。

报验的商品,由商检机构或指定的检验机构进行检验。检验的依据是法律法规规定的标准或其他必须执行的检验标准(如进口国法律法规规定的标准)或合同所规定的检验标准。当合同的约定和法定标准不同时,以高标准为准。

经检验合格,由商检机构签发检验证书,或在"出口货物报关单"上加盖检验印章。发货人应在签发证书之日起 60 天内报运出口,逾期报运出口的,应重新申报检验。鲜活商品应在规定期限内报运出口。

对于不属于法定检验范围的出口商品,可以由生产、经营单位或委托其他检验机构检验,国家商检机构对其进行定期或不定期的抽查,抽查不合格的,不准出口。

24.3 落实信用证

以信用证方式结算的出口合同,取得买方开立的符合合同要求的信用证,关系到卖方能否安全收汇和得到资金融通,是卖方交货的前提。因此,落实信用证的工作,对卖方来说至关重要。

24.3.1 催证

按时开立信用证是买方的一项义务。但在实务中,买方由于资金等种种原因,延误开证时间的事时有发生,在下列情况下,卖方应注意向买方发出函电提醒或催促对方开立信用证。

a. 在合同规定的期限内,买方未及时开证,这一事实已构成违约。如卖方不希望中断交易,可在保留索赔权的前提下,催促对方开证。

b. 签约日期和履约日期相隔较远,应在合同规定开证日之前,去信表示对该笔交易的重视,并提醒对方及时开证。

c. 卖方货已备妥,并打算提前装运,可去信征求对方同意提前开证。

d. 买方资信欠佳,提前去信提示,有利于督促对方履行合同义务。

24.3.2 审证

信用证是银行开立的有条件的付款保证。信用证的条件必须与合同条件相吻合,否则,卖方将难以提交符合信用证要求的单据,失去银行所提供的信用保证。因此,卖方收到信用证后,应立即对其内容进行审核。审证的主要内容如下:

a. 开证行的资信状况。开证银行本身的资信应与其所承担的信用证付款责任相应。特别对于实行外汇管制或国际支付能力薄弱或国内金融秩序混乱的国家的银行开出的信用证,更应重视审核该银行的资信状况。在我国,由我方银行作为通知行时,除核对信用证签名的真实性外,还承担审核开证行资信的道义上的责任。

b. 信用证的金额。信用证的金额应与合同一致。若合同上订有溢短装条款,则信用证金额也应有相应的机动条款。

c. 装运期、交单期和到期日及到期地点。信用证中规定的最迟装运日期,应与合同中的装运条款相一致,运输单据的出单日期或上面加注的装船或启运日期,不得迟于最迟装运日期。若信用证未规定装运期,则最迟装运日期即为信用证的到期日。

信用证还应规定一个在货物装运后必须向银行交单要求付款或承兑或议付的日期,即交单期。所规定的交单期应为受益人装运后制单留有充分的时间,如信用证未规定交单期,则理解为应在实际装运日(运输单据出单日期)之后 21 天内必须交单。受益人必须在交单期内交单,但无论如何,不得迟于信用证到期日。

信用证还必须规定一个到期日和到期地点。即受益人必须在规定的到期日,在到期地点向银行交单要求议付或承兑或付款。没有规定到期日的信用证为无效信用证。实务中,到期日应与最迟装运日期有一个合理的间隔,以便受益人有充分时间制单,通常为 7~15 天;到期地点应在议付地,即在出口地到期,否则由于银行审单和邮递过程,受益人将难以把握及时交单。

d. 信用证有无限制性或保留条款。信用证中的这类条款有合理的,也有不合理的。合理的条款如信用证中规定"开证申请人取得进口许可证才能生效"或"本证仅在受益人开具回头信用证并经本证申请人同意接受后才生效",对于这类信用证,受益人必须等到所附条件满足并取得有关文件后,即信用证生效后才能交货。还有一类条款则是不合理的,带有明显的欺诈性。如规定受益人提交的单据中要包括"由买方签发的提货证明"或"检验证书应由申请人授权的签字人签字"。这类信用证实际上受申请人或其代理人控制,受益人收款没有保障,故通常不应接受。

e. 信用证的性质,如不可撤销,是否保兑;汇票的付款人和付款日期;信用证对货物的描述;装运条件;保险条款以及所需单据等,都应和合同及惯例的规定相一致。

以上为审核信用证时应注意的要点。此外,对于开证行在信用证中的各种疏漏错误,也应仔细审核,以确保受益人能做到单证一致,安全收汇。

24.3.3 改证

A. 受益人审证后要求开证申请人改证

受益人审证后,发现内容与合同和惯例规定不一致,应及时向开证申请人提出,要求改证时应注意下列改证规则。

a. 需要修改的内容应一次性通知开证申请人,以节约对方改证费用。

b. 开证行的改证通知书,仍须通过通知行转递,以保真实。

c. 对于改证通知书的内容,如发现其中一部分不能接受,则应把改证通知书退回,待全部改妥后才能接受。"UCP 600"规定:对改证通知书部分接受无效。

受益人审证时,如发现一些条款虽与合同或惯例不符,但经过努力可以办到的,一般可以不改,以示合作,并减少周折。

B. 开证申请人主动改证

开证申请人主动改证应征得受益人的同意。若开证申请人事先未征得受益人同意,单方面改证,则受益人有权决定是否接受。在未表示接受前,原证条款继续有效,受益人并有权保持沉默直至交单为止。若交单时按修改书制单,即表示接受,若按原证制单,则应另具通知书以示拒绝修改。

24.3.4 信用证的融资

出口商利用信用证可以获取资金融通,主要有两种方法:

a. 打包贷款。出口企业将信用证交银行抵押,可申请多达信用证金额百分之八十的优惠贷款。贷款行即为日后交单议付银行。

b. 出口押汇。由于信用证有开证银行的付款保证,只要出口商提交与信用证相符合的单据,对于议付信用证,银行通常愿意接单议付。而对于承兑和付款信用证,银行酌情也可接受单据,垫付货款,使出口商可以在装货后立即获取价款,加速了资金周转。

24.4 托运、保险和报关

按 CFR、CIF 条件成交的合同,由出口方办理租船订舱,或以 FOB 条件成交而进口方委托出口方代办的,出口方也需办理托运手续。CIF 条件成交的合同,出口方应负责办理保险。以推定交货方式(象征性交货)成交的合同,出口方负责出口报关。

24.4.1 托运

一旦信用证收妥无误,货物备妥,即应办理托运手续。出口货物的租船订舱,我各外贸企业均委托货运代理机构办理,填制托运单,发出明确、详细、准确的托运指示。托运单的主要内容包括发货人、收货人、通知人、装运港、卸货港、运输标志或集装箱编号及封印号码、品名、数量等。这些内容都应和信用证完全相符,并应注明货物的毛重、体积。

托运时出口单位还须附交与本批货物有关的下列各项报关单据:

a. 出仓单(即出口单位的提货单,可凭以向指定仓库或生产厂提取货物)。

b. 出口发票及装箱单或重量单。

c. 出口货物报关单(如属法定检验商品,应由商检局加盖检验合格章,或附上

24 出口合同的履行

检验合格证书)。

d. 出口收汇核销单。

e. 出口许可证(如属国家出口管理商品)。

货运代理机构接受托运后,即可向承运单位或其代理办理租船订舱业务。待承运人(船公司)或其代理人签发装货单后,货运代理机构填制显示船名,航次和提单号码的"配舱回单",连同装货单、收货单一起交付出口企业,托运工作即告完成。

24.4.2 保险

我方出口合同,大多以 CIF 及 CIP 方式成交,由我方向保险公司投保。出口货物保险,采用逐笔投保方式。在完成托运手续,取得配舱回单后,出口企业即可办理保险手续。

投保人先填制"运输险投保单",内容包括投保人名称、货物名称、运输标志、船名或装运工具、装运地(港)、目的地(港)、开航日期、投保金额、投保险别、投保日期和赔款地点等。一式两份,一份由保险公司签署后交投保人作为接受投保的凭证;另一份由保险公司留存作为缮制保险单的依据。为简化手续,外贸公司也有将发票、出口货物明细单或出运货物分析单代替投保单,但仍须加注配舱回单的内容及投保险别和金额。

按 FOB、FCA、CFR、CPT 条件成交的,保险由买方办理,如卖方同意接受买方委托代办保险,应由买方承担费用和风险。投保手续同上。在信用证上应注明"保险费允许在信用证的额度以外超支"。

保险公司根据投保内容,签发保险单或保险凭证,并计算保险费,单证一式五份,其中一份留存,投保人付清保险费后取得四份正本,投保即告完成。

投保人在保险单证出具后,发现投保内容有错漏或需变更,应向保险公司及时提出批改申请,由保险公司出立批单,粘贴于保险单上并加盖骑缝章,保险公司按批改后条件承担责任。

申请批改必须在货物发生损失以前,或投保人不知有任何损失事故发生的情况下,在货到目的地前提出。

24.4.3 报关

海关对进出口货物的通关手续,包括接受申报,审核单证,查验货物,征税,结关放行等五道手续。

A. 出口申报及审核单证

出口货物的发货人或其代理人应在装货的 24 小时之前向运输工具所在地或出境地海关申报。报关时应向海关提交下列单证:

a．出口货物报关单。报关单是海关对出口货物进行监管、查验、征税和统计的基本单据。目前使用的出口报关单有四种：普通报关单（白色）、"来料加工、补偿贸易专用"报关单（浅绿色）、"进料加工专用"报关单（粉红色）和"出口退税专用"报关单（黄色）。适合于不同贸易方式和需要。

b．出口许可证。经国家正式批准有出口经营权的单位，在其经营范围内，出口不实行许可证管理的商品，可免领出口许可证。如出口超出其经营范围的商品以及国家规定必须申领出口许可证的商品，应向海关交验出口许可证或国家规定的其他批准文件。

c．装货单或运单。装货单（shipping order）是船公司或其代理签发给托运人的通知船方装货的凭证（非海运方式即为运单），海关查验放行后，在装货单或运单上加盖放行章发还给报关人凭以装运货物出口。

d．发票。发票是海关审定完税价格的重要依据，故发票必须载明货物的真实成交价格。允许使用简式发票。

e．装箱单。是对发票内容的补充，说明货物的具体规格数量。如包装内容一致的件装货物或散装货物，可免交。

f．出口收汇核销单。它是由外汇管理部门提供的单证，海关办妥结关手续后，在其上盖章，出口单位凭以向外汇管理部门结汇核销。

g．海关认为必要时应交验的贸易合同、产地证和其他有关证明。

B．查验货物和结关放行

海关以出口报关单为依据，在海关监管区域内对出口货物进行查验。报关单位应派员在现场负责开箱装箱，协助海关完成查验工作。

经查验合格，在报关单位照章办理纳税手续后，海关在装货单或运单上盖上关印，即为结关放行。

24.5 制单结汇

以托收和信用证方式结算货款，是凭单付款，出口单据在表面上证实了卖方已履行了合同义务。以信用证方式成交，对单据有更严格的要求，单据是否严格符合信用证规定，直接关系到及时和安全收汇。因此，根据合同和信用证，正确缮制单据，是履行出口合同的一个重要环节。

24.5.1 制作出口单据

A．汇票

国际贸易中，主要使用的是跟单汇票，作为出口方要求付款的凭证。制作汇票时应注意下列问题。

　　a. 出票条款。信用证名下的汇票,应填写出票条款。包括：开证行名称,信用证号码和开证日期。

　　b. 汇票金额。托收项下汇票金额应与发票一致。若采用部分托收、部分信用证方式结算,则两张汇票金额各按规定填写,两者之和等于发票金额。信用证项下的汇票,若信用证没有规定,则应与发票金额一致。若信用证规定汇票金额为发票的百分之几,则按规定填写。这一做法,通常用于以含佣价向中间商报价,发票按含佣价制作,开证行在付款时代扣佣金的情况。

　　c. 付款人名称。托收方式的汇票,付款人为买方。信用证方式下,以信用证开证行或其指定的付款行为付款人。若信用证未加说明,则以开证行为付款人。

　　d. 收款人名称。汇票的收款人应是银行。信用证方式下,收款人通常为议付行;托收方式下,收款人可以是托收行,均作成指示式抬头。托收中也可将出口方写成收款人(已收汇票),然后由收款人作委托收款背书给托收行。

　　B. 商业发票

　　商业发票(commercial invoice)是出口商开立的发货价目清单,是装运货物的总说明。发票全面反映了合同内容。

　　发票的主要作用是供进口商凭以收货、支付货款和进出口商记账、报关纳税的凭据。在不用汇票的情况下(如付款信用证、即期付款交单),发票代替汇票作为付款的依据。

　　发票没有统一的格式,其内容应符合合同规定,在以信用证方式结算时,还应与信用证的规定严格相符。发票是全套货运单据的中心,其他单据均参照发票内容缮制,因而制作不仅要求正确无误,还应排列规范,整洁美观。

　　制作内容及注意事项如下：

　　a. 出口商名称。发票顶端必须有出口商名称、地址、电传、传真和电话号码,其中出口商名称和地址应与信用证一致。

　　b. 发票名称。在出口商名称下,应注明"商业发票"(commercial invoice 或 invoice)字样。

　　c. 发票抬头人。通常为国外进口商。在信用证方式时,除非另有规定,应为开证申请人。

　　d. 发票号码,合同号码,信用证号码及开票日期。发票号码由出口商自行按顺序编制。合同号码和信用证号码应与信用证所列的一致,如信用证无此要求,亦应列明。开票日期不应与运单日期相距太远,且必须在信用证交单期和有效期之内。

　　e. 装运地和目的地。应与信用证所列一致,目的地应明确具体,若有重名,应写明国别。

  f. 运输标志（唛头）。凡来证有指定唛头的，按来证制作。如无规定，由托运人自行制定。以集装箱方式装运，可以集装箱号和封印号码取代。运输单据和保险单上的唛头，应与发票一致。

  g. 货物名称、规格、包装、数量和件数。关于货物的描述应符合合同要求，还必须和信用证所用文字完全一致。如需列明重量，应列明总的毛重和净重。

  h. 单价和总值。单价和总值必须准确计算，与数量之间不可有矛盾，应列明价格条件（贸易术语），总值不可超过信用证金额。超值发票，银行可以接受，也有权拒收。

  i. 附加证明。大致有以下几种：（1）加注费用清单：运费、保险费和 FOB 价；（2）注明特定号码，如进口许可证号、布鲁塞尔税则号；（3）注明原料来源地的证明文句。

  j. 出单人名称。发票由出口商出具，在信用证方式下，必须是受益人。"UCP 600"规定，商业发票可以只标明出单人名称而不加签署。如需签字，来证中应明确规定，如 signed commercial invoice（签署的商业发票）。

C. 运输单据

  运输单据因不同贸易方式而异。有海运提单、海运单、航空运单、铁路运单、货物承运收据及多式联运单据等。

  我国外贸运输方式以海运为主。这里着重介绍海运提单（bill of lading）的缮制及注意事项。

  a. 托运人（shipper）。一般即为出口商，也即信用证的受益人，如果开证申请人为了贸易上的需要，在信用证内规定作成第三者提单也可照办，例如请货运代理做托运人。

  b. 收货人（consignee）。该栏又称提单抬头。应严格按信用证规定制作。如以托收方式结算，则一般做成指示式抬头，即写成"To order"或"To the order of ×××"字样。不可做成以买方为抬头的记名提单或以买方为指示人的提单，以免过早转移物权。

  c. 被通知人（notify party）。这是货物到达目的港时船方发送到货通知的对象，通常为进口方或其代理人。但无论如何，应按信用证规定填写。如果信用证没有规定，则正本提单以不填为宜，但副本提单中仍应将进口方名称地址填明，以便承运人通知。

  d. 提单号码（B/L No.）。提单上必须注明编号，以便核查，该号码与装货单（又称大副收据）或（集装箱）场站收据的号码是一致的。没有编号的提单无效。

  e. 船名及航次（name of vessel；Voy. No.）。填列所装船舶及航次。如中途转船,只填写第一程船名航次。

f. 装运港(port of loading)和卸货港(port of discharge)。应填写具体港口名称。卸货港如不同国家有重名,则应加注国名。卸货港如采取选择港方式,应全部列明。如伦敦/鹿特丹/汉堡选卸,则在卸货港栏中填上"Option London/Rotterdam/Hamburg",收货人必须在船舶到达第一卸货港前在船公司规定时间内通知船方卸货港,否则船方可在其中任意一港卸货。选择港最多不得超过三个,且应在同一航线上,运费按最高者计收。

如中途转船,卸货港即填写转船港名称,而目的港应填入"最终目的地"(final destination)栏内。也可在卸货港内填上目的港,同时注明"在××港转船"(W/T at ××)。

g. 唛头。与发票所列一致。

h. 包装件数和种类(number and kind of packages)与货物描述(description of goods)。按实际情况列明。一张提单有几种不同包装应分别列明,托盘和集装箱也可作为包装填列。裸装有捆、件,散装货应注明"in bulk"。货物名称允许使用货物统称。但不得与信用证中货物的描述有抵触。危险品应写清化学名称,注明国际海上危险品运输规则号码(IMCO CODE PAGE),联合国危规号码(UN CODE NO.),危险品等级(CLASS NO.)。冷藏货物注明所要求的温度。

i. 毛重和尺码(gross weight & measurement)。除信用证另有规定外,重量以千克或公吨为单位,体积以立方米为计算单位。

j. 运费和费用(freight & charges)。本栏只填运费支付情况,以CFR或CIF条件成交,应填写运费预付,以FOB条件成交,一般填写运费到付,除非买方委托发货人代付运费。程租船一般只写明"AS ARRANGED"(按照约定)。

如信用证另有规定,按信用证规定填写。

k. 正本提单份数(number of original Bs/L)。按信用证规定签发,并分别用大小写数字填写,如"(2)Two"。信用证中仅规定"全套"(full set),习惯做两份正本,但一份正本亦可视为全套。

l. 提单日期和签发地点。除备运提单外,提单日期均为装货完毕日期,不能迟于信用证规定的装运期。提单签发地点按装运地填列。

如果船期晚于规定装运期,要求船方同意以担保函换取较早日期提单,这就是"倒签提单"(anti dated B/L);货未装上船就要求船方出具已装船提单,这就是"预借提单"(advanced B/L),这种做法系国际航运界陋习,系对收货人的侵权行为,一旦暴露,可能造成对方索赔以至拒收而导致巨大损失。

m. 签署。按"UCP 600"规定,海运提单表面应注明承运人名称,并由承运人或其代理人、船长或其代理人签署。签署人亦须表明其身份。若为代理人签署,尚需表明被代理一方的名称和身份。

n．其他。信用证要求在提单上加注的内容。如信用证规定"每份单据上均应显示信用证号码"、"提单需提供贸促会证明"等。必须按信用证规定处理。

D．保险单

保险单（insurance policy/certification）是保险人与被保险人之间订立的保险合同的凭证。是被保险人索赔、保险人理赔的依据，在 CIF 或 CIP 合同中，出口商在向银行或进口商收款时，提交符合销售合同及/或信用证规定的保险单据是出口商必不可少的义务。

保险单主要内容如下：

a．保险人及保险公司。

b．保险单编号。

c．被保险人，即投保人。在 CIF 或 CIP 条件下，出口货物由出口商申请投保，在信用证没有特别规定的前提下，信用证受益人为被保险人。并加空白背书，以转让保险权益。

d．标记。指运输标志，应和提单、发票及其他单据上的标记一致。通常在标记栏内注明："按××号发票"（as per invoice No. ×××）。

e．包装及数量。应与发票内容相一致。

f．保险货物名称。可参照商业发票中描述的商品名称填制。也可填货物的统称。信用证有时要求所有单据都要显示出信用证号码，则可在本栏空白处表示。

g．保险金额。按信用证规定金额投保，若信用证未规定，则按 CIF 或 CIP 价格的 110% 投保。

h．保费及费率。保费及费率一般没有必要在保险单上表示。该栏仅填"AS ARRANGED"。但来证如果要求标明保费及费率时，则应打上具体数字及费率。

i．装载运输工具。海运货物应填写船名和航次。如果需在中途转船，如投保时已确定二程船名，则把二程船名也填上。如二程船名未能预知，则在第一程船名后加注"and/or steamers"。

j．开航日期、起运地和目的地。开航日期缮打"as per B/L"（见提单），地点参照提单填写。

k．承保险别。本栏是保险单的核心内容。它主要规定了保险公司对该批货物承保的责任范围，也是被保险人在货物遭到损失后，确定是否属保险公司责任的根据。本栏应按投保资料缮制，并要严格符合信用证条款的要求。

l．赔付地点和赔付代理人。一般为保险公司在目的地或就近地区的代理人。

m．保险单签发日期和地点。保险单的出单日期不迟于提单或其他货运单据签发日期，以表示货物在风险转移时已办妥保险。

24 出口合同的履行

n. 保险公司签章。

E. 原产地证明

原产地证明(certificate of origin)是用以证明货物原产地或制造地，是进口国海关计征税率的依据。我国出口商品所使用的产地证主要有以下几种：

a. 普通产地证。用以证明货物的生产国别，进口国海关凭以核定应征收的税率。在我国，普通产地证可由出口商自行签发，或由出入境检验检疫局签发，或由中国国际贸易促进委员会签发。实际业务中，应根据买卖合同或信用证的规定，提交相应的产地证。

在缮制产地证时，应按《中华人民共和国原产地规则》及其他规定办理。

b. 普惠制产地证(GSP certificate of origin)。目前给予我国普惠制待遇的有澳大利亚、新西兰、日本、加拿大、挪威、瑞士、俄罗斯及欧盟 15 国，以及部分东欧国家。

凡是向给惠国出口受惠商品，均须提供普惠制产地证，才能享受关税减免的优惠，所以不管来证是否要求提供这种产地证，我出口商均应主动提交。

普惠制产地证的书面格式名称为格式 A(form A)。但对新西兰还须提供格式 59A(form 59A)，对澳大利亚不用任何格式，只需在商业发票上加注有关声明文句。

在我国，普惠制产地证由出入境检验检疫局签发。

c. 纺织品产地证(certificate of origin textile products)。对欧盟国家出口纺织品，需提交该产地证。该证是进口国海关控制配额的依据。在我国，该证由地方外经贸委(厅)签发。

GSP 产地证是取得关税优惠，而纺织品产地证是取得配额的证明。对欧盟出口有关产品时，需同时提交两种产地证。

d. 对美国出口的原产地声明书。凡属对美国出口的配额商品，如纺织品等，应由出口商填写原产地声明书。有三种格式：(1) 格式 A：单一国家声明书(single country declaration)，声明商品产地只有一个国家；(2) 格式 B：多国家产地声明书(multiple country declaration)，声明商品的原材料是由两个或两个以上国家生产的；(3) 格式 C：非多种纤维纺织品声明书，亦称否定声明书(negative declaration)，凡纺织品的主要价值或主要重量属于麻或丝的原料或含羊毛量不超过 17%，则可填用此格式，以说明该类商品为非配额产品。

F. 检验证书

国际贸易中检验证书(inspection certification)种类很多，分别用以证明货物的品质、数量、重量和卫生条件等方面的情况。检验证书一般由国家指定的检验机构出具，也可根据不同情况，由出口企业或生产企业自行出具。应注意出证机构检验货物名称和检验项目必须符合信用证的规定。还须注意检验证书的有效期。一般货物为60天,新鲜果蔬类为2~3个星期,出口货物务必在有效期内出运,如超过期限,应重新报验。

G. 包装单据

包装单据(packing document)是指一切记载或描述商品包装种类和规格情况的单据,是商业发票的补充说明。主要有装箱单(packing list)、重量单(weight list)、尺码单(measurement list)。

H. 其他单证

其他单证按不同交易情况,由合同或信用证规定,常见的有:寄单证明(beneficiary's certificate for despatch of documents)、寄样证明(beneficiary's certificate for despatch of shipment samples)、邮局收据(post receipt)、快递收据(courier receipt)、装运通知(shipping advice)以及有关运输和费用方面的证明。

24.5.2 交单结汇

A. 交单

交单是指出口商(信用证受益人)在规定时间内向银行提交信用证规定的全套单据,这些单据经银行审核,根据信用证条款不同付汇方式,由银行办理结汇。

交单应注意三点:其一是单据的种类和份数与信用证的规定相符,其二是单据内容正确,包括所用文字与信用证一致,其三是交单时间必须在信用证规定的交单期和有效期之内。

交单方式有两种:一种是两次交单或称预审交单,在运输单据签发前,先将其他已备妥的单据交银行预审,发现问题及时更正,待货物装运后收到运输单据,可以当天议付并对外寄单。另一种是一次交单,即在全套单据收齐后一次性送交银行,此时货已发运。银行审单后若发现不符点需要退单修改,耗费时日,容易造成逾期而影响收汇安全。因而出口企业宜与银行密切配合,采用两次交单方式,加速收汇。

B. 结汇

信用证项下的出口单据经银行审核无误后,银行按信用证规定的付汇条件,将外汇结付给出口企业。我国出口业务中,大多使用议付信用证,也有少量使用付款信用证和承兑信用证的。主要结汇方式如下:

a. 议付信用证。议付又称出口押汇。议付押汇收取单据作为质押。按汇票或发票面值,扣除从议付日起到估计收到开证行或偿付行票款之日的利息,将货款先行垫付给出口商(信用证受益人)。议付是可以追索的。如开证行拒付,议付行可向出口商追还已垫付之货款。

议付信用证中规定,开证行对议付行承担到期承兑和付款的责任,"UCP 600"规定,银行如仅仅审核单据而不支付价款不构成议付。

我国银行对于议付信用证的出口结汇方式,除上述出口押汇外,还采用另外两种:一是收妥结汇,即收到单据后不叙做押汇,将单据寄交开证行,待开证行将货款划给议付行后再向出口商结汇;另一种是定期结汇,即收到单据后,在一定期限内向出口商结汇,此期限为估计索汇时间。因此上述两种方式,对议付银行来说,都是先收后付,但按"UCP 600"规定,银行不能取得议付行资格,只能算是代收行。

b. 付款信用证。付款信用证通常不用汇票,在业务中使用的即期付款信用证中,国外开证行指定出口地的分行或代理行为付款行,受益人径直向付款行交单。付款行付款时不扣除汇程利息。付款是不可追索的。显然在信用证方式中,这是对出口商最为有利的一种。

c. 承兑信用证。承兑信用证的受益人开出远期汇票,通过国内代收行向开证行或开证行指定的银行提示,经其承兑后交单。已得到银行承兑的汇票可到期收款,也可贴现。

若国内代收行愿意叙做出口押汇(议付),则出口商也可立即收到货款,但此时该银行仅以汇票的合法持票人向开证行要求付款,不具有开证行所邀请的议付行的身份。

24.5.3 单证不一致时出口商可采取的措施

在出口业务中,由于种种原因造成单据不符,即单据存在不符点,而受益人又因时间条件的限制,无法在规定期限内更正,则有下列处理方法:

a. 凭保议付。受益人出具保证书承认单据瑕疵,声明如开证行拒付,由受益人偿还议付行所垫付款项和费用,同时电请开证人授权开证行付款。

b. 表提。议付行把不符点开列在寄单函上,征求开证行意见,由开证行接洽申请人是否同意付款。接到肯定答复后议付行即行议付。如申请人不予接受,开证行退单,议付行照样退单给受益人。

c. 电提。议付行暂不向开证行寄单,而是用电传和传真通知开证行单据不符点。如开证行同意付款,再行议付并寄单,若不同意,受益人可及早收回单据,设法改正。

d. 有证托收。单据有严重不符点,或信用证有效期已过,已无法利用手上的信用证,只能委托银行在向开证行寄单函中注明"信用证项下单据作托收处理",作为区别,称为"有证托收"。而一般的托收,则称为"无证托收"。由于申请人已因单证不符而不同意接受,故有证托收往往遭到拒付,实是一种不得已而为之的方式。

重 要 名 词

审证 改证 出口押汇

思 考 题

1. 履行出口合同时,货物应符合哪些要求?
2. 简述审证的主要内容。
3. 说明改证的有关规定。

25

进口合同的履行

国际货物买卖合同中,买方的基本义务是接货、付款。目前我国进口合同大多以 FOB 价格条件成交,以信用证方式结算货款。买方的接货义务,主要是指按时派船接货和按时开立符合合同的信用证。买方在履行合同义务的同时,应随时注意和卖方接洽,督促其按合同履行交货义务。

进口环节中还包括保险、审单付款、报关、检验以及可能的索赔等事项,进口商应与各有关部门密切配合,逐项完成。

27.1 开立信用证

25.1.1 申请开证

进口合同签订后,进口方填写开证申请书向银行办理开证手续。开证申请书是银行开立信用证的依据,也是申请人和银行之间的契约关系的法律证据。

开证申请书包括两个部分:第一部分是信用证的内容,包括受益人名称地址,信用证的性质、金额,汇票内容,货物描述,运输条件,所需单据种类和份数,信用证的交单期、到期日和地点,信用证通知方式等。第二部分是申请人对开证银行的声明。其内容通常固定印制在开证申请书上,包括承认遵守《UCP 600》的规定;保证向银行支付信用证项下的货款、手续费、利息及其他费用;在申请人付款赎单前,单据及货物所有权属银行所有;开证行收下不符信用证规定的单据时申请人有权拒绝赎单等等。

25.1.2 开证注意事项

A. 信用证的内容应是完整的、自足的

信用证内容应严格以合同为依据,对于应在信用证中明确的合同中的贸易条件,必须具体列明,不能使用"按××号合同规定"等类似的表达方式。因为信用证是一个自足文件,有其自身的完整性和独立性,不应参照或依附于其他契约文件。

B. 信用证的条件必须单据化

《UCP 600》规定:"如信用证载有某些条件,但并未规定需提交与之相符的单据,银行将视这些条件为未予规定而不予置理"。因而,进口方在申请开证时,应将合同的有关规定转化成单据,而不能照搬照抄。比如,合同中规定货物按不同规格包装,则信用证中应要求受益人提交装箱单;合同以 CFR 条件成交,信用证应要求受益人提交的清洁已装船提单上应注明运费已付等。

C. 按时开证

如合同规定开证日期,进口方应在规定期限内开立信用证;如合同只规定了装运期的起止日期,则应让受益人在装运期开始前收到信用证;如合同只规定最迟装运日期,则应在合理时间内开证,以使卖方有足够时间备妥货物并予出运。通常掌握在交货期前一个月至一个半月左右。

D. 关于装船前检验证明

由于信用证是单据业务,银行不过问货物质量,因而可在信用证中要求对方提供双方认可的检验机构出立的装船前检验证明,并明确规定货物的数量和规格。如果受益人所交检验证明的结果和证内规定不符,银行即可拒付。

E. 关于保护性规定

《UCP 600》中若干规定,均以"除非信用证另有规定"为前提。比如,"除非信用证另有规定,银行将接受下列单据而不论其名称如何"等等。如果进口方认为《UCP 600》的某些规定将给自己增加风险,则可利用"另有规定"这一前提,在信用证中列入相应的保护性条件,比如,按《UCP 600》规定,禁止转运对集装箱运输无约束力,若买方仍要求禁止转运,则可在信用证中加列:"即使货装集装箱,本证严禁转运"等。

F. 关于保兑和可转让信用证

我国银行原则上不开立保兑信用证,对可转让信用证也持谨慎态度。对此,进口商在签订合同时应予注意,以免开证时被动。

25.2 运输和保险

25.2.1 运输

以 FOB 条件成交,由买方负责租船订舱。我国外贸公司大都通过外运代理机构办理此项业务,也有直接向中国远洋运输公司等实际承运人洽办。

在办理运输中,应注意船货衔接,通常由卖方在交货期前的一定时间内,将预期货物备妥待装的日期通知买方。买方按该通知规定的日期,及时通过运输代理

25 进口合同的履行

或自行办理租船订舱手续。在接到船方配舱回单后,应即向卖方发出派船通知,告之船名及船期,以便卖方按照船期安排装船。

按《国际贸易术语解释通则》规定,卖方装船后,应向买方发出货物已交至船上的充分通知,以利买方准备接货。该装船通知一般应列明合同号、货名、数量、金额、船名及启航日期。买方据此资料办理保险。

25.2.2 保险

A. 预约保险

为了简化投保手续,防止漏保,我国外贸公司和经常有货物进口的企业,与保险公司订有预约保险合同(open policy)。该合同对进口货物的投保险别、保险费率、赔付方法和承保货物的范围都做了具体的规定。

在预约保险合同规定范围内的货物,一经启运,保险公司即自动承担保险责任。外贸企业在接到国外卖方的装船通知后,应立即填制预约保险启运通知书或将装船通知送达保险公司,即完成了投保手续。

B. 逐笔投保

未与保险公司签订预约保险合同的企业,对进口货物需逐笔办理保险。进口企业在收到国外卖方的装船通知后,应立即填制投保单或装货通知单。内容包括货物名称、数量、保险金额、投保险别以及船名、船期、启运日期和估计到达日期、装运港和目的港。

保险公司接受承保后将签发一份保险单作为双方之间保险合同的证明文件。

C. 进口货运保险的责任起讫

对于进口货物,买卖双方的风险责任以装运港海轮船舷为界。在货物装船前,物权和风险责任都属于出口商,货物装船后,买方承担货物的风险责任。故而,在货物装船前,买方不具有保险利益,即使买方在此之前已向保险公司投保,保险公司也不承担保险责任。一般情况下,保险公司对于由进口方投保货物的保险责任是从货物越过船舷(实际业务中为装船)开始,一直到货物运抵目的地仓库,或卸离海轮后60天终止。必要时,还可由投保人申请延长保险期限60天,但散装货、活牲畜和新鲜果蔬等商品的保险责任在目的港卸离海轮时终止。

25.3 审单和付款

25.3.1 审单

以信用证方式结算,出口商必须提交与信用证相符合的单据。开证行和进口方都必须对全套单据进行审核。银企双方应密切配合。现将主要单据审核要点简述如下。

A. 汇票

a. 信用证名下汇票,应加列出票条款(drawn clause),说明开证行,信用证号码及开证日期。

b. 金额应与信用证规定相符,一般应为发票金额。如单据内含有佣金或货款部分托收,则按信用证规定的发票金额的百分比开列。金额的大小写应一致。国外开来汇票,也可以只有小写。

c. 汇票付款人应为开证行或指定的付款行。若信用证未规定,应为开证行,不应以申请人为付款人。

d. 出票人应为信用证受益人,通常为出口商,收款人通常为议付银行。

e. 付款期限应与信用证规定相符。

f. 出票日期必须在信用证有效期内,不应早于发票日期。

B. 提单

a. 提单必须按信用证规定的份数全套提交,如信用证未规定份数,则一份也可算全套。

b. 提单应注明承运人名称,并经承运人或其代理人签名,或船长或其代理人签名。

c. 除非信用证特别规定,提单应为清洁已装船提单。若为备运提单,则必须加上装船注记(shipped on board)并由船方签署。

d. 以 CFR 或 CIF 方式成交,提单上应注明运费预付。

e. 提单的日期不得迟于信用证所规定的最迟装运日期。

f. 提单上所载件数、唛头、数量、船名等应和发票相一致。货物描述可用总称,但不得与发票货名相抵触。

C. 商业发票

a. 发票应由信用证受益人出具,无需签字,除非信用证另有规定。

b. 商品的名称、数量、单价、包装、价格条件、合同号码等描述,必须与信用证严格一致。

c. 发票抬头应为开证申请人。

d. 必须记载出票条款、合同号码和发票日期。

D. 保险单

a. 保险单正本份数应符合信用证要求,全套正本应提交开证行。

b. 投保金额、险别应符合信用证规定。

c. 保险单上所列船名、航线、港口、起运日期应与提单一致。

d. 应列明货物名称、数量、唛头等,并应与发票、提单及其他货运单据一致。

E. 产地证

a. 应由信用证指定机构签署。

b. 货物名称、品质、数量及价格等有关商品的记载应与发票一致。

c. 签发日期不迟于装船日期。

F. 检验证书

a. 应由信用证指定机构签发。

b. 检验项目及内容应符合信用证的要求，检验结果如有瑕疵者，可拒绝受理。

c. 检验日期不得迟于装运日期，但也不得距装运日期过早。

25.3.2 付款或拒付

信用证受益人在发运货物后，将全套单据经议付行寄交开证行（或保兑行）。

如开证行经审单后认为单证一致、单单一致，即应予以即期付款或承兑或于信用证规定的到期日付款，开证行付款后无追索权。

如开证行审单后发现单证不符或单单不符，应于收到单据次日起5个工作日内，以电讯方式通知寄单银行，说明单据的所有不符点，并说明是否保留单据以待交单人处理或退还交单人。

对于单证不符的处理，按《UCP 600》规定，银行有权拒付。在实际业务中，银行需将不符点征求开证申请人的意见，以确定拒绝或仍可接受。作为开证申请人的进口方，对此应持慎重态度。因为银行一经付款，即无追索权。

开证行向外付款的同时，即通知进口企业付款赎单。进口企业付款赎单前，同样需审核单据，若发现单证不一，有权拒绝赎单。

对于远期信用证或因航程较短货物先于单据到达，进口方可以下列两种方式先行提货。

a. 信托收据。在进口企业尚未清偿信用证项下汇票时（往往指远期汇票），可向银行开出信托收据，银行凭其将货运单据"借给"进口商，以利其及时提货，然后在汇票到期日偿还货款。

b. 担保提货。进口货物先于提单到达目的地，进口企业可请求银行出具保函，向运输公司申请不凭提单提取货物，如果承运人因此而蒙受损失，由银行承担赔偿责任。

25.4 接货和报关

25.4.1 接货

接货包括监卸和报验。

进口企业通常委托货运代理公司办理接货业务。可以在合同和信用证中指定接货代理,此时出口商在填写提单时,在被通知人栏内应填上被指定的货运代理公司的名称和地址。

船只抵港后,船方按提单上的地址,将"准备卸货通知"(notice of readiness to discharge)寄交接货代理。接货代理应负责现场监卸。

如果未在合同或信用证中明示接货代理,则也可由进口方在收到船方通知径直寄来的"准备卸货通知"后,自行监卸。但大多情况下,仍可委托货运代理公司作为收货人的代表,现场监卸。

监卸时如发现货损货差,应会同船方和港务当局,填制货损货差报告。

卸货后,货物可以在港口申请报验,也可在用货单位所在地报验。但下列情况之一的,应在卸货港口向商检机构报验:(1)属于法定检验的货物;(2)合同规定应在卸货港检验;(3)发现货损货差情况。

《联合国国际货物销售合同公约》规定,卖方交货后,在买方有一个合理的机会对货物加以检验以前,不能认为买方已接受了货物。如果买方经检验,发现卖方所交货物与合同不符,买方有权要求损害赔偿直至拒收货物。因此,买方收到货物后,应在合同规定的索赔期限内对货物进行检验。

25.4.2 报关

进口企业可自行报关,也可委托货运代理公司或报关行代理报关。

我国《海关法》规定,进口货物收货人应当自载运该货物的运输工具申报进境之日起14日内向海关办理进口申报手续,超过14日期限未向海关申报的从第15日起按日征收CIF价格5‰的滞报金。

进口报关需填写"进口货物报关单",并随同交验下列单据:(1)进口许可证和国家规定的其他批准文件;(2)提单或运单(结关后由海关加盖放行章发还);(3)发票;(4)装箱单;(5)减、免税或免验的证明;(6)报验单或检验证书;(7)产地证。以及其他海关认为有必要提供的文件。

海关接受申报后,对进口货物实施查验。核对实际进口货物是否与报关单证所列相一致。查验一般在海关监管区域内的仓库、场所进行。对散装货物、大宗货物和危险品等,结合装卸环节,可在船边等现场查验。对于在海关规定到期查验有困难的,经报关人申请,海关可派员到监管区域以外的地点查验放行。

进口货物接受查验,缴纳关税后,由海关在货运单据上签章放行,即为结关。收货人或其代理可持海关签章的货运单据提取货物。

25.4.3 担保放行和保税货物

A. 担保放行

进口公司如果因各种原因不能在报关时交验有关单证,可以向海关提交保证金或保证函,申请海关先放行货物,后补办手续。海关经审查同意后,在货运单据上签章放行,收货人提货后可以投入生产和使用,但必须及时补办报关纳税手续。在此之前,不得出售、转让或移作他用。

B. 保税货物

保税货物系指经海关批准未办理纳税手续进境,在境内储存、加工、装配后复运出境的货物。

返销产品的中小型补偿贸易、来料来件加工装配业务以及部分进料加工贸易其进口料、件和设备属海关保税货物。料、件自进口加工之日起至加工成品出口之日止,有关设备自进口之日起至全部偿还并按海关规定期限解除监管止,均应接受海关监管。

25.5 索赔

在进口业务中,有时会发生卖方不按时交货,或所交货物的品质、数量、包装与合同规定不符的情况,也可能由于装运保管不当或自然灾害、意外事故等致使货物损坏或短缺。进口方可因此而向有关责任方提出索赔。

25.5.1 索赔对象

a. 向卖方索赔。凡属下列情况可向卖方索赔:货物品质规格不符合合同规定;原装数量不足;包装不符合合同规定或因包装不良致使货物受损;未按期交货或拒不交货。

b. 向承运人索赔。凡属下列情况可向承运人索赔:货物数量少于运单所载数量;提单为清洁提单,由于承运人保管不当而造成货物短损。

c. 向保险公司索赔。属于投保险别的承保范围内的损失。

25.5.2 索赔注意事项

a. 索赔依据。索赔时应提交索赔清单和有关货运单据[如发票、提单(副本)、装箱单]。在向卖方索赔时,应提交商检机构出具的检验证书;向承运人索赔时,应提交理货报告和货损货差证明;向保险公司索赔时,除上述各项证明外,还应附加由保险公司出具的检验报告。

b. 索赔金额。向卖方索赔金额,应按买方所受实际损失计算。包括货物损失和由此而支出的各项费用(如检验费、仓租、利息等);向承运人和保险公司索赔,均按有关章程办理。

c. 索赔期限。向卖方索赔应在合同规定的索赔期限之内提出,如商检工作确有困难可能需要较长时间的,可在合同规定的索赔有效期内向对方要求延长索赔期限,或在合同规定索赔有效期内向对方提出保留索赔权。如合同未规定索赔期限,按《公约》规定,买方行使索赔期限自其收到货物之日起不超过两年;向船公司索赔期限为货物到达目的港交货后1年之内;向保险公司提出海运货损索赔的期限,则为被保险货物在卸载港全部卸离海轮后两年。

d. 买方责任。买方在向有关责任方提出索赔时,应采取适当措施保持货物原状并妥为保管。按国际惯例,如买方不能按实际收到货物的原状归还货物,就丧失宣告合同无效或要求卖方交付替代货物的权利;按保险公司规定,被保险人必须按保险公司的要求,采取措施避免损失进一步扩大,否则不予理赔。

重 要 名 词

装船前检验 担保放行 保税货物

思 考 题

1. 申请开立信用证时,应注意哪些事项?
2. 对于货到单不到的情况,进口方可采取何种方式先行提货?
3. 买方索赔时,应注意哪些事项?

26

贸易方式

26.1 租赁贸易和补偿贸易

租赁贸易和补偿贸易都是在信贷基础上发展起来的贸易方式。对进口方来说,是利用外资引进设备,实现固定资产投资的一种方式。对出口方来说,是以信贷方式开拓国际市场,出口资本货物的重要手段。

26.1.1 租赁贸易

租赁贸易是当代经济交易中最为活跃的一种贸易方式。发达国家的固定资产投资,有1/3以上是通过租赁贸易方式实现的,无论在国内或国际贸易中,租赁市场是一个对供需双方均有十分吸引力的市场。

A. 基本概念

租赁贸易是指企业之间较长期的动产租赁。

租赁对象主要是资本货物,包括机电设备、运输设备、建筑机械、医疗器械、飞机船舶,直至各种大型成套设备和设施等。

出租人一般为准金融机构,即附属于银行或信托投资公司的租赁公司,也有专业租赁公司或生产制造商兼营自己产品的租赁业务。

承租人通常为生产或服务企业。

租赁贸易是在信贷基础上进行的。出租人向承租人提供所需设备,承租人则按租赁合同向出租人定期支付租金。设备的所有权属于出租人,承租人取得的是使用权。租赁期一般较长,是一种以融物的形式实现中长期资金融通的贸易方式。

租赁贸易往往是三边贸易,即有三个当事人:出租人、承租人和供货商。承租人选定所需设备和供应商后,由租赁公司洽谈购买,一般程序如图26-1所示。

在租赁贸易中,除非承租人自身有足够好的信誉,经租赁公司评估后,在一定

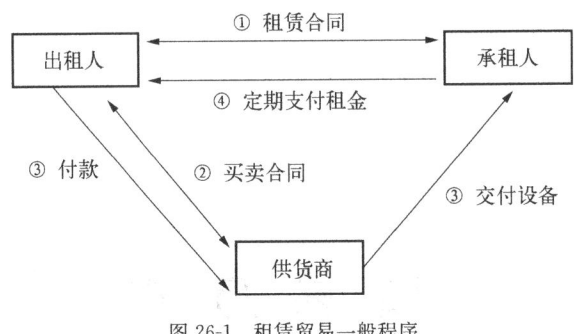

图 26-1 租赁贸易一般程序

额度内实现租赁。通常租赁公司要求承租人提供经济担保人,比如,银行、投资信托公司、保险公司等出具的保函。

B. 租赁贸易的作用

租赁贸易实质上是出租人向承租人提供信贷的一种交易方式。

从利用外资、引进设备的角度看,它与一般的中长期信贷和延期付款有相似之处,但对供需双方来说,有其特有的优越性:

a. 对承租人而言。

(1) 企业利用中长期信贷或延期付款方式购入设备,将记录在企业的资产负债表内。而租赁的设备,则不作为企业的负债记录,不影响企业的举债能力。

即使企业能以自有资金购入设备,若改用租赁方式,则可增强流动资金的周转能力,改善企业的资产质量。

(2) 承租人支付的租金可列入生产或经营成本,从而降低了企业应税收入的数额。

(3) 承租人可按自身需要选择生产厂商和所需设备,确定技术指标。而租赁公司作为市场中的大买家,往往拥有优越的谈判地位,能以相对优惠的价格购进设备,从而降低承租人支付的租金。

(4) 以租赁方式引进设备,承租人只需和租赁公司达成协议,而落实资金和采购设备均由租赁公司负责,故而业务环节减少,设备到位所需时间较短。

(5) 承租人可以分享租赁公司所享受的减免税优惠以及所具有的资金运作优势,从而降低租金支出。

(6) 承租人所支付的租金,包括设备价款、利息和租赁手续费。租金在租赁期内一般固定不变,而中长期贷款的利率往往是浮动的,有上升的趋势。

(7) 国际市场是买方市场。承租人作为用户,具有一定的优势,充分利用这一优势,在一定条件下,比起直接获得国外出口信贷,更具现实性和更为经济,比起外商直接投资,在收益分配和经营控制上更有利于设备引进方。

b. 对出租人而言。

(1) 出租人购买设备进行租赁业务,作为设备所有人,可享受投资减税待遇,以及折旧或按政策加速折旧的优惠。

(2) 金融租赁公司作为出租人,租赁贸易也是一种金融业务。由此扩大了资金投放市场。由于拥有设备所有权和应收租金的承诺,贷款风险较小。

(3) 专业租赁公司作为出租人,一般只需支付所购设备款项的20%～40%,其余部分则以设备所有权和租金受让权作为抵押,由银行等金融机构提供贷款。但出租人仍享有全部减税利益。

(4) 一些大型制造公司往往附设租赁公司,通过以租代销,扩大出口业务。特别对于一些售价高,相对陈旧老化的设备,租赁是一种行之有效的促销方式。

C. 租赁贸易的种类

a. 融资租赁(financial lease)。融资租赁的标的物主要是设备。租赁公司出资购买用户选定的设备,出租给用户。租赁期较长,接近设备的使用期。租赁期内由用户自行维修保养,租赁期满,设备归用户所有,或者由用户支付残值后拥有设备。

在整个设备使用期内只租给一个用户,租赁公司按设备成本利息加上费用,分摊成租金向承租人收取,故而又称为"完全支付租赁"或"一次性租赁"。这是最基本的租赁形式。

b. 经营租赁(operating lease)。这种形式的租赁期限较短,在设备使用的有效期内,不仅仅租给一个用户,每个用户所缴付的租金只相当于设备投资的一部分,故又称为"不完全支付"租赁。在租赁期内,由出租人提供设备维修保养服务,以期保持设备的良好状态供再次出租。对承租人来说,这种租赁方式和提供的服务,使他获得了始终保持正常运转的高新技术设备,但租金也比较高。

经营租赁的标的物是通用设备。当承租人只需短期使用某种通用设备时,往往采用这种租赁方式。

经营租赁的出租人通常是生产制造商兼营的租赁公司或者专业租赁公司。

c. 转租租赁。我国在以租赁方式引进国外设备时,往往由我国的租赁公司作为承租人向国外租赁公司租用设备,然后再将该设备转租给国内用户。经营转租业务的租赁公司,一方面为用户企业提供了信用担保,即以自己的名义承担了支付租金的责任。另一方面又为用户承办涉外租赁合同的洽谈和签订,以及各项进口手续和费用。

我国租赁公司除办理转租赁外,也作为中介机构为国内用户企业介绍国外租赁公司,由用户企业与国外公司直接签约。我国租赁公司开立保函,为国内承租人定期支付租金作保。

d．回租租赁。承租人向出租人租赁原来属于自己的设施。一般做法是先由承租人和出租人签订租赁协议，然后再签订买卖合同，由出租人购进标的物，将其租给承租人，即原物主。这种租赁方式主要用于不动产，由于承租人缺少资金而出售不动产以筹措所需资金。

回租租赁均为融资租赁。标的物的售价将分摊在各期租金中。故在回租租赁业务中，标的物的售价往往并不反映真正的市场价，而更多取决于承租人所需资金的数额。当然也不可能超过其真正的市场价。

D．租金和租期

构成租金的主要项目包括：租赁标的物的购置成本、租赁期间的利息和费用、经营开支、税收和利润。一般可按下列公式计算：

$$租金 = \frac{\left(\begin{array}{c}标的物\\购置成本\end{array} - \begin{array}{c}估计\\残值\end{array}\right) + 利息 + 税收 + 费用 + 利润 + \begin{array}{c}经营\\开支\end{array}}{租期}$$

其中利息是最关键的一个项目。它和租期有关。租期愈长，相应的利率就愈高。也和租赁公司的资金来源以及所享受的减免税优惠有关。

融资租赁是一次性租赁，故租期最长可与设备使用的有效期一致。但如果承租人有足够的支付能力，在不造成企业负担过重的情况下，缩短租期，有利于减少利息负担。

E．国际租赁贸易的一般做法

以融资租赁为例，说明国际租赁贸易的一般做法。

a．委托租赁。用户企业将已选定的租赁物品向租赁公司提示，并填写租赁委托书。租赁委托书中应包括企业资产负债状况及经营指标。如有必要，应表明可以提供的担保。

b．洽购标的物。由用户企业或租赁公司或双方联合，与租赁标的物的制造厂或供应商磋商购买标的物的贸易条件。

c．签订租赁合同。当购买标的物的贸易条件已商定，租赁公司即出具租赁费估价单。双方然后就租期、租金、租赁标的物的交接验收、维修保养以及保险等条件达成一致，并签署租赁合同。

d．签订购货合同。租赁公司与制造商就事先谈妥的贸易条件，正式签订购货合同。

e．交货验收。制造商按合同规定直接向用户企业交货。我国企业以租赁方式引进设备，其手续等同于一般进口贸易。用户企业验收合格，以承租人身份向租赁公司出具验收收据。

26 贸易方式

f. 支付租金和履行合同义务。承租人应按合同规定定期支付租金,并履行合同中规定的其他义务。租赁公司亦应按合同规定,承担保险和维修责任。在融资租赁中,一般由用户自行维修。

g. 期满留购。融资租赁期满后,通常标的物所有权即归承租人所有。租赁合同也可规定由用户支付一定数额的设备残值后,才拥有所有权。

26.1.2 补偿贸易

A. 基本概念

补偿贸易(compensation trade)又称产品返销,是指交易的一方在对方提供信用的基础上,进口设备技术,然后以该设备技术所生产的产品,分期抵付进口设备技术的价款及利息。

早期的补偿贸易主要用于兴建大型工业企业。如当时前苏联从日本引进价值8.6亿美元的采矿设备,以1亿吨煤偿还;波兰从美国进口价值4亿美元的化工设备和技术,以相关工业产品返销抵偿。

后期的补偿贸易趋向多样化。不但有大型成套设备,也有中小型项目。20世纪80年代,波兰向西方出口的电子和机械产品中,属于补偿贸易返销的占40%~50%。

我国在20世纪80年代,曾广泛采用补偿贸易方式引进国外先进技术设备,但规模不大,多为小型项目。近年来外商以设备技术作为直接投资进入我国,故补偿贸易更趋减少。但是,随着我国市场经济的发展,补偿贸易在利用外资,促进销售方面的优越性不容忽视。

B. 补偿贸易的作用

a. 补偿贸易对设备技术进口方的作用。

(1)企业通过补偿贸易引进设备技术,可解决其缺少资金进行设备更新和技术改造的难题,从而使产品得以升级换代,增强市场竞争能力(包括国际市场和国内市场)。

(2)设备技术进口方将产品返销,在抵偿设备技术价款的同时,也利用了设备出口方在国外的销售渠道,使产品进入国外市场。以进口设备技术来带动产品的出口,称之为"以进带出"的方法,是当代中小型补偿贸易的一大特点。

(3)以补偿贸易方式引进的设备技术,往往并不十分先进,甚至是二手设备。但如果产品能够返销且市场前景良好,设备价格合理,则对发展中国家增加产品出口,扩大国内就业机会,提高地区经济发展水平仍是有利的。

b. 补偿贸易对技术出口方的作用。

(1)出口方在提供信贷的基础上,扩大设备和技术的出口。

(2)出口方出于转移产业的需要,通过补偿贸易方式将产业转移至发展中国家,既获得了转让设备和技术的价款,又从返销商品的销售中获取利润,可谓是一举两得。

C. 现代补偿贸易的特点

a. 跨国公司经营多元化有利于开展补偿贸易扩大设备技术出口。补偿贸易是一种易货贸易,以设备技术和相关产品相交换,供方既承担供应所需的设备技术,又承担销售作为抵偿的相关产品。如果是单一的设备制造商,就难以接受这种易货方式。随着跨国公司多种经营的迅速发展,生产企业前向经济一体化已日臻完善。在国内外有广泛的销售代理或建立了自己的销售公司,使生产企业有能力销售相关的返销产品,从而把补偿贸易作为一种扩大销售资本货物的手段,并以此获取双重的利润。

b. 世界分工进一步发展,产业转移向纵深展开是补偿贸易的又一促进因素。一些发展中国家的经济,近年来有了长足的进步,良好的投资环境使发达国家将部分技术和资本密集型产业向发展中国家转移。尽管其中大部分产业转移是为了占领国外市场,但也有相当一部分产品是返销的,或者是用来装配整机的零部件。以产业转移为目的,设备技术出口方主要是从返销产品中牟取利润,而不是主要从出口设备技术中牟利。而设备技术进口方则通过信贷方式,引进较为先进的设备技术,建立生产基地,同时又出口了产品,这构成了可能达成补偿贸易的又一基础。

c. 设备技术的先进性是补偿贸易双方的主要矛盾。为了加强对先进技术和设备的控制,发达国家的有关企业在产业转移中,面对市场的激烈竞争,采取了不同的方式。常见的是直接投资,只是利用东道国的土地、劳动力以及原料、动力资源,而把生产技术和设备的所有权、使用权都控制在自己手中。但由于补偿贸易对设备技术出口方有着双重利润的吸引力,使得进口方也有了争取引进先进设备技术的能力。双方达成交易的关键是:(1) 技术设备出口方之间的竞争态势;(2) 返销产品(或零部件)的市场前景;(3) 设备技术进口方的配套能力;(4) 偿付条件。

D. 补偿贸易的业务要点

以下三个方面,是补偿贸易业务必须重点明确的内容。

a. 引进设备技术的先进性、适用型及其保障措施。对引进的设备技术,必须就其质量保证和技术合作方式作出明确规定,技术上至少应该是领先于国内水平,并在国际上也较为先进的。设备供应方并应对涉及工业产权的问题作出保证。

b. 返销产品抵偿设备技术价款的规定。回购是设备出口方的基本义务。我国在补偿贸易中,通常用直接产品补偿。但在具体交易中,有不同做法:(1) 全额补偿。全部设备技术价款由等额的返销产品抵偿。(2) 部分补偿。由设备进口方支付部分现汇,其余大部分价款通过返销产品补偿。(3) 超额补偿。要求设备出口方承诺回购超过补偿金额的返销商品。(4)以相关劳务补偿。这是一种和来料加工相结合的补偿贸易,即引进设备技术后,接受对方的来料来件加工业务,以工缴费抵偿设备技术价款。

c. 偿还期限和结算方式。偿还期限和返销商品的数量和价格直接相关。必须对返销商品的作价原则、定价标准和方法作出规定,并应通过约定返销商品的数量或金额,安排偿还期限。

补偿贸易虽然是以产品抵偿设备,但并非直接的易货贸易,双方仍要通过货币进行计价支付。设备进口方必须掌握先收后付的原则,选择适当的结算方式。通常采用的方式有:对开信用证、托收、汇付(结合银行保函)等。

E. 结语

采用补偿贸易方式,引进先进的技术设备,同时"以进带出",利用设备供方的销售能力,进入国外市场,是利用外资的一种有效途径。当前国际经济合作发展迅速,产业转移的范围已突破了劳动密集型产业,而延伸至技术密集型和资本密集型产业。我国企业如能抓住这一契机,充分利用自身的优势,使得补偿贸易方式在利益分配、市场控制和自主经营上独特的优势为我所用。

26.2 包销、代理和寄售

包销、代理和寄售,都是出口商与进口地商人建立较长期的合作关系,利用进口地商人的销售渠道,向用户企业销售商品的贸易方式。

26.2.1 包销

A. 基本概念

包销(exclusive sales)是指出口人与国外经销商达成协议,在一定时间内,把指定商品在指定地区的独家经营权授予该经销商。经销商则承诺不经营其他来源的同类或可替代的商品。

通过包销协议,双方建立起一种稳定的长期的买卖关系,而具体的每一笔交易,则以包销协议为基础。另行订立买卖合同。

包销的一般做法如图 26-2 所示。

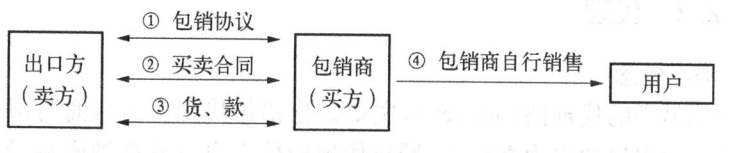

图 26-2 包销流程

B. 包销协议

包销协议本身不是买卖合同，它规定了双方的权利和义务，以及一般交易条件，其主要内容如下：

a. 双方的基本关系。明确出口方与包销商之间的关系是买卖关系。包销商应自筹资金买断商品，并自负盈亏进行销售。

b. 包销的商品、地区和期限。协议是应规定包销商品的种类或型号，并对包销商享有经营权的地理范围作出规定，按出口商的营销意图和包销商的销售能力和所承诺的销售数量，由双方商定。包销期限即为包销协议的有效期限。通常规定为一年至两年，也有不规定期限，只规定中止条款或续约条款。

c. 专营权。专营权包括专卖权和专买权。前者指出口方承诺在协议有效期内不向包销地区内的其他客户出售包销商品。后者指包销商承诺只向协议出口方购买该项商品，不得向第三者购买同类商品或有竞争性的替代商品。

其中专卖权是包销协议必不可少的内容，是区别于一般经销协议的主要条件。

d. 包销商品的最低数量或金额。在协议规定期限内，包销商必须向出口人承购的最低限额。也有的包销协议对此不作规定。

e. 包销商品的价格和一般贸易条件。包销商品的价格可以一次性规定，也可以在订立买卖合同时按市场行情商定。一般贸易条件是指适合于协议期间每一笔交易的条件，如支付方式、检验索赔、保险，以及不可抗力等贸易条件，可在包销协议中予以规定，以简化日后买卖合同的内容。

f. 广告宣传和费用负担。

C. 包销方式的应用

对出口商来说，采用包销方式的主要目的是利用包销商的资金和销售能力，在特定的区域建立一个稳定发展的市场。对包销商来说，由于取得了专卖权，因而在指定商品的销售中处于有利的地位，避免了多头竞争而导致降价减盈的局面。故其有较高的经营积极性，能在广告促销售和售后服务中作较多的投入。

由于包销是包销商买断商品后再自行销售，所以包销商需要有一定的资金投入和承担销售风险。若包销商资金不足或缺少销售能力，则有可能形成"包而不销"。因此，对出口商来说，选择一个合适的包销商是成功地采用包销方式的关键之所在。

26.2.2 代理

A. 基本概念

国际贸易中的代理商（agency），主要是指销售代理。出口商与国外的代理商达成协议。由出口商作为委托人，授权代理商代表出口商推销商品、签订合同，由此而产生的权利和义务直接对委托人发生效力。

代理商在委托人授权的范围内行事,不承担销售风险和费用,不必垫付资金,通常按达成交易的数额提取约定比例的佣金,而不管交易的盈亏。

代理的一般做法如图 26-3 所示。

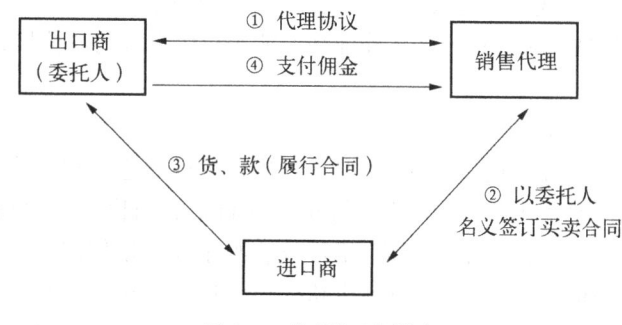

图 26-3　代理的一般做法

B. 代理的种类

根据委托人授予代理人权限的不同,销售代理可分为下列几种:

a. 总代理(general agent)。总代理是委托人的全权代表。在指定地区内,代表委托人从事销售活动和其他范围广泛的商务活动。

b. 独家代理(exclusive agent or sole agent)。在代理协议规定的时间、地区内,对指定商品享有专营权的代理人。即委托人不得在以上范围内自行或通过其他代理人进行销售。

c. 一般代理(agent)。一般代理指不享有独家代理专营权的代理商,委托人可同时委托若干个代理人在同一地区推销相同商品。

C. 独家代理协议

规定有专营权的代理协议,即为独家代理协议。其主要内容如下:

a. 双方的基本关系。出口方与代理商之间的关系是委托代理关系。代理人应在委托人授权范围内行事,并应对委托人诚信忠实。委托人对代理人在上述范围内的代理行为,承担民事责任。

b. 代理的商品、地区和期限。委托人对代理人的授权中,应明确说明代理销售商品的类别和型号,独家代理则必须明确其业务的地理范围,并约定代理协议有效期限,或者规定中止条款。

c. 专营权。在上述范围内,委托人承诺所指定的独家代理为唯一同买主进行交易的中间商,若委托人与买主直接发生交易,仍应按交易金额向独家代理支付佣金。

是否授予专营权是独家代理与一般代理的主要区别。

d. 佣金条款。代理协议中必须规定佣金率、支付佣金的时间和方法。佣金率可与成交金额或数量相联系。

e. 最低成交额。独家代理通常承诺最低成交数量或金额。若未能达到该数额，委托人有权中止协议或按协议规定调整佣金率。

f. 商情报告。代理人有义务向委托人定期或不定期提供商情报告，以使委托人了解当地的市场情况和代理人的工作业绩。能否提供合理的商情报告是考核代理人的重要依据。

D. 代理的使用

出口商委托代理人销售商品，主要是利用代理商熟悉销售地市场，有广泛的销售渠道。特别需要指出的是，代理人的商誉对商品的销售乃至出口企业的形象有举足轻重的作用。选择一个代理商，不仅仅着眼于他的销售能力，也应重视代理商已有的商誉。当前国际市场上，有不少跨国公司进入了销售代理的领域，如何借助跨国公司的良好信誉去开拓市场，对我国企业来说，是一个值得研究的课题。

26.2.3 寄售

A. 基本概念

寄售（consignment）是出口商委托国外代销商向用户进行现货买卖的一种交易方式。

出口商作为寄售人，将准备销售的货物先行运往国外，委托当地的销售商按照寄售协议规定的条件在当地市场上销售。商品售出后，代销商扣除佣金和其他费用后，将货款交付给寄售人。

采用寄售方式，出口商应在寄售地区选定代销人，签订寄售协议，然后将货物运往寄售地点由代销人现货销售。

寄售的一般做法如图 26-4 所示。

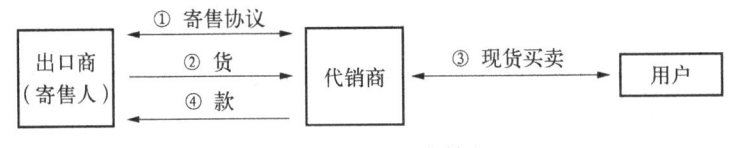

图 26-4 寄售的一般做法

B. 寄售的特点和作用

a. 寄售是一种先发运后销售的现货买卖方式。一般逐笔成交的国际贸易，往往买主对出口方的产品有所了解，批量成交，远期交货。而以寄售方式销售，可以让商品在市场上与用户直接见面，按需要的数量随意购买，而且是现货现买，能抓住销售时机。所以对于开拓新市场，特别是消费品市场，是一种行之有效的方式。

b．出口商承担一定的风险和费用。其一，货未售出之前发运，售后才能收回货款，资金负担较重。其二，货物需在寄售地区安排存仓、提货，代销人不承担费用和风险。其三，万一代销人不守协议，比如，不能妥善代管货物，或是出售后不及时汇回货款，都将给出口商带来损失。其四，如果货物滞销，需要运回或转运其他口岸，出口商将遭受损失。

　　C．寄售协议

　　寄售协议规定了有关寄售的条件和具体做法，其主要内容如下：

　　a．双方的基本关系。寄售人和代销人之间的关系，是一种委托代理关系。货物在出售前所有权仍属寄售人。代销人应按协议规定，以代理人身份出售商品，收取货款，处理争议等，其中的风险和费用由寄售人承担。

　　b．寄售商品的价格。寄售商品价格有三种规定方式：其一，规定最低售价；其二，由代销人按市场行情自行定价；其三，由代销人向寄售人报价，征得寄售人同意后确定价格，这种做法较为普遍使用。

　　c．佣金条款。规定佣金的比率，有时还可增加佣金比率增减额的计算方法。通常佣金由代销人在货款中自行扣除。

　　d．代销人的义务。包括保管货物，代办进口报关、存仓、保险等手续，并及时向寄售人通报商情。

　　代销人应按协议规定的方式和时间将货款交付寄售人。有的寄售协议中还规定代销人应向寄售人出具银行保函或备用银行证，保证承担寄售协议规定的义务。

　　e．寄售人的义务。寄售人按协议规定时间出运货物，并偿付代销人所垫付的代办费用。

　　D．寄售方式的应用

　　a．着眼于开拓新市场。既销售商品，又树立企业形象，建立客户关系。故而所选商品应优质适销。

　　b．选择合适的寄售地点。寄售地点应选择交通便捷的贸易中心或自由港、自由贸易区，以方便货物进出转运，降低费用。

　　c．选择合适的代销人。代销人应在当地有良好的商誉，有相关商品的营销经验和推销能力。并有能力代办报关、存仓等业务。

　　d．重视安全收汇。应在寄售协议中作出相应规定。比如要求代销人开立银行保函，或以承兑交单方式发货。

26.3　招标投标和拍卖

　　招标投标和拍卖是国际和国内贸易中两种常见的方式。买卖双方并不直接进行交易磋商。招标投标是卖主之间的竞争,拍卖是买主之间的竞争。标的公开,竞争公平,成交迅速,是这两种方式的特点。

26.3.1 招标和投标

A. 基本概念

招标和投标(invitation to tender & submission of tender)是一种贸易方式的两个方面。这种贸易方式既适用于采购物资设备,也适用于发包工程项目。

招标是由招标人(采购方或工程业主)发出招标通告,说明需要采购的商品或发包工程项目的具体内容,邀请投标人(卖方或工程承包商)在规定的时间和地点投标,并与所提条件对招标人最为有利的投标人订约的一种行为。

投标是投标人(卖方或工程承包商)应招标人的邀请,根据招标人规定的条件,在规定的时间和地点向招标人递盘以争取成交的行为。

由于招标和投标方式的公平竞争的特点,使得许多大中型工程项目和物资采购,特别是国际间的政府贷款项目和国际金融组织的贷款项目,都规定采用国际竞争性招标(ICB)的方式进行采购或发包,以保证贷款得到有效和合法的利用。

本节介绍国际竞争性招标的一般做法。

B. 招标和投标的一般程序

a. 刊发招标通告。国际公开招标通常均在权威性的报刊或有关专业刊物上公布招标通告,比如我国对外发行的《人民日报》,世界银行出版的援助项目的招标月刊等。

b. 资格预审。投标人应填写招标人编制的"资格预审表",包括投标人的经营规模、人员设施概况、工程记录等,并提供有关证明文件和资料。由招标人确认其是否具有投标能力。

资格预审是保证招标工作顺利进行的关键步骤。

c. 编制招标文件(bidding documents)。招标伊始,招标人即组织有关人员制订招标书,说明采购商品或发包工程的技术条件和贸易条件。

招标书编就后,招标人可寄送有资格的投标人,或通知其自行索取或购买。

d. 投标的准备工作。投标人取得标书后,应严格按照招标条件对商品或工程所要求的质量、技术标准、交货期限、工程量和进度安排等进行核算,并结合自身的条件和市场竞争态势,估计能否完全满足招标要求和能否提出有竞争性的报价。

e. 编制投标书和落实担保。投标书是投标人对招标人的一项不可撤销的发盘。其主要内容包括对招标条件的确认、商品或各个项目的有关指标和工程进度、技术说明和图纸、投标人应承担的责任,以及总价和单价分析表。

招标人为防止投标人中标后拒不签约,通常要求投标人提交投标保证金,一般为总价的 3%～10%,也可以银行保函或备用信用证代替现金作保。故投标人应在投标前落实担保人。

f. 递送投标文件。投标文件包括投标书、投标保函或备用信用证、关于投标书中单项说明的附件,以及其他必要文件。

投标文件应密封后在规定的时间内送达指定地点,可以专人递交,也可以挂号邮寄。

g. 开标。招标人在预先公布的时间和地点,当众开启密封的投标文件,宣读内容,允许在场的投标人做记录或录音。开标后,投标人不得更改投标内容。

开标是对外公开标书内容,以保证招标工作公正进行的一种形式,并不当场确定中标人。

h. 评标和决标。除价格条件外,技术质量、工程进度或交货期,以及所提供的服务等各方面的条件都将影响投标的优劣。招标人必须对投标进行审核、比较,然后择优确定中标人选。其主要工作如下:

(1) 审查投标文件。其内容是否符合招标文件的要求,计算是否正确,技术是否可行等。

(2) 比较投标人的交易条件,可逐项打分或集体评议或投票表决,以确定中标人选。初步确定的中标人选,可以是一个或若干个替补人选。

(3) 对中标人选进行资格复审。如果第一中标人经复审合格,即成为该次招标的中标人。否则依次复审替补中标人选。

凡出现下列情况之一者,招标人可宣布招标失败,重新组织第二轮招标:参加投标人太少,缺乏竞争性;所有投标书和招标要求不符;投标价格均明显超过国际市场平均价格。

i. 中标签约。确定中标人后,招标人以书面通知中标人在规定的期限内到招标人所在地签订合同,并缴纳履约保证金或以银行保函作履约担保。

26.3.2 拍卖

拍卖(auction)是一种通过众多买主的竞价,实现现货交易的方式。国际贸易中采用拍卖方式进行交易的商品,是一些品质难以标准化或难以久存,或传统上有拍卖习惯的商品,如裘皮、木材、茶叶、水果、花卉、羊毛以及艺术品等。

A. 基本概念

拍卖是专门经营拍卖业务的拍卖行接受货主的委托,在规定的时间和地点,按照一定的章程和规则,将货物公开展示,由买主出价竞购,把货物卖给出价最高的买主。

B. 拍卖的竞价方式

a. 增价拍卖。这是最常见的一种拍卖方式。拍卖时,由拍卖人宣布预定的最低价,然后竞买者相继出价竞购。拍卖行可规定每次加价的金额限度。至某一价格,经拍卖人三次提示而无人加价时,则为最高价,由拍卖人击槌表示成交。

按拍卖章程规定,在拍卖人落槌前,叫价人可以撤销出价;如果货主与拍卖人事先商定了最低限价,而竞买人的叫价低于该限价,拍卖人可终止拍卖。

b. 减价拍卖。又称荷兰式拍卖,源于世界上最大的荷兰花卉拍卖市场,由拍卖人先开出最高价格,然后渐次降低价格,直到有人表示接受,即达成交易。这种拍卖方式买主之间无反复竞价的过程,且买主一旦表示接受,不能再行撤销。

由于减价拍卖成交迅速,特别适合于数量大,批次多的鲜活商品。

c. 密封递价拍卖。又称招标式拍卖。由买主在规定的时间内将密封的报价单(也称标书)递交拍卖人,由拍卖人选择买主。这种拍卖方式,和上述两种方式相比较,有以下两个特点:一是除价格条件外,还可能有其他交易条件需要考虑;二是可以采取公开开标方式,也可以采取不公开开标方式。

拍卖大型设施或数量较大的库存物资或政府罚没物资时,可能采用这种方式。

C. 拍卖的一般程序

a. 准备阶段。货主与拍卖行达成拍卖协议,规定货物品种和数量、交货方式与时间、限定价格以及佣金等事项。

货主把货物运至拍卖地点,存放于拍卖人指定的仓库由拍卖人进行分类、分批编号。

拍卖人印发拍品目录,并刊登拍卖通告。

买主在正式拍卖前可至存放拍卖商品的仓库查看货物,必要时可抽取样品供分析测试。

b. 正式拍卖。在规定的时间和地点,按拍品目录规定的顺序,逐批拍卖。

以增价方式拍卖,买方出价相当于要约,拍卖人落槌相当于承诺。在落槌之前,买方有权撤销出价,卖方也有权撤回拍卖商品。

以减价方式拍卖,拍卖人报价相当于要约,而买方一旦表示接受,即为承诺,交易成立,双方均受约束。

c. 付款和交货。成交后,买方签署成交确认书,并支付部分货款作定金,待买方付清全部货款后,拍卖行开出提货单,买方凭单提货。

拍卖行从货款中提取一定比例的佣金,作为提供拍卖服务的报酬,并扣除按合同应由货主承担的费用后,将货款交付货主。

D. 拍卖的注意事项

a. 关于商品的品质。由于参加拍卖的商品往往难以用具体规格加以描述,且买主在拍卖前有权查验货物,拍卖行通常在拍卖章程中规定"卖方对品质概不负责",所以,拍卖后买方对商品没有复验权,也不存在索赔的问题。

对于某些货物可能存在隐蔽的缺陷,凭一般的查验手段难以发现,有的拍卖章程中也规定了买方的索赔期限。

b. 关于公开和公平的原则。拍卖和招标投标一样,是一种按公平竞争的原则,进行公开交易的贸易方式。为保证公开和公平的原则不被违反,拍卖行制定了拍卖章程。买卖双方都必须严格遵守。买方不得互相串通,以压低报价;卖方也不得由代理人出价竞买,以哄抬价格。这些均构成违规违法行为。

26.4 对外加工装配贸易

26.4.1 加工装配贸易的形式和特点

A. 基本概念

对外加工装配业务是一种委托加工的贸易方式。由国外委托方提供全部或部分原材料、辅料、零部件、元器件、配套件和包装物料,必要时提供设备,由承接方企业按委托方的要求进行加工装配,成品交委托方在国外销售,承接方收取工缴费。对于委托方提供的设备价款,可结合补偿贸易的做法,以劳务所得的工缴费抵偿。

B. 加工装配贸易的形式

a. 全部来料来件的加工装配。国外委托方提供全部原辅材料和元器件,由承接方企业加工后,将成品交国外委托方,料件和成品均不计价,承接方按合同收取工缴费。

b. 部分来料来件的加工装配。国外委托方要求加工装配的成品中,有部分料件需由承接方提供,故承接方除收取工缴费外,还应收取所提供的料件的价款。

c. 对口合同,各作各价。国外委托方和承接方签署两份对口合同。一份是委托方提供的原辅材料和元器件的销售合同,一份是承接方出口成品的合同。对于全部来料来件,两份合同的差价即为工缴费,对于部分来料来件,两份合同的差价,既包括工缴费,也包括国内承接方所提供的料件的价款。以对口合同方式进行的加工装配贸易,必须在合同中表明,承接方无需支付外汇。

C. 加工装配贸易和进料加工贸易的区别

这两种加工贸易的共同之处在于:原材料和元器件来自国外,加工后成品也销往国外市场。但两者有本质上的区别:

a. 进料加工贸易中,进口料件和出口成品是两笔独立的交易,进料加工的企业需自筹资金从国外购入料件,然后自行向国外市场销售,而装配加工贸易则进、出为一笔交易的两个方面,料件和成品的所有权均属委托方所有,承接方无须支付进口费用,也不承担销售风险。

b. 进料加工贸易中,企业所获得的是出口成品的利润,利润的大小取决于出口成品的市场行情。而加工装配贸易,承接方收取的是工缴费,工缴费的大小以劳动力的费用,即工资水平作为核算基础。两者相比,进料加工贸易的收益大于加工装配贸易,但风险也较大。

c. 进料加工贸易,企业有自主权,根据自身的技术、设备和生产能力,选择市场上所适销商品进料加工。而加工装配贸易,则由委托方控制生产的品种、数量和销售地区。

D. 加工装配业务的作用

加工装配业务,对于委托方来说,是利用承接方的劳务,降低产品成本,对于承接方来说,则是以商品为载体的一种劳务输出。

我国自20世纪70年代末至80年代初,把对外加工装配业务作为利用外资的一种形式,在政策上加以保护和支持,因而发展迅速。加工装配贸易额,在我国进出口总额中,已占有相当大的比重。应该说,这一贸易方式,在增加就业机会,繁荣地方经济和推动出口贸易方面,起了很大的作用。

目前承接对外加工装配贸易的企业有两种类型:一种是承接方为我国企业或合资企业,和委托方之间是单纯的委托加工关系,通过承接加工业务,企业得以利用国外资金,发挥生产潜力,扩大出口,增加收入,并能获得国际市场信息,加快产品升级换代,改善管理水平和改进工艺技术。另一种是国外委托方在国内直接投资设厂,然后以委托加工装配的方式充分利用我国的政策优惠和低廉的劳动力,获利丰厚,并一定程度上与我国原来的出口贸易争夺市场。尽管目前这种"前店后厂"的方式对发展我国经济利大于弊。但从长远来看,把这一利用外资方式,用政策导向技术密集型和资本密集型产业,并加强税务管理,是十分必要的。

26.4.2 加工装配合同的主要内容

对外加工装配业务是一种劳务贸易,有关合同的当事人是委托方和承接方。与一般货物买卖合同有许多不同之处,其主要内容如下。

A. 合同标的

买卖合同的标的是商品,而加工装配合同的标的是劳务,即为将原材料和元器件加工装配成指定的产品而付出的劳动以及一定的技术或工艺。

为了说明标的——所提供的劳务的性质,应具体规定加工装配业务的内容和要求。

B. 对来料来件的规定

料件是实现提供劳务的物质基础,合同中应规定料件的品质、数量,还必须规定委托方送交料件的时间、地点。为了明确责任,对委托方不能按质、按量、按时提供料件的情况,应在合同中规定处理方法。

C. 对交付成品的规定

委托方对成品的品质规格均作严格规定,对交货数量和交货期限,合同中也有明确规定。如承接方不能按合同规定交付成品,应承担相应的损害赔偿责任。

D. 关于耗料率和残次品率的规定

耗料率指单位产品消耗原材料或元器件的数额。残次品率指不合格产品在全部产品中所占比率。这两项指标,与产品成本直接相关,又受到加工方的技术水平和生产条件的限制,所以双方应协商规定一个合理的标准,超过规定的比率,应由加工方承担责任。

E. 关于工缴费的规定

加工装配业务本质上是一种劳务贸易,工缴费即体现了劳务的价值。工缴费的规定,应以国际劳务价格作为参照标准。对我国来说,则以东南亚地区的工资水平作为计算标准,参照加工企业所提供的劳务质量和生产效率,计收的工缴费应既有利可图,又有竞争力。

F. 运输和保险

在加工装配贸易过程中,料件和成品的所有权不转移,始终为委托方所有。因而,原则上运输和保险的责任由委托方承担。在具体业务中,对出口成品的运输和保险,以及料件进口和存仓的保险,均可由承接方代办,费用由委托方另行支付或者计入工缴费内。

G. 付款方式

委托方向承接方支付工缴费的方式有两种:

a. 料件和成品均不计价,由委托方通过信用证或汇付方式,向承接方支付工缴费。

b. 料件和成品分别计价,其差额即为工缴费,对此承接方应掌握"先收后付"的原则。具体的做法可以采用:(1)料件用 D/A,成品用 D/P 即期;(2)料件用 D/A,成品用即期信用证;(3)对开信用证方式,料件用远期信用证,成品用即期信用证。必须注意远期和即期的时间间隔应考虑加工全过程所需时间,以保证先收妥成品货款,再支付料件货款。

26.4.3 我国对加工装配贸易的管理

A. 合同报批

对外加工装配合同,须经对外经济贸易部、国务院有关部委或者省、自治区、直辖市的对外经贸部门、或由它们授权的机关审批。

报批时应填写"加工装配贸易申报表"一式四份,并附合同副本。

B. 海关登记备案

自合同批准之日起 1 个月内,向海关提交批准文件和合同副本,如有必要,应随附料、件和设备清单。

经审核后,由海关核发"对外加工装配进出口货物登记手册",其进出口货物凭"登记手册"办理报关手续。对没有办理"登记手册"的单位,其进出口货物,海关不予放行。

C. 进出口货物的监管

料件、设备和成品进出口时,有关单位或其代理人应填写进出口货物专用报关单一式四份和发票、装箱单等有关单证,以及"登记手册"向进出口地海关申报。海关接受申报后,经查验认可后放行。加工装配贸易进口的料件,属海关保税货物。自进口之日起至加工成成品出口之日止,应接受海关监管,有关单位必须将进口料件的使用和加工成品出口的情况列入海关认可的专门账册,海关有权随时检查。

D. 核销

加工装配合同执行完成之后,有关单位应于最后一批成品出口之日起 1 个月内,持"登记手册"和进出口货物报关单向海关办理核销手续。

对剩余的料件,根据不同情况予以征、免税。

若进口料、件或成品因种种原因转为内销,必须经原审批机关批准和海关核准,并按一般进口货物征收关税和进口增值税。

思 考 题

1. 为什么说租赁是一种重要的融资方式?
2. 现代补偿贸易有何特点?
3. 比较现代分销渠道中,经销、代理和寄售的特点。
4. 简述招标投标的一般业务程序。
5. 说明拍卖的不同竞价方式。
6. 说明对外加工装配合同的主要内容。

附件一　不可撤销信用证

TLX TO TOKYOBANKSHANGHAI
FROM FUJI BANK OSAKA(TELEX D54288)SEP.30.97
(TESTED USO78 000 ON SEP.30 97)
WE ISSUED IRREVOCABLE CREDIT NO. LC 0440/74288 DATE SEP.30.1997
APPLICANT
SAKU AND CO..LTD.8—26
WAKAENISHISHIN—MACI 8—CHOME
HIGASHIOEAKA,57 JAPAN
BENEFICIARY
LIVING I/E CO..LTD.
—129 ZHONGSHAN ROAD(W),SHANGHAI,200051
CHINA
AMOUNT US.DOLLAR 73 000.00
CREDIT AVAILABLE WITH ANY BANK BY NEGOTIATION
DRAFT AT SIGHT FOR 100.00 PERCENT INVOICE VALUE DRAWN ON THE FUJI BANK,LTD.NEW YORK BRANCH,NEW YORK,N.Y.,U.S.A.//
EXPIRY DATE NOV,15,1997 NEGOTIATING BANK'S COUNTER
LATEST SHIPMENT OCT.31.1997
PARTIAL SHIPMENT ALLOWED
TRANSSHIPMANT PROHIBITED
SHIPMENT FROM CHINESE FORT TO OSAKA OR KOBE
COVERING
PAINT BRUSHES
CIF OSAKA OR KOBE
REQUIRED DOCUMENTS AS FOLLOWS:
—SIGNED COMMERCIAL INVOICE IN 3 COPIES
—3/3 SET CLEAN ON BOARD MARINE B/L MADE OUT TO ORDER AND ENDORSED

IN BLANK MARKED FREIGHT PREPAID NOTIFY APPLICANT
— MARINE INSURANCE POLICY/CERTIFICATE IN DUPLICATE ENDORSED IN BLANK FOR 110 PERCENT OF THE INVOICE VALUE INCLUDING INSTITUTE CARGO CLAUSES(A) AND INSTITUTE WAR CLAUSES
— PACKING LIST IN 3 COPIES
ALL BANKING CHARGES INCLUDING BEIMBURSEMENT COMMISSION OUTSIDE JAPAN ARE FOR ACCONT OF BENEFICIARY //
DOCUMENTS TO BE PRESENTED WITHIN 15 DAYS AFTER THE DATE OF SHIPMENT BUT WITHIN THE VALIDITY OF THE CREDIT
SPECIAL INSTRUCTIONS:
T. T. REIMBURSEMENT IS NOT ACCEPTABLE
THIS CREDIT IS TRANSFERABLE WE AUTHORIZE ADVISING BANK AS A TRANSFERRING BANK
1) A DISCREPANCY FEE JPY4 000.—OR EQUIVALENT, TO BE ALWAYS PAYABLE BY BENEFICIARY, SHOULD BE DEDUCTED FROM THE AMOUNT CLAIMED FOR EACH PRESENTATION OF DISCREPANT DOCUMENTS //
2) REIMBURSEMENT SUBJECT TO ICC URR 525
3) INVOICE MUST SHOW DEDUCTION OF 5 PERCENT COMM
INSTRUCTIONS TO NEGOTIATING BANK:
ALL DOCOMENTS TO BE SENT TO US IN ONE LOT BY REGISTERED AIRMAIL ADDRESSING TO THE FUJI BANK LTD. 4—2—1 IMABASHI CHUO—KU OSAKA
DRAFTS TO BE AIRMAILED TO DRAWEE BANK IN ONE LOT FOR REIMBURSEMENT
SUBJECT TOU VCP 1993 ICC PUBLICATION NO. 500

附件二 汇　　票

Drawn under　FUJI BANK OSAKA　　　　信用证 L/C 或 S/P No. 440Y635349
　　　　　　　JAPAN

Dated　Sep.30,1997　　　支取 Payable with interest @ _____ %　按 _____ 息 _____ 计收

No. 361/53887　汇票金额 Exchange for　USD72998.54　　上海 Shanghai _____ 19 _____

凭票　　　　　　　日后(本汇票之副本未付)付交　　　　　　　　　　　　　　　　金额
At　AT SIGHT　　　　　　　sight of this FIRST of Exchange (Second of Exchange
being unpaid) Pay to the order of　　　　　　　　　　　　　the sum of
SAY U.S. Dollars SEVENTY-TWO THOUSAND NINE HUNDRED AND NINETY-EIGHT &
54/100 ONLY

款已收讫
Value received

此致　THE FUJI BANK, LTD.,
To　　NEW YORK BRANCH, NEW YORK,
　　　N.Y., U.S.A.

上海利文 进出口有限公司
LIVING IMPORT & EXPORT CO., LTD.

(signature)
HUA DING
GENERAL MANAGER

附件三 商 业 发 票

上海利文进出口有限公司
LIVING IMPORT & EXPORT CO. LTD.
129 ZHONG SHAN ROAD(W), SHANGHAI 200051, CHINA

发 票
INVOICE

TO: Messrs.
SAKU AND CO. LTD.
8_26 WAKAENISHISHINMACHI
CHOME HIGASHIOSAKA 57 JAPAN

Date _____ Oct. 10, 1997 _____

Invoice No. _____ 564/59722 _____

Sales Confirmation No. _____

SAKV   354 CARTONS OF PAINT BRUSHES

KOBE

361/53887

NO. 1—354	NO. 619	30/40/50MM 1000/250/933 DOZ	
		@USD 3.52/4.27/5.14/DOZ	USD 9383.12
	NO. OHK—SP	60MM 200 DOZ @USD 5.72/DOZ	USD 1698.00
	NO. 724	40MM 300 DOZ @USD 7.69/DOZ	USD 2307.00
	NO. AOSH—107A	30/40MM 100/200 DOZ @USD 5.70/7.35	USD 2040.00
	NO. AOSH—107D	30/40MM 100/200 DOZ @USD 8.08/10.05	USD 2818.00
	NO. 618	40/50/60MM 100/200/100 DOZ	
		@USD 12.43/15/18/DOZ	USD 6043.00
	NO. KGR	30/40/50MM 50/50/25 DOZ	
		@USD 4.65/5.38/6.12/DOZ	USD 654.50
	NO. OHK—SP	30/40MM 1000/1000 DOZ @USD 3.92/4.82	USD 8740.00
	NO. 724	15/24/30/35MM 200/400/800/100 DOZ	
		@USD 3.44/4.64/5.67/6.72/DOZ	USD 7752.00
	NO. IZW724	15/24/30/35/40/MM 100/200/500/200 DOZ	
		@USD 3.38/4.71/5.55/6.46/7.46/DOZ	USD 6193.00
	NO. 667	30/40/50/60/70MM 200/150/200/200 DOZ	
		@3.97/4.97/5.72/6.59/7.59/DOZ	USD 5519.50N

NO. 619	30/40/50/60/70MM 200/150/200/150/200 DOZ		
	@USD 3.52/4.27/5.14/5.72/6.90/DOZ	USD 4628.50	
NO. YTM	30/40/50MM 300/200/25 DOZ		
	@USD 4.73/6.30/8.40/DOZ	USD 2880.00	
NO. 724	#10 3 DOZ @USD 5.55/DOZ	USD 1655.00	
NO. SHB	85/95MM 100/100 DOZ @USD 8.84/10.29	USD 1913.00	
NO. 724	30MM 25 DOZ @USD 4.58/DOZ	USD 114.50	
NO. 724BS	30MM 200 DOZ @USD 5.67/DOZ	USD 1134.00	
NO. 667—YT	30MM 40MM 50MM 60MM 70MM 85MM		
	25 50 50 50 25 50 DOZ	USD 1695.25	
	@USD 3.98/5.00/6.00/7.04/8.31/9.72/DOZ		
NO. SMD	50 50 50 50 40 DOZ	USD 6488.70	
	@USD 16.59/21.56/26.44/33.48/39.63/DOZ		
NO. SHBB	250 100 250 100 250 DOZ		
	@USD 2.51/2.86/3.16/3.95/4.34/DOZ	USD 3183.50	
TOTAL:	12948 DOZ	USD 76840.57	
	LESS C5%	3842.03	
	C.I.F.　KOBE	USD 72998.54	

华庭　HUA DING

GENERAL MANAGER

附件四　海运提单

BILL OF LADING　　B/L No.

Shipper
LIVING IM PORT & EXPORTCO., LTD.
129 ZHONGSHAN ROAD(W.)
SHANGHAI 200051, CHINA

Consignee
TO ORDER

Notify Party
SAKV AND CO., LTD.
8—26 WAKA NISHISHIN
MACHI 8—CHOME
HIGASHI OSAKA 57 JAPAN
TEL:06—724—2500
FAX:06—724—2888

上海市锦江航运有限公司
SHANGHAI JING JIANG SHIPPING CORPORATION, LTD.

Coble:　　　　　　Telex:
SJSCO　SHANGHAI　33012　BTHJC CN

ORIGINAL

Pre-carriage by	Place of Receipt			
Ocean Vessel Voy. No. MILD SUN V.9661	Port of Loading SHANGHAI			
Port of Discharge KOBE	Final destination (if goods to be transhipped at port of discharge) Place of Delivery	Freight payable at	Number of Original B(s)/L (3) THREE	
Container No.	Seal No. Marks & Nos.	Number and Kind of Packages; description of goods	Gross weight kg	Measurement m³
	SABYF KOBE 361/53887 NO. 1—354	354 CARTONS PAINT BRUSHS SHIPMENT IN CONTAINER	4872.00KGS	27.883M³
			FREIGHT PREPAID	

TOTAL PACKAGES (IN WORDS) SAY THREE HUNDRED AND FIFTY—FOUR CARTONS

Particulars Furnished by Merchants.

Freight and charges

　　　　Shipped on board the vessel named above in apparent good order and condition (Unless otherwise indicated) the goods packages specified here in and to be discharged at the above mentioned port of discharge or as near there to as the vessel may safely get and be always afloat. The weight, measure, marks, numbers, quality, contents and value, being particulars furnished by the Shipper, are not checked by the Carrier on loading. The Shipper, Consignee and the Holder of this Bill of Lading, here by expressly accept and agree to all printed, written or stamped provisions, exceptions and conditions of this Bill of Lading, including those on the back here of.
　　　　In witness where of, the Carrier or his Agents has signed Bills of Lading all of this tenor and date. one of which being accomplished, the others to stand void.
　　　　Shippers are requested to not particularly the exceptions and conditions of this Bill of Lading with reference to the validity of the insurance upon their goods.

Place and date of issue:
　22. OCT　1997

Signed for the Carrier:
　CHINA MARINE SHIPPING AGENCY
　SHANGHAI BRANCH

附件五 保险单

中国人民保险公司
THE PEOPLE'S INSURANCE COMPANY OF CHINA

总公司设于北京　一九四九年创立
Head Office: BEIJING　Established in 1949

海洋货物运输保险单　号次
MARINE CARGO TRANSPORTATION INSURANCE POLICY　No. SH02/310020119602

中国人民保险公司（以下简称本公司）
THIS POLICY OF INSURANCE WITNESSES THAT THE PEOPLE'S INSURANCE COMPANY OF CHINA (HEREINAFTER CALLED "THE COMPANY")
根据 LIVING I/E CORP.
AT THE REQUEST OF
（以下简称被保险人）的要求，由被保险人向本公司缴付约
(HEREINAFTER CALLED "THE INSURED") AND IN CONSIDERATION OF THE AGREED PREMIUM PAID TO THE COMPANY BY THE
定的保险费，按照本保险单承保险别和背面所载条款与下列
INSURED UNDERTAKES TO INSURE THE UNDERMENTIONED GOODS IN TRANSPORTATION SUBJECT TO THE CONDITIONS OF THIS POLICY
特款承保下述货物运输保险，特立本保险单。
AS PER THE CLAUSES PRINTED OVERLEAF AND OTHER SPECIAL CLAUSES ATTACHED HEREOM.

发票号或唛头 INVOICE NOS OR MARKS	包装及数量 QUANTITY	货物项目 DESCRIPTION OF GOODS	保险金额 AMOUNT INSURED
As per Invoice No. 361/53887	354 CTNS	PAINT BRUSHES	USD84 525.00

总保险金额：
TOTAL AMOUNT INSURED: U. S. DOLLARS EIGHTY-FOUR THOUSAND FIVE HUNDRED AND TWENTY-FIVE ONLY

保费 AS ARRANGED　费率 AS ARRANGED　装载运输工具
PREMIUM　　　　　　RATE　　　　　　PER CONVEYANCE S.S.　MILD SUN V. 9661

开航日期 As per B/L　自 SHANGHAI　至 Kobe
SLG ON OR ABT　　　　FROM　　　　　　TO

承保险别：
CONDITIONS
COVERING ALL RISKS AS PER INSTITUTE CARGO CLAUSES (A) (1/1/82). INCL. WAR RISKS AS PER INSTITUTE
CLAUSES (CARGO) (1/1/82). (WAREHOUSE TO WAREHOUSE AS PER TRANSIT CLAUSE). incl S. R. C. C.

所保货物，如遇出险，本公司凭第一正本保险单及其他有关证件给付赔款。
CLAIMS IF ANY PAYABLE ON SURRENDER OF THIS FIRST ORIGINAL OF THE POLICY TOGETHER WITH OTHER RELEVANT DOCUMENTS
所保货物，如发生本保险单项下负责赔偿的损失或事故，
IN THE EVENT OF ACCIDENT WHEREBY LOSS OR DAMAGE MAY RESULT IN A CLAIM UNDER THIS POLICY IMMEDIATE NOTICE
应立即通知本公司下述代理人查勘。
APPLYING FOR SURVEY MUST BE GIVEN TO THE COMPANY'S AGENT AS MENTIONED HEREUNDER.
THE SUMITOMO MARINE & FIRE INS. CO. LTD. MARINE CLAIMS DEPT.
SENCURY BLDG. ,1-4-16 KYOMACHIBORI, NISHI-KU, OSAKA 550,
JAPAN TEL:06-220-3031

中国人民保险公司上海分公司
THE PEOPLE'S INSURANCE CO. OF CHINA
SHANGHAI BRANCH

赔款偿付地点
CLAIM PAYABLE AT/IN　JAPAN IN USD
日期　Oct. 10, 1996　经办：　　　上海　复核：
DATE　　　　　　　　　　　　　SHANGHAI

地址：中国上海中山南路700号
ADDRESS: 700 ZHONGSHAN ROAD(S), SHANGHAI, CHINA.
CABLES: 42001 SHANGHAI　　TELEX: 33128 PICCS CN
FAX 86-21 63765222 TEL 63773000×3713, 63773000×3714

GENERAL MANAGER

附件六 装 箱 单

上海利文进出口有限公司
LIVING IMPORT & EXPORT CO. LTD
129 ZHONG SHAN ROAD(W), SHANG HAI 200051, CHINA.

标记及号码
Marks & Numbers

SAKU

KORE

361/53887

NO. 1—354

装 箱 单
PACKING LIST

第 Sheet No. 1

日期: (Date) 14.10.1997

有关编号 (Ref. No.): 564/59722

商品名称
Description of Goods 354 CARTONS OF PAINT BRUSHES

件 号 No.	毛重千克 Gross Kilos	NET KILOS	详 细 规 格 Packing Specification	
1—40	@9	@6	30MMX 25 DOZ	ART. NO. 619
41—50	@10	@7	40MMX 25 DOZ	ART. NO. 619
51—87	@12	@8	50MMX 25 DOZ	ART. NO. 619
88	@12	@8	50MMX 8 DOZ	ART. NO. 619
89—96	@13	@9	60MMX 25 DOZ	ART. NO. OHK—SP
97—102	@15	@11	40MMX 50 DOZ	ART. NO. 724
103—104	@16	@13	30MMX 50 DOZ	ART. NO. AOSH—107A
105—108	@20	@16	40MMX 50 DOZ	ART. NO. AOSH—107A
109—110	@16	@13	30MMX 50 DOZ	ART. NO. AOSH—107D
111—114	@20	@16	40MMX 50 DOZ	ART. NO. AOSH—107D
115	@12	@9	30MMX 50 DOZ	ART. NO. KGR
116—117	@10	@7	40MMX 25 DOZ	ART. NO. KGR
118	@11	@8	50MMX 25 DOZ	ART. NO. AOSH—107A
119—138	@15	@12	30MMX 50 DOZ	ART. NO. OHK—SP
139—158	@19	@15	40MMX 50 DOZ	ART. NO. OHK—SP
159—160	@14	@10	15MMX 100 DOZ	ART. NO. 724

(续表)

件　号 No.	毛重千克 Gross Kilos	NET KILOS	详　细　规　格 Packing Specification	
161—164	@16	@12	24MMX 100 DOZ	ART. NO. 724
165—172	@19	@15	30MMX 100 DOZ	ART. NO. 724
173	@21	@17	35MMX 100 DOZ	ART. NO. 724
174	@14	@10	15MMX 100 DOZ	ART. NO. IZW724
175—176	@16	@12	24MMX 100 DOZ	ART. NO. IZW724
177—181	@19	@15	30MMX 100 DOZ	ART. NO. IZW724
182	@21	@17	35MMX 100 DOZ	ART. NO. IZW724
183—186	@14	@10	40MMX 50 DOZ	ART. NO. IZW724
187—194	@10	@7	30MMX 25 DOZ	ART. NO. 667
195—200	@11	@8	40MMX 25 DOZ	ART. NO. 667
201—208	@13	@9	50MMX 25 DOZ	ART. NO. 667
209—216	@14	@10	60MMX 25 DOZ	ART. NO. 667
217—224	@17	@12	70MMX 25 DOZ	ART. NO. 667
225—232	@9	@6	30MMX 25 DOZ	ART. NO. 619
233—238	@10	@7	40MMX 25 DOZ	ART. NO. 619
239—246	@12	@8	50MMX 25 DOZ	ART. NO. 619
247—252	@13	@9	60MMX 25 DOZ	ART. NO. 619
253—260	@15	@10	70MMX 25 DOZ	ART. NO. 619

中英文术语索引

A

absolute quota	绝对配额	171
acceleration principle	加速原理	101
acceptance	承兑	316
acceptance	接受	334
accepting bank	承兑行	321
acquired endowment	后天的有利条件	43
actual total loss	实际全损	297
actual value	实际价格	151
ad valorem — A. V.	从价运费	284
ad valorem duty	从价税	151
additional subheading	分目	154
adjustment	理算	298
advanced B/L	预借提单	349
advanced deposit	进口押金制	177
advanced factors	高级要素	95
advising bank	通知行	321
aflatoxin risk	黄曲霉素险	300
agency	代理商	370
agent	一般代理	371
aggregate measurement of support—AMS	综合支持总量	242
agreement	协议书	337
Agreement on Trade-Related Aspects of Intellectual Property-Rights—TRIPs	与贸易有关的知识产权协定	243
Agreement on Trade-Related Investment Measures—TRIMs	与贸易有关的投资措施协定	243
agreement quota	协议配额	172
air express service	航空快递业务	286
air waybill	航空运单	289

all risks	一切险	298
alternative duty	选择税	152
American selling price system	美国售价制	181
anti dated B/L	倒签提单	349
anti-dumping duty	反倾销税	143
applicant	开证申请人	321
arbitration	仲裁	310
AS ARRANGED	按照约定	349
Asia and Pacific Economic Cooperation—APEC	亚太经济合作组织	215
as per B/L	见提单	350
as per invoice No.×××	按××号发票	350
at…days after date	出票后若干天付款	315
at…days after sight	见票后若干天付款	315
at a fixed day	定日付款	315
ATC	纺织品与服装协议	257
at sight	见票即付	315
auction	拍卖	375
autonomous quota	自主配额	171
availability theory	可获得性说	78
average	海损	297

B

back to back credit	背对背信用证	327
bag	袋	278
balance of payment argument	国际收支论	116
balance of trade	贸易差额	5
bale	包	278
banker's draft	银行汇票	315
banker's letter of guarantee—L/G	银行保函	329
barter trade	易货贸易	7
basic factors	基础要素	95
basket	篓	278
beneficiary	受益人	321

beneficiary's certificate for despatch of documents	寄单证明	352
beneficiary's certificate for despatch of shipment samples	寄样证明	352
bid	递盘	334
bidding documents	招标文件	374
bilateral quota	双边配额	172
bill of exchange, draft	汇票	314
bill of lading	海运提单	348
B/L No.	提单号码	348
bonded area	保税区	202
bonded warehouse	保税仓库区	202
bottle	罐	278
Brussels Tariff Nomenclature —BTN	《布鲁塞尔税则目录》	153
buffer stock	缓冲库存	232
buyer's credit	买方信贷	187
buyer's sample	买方样品	274
buying offer	买方发盘	333
B. V.	法国船级社	305

C

cascading tariff structure	阶梯式关税结构	166
cargo receipt	承运货物收据	289
case	箱	278
CCIC	中国进出口商品检验公司	305
central countries	中心国家	114
certificate of origin	原产地证明	351
certificate of origin textile products	纺织品产地证	351
CFR(…named port of destination)	成本加运费(……指定目的港)	266
CFS	集装箱货运站	288
CFS/CFS	拼装拼拆	289
CFS/CY	拼装整拆	289
chance events	偶然事件	96
chapter	章	153

chaque, check	支票	317
charter party	租船合同	286
chartered carrier	包机运输	287
chemical non-hazardous	化学非危品	285
C. I. C.	中国保险条款	298
CIF Ex Ship's Hold	CIF 舱底交货	267
CIF Landed	CIF 卸到岸上	267
CIF Liner Terms	CIF 班轮条件	267
CIF (…named port of destination)	成本加保险费加运费(……指定目的港)	266
CIP (…named place of destination)	运费、保险费付至(……指定目的地)	268
clashing and breakage risks	碰损、破碎险	300
CLASS NO.	危险品等级	349
clean credit	光票信用证	325
clean draft	光票	315
coefficient of world trade	世界贸易系数	2
collection	托收	318
commercial draft	商业汇票	315
commercial invoice	商业发票	347
commercial presence	商业存在	6
commercial treaty	贸易条约	231
commercial treaty and agreement	贸易条约与协定	230
commission	佣金	280
Committee on Trade and Development	贸易与发展委员会	248
Committee on Trade and Enviroment	贸易与环境委员会	248
Committee on BOP Restrictions	国际收支调控委员会	248
Committee on Budget, Finance and Administration	财政和行政预算委员会	248
commodity control list	出口管制货单	196
commodity or net barter terms of trade	商品贸易条件	63
common market	共同市场	208
community indifference curves	社会无差异曲线	52
compensation trade	补偿贸易	367
complete economic integration	完全经济一体化	208
complex tariff	复式税则	154

compound duty	复合税	152
conciliation	调解	310
conditioned weight	公量	276
confirmation	确认书	337
confirmed letter of credit	保兑信用证	326
confirming bank	保兑行	321
consignee	收货人	348
consignment	寄售	372
consolidation	集中托运	288
constructive total loss	推定全损	297
consumption abroad	境外消费	6
consumption effect	消费效应	157
container	集装箱	278
contract	合同	337
Coordinating Committee for Multilateral Export Control —COCOM	输出管制统筹委员会(巴黎统筹委员会)	196
Council for Trade in Goods	货物贸易理事会	247
Council for Trade in Service	服务贸易理事会	248
Council on Trade-related Aspects of Intellectual Property Rights	与贸易有关的知识产权理事会	248
counter offer	还盘	334
counter vailing duty	反补贴税	144
country quota	国别配额	171
courier receipt	快递收据	352
CPT (…named place of destination)	运费付至(……指定目的地)	268
credit with T/T reimbursement	带电汇偿付条款的信用证	327
cross-border supply	过境交付	6
Customs Cooperation Council Nomenclature—CCCN	《海关合作理事会税则商品分类目录》	153
customs duty; tariff	关税	139
customs procedures	海关程序	180
customs tariff	海关税则	152
customs territory; customs frontier	关境	139
customs union	关税同盟	208

customs valuation system	海关估价制度	180
CY	集装箱堆场	288
CY/CFS	整装拼拆	289
CY/CY	整装整拆	289

D

DAP(… named place of destination)	目的地交货(……指定目的地)	270
DAT(… named terminal of destination)	运输终端交货(……指定运输终端)	270
D/A	承兑交单	319
D/D	票汇	318
DDP(…named place of destination)	完税后交货(……指定目的地)	270
deadweight loss	无谓损失	158
declaration	申报	154
demand conditions	需求状况	95
demand lag	需求滞后	83
demigross weight	半毛重	150
description and illustrations	说明书和图样	274
description of goods	商品分类目录	152
desk to desk service	"桌到桌运输"	288
differentiated product theory	差异化产品理论	89
differentiated products	差异产品	90
diminishing marginal utility	边际效用递减规律	52
direct subsidy	直接补贴	188
direct trade	直接贸易	7
Director-General	总干事	247
discount	折扣	281
discriminatory government procurement policy	歧视性政府采购政策	180
dishonour & recourse	拒付和追索	316
Dispute Settlement Body—DSB	争端解决机构	248
diversified-economy argument	经济多样化论	121
documentary credit	跟单信用证	325
documentary draft	跟单汇票	315
documentary evidence	书面证明书	149
domestic distortion argument	国内扭曲论	118

double factoral terms of trade	双因素贸易条件	64
D/P	付款交单	319
D/P after sight	远期付款交单	319
D/P sight	即期付款交单	319
D/P,T/R	付款交单,凭信托收据借单	319
drawn clause	出票条款	358
drum	桶	278
dumping	倾销	190
dutiable value	完税价格	151

E

economic union	经济同盟	208
economic zone	经济特区	199
elasticity of substitution	替代弹性	76
electronic data interchange—EDI	电子数据交换	8
emergency tariff	紧急关税	145
empirical study	实证研究	4
employment-protection argument	保护就业论	120
endorsement	背书	316
entrepot trade	转口贸易	7
equilibrium analysis	均衡分析	4
equilibrium in isolation	隔离均衡	53
escape clause	例外条款	148
European Communities—EC	欧洲共同体	213
European Currency Unit—ECU	欧洲货币单位	213
European Union—EU	欧洲联盟	213
EX DOCK	目的港码头交货价	282
EX (point of origin)	产地交货价	264
exchange dumping	外汇倾销	192
exclusions	除外责任	299
exclusive agent or sole agent	独家代理	371
exclusive sales	包销	369
export control	出口管制	194
export control country group	输往国别分组管制表	196
export credit	出口信贷	186
export credit guarantee system	出口信贷国家担保制	187

export duty	出口税	142
export processing zone	出口加工区	202
export quotas	出口限额	233
export subsidy	出口补贴	188
export trade	出口贸易	5
export visa	出口配额签证制	174
external economies of scale	外部规模经济效益	88
EXW（…named place）	工厂交货（……指定地点）	269

F

factor abundance	要素丰裕	67
factor conditions	要素条件	94
factor endowment	要素禀赋	67
factor endowment theory	要素禀赋论	65
factor intensity reversal	要素密集型逆转	76
factor intensive commodity	要素密集型产品	66
factor of production	生产要素	66
factor proportions theory	要素比例学说	68
factoring	保理	330
factor price	要素价格	66
factor-price equalization theory	要素价格均等化学说	70
factors chain international—FCI	国际保理联合会	330
failure to deliver risk	交货不到险	300
fair-trade argument	公平贸易论	119
FAS（…named port of shipment）	船边交货（……指定装运港）	269
favourable balance of trade	贸易顺差或出超	5
FCA（…named carrier）	货交承运人（……指定地点）	268
FCL	整箱货	288
FCL/FCL	整装整拆	289
FCL/LCL	整装拼拆	289
FIATA	国际货运代理协会联合会	293
final destination	最终目的地	349
financial lease	融资租赁	365
fire risk extension clauses for storage of cargo at destination Hong Kong, including Kowloon, or Macao—FREC	货运港澳地区存仓火险责任扩展条款	300

firm strategy, structure, and rivalry	企业战略、结构与竞争	96
flexible container	集装袋	278
FOB Liner Terms	FOB 班轮条件	267
FOB Stowed	FOB 理舱费在内	267
FOB Trimmed	FOB 平舱费在内	267
FOB Under Tackle	FOB 吊钩下交货	267
FOB (…named port of shipment)	装运港船上交货(……指定装运港)	265
FOB vessel(named port of shipment)	装运港船上交货价	264
Food and Drug Administration—FDA	美国食品药物管理署	182
force majeure	不可抗力	308
foreign exchange control	外汇管制	176
freight prepaid	运费预付	286
freight to collect	运费到付	286
foreign trade	对外贸易	1
form A	格式 A	351
form 59A	格式 59A	351
F.P.A.	平安险	298
free perimeter	自由边境区	203
free port	自由港	201
free trade area	自由贸易区域	203
free trade area	自由贸易区	208
free trade zone	自由贸易区	201
free-liquidation trade	自由结汇方式贸易	7
freight & charges	运费和费用	349
freight to collect	运费到付	286
freight for all kinds	FAK 包箱费率	285
freight for class	FCS 包箱费率	285
freight for class & basis	FCB 包箱费率	285
freight prepaid	运费预付	286
friendly non-allied country	友好的非盟国	197
full set	全套	349

G

game theory	博弈论	123
general agent	总代理	371

General Agreement on Tariff and Trade—GATT	关税与贸易总协定	236
General Agreement on Trade in Services—GATS	《服务贸易总协定》	6,243
general average—GA	共同海损	297
general cargo	普通货	285
General Council	总理事会	247
general export	总出口	6
general import	总进口	6
general license	一般许可证	197
general trade	总贸易	5
generalized factors	一般要素	95
generalized system of preferences—GSP	普遍优惠制	147
global quota; unallocated quota	全球配额	171
government actions	政府行为	96
government revenue argument	政府收入论	117
grade	等级	274
graduation clause	毕业条款	148
gray area measures	灰色区域措施	167
green barriers	绿色壁垒	182
gross domestic product—GDP	国内生产总值	36
gross for net	"以毛作净"	276
gross national product—GNP	国民生产总值	2
gross weight	毛重	150
gross weight & measurement	毛重和尺码	349
GSP certificate of origin	普惠制产地证	351

H

Harmonized System — HS	协调制度	153
hazardous cargo	全危货	285
heading No.	税项目号	153
health and sanitary regulation	卫生检疫标准	182
homogeneous	同质的	46
hook damage	钩损险	300
horizontal integration	水平一体化	209
house air waybill	分运单	288

human capital	人力资本	75
human capital theory	人力资本说	80
hi-tech park	高技术园区	203

I

ICB	国际竞争性招标	374
ICC(A)	协会货物条款(A)	300
ICC(B)	协会货物条款(B)	300
ICC(C)	协会货物条款(C)	300
IMCO CODE PAGE	国际海上危险品运输规则号码	349
imitation lag	模仿滞后	83
imperfect competition	不完全竞争	91
import duty	进口税	141
import duty risk	进口关税险	300
import license system	进口许可证制	175
import quota	进口配额	170
import substitution	进口替代	141
import surtax	进口附加税	143
import trade	进口贸易	5
importer quota	进口商配额	172
in bulk	散装货	349
income terms of trade	收入贸易条件	64
income-redistribution argument	收入再分配论	117
income-redistribution effect	收入再分配效应	157
INCOTERMS 2000	《2000年国际贸易术语解释通则》	264
indicative mark	指示性标志	278
indirect subsidy	间接补贴	189
indirect trade	间接贸易	7
infant-government argument	幼稚政府论	117
innovation and imitation theory	创新与模仿理论	83
inquiry	询盘	333
inspection	查验	154
inspection certification	检验证书	351
Institute Cargo Clause—I. C. C.	《协会货物条款》	300
insurance policy/certification	保险单	350
inter-industry trade	产业间贸易	90

intermittent or predatory dumping	间歇性或掠夺性倾销	191
intermixture and contamination risks	混杂、玷污险	300
internal economies of scale	内部规模经济效益	88
internal taxes	国内税	179
International Bank of Reconstruction and Development—IBRD	世界银行	236
international commodity agreement	国际商品协定	232
international division of labor	国际分工	27
international freight forwarder	国际货运代理	293
International Monetary Fund—IMF	国际货币基金组织	236
international trade	国际贸易	1
international trade in service	国际服务贸易	23
Internation Trade Organization—ITO	国际贸易组织	237
intra-industry trade	产业内贸易	90
intra-industry trade theory	产业内贸易理论	89
invisible trade	无形贸易	6
invitation to tender & submission of tender	招标和投标	374
ISCC	协会罢工险条款(货物)	300
ISO	国际标准化组织	278
isoquant curve	等产量曲线	71
issue	出票	315
issuing bank	开证行	321
IWCC	协会战争险条款(货物)	300

L

laissez-faire	自由放任	42
LCL	拼箱货	289
LCL/FCL	拼装整拆	289
LCL/LCL	拼装拼拆	289
leakage risk	渗漏险	300
letter of credit	信用证	320
litigation	诉讼	310
Lloyd's Surveyor	英国劳合氏公证行	305
long-run dumping	长期性倾销	191
loss and/or damage caused by breakage of packing	包装破裂险	300

M

malicious damage clause	恶意损害险	300
managed trade theory	管理贸易论	124
marginal analysis	边际分析	49
marginal propensity to consume	边际消费倾向	101
marginal rate of substitution—MRS	边际替代率	52
marginal rate of transformation—MRT	边际转换率	51
market disruption	市场混乱	173
master air waybill	总运单	288
Marrakesh Agreement Establishing the World Trade Organization	建立世界贸易组织的马拉喀什协议	245
mastery lag	掌握滞后	83
measurement list	尺码单	352
memo	备忘录	337
mercantilism	重商主义	3
minimum price	最低限价制	178
Ministerial Conference	部长会议	247
mixed duty	混合税	151
monopolistic competition	垄断性竞争	91
monopoly	独占	91
moral hazard	道德风险	124
more or less clause	溢短装条款	277
most-favored nation treatment—MFNT	最惠国待遇	142
movement of personnel	自然人流动	6
M/T	信汇	318
multimodal transport document—MTD	多式联运单据	289
MTO	多边贸易组织	244
multilateral contracts	多边合同	233
multiple country declaration	多国家产地声明书	351

N

name of origin	产地名称	274
name of vessel; Voy. No.	船名及航次	348

English	中文	页码
national-security argument	国家安全论	120
national treatment	国民待遇	234
natural endowment	自然禀赋	43
negative declaration	否定声明书	351
negotiating bank	议付行	321
negotiation credit	议付信用证	326
net export	净出口	5
net import	净进口	5
net weight	净重	150
net welfare loss	福利净损失	158
non-enemy country	非敌国	197
non-tariff barriers—NTBs	非关税壁垒	167
normal return	正常报酬	92
normal tariff	正常关税	141
North American Free Trade Agreement	《北美自由贸易协定》	214
North American Free Trade Area —NAFTA	北美自由贸易区	214
notice of readiness to discharge	准备卸货通知	360
notify party	被通知人	348
number and kind of packages	包装件数和种类	349
number of original Bs/L	正本提单份数	349
NVOCC	无船承运人	294

O

English	中文	页码
ocean bill of lading	海运提单	289
OECD	经合组织	93
offer	发盘	333
offer curve	提供曲线	60
official exchange rate	官方汇率	176
oligopoly	寡占	91
OMIC	日本海外货物检验株式会社	305
on deck risk	舱面险	300
one-dash subheading	一级子目	153
open by airmail	信开	322
open by telecommunication	电开	322
open general licence—OGL	公开一般许可证	175

英文	中文	页码
open policy	预约保险合同	357
operating lease	经营租赁	365
opportunity cost	机会成本	49
opportunity cost theory	机会成本理论	50
optimum tariff	最适关税	161
orderly growth	有秩序增长	173
orderly marketing agreement	有秩序销售协定	173
origin criteria	原产地标准	149
overall integration	全盘一体化	209

P

英文	中文	页码
packing and labelling regulation	商品包装和标签的规定	182
packing document	包装单据	352
packing list	装箱单	352
pallet	托盘	278
partial loss	部分损失	297
particular average—PA	单独海损	297
paying bank	付款行	321
payment	付款	316
payment agreement	支付协定	232
penalty tariff	惩罚关税	145
peripheral countries	外围国家	114
persistent dumping	持续性倾销	191
physical capital	物质资本	75
port of discharge	卸货港	349
port of loading	装运港	349
post receipt	邮局收据	352
preferential duty	特惠税	146
preferential trade arrangement	优惠贸易安排	208
presentation	提示	315
price effect	价格效应	157
price undertaking	价格承诺	144
prior limitation	预定限额	148
product life cycle theory	产品生命周期说	84
production effect	生产效应	157
production possibility curve	生产可能性曲线	51

production possibility frontier	生产可能性边界	51
prohibitive import	禁止进口	178
prohibitive tariff	禁止性关税	161
promissory note	本票	316
protection effect	保护效应	157
protective tariff	保护关税	140

R

rail waybill	铁路运单	289
rain fresh water damage	淡水雨淋险	300
rate of duty	税率	152
rate of effective protection—REP	有效保护率	164
rate of nominal protection—RNP	名义保护率	163
reaction lag	反应滞后	83
received for shipment B/L	备运提单	290
reciprocal credit	对开信用证	327
reciprocal demand curve	相互需求曲线	60
reciprocal demand theory	相互需求论	57
reciprocity treatment	互惠	234
re-export	复出口	5
refrigerated cargo	冷冻货	285
regional economic integration	区域经济一体化	207
re-import	复进口	5
reimbursing bank	偿付行	321
rejection risk	拒收险	300
related and supporting industries	相关和支持产业	95
relative commodity prices	相对商品价格	51
release	放行	154
remittance	汇付	317
retaliatory tariff	报复关税	145
revenue effect	财政效应	157
revenue tariff	财政关税	140
revolving credit	循环信用证	327
risk of shortage	短量险	300
rule of direct consignment	直接运输规则	149
rules of origin	原产地规则	149

rusting risk	锈损险	300

S

sales packing	销售包装	277
scheduled airline	班机运输	287
science-based industrial park	科学工业园区	203
sea waybill	海运单	289
section	类	153
sectoral integration	部门一体化	209
self-restriction agreement	自限协定	173
seller's sample	卖方样品	274
selling offer	卖方发盘	333
semi-hazardous cargo	半危货	285
SGS	瑞士日内瓦通用鉴定公司	305
shipped B/L	已装船提单	290
shipped on board	装船注记	358
shipper	托运人	348
shipping advice	装运通知	352
shipping mark	运输标志	278
shipping order	装货单	346
side agreement	附带协议	237
single country declaration	单一国家声明书	351
single tariff	单式税则	154
skilled labor theory	熟练劳动说	79
sliding duty	滑动关税	146
sluice gate price	闸门价	178
special export	专门出口	6
special import	专门进口	6
special trade	专门贸易	6
specialized factors	专门化要素	95
specific duty	从量税	150
specific licence—SL	特种商品进口许可证	175
specification	规格	274
sporadic dumping	偶然性倾销	191
standard	标准	274

English	Chinese	Page
Standard International Trade Classification—SITC	《国际贸易标准分类》	153
standby L/C	备用信用证	329
state monopoly	进出口的国家垄断	179
state trade	国营贸易	179
state trading enterprises	国营贸易企业	179
strategic trade theory	战略贸易论	121
strike risk	罢工险	300
substitution cost	替代成本	49
substitution effect	替代效应	157
supplier's credit	卖方信贷	186
sweating and heating risks	受潮、受热险	300
system of multiple exchange rates	复汇率制	176
SWIFT	环球银行间财务电讯协会	325

T

English	Chinese	Page
taint of odour risk	串味险	300
target price	目标价格	146
tariff barrier	关税壁垒	139
tariff escalation	关税升级	141
tariff level	关税水平	162
tariff No.; heading No.; tariff item	税则号列(税号)	152
tariff quota	关税配额	172
tariff retaliation	关税报复	162
tariff revenue argument	关税收入论	117
tariff war	关税战	162
technical barrier to trade	技术性贸易壁垒	182
technical standard	技术标准	182
technological gap theory	技术差距论	83
terms-of-trade argument	贸易条件论	116
terms-of-trade effect	贸易条件效应	157
the British system	英制	276
the double threshold policy	双倍政策	197

theft, pilferage and non-delivery—TPND	偷窃、提货不着险	300
The Export Credit Guarantee Department	出口信贷担保署	188
The Federal Food, Drug and Cosmetic Art	联邦食品、药品及化妆品法	182
The Harmonized Commodity Description and Coding System—H. S.	《协调商品名称及编码制度》	273
the international system	国际单位制	275
the labor theory of value	劳动价值论	46
the Leontief paradox	里昂惕夫之谜	74
The Memorandum on China's Foreign Trade Regime	中国对外贸易制度备忘录	252
the metric system	公制	275
the pure theory of international trade	国际贸易纯理论	11
The Secretariat	秘书处	247
the single factoral terms of trade	单因素贸易条件	64
the terms of trade	贸易条件	63
the theory of absolute advantage	绝对利益论	42
the theory of comparative advantage	比较利益论	46
the theory of foreign trade multiplier	对外贸易乘数理论	104
the U. S. system	美制	276
theoretical weight	理论重量	277
theory of competitive advantage of nations	国家竞争优势说	94
theory of factors of research and development	研究开发要素说	81
theory of increasing returns to scale	规模报酬递增说	87
theory of preference similarity	偏好相似说	82
threshold price	门槛价格	146
tied loan	约束性贷款	187
time charter	定期租船	286
to order	凭指定	290
to the order of…	凭某某指定	290
total loss	全部损失	297
T/R	信托收据	319
trade agreement	贸易协定	231
trade by airway	空运贸易	7

trade by mail order	邮购贸易	7
trade by roadway	陆路贸易	7
trade by seaway	海路贸易	7
trade creating effect	贸易创造效应	221
trade deficit	贸易逆差或入超	5
trade diverting effect	贸易转移效应	221
trade effect	贸易效应	157
trade mark and brand	商标和牌名	274
Trade Policy Review Mechanism—TPRM	贸易政策审议机制	248
trade protocol	贸易议定书	231
trade surplus	贸易顺差或出超	5
transferable	可转让	326
transformation curve	转换曲线	51
transit duty	过境税	143
transit trade	过境贸易	5
transit zone	过境区	203
transport packing	运输包装	278
treaty of commerce and navigation	通商航海条约	231
trigger price mechanism—TPM	启动价格制	178
T/T	电汇	317
two-dash subheading	二级子目	153

U

UCP600	《跟单信用证统一惯例,2006年修订本,国际商会第600号出版物》	328
UL	美国保险人实验室	305
UN CODE NO.	联合国危规号码	349
UNCTAD	联合国贸易与发展会议	169
unfavourable balance of trade	贸易逆差或入超	5
unilateral quota	单方面配额	171
unit-value isoquant curve	单位—价值等产量曲线	71
usance credit payable at sight	假远期信用证	327
US—Canada Free Trade Zone	美加自由贸易协定	214

V

validated license	特种许可证	197
variable levy	差价税	146
vertical integration	垂直一体化	209
visible trade	有形贸易	6
voluntary export quota	"自动"出口配额	173
voluntary export restrains	"自动"限制出口	173
voyage charter	定程租船	286

W

war risk	战争险	300
W. P. A. ; W. A.	水渍险	298
wage-protection argument	保护工资论	119
warning mark	警告性标志	278
welfare economics	福利经济学	4
welfare effect	福利效应	157
weight list	重量单	352
World Trade Organization —WTO	世界贸易组织(简称世贸组织)	244
W. O. Rules	《1932年华沙—牛津规则》	263
W/T at ××	在××港转船	362
W/W clause	仓至仓条款	299

参考文献

1. 马克思:《资本论》,人民出版社1975年版。
2. 《马克思恩格斯全集》第一卷、第四卷,人民出版社1965年版。
3. 《马克思恩格斯选集》第一卷、第二卷、第四卷,人民出版社1972年版。
4. 《马克思恩格斯全集》第二十三卷,人民出版社1972年版。
5. 马克思:《剩余价值理论》第三册,人民出版社1975年版。
6. E.利普森:《英国经济史》第三卷,1934年。
7. 罗萨·卢森堡:《国民经济学入门》,三联书店1962年版。
8. И.П.法明斯基:《当代国际贸易》,中国对外经济贸易出版社1981年版。
9. 罗　尔:《经济思想史》,商务印书馆1981年版。
10. 托马斯·孟·尼克拉斯·巴达·诺思:《论贸易》,商务印书馆1982年版。
11. 托马斯·孟:《英国得自对外贸易的财富》,商务印书馆1978年版。
12. 亚当·斯密:《国民财富的性质和原因的研究》,郭大力、王亚南译,商务印书馆1972年版。
13. 大卫·李嘉图:《政治经济学及赋税原理》,商务印书馆1962年版。
14. 约翰·穆勒:《政治经济学原理》下卷,商务印书馆1991年版。
15. 弗·李斯特:《政治经济学的国民体系》,商务印书馆1967年版。
16. 姚曾荫:《国际贸易概论》,人民出版社1987年版。
17. 陈同仇、薛荣久:《国际贸易》,对外贸易教育出版社1991年版。
18. 王永昆:《西方国际贸易理论讲座》,中国对外经济贸易出版社1990年版。
19. 姚贤镐、漆长华:《国际贸易学说》,中国对外经济贸易出版社1990年版。
20. 唐海燕:《现代国际贸易的理论与政策》,汕头大学出版社1994年版。
21. 许心礼等:《西方国际贸易新理论》,复旦大学出版社1989年版。
22. P·T·埃尔斯沃思、J·克拉克·利思:《国际经济学》,商务印书馆1992年版。
23. 欧阳勋、黄仁德:《国际贸易理论与政策》,三民书局1990年版。
24. 石士钧主编:《国际贸易:理论·政策·环境·相关因素》,中国统计出版社1996年版。
25. 王衡生、吴有必主编:《国际贸易》,中山大学出版社1996年版。
26. 薛荣久:《国际贸易政策与措施概论》,求实出版社1989年版。
27. 贾建华、甘丽华主编:《国际贸易理论与实务》,北京经济学院出版社1995年版。
28. 应谷声主编:《国际贸易理论与实务》,中国财政经济出版社1989年版。

29. 汪尧田、褚建中主编:《国际贸易》,上海社会科学院出版社 1989 年版。
30. 陈　宪主编:《国际服务贸易——原理·政策·产业》,立信会计出版社 2000 年版。
31. 汪尧田、李力主编:《国际服务贸易总论》,上海交通大学出版社 1997 年版。
32. 小岛清:《对外贸易论》,南开大学出版社 1987 年版。
33. 汪尧田、周汉民主编:《世界贸易组织总论》,上海远东出版社 1995 年版。
34. 任　泉编:《中国加入世界贸易组织知识问答》,当代世界出版社 1997 年版。
35. 经济日报信息中心编:《重返关贸总协定——中国人的机遇、风险与对策》,经济日报出版社 1992 年版。
36. 程远忠等:《关贸总协定与中国市场》,海潮出版社 1993 年版。
37. 陈继勇主编:《关贸总协定与中国》,湖北教育出版社 1995 年版。
38. 韩　龙、王国征主编:《关贸总协定与中国》,警官教育出版社 1993 年版。
39. 汪尧田主编:《关贸总协定与中国经济》,中国对外经济贸易出版社 1993 年版。
40. 汪尧田主编:《关税与贸易总协定新论》,立信会计出版社 1993 年版。
41. 钱益明:《国际贸易惯例与公约》,香港万里书店 1990 年版。
42. 吴百福主编:《进出口贸易实务教程》,上海人民出版社 1996 年版。
43. 张　卿、穆　东主编:《国际贸易实务》,中国审计出版社 1996 年版。
44. 交通银行上海分行:《交通银行上海分行国际结算惯例规则选编》,1996 年版。
45. 冯大同主编:《国际商法》,中国人民大学出版社 1994 年版。
46. 顾奕镁、彦庆平:《新编对外贸易运输实务》,知识出版社 1992 年版。
47. Peter H. Iindert, *International Economics*, Eighth Edition, Richard D. Irwin, Inc., 1986.
48. Dominick Salvatore, *International Economics*, Fifth Edition, Prentice Hall, Inc., 1995.
49. Steven Husted and Michael Melvin, *International Economics*, Harper & Row Publishers, New York, 1990.
50. Parviz Asheghican & Bahman Ebrahimi, *International Business*, Harper & Row Publishers, New York, 1990.
51. Donald A. Ball and Wendell H. McCulloch, Jr, *International Business*, Third Edition, Richard D. Irwin, Inc., 1989.
52. James R. Markusen and James R. Melvin, *The Theory of International Trade and Its Canadian Applications*, D & S Publishers, 1984.
53. Grossman G. and Helpman E., *Innovation and Growth in the Global Economy*, The MIT Press, 1991.
54. I. B. Kravis, *Trade as a Handmaiden of Growth*, Economic Journal December, 1970.
55. *American Economic Review* (AER) 1980. 9.
56. A. Lewis, *The Slowingdown of the Engine of Growth*, AER, 1980, Vol. 70.
57. H. Innis, *The Problems of Staple Production in Canada*, Toronto, 1933.
58. D. Robertson, *The Future of International Trade*, Economic Journal, March, 1938.
59. Anne O. Krueger, *Trade Policies and Developing Nations*, the Brookings

institution, 1995.

60. John Williamson & Chris Milner, *The World Economy——A Textbook in International Economics*, Harvester Wheatsheaf, 1991.

61. Marie S. Ensign & Laurie Nogg Adler, Editors, *International Trade—Contemporary Viewpoints*, ABC—Cbio, 1986.

62. Paul R. Krugman & Maurice Obstfeld, *International Economics—Theory and Policy*, Scott, Foresman and Company, 1988.

63. Wilfred J. Ethier, *Modern International Economics*, W. W. Norton & Company.

教学课件索取单

敬爱的老师：

感谢您使用立信会计出版社教材。为了方便教学，本书配有相关教学课件。如果您需要，请您填写下面表格中的相关信息，并以电子邮件的形式发到我社，我们在核对您的信息后，即免费向您提供教学课件。

我们的联系方式：

地址：上海市中山西路2230号　　　　邮编：200235
　　　立信会计出版社　　　　　　　　电话：(021)64411217
电子邮件：zql1307@163.com

姓　　名		性别		身份证号			
学　　校				学院、系		教研室	
学校地址						邮编	
职　　务				职　称		办公电话	
E-mail				手　机		宅　电	
通信地址						邮编	
教材用量			册	委托订购单位			

您对本书的意见和建议是：